Die Vereinbarkeit von Regelungen des Internationalen Steuerrechts
mit dem Subventionsrecht der Welthandelsorganisation

Europäische Hochschulschriften
Publications Universitaires Européennes
European University Studies

Reihe II
Rechtswissenschaft

Série II Series II
Droit
Law

Bd./Vol. 4510

PETER LANG
Frankfurt am Main · Berlin · Bern · Bruxelles · New York · Oxford · Wien

Tobias K. Stricker

Die Vereinbarkeit von Regelungen des Internationalen Steuerrechts mit dem Subventionsrecht der Welthandelsorganisation

PETER LANG
Europäischer Verlag der Wissenschaften

Bibliografische Information der Deutschen Nationalbibliothek
Die Deutsche Nationalbibliothek verzeichnet diese Publikation in der Deutschen Nationalbibliografie; detaillierte bibliografische Daten sind im Internet über <http://www.d-nb.de> abrufbar.

ISSN 0531-7312
ISBN-10: 3-631-56282-9
ISBN-13: 978-3-631-56282-6

Europäischer Verlag der Wissenschaften
Frankfurt am Main 2007

www.peterlang.de

Vorwort

Die vorliegende Arbeit ist in den Jahren 2002 bis 2006 entstanden, während welcher ich als externer Dissertant am „Institut für österreichisches und Internationales Steuerrecht" der Wirtschaftsuniversität Wien mein Promotionsprojekt verfolgen konnte. Die Arbeit wurde dort im August 2006 als Dissertation zur Erlangung der Doktorwürde (Dr. rer. soc. oec.) angenommen.

Mein Dank gilt zunächst all jenen, die mich bei meinem Dissertationsprojekt in fachlicher Hinsicht unterstützt haben. Vor allem möchte ich Herrn Prof. Dr. Michael Lang, Wien, für die Anregung zum Thema dieser Arbeit sowie für die konstruktive, hilfreiche und kritische Begleitung dieser Studie danken. Herrn Prof. Dr. Ewald Nowotny, Wien, bin ich sehr dankbar für wichtige Hinweise und Kritik hinsichtlich wirtschaftspolitischer Fragestellungen, die mit dem Thema dieser Dissertation in Zusammenhang standen – insbesondere auch dafür, dass er trotz seiner Berufung zum Generaldirektor einer der größten Banken Österreichs die Begleitung meiner Arbeit fortgeführt hat. Dass ich an der University of Michigan Law School ein halbes Jahr lang als Visiting Research Scholar weiterführende Studien betreiben durfte – dafür danke ich Herrn Prof. Dr. Reuven S. Avi-Yonah, Ann Arbor, Michigan, sehr herzlich. Die Infrastruktur der dortigen Law Library und das ausgezeichnete Arbeitsklima bildeten optimale Voraussetzungen für die wissenschaftliche Auseinandersetzung mit einem Thema, das im deutschsprachigen Raum bisher wenig beachtet worden ist. Nicht zuletzt bin ich Herrn Prof. Dr. Dr. h.c. mult. Otto H. Jacobs, Mannheim, zu Dank verpflichtet, der mich schon während meiner Mannheimer Studienjahre für steuerliche Fragestellungen und Themen interessiert und mein Vorhaben, an der Wirtschaftsuniversität Wien zu promovieren, stets unterstützt hat.

Schließlich bin ich meinem Arbeitgeber, der „Partnerschaft Flick Gocke Schaumburg", Bonn, zu großem Dank verpflichtet: Dieser hat auf mein Dissertationsprojekt, das ich parallel zu meiner spannenden beruflichen Tätigkeit verwirklichen durfte, immer Rücksicht genommen.

Danken möchte ich aber auch meiner Familie, die es während meiner Beschäftigung mit der Dissertation an Ermutigung und Unterstützung nie hat fehlen lassen – insbesondere meiner Schwester, Frau Prof. Dr. theol. Nicola Stricker, Paris, und meinem Vater, Dr. phil. Gerd Stricker, Zürich, die mir wertvolle Korrekturhilfe leisteten und deren Rat ich jederzeit erbitten konnte. Meine Partnerin, Frau Dipl.-Angl. Linda Kuhlmann, hat mit mir alle Höhen und Tiefen durchgestanden, die im Zuge der Verwirklichung dieses Projekts aufgetreten sind – ihr gilt mein besonderer Dank.

Bonn, im August 2006

Tobias K. Stricker

Inhaltsübersicht

Inhaltsverzeichnis

Abkürzungsverzeichnis

a. A.	andere(r) Ansicht
a. F.	alte Fassung
Abl. EG	Amtsblatt der EG
ABLR	Australian Business Law Review
Abs.	Absatz
ACPA	Australian CPA
AFI	Asset Finance International
AIG	Auslandsinvestitionsgesetz
AJPIL	Austrian Journal of Public and International Law
Am. J. Int'l L.	American Journal of International Law
Am. U. Int'l L. Rev.	American University International Law Review
AO	Abgabenordnung (Deutschland)
Ariz. J. Int'l & Comp. Law	Arizona Journal of International and Comparative Law
Art.	Artikel
ASEAN	ASEAN Economic Bulletin
AStG	Außensteuergesetz
Aufl.	Auflage
AVR	Archiv des Völkerrechts
AW	Aussenwirtschaft (Zeitschrift)
AWG	Außenwirtschaftsgesetz.
B.U. Int'l L.J.	Boston University International Law Journal
BAO	Bundesabgabenordnung (Österreich)
BB	Betriebs-Berater
BdF	Bundesministerium der Finanzen
BewG	Bewertungsgesetz
BFH	Bundesfinanzhof
BFH/NV	Sammlung amtlich nicht veröffentlichter Entscheidungen des Bundesfinanzhofs
BGB	Bürgerliches Gesetzbuch
BIFD	Bulletin for International Fiscal Documentation
BISD	Basic Instruments and Selected Documents
BJIL	Berkeley Journal of International Law
BMF	Bundesminister für Finanzen, Bundesministerium der Finanzen
Brooklyn J. Int'l L.	Brooklyn Journal of International Law
Bsp.	Beispiel
BTR	British Tax Review
BVerfG	Bundesverfassungsgericht (Deutschland)
bzw.	beziehungsweise

CDFI	Cahiers de Droit Fiscal International
CESifo	Center for Economic Studies and Ifo Institute for Economic Research
CFC	Controlled Foreign Companies
Chi. J. Int'l L.	Chicago Journal of International Law
CMLR	Common Market Law Review
Colum. J. Eur. L.	Columbia Journal of European Law
Colum. J. Transnat'l L.	Columbia Journal of Transnational Law
Colum. L. Rev.	Columbia Law Review
CPAJ	CPA Journal
CPE	Constitutional Political Economy
CTJ	Canadian Tax Journal
DB	Der Betrieb
DBA	Doppelbesteuerungsabkommen
Denv. J. Int'l L. & Pol'y	Denver Journal of International Law & Policy
ders.	derselbe
DISC	Domestic International Sales Corporation
Diss.	Dissertation
DStR	Deutsches Steuerrecht
DStZ	Deutsche Steuerzeitung
DSU	Dispute Settlement Understanding
EBLR	European Business Law Review
EC	European Community
ECT	EC Tax Journal
ECTR	EC Tax Review
EFG	Entscheidungen der Finanzgerichte
EG	Europäische Gemeinschaft(en)
EGV	EG-Vertrag
EJIL	European Journal of International Law
EJLE	European Journal of Law and Economics
ELJ	European Law Journal
ELR	European Law Review
Emory Int'l L. Rev.	Emory International Law Review
EP	Economic Policy
EStG	Einkommensteuergesetz
EStR	Einkommensteuerrichtlinien
ET	European Taxation
etc.	et cetera
EU	Europäische Union
EuGH	Europäischer Gerichtshof
EuR	Europarecht

EuZW	Europäische Zeitschrift für Wirtschaftsrecht
EWS	Europäische Zeitschrift für Wirtschafts- und Steuerrecht
FE	Financial Executive
FinArch	Finanzarchiv
Fla. Tax Rev.	Florida Tax Review
Fn.	Fußnote
Fordham Int'l L.J.	Fordham International Law Journal
FR	Finanz-Rundschau
FSC	Foreign Sales Corporation
GATS	General Agreement on Trade in Services
GATT	General Agreement on Tariffs and Trade
Geo. Wash. Int'l L. Rev.	George Washington International Law Review
ggf.	gegebenenfalls
GLJ	German Law Journal
Gov	Governance
h. L.	herrschende Lehre
h. M.	herrschende Meinung
Harv. Int'l L.J.	Harvard International Law Journal
Harv. L. Rev.	Harvard Law Review
Hastings Int'l & Comp. L. Rev.	Hastings International and Comparative Law Review
HLR	Hofstra Law Review
i. e. S.	im engeren Sinne
i. S. v.	im Sinne von
IDW	Institut der Wirtschaftsprüfer in Deutschland e.V.
IFA	International Fiscal Association
IFSC	International Financial Service Centre
Int. T. L. & Reg.	International Trade Law & Regulation
Intertax	International Tax Review
Intertax	Intertax
Int'l Law	International Lawyer
IP	Internationale Politik
IRC	Internal Revenue Code
IStR	Internationales Steuerrecht
ITJ	International Tax Journal
IWB	Internationale Wirtschaftsbriefe
J. Int'l Tax'n	Journal of International Taxation
JBE	Journal of Business Ethics
JIEL	Journal of International Economic Law

JLEG	Journal of Legislation
JPE	Journal of Public Economics
JPolE	Journal of Political Economy
JPS	Journal of Social, Political, and Economic Studies
JWT	Journal of World Trade
KMU	kleine und mittlere Unternehmen
KP	Konjunkturpolitik (Applied Economics Quarterly)
Law & Pol'y Int'l Bus.	Law and Policy in International Business
LFWF	List Forum für Wirtschafts- und Finanzpolitik
LIEI	Legal Issues of Economic Integration
Loy. L.A. Int'l & Comp. L.J.	Loyola of Los Angeles International & Comparative Law Journal
m. a. W.	mit anderen Worten
m. E.	meines Erachtens
m. w. N.	mit weiteren Nachweisen
MBR	Multinational Business Review
Minn. J. Global Trade	Minnesota Journal of Global Trade
Minn. L. Rev.	Minnesota Law Review
N. Dak. L. Rev.	North Dakota Law Review
N.C.J. Int'l L. & Com. Reg.	North Carolina Journal of International Law & Commercial Regulation
N.M. L. Rev.	New Mexico Law Review
N.Y.U. L. Rev.	New York University Law Review
New Eng.L. Rev.	New England Law Review
Nr.	Nummer
NTL	National Tax Journal
NVwZ	Neue Zeitschrift für Verwaltungsrecht
NW. J. INT'L L. & BUS.	Northwestern School of Law Journal of International Law & Business
o. g.	oben genannt
OECD	Organization for Economic Co-operation and Development
ÖStZ	Österreichische Steuerzeitung
ÖZW	Österreichische Zeitschrift für Wirtschaftsrecht
PB	International Economics Policy Briefs
Rdn.	Randnummer
Rec. des cours	Recueil des Cours

RECEIL	Review of European Community and International Environmental Law
RFH	Reichsfinanzhof
RGBl	Reichsgesetzblatt
RIW	Recht der Internationalen Wirtschaft
Rs	Rechtssache
RStBl	Reichssteuerblatt
Rz.	Randziffer
s.	siehe
S.	Satz, Seite
S. A.	Société Anonyme
San Diego Int'l L.J.	San Diego International Law Journal
Seattle Univ. L. R.	Seattle University Law Review
Sec.	Section
SJIL	Stanford Journal of International Law
Slg	Sammlung der Entscheidungen des EuGH
St. Mary's L. J.	St. Mary's University of San Antonia Law Journal
StuW	Steuer und Wirtschaft
SWI	Steuer und Wirtschaft International
Tax L. Rev.	New York University Tax Law Review
Tax Notes Int'l	Tax Notes International
TE	Tax Executive
Temp. Int'l & Comp. L.J.	Temple International and Comparative Law Journal
Tex. Int'l L.J.	Texas International Law Journal
Tex. L. Rev.	Texas Law Review
TL	Tax Lawyer
TLR	Tax Law Review
TMIJ	Tax Management International Journal
TTA	Tax Adviser
TTMB	Tax Treaty Monitor Bulletin
u. a.	unter anderem
u. ä.	und ähnliches/-m
U. Chi. L. & Ec.	University of Chicago Law & Economics
U. Chi. L. Rev.	University of Chicago Law Review
U. Miami Int'l & Comp. L. Rev.	University of Miami Int.l and Comp. Law Review
U. Miami l. Rev.	University of Miami Law Review
U. Pa. J. Int'l Bus. L.	University of Pennsylvania Journal of International Economic Law
UK	United Kingdom
UMP	University of Michigan Press

usw.	und so weiter
Va. L. Rev.	Virginia Law Review
Vand. J. Transnat'l L.	Vanderbilt Journal of Transnational Law
VwGH	Verwaltungsgerichtshof
WC	World Competition
WTA	World Tax Advisor
WTR	World Trade Review
WVRK	Wiener Übereinkommen über das Recht der Verträge
Yale J. Int'l L.	Yale Journal of International Law
YEL	Yearbook of European Law
z. B.	zum Beispiel
z. T.	zum Teil
ZfbF	Zeitschrift für betriebswirtschaftliche Forschung
ZHR	Zeitschrift für das gesamte Handelsrecht und Wirtschaftsrecht

1 Einleitung

1.1 Einordnung des Themas und Zielsetzung

Grenzüberschreitend tätigen Unternehmen bieten sich unterschiedliche Vertriebs- und Wertschöpfungsstrukturen an, um ausländische Märkte zu bearbeiten. Neben dem direkten Export im Inland hergestellter Produkte ins Ausland, ohne Zwischenschaltung einer ausländischen Einheit, kann sowohl die Herstellung als auch der Vertrieb von Waren über ausländische Betriebsstätten oder Tochterkapitalgesellschaften erfolgen. Häufig werden bestimmte Teile der Produktion in das Ausland verlagert, oder es erfolgt die Lieferung inländischer Vorprodukte oder Komponenten an ausländische Einheiten, die diese unter Berücksichtigung lokaler Nachfragebedingungen zusammensetzen und weiterveräußern.

Die verschiedenen Wertschöpfungs- und Vertriebsstrukturen haben unterschiedliche steuerliche Konsequenzen und führen in Abhängigkeit von der Form des Auslandsengagements und der Art der steuerlichen Rahmenbedingungen im In- und Ausland zu mitunter erheblichen Belastungsunterschieden. Während bei direkten Exportgeschäften lediglich der Ansässigkeitsstaat eines Unternehmens die auf diese Geschäfte anfallenden Gewinne besteuert, sind im Falle der Zwischenschaltung ausländischer Einheiten mehrere Jurisdiktionen betroffen, die auf diese Gewinne für Besteuerungszwecke zugreifen. Um die aus diesem doppelten Zugriff resultierenden Doppelbelastungen zu vermeiden, haben sich in der internationalen Praxis bestimmte Entlastungsmöglichkeiten etabliert, deren Rechtsgrundlage sich aus dem originär innerstaatlichen Recht der betroffenen Steuerjurisdiktionen oder aus zwischenstaatlichen Abkommen, sog. Doppelbesteuerungsabkommen, ableitet. Für grenzüberschreitend tätige Unternehmen sind diese Entlastungsmechanismen von besonderer Bedeutung, führt doch eine unvollständige Beseitigung steuerlicher Doppelbelastungen zu einer Behinderung ihres grenzüberschreitenden Engagements bzw. – in makroökonomischer Betrachtung – des gesamten internationalen Waren- und Kapitalaustausches.

Aus dem Zugriff unterschiedlicher Jurisdiktionen auf dieselben Einkünfte können sich jedoch auch Fälle ergeben, in denen es zu einer Verbesserung der Wettbewerbsbedingungen für das grenzüberschreitend tätige Unternehmen kommt. So ist zu berücksichtigen, dass sowohl das Steuerniveau als auch die grundsätzliche Besteuerungspraxis von Land zu Land höchst unterschiedlich ausfallen. Hierdurch können sich Fälle von Minderbesteuerung ergeben, die wie eine steuerliche Subventionierung des internationalen Waren- und Kapitalverkehrs wirken und den Absatz inländischer Waren sowie Investitionen inländischer Unternehmen im Ausland begünstigen. Fällt die Steuerbelastung bei einer grenzüberschreitenden Tätigkeit gegenüber reinen Inlandssachverhalten oder gegenüber Investitionen in andere Länder besonders niedrig aus, können Unternehmen bestimmte Investitionsrenditen bereits mit geringeren Bruttogewinnen erreichen und dadurch ihre Produkte zu niedrigeren Preisen als ihre ausländische Konkurrenz anbieten. Dies verschafft ihnen wiederum einen Wettbewerbsvorteil im internationalen Handel, den sie zu einem aggressiven Auftreten auf ausländischen Märkten nutzen können.

Diese Auswirkungen steuerlicher Maßnahmen auf den grenzüberschreitenden Handel mit Waren- und Dienstleistungen führen zu Überschneidungen von Steuerrecht und dem Vertragswerk der Welthandelsorganisation, mit dem sich 149 Staaten auf den Abbau schädlicher und die Beseitigung diskriminierender Einflüsse auf den grenzüberschreitenden Warenhandel verpflichtet haben. Die rechtlich relevante Schnittstelle zwischen WTO-Recht und internationalem Steuerrecht gliedert sich in die Bereiche Diskriminierung und Subventionierung. In beiden Bereichen kann es zu Kollisionen von Rechtsnormen kommen, die entstehen, wenn sich ein WTO-Mitglied konform zu den originär innerstaatlichen oder bilateralen Vorschriften des Internationalen Steuerrechts verhält, jedoch gleichzeitig gegen WTO-Recht verstößt (und *vice versa*). Untersuchungsgegenstand der vorliegenden Arbeit sind die subventiven Momente des Internationalen Steuerrechts und damit die Frage nach der WTO-Konformität von Maßnahmen, die sich steuermindernd und damit potenziell begünstigend auf grenzüberschreitend tätige Unternehmen auswirken. Der für diese Untersuchung relevante Teil der WTO-Welthandelsordnung, der die subventiven Handelspraktiken der WTO-Mitglieder reguliert, ist das Übereinkommen über Subventionen und Ausgleichsmaßnahmen (Subventionsübereinkommen) in Anhang 1A des WTO-Übereinkommens.

Im Rahmen dieser Arbeit sollen die Überschneidungsbereiche zwischen den Vorschriften des Internationalen Steuerrechts und dem WTO-Subventionsrecht aufgezeigt werden. Hierzu sollen die Tatbestandsmerkmale steuerlicher Subventionen im Sinne des WTO-Subventionsübereinkommens abgeleitet werden, um verschiedene Vorschriften des Internationalen Steuerrechts zu prüfen. Um das Risiko unendlicher Fallkonstellationen mit rechtsdogmatisch geringer Aussagekraft zu vermeiden, sollen keine steuerlichen „Spezialfälle", sondern Maßnahmen untersucht werden, die sich in vielen originär innerstaatlichen oder abkommensrechtlichen Rechtsvorschriften finden und deren potentiell subventiver Charakter sich mitunter nicht auf den ersten Blick offenbart. In Bezug auf diese Maßnahmen sollen die Grenzen aufgezeigt werden, die dem Gesetzgeber bei der Ausgestaltung seines Steuersystems im Bereich des Internationalen Steuerrechts durch das Subventionsrecht der WTO gesetzt sind.

1.2 Aufbau der Untersuchung

Der Hauptteil der vorliegenden Arbeit umfasst vier Kapitel (2 bis 5). Kapitel 2 stellt das Subventionsübereinkommen vor und dient damit als Grundlage für die Ableitung von Überschneidungen und möglichen Kollisionen von WTO-Subventionsrecht und Internationalem Steuerrecht. Der erste Abschnitt bietet einen kurzen Abriss der historischen Entwicklung des Regelungsbereichs „Subventionen und Ausgleichsmaßnahmen" im GATT/WTO-Völkerrecht. Es werden u. a. die einzelnen „Evolutionsstufen" der multilateralen Subventionsdisziplin vor dem Hintergrund der unterschiedlichen Ansichten der Vertragsparteien auf Basis von Notenwechseln, Vertragsentwürfen und Sitzungsprotokollen skizziert, um den Weg der Willenseinigung und des Werdens des endgültigen Vertragstextes des Subventionsübereinkommens aufzuzeigen. Insbesondere bei der Analyse der Tatbestandsmerkmale wird sich zeigen, dass sich viele mehrdeutige oder vage Vorschriften des Übereinkommens erst unter Rückgriff auf die Verhandlungsgeschichte des Subventionsübereinkommens „erhellen" lassen.

Die Vorstellung des Aufbaus, der Organe und Verfahren des Übereinkommens im zweiten Abschnitt ist aus zweierlei Hinsicht für den Gang der Untersuchung relevant. Zum einen zeigen die Verfahrensvorschriften, dass das System der Streitbeilegung des Subventionsübereinkommens bzw. der WTO insgesamt den Streitparteien im Falle des Verstoßes gegen WTO-Recht verschiedene Handlungsstrategien eröffnet. So ist die Abschaffung einer WTO-widrigen Maßnahme lediglich eine Alternative, auf die Empfehlungen des Streitbeilegungsorgans zu reagieren. Hierauf begründet der EuGH die fehlende Verpflichtung der Gemeinschaftsgerichte bzw. mitgliedstaatlicher Gerichte, Urteile der WTO-Organe umzusetzen. Zum anderen wird im Rahmen dieser Untersuchung regelmäßig auf die Rechtsprechung der WTO-Organe eingegangen, die erst vor dem Hintergrund der Verfahrensgrundlagen nachvollziehbar wird. An die Vorstellung des Verfahrensrechts schließt sich die Ableitung des Regelungsziels des Subventionsübereinkommens an. Im Subventionsübereinkommen finden sich zahlreiche Begriffe, deren Reichweite sich nicht bereits aus ihrem allgemeinen Sprachgebrauch hinreichend bestimmen lässt. Wie dem historischem Hintergrund kommt daher auch dem Regelungsziel bei der Interpretation einzelner Vertragsvorschriften, insbesondere bei der Abschätzung der Reichweite unbestimmter Vertragsbegriffe, entscheidende Bedeutung zu.

Der dritte Abschnitt von Kapitel 2 stellt den materiellen Anwendungsbereich des Subventionsübereinkommens vor. Deshalb muss an dieser Stelle eine Abgrenzung der Anwendungsbereiche subventionsrechtlich relevanter Vorschriften innerhalb und außerhalb der WTO-Rechtsordnung durch die Definition des Schutzbereichs des Subventionsübereinkommens erfolgen. Erst anhand des materiellrechtlichen Anwendungsbereichs des Übereinkommens werden die Überschneidungen und potentiellen Kollisionsbereiche von Internationalem Steuerrecht und WTO-Recht deutlich. Neben der Frage nach dem materiellen Anwendungsbereich stellt sich die Frage nach dem Rangverhältnis von WTO-Recht und nationalen Rechtsvorschriften bzw. Gemeinschaftsrecht. Von Bedeutung für die Durchsetzung des WTO-Rechts, auch im Falle von Kollisionen mit nationalen oder gemeinschaftsrechtlichen Rechtsvorschriften, ist die Frage nach der unmittelbaren Anwendbarkeit. Zu klären ist, ob ein Individuum sich vor einem Gemeinschaftsgericht oder in einem EU-mitgliedstaatlichen Verfahren unmittelbar auf WTO-Recht berufen kann, um einen mitgliedstaatlichen oder einen Gemeinschaftsrechtsakt anzufechten, oder ob zumindest eine mittelbare Anwendbarkeit im Sinne einer WTO-konformen Auslegung von Gemeinschafts- oder nationalen Rechtsvorschriften gegeben ist.

Eng verbunden mit dieser Fragestellung ist der letzte Abschnitt des Kapitels, der dem Rangverhältnis von WTO-Recht und dem Recht der Doppelbesteuerungsabkommen gewidmet ist. Es wird zunächst die bereits im Zusammenhang mit den Diskriminierungsverboten des EG-Vertrags diskutierte Frage behandelt, ob Doppelbesteuerungsabkommen auf Grund ihres „bilateralen Wesens" nicht grundsätzlich „immun" gegen Antidiskriminierungs- oder Antisubventionsvorschriften sein müssen oder ob die Vertragsstaaten theoretisch auch die Möglichkeit haben, protektionistische Maßnahmen in DBA zu „verpacken". Da letzteres, wie sich zeigen wird, nicht auszuschließen ist, stellt sich im Falle einer solchen Kollision zunächst die Frage nach dem anwendbaren Recht. Geklärt werden muss, ob die WTO-Organe mitgliedstaatliche Maßnahmen autonom interpretieren oder nur auf höchstrichterliche mitgliedstaatliche oder gemeinschaftsgerichtliche Wertungen aufbauen können. Verhält sich ein WTO-Mitglied DBA-konform und verstößt damit gleichzeitig gegen WTO-Recht, ist wiederum fraglich, welcher Vertragspflicht Vorrang zuzuerkennen ist. Abschließend wird in diesem Abschnitt auch auf die Frage eingegangen, ob das Streitbeilegungsverfahren für zwischenstaatliche Streitigkeiten im Bereich des Internationalen Steuerrechts zuständig ist oder ob eine Streitpartei in Steuersachen gar eine Kompetenzverneinung eines Panel erreichen kann.

Kapitel 3 der vorliegenden Untersuchung dient der Eingrenzung und Definition des Untersuchungsgegenstandes und der Ableitung von Forschungsfragen, deren Beantwortung im Rahmen der folgenden beiden Kapitel angestrebt wird. Eine detaillierte Vorstellung des Rechtsgebiets des Internationalen Steuerrechts ist nicht beabsichtigt, vielmehr werden Maßnahmen gesucht, deren Wirkung oder Zielsetzung sich mit dem WTO-Recht überschneiden. Da Gegenstand dieser Arbeit steuerliche Maßnahmen mit subventiven Wirkungen sind, werden Vorschriften des Internationalen Steuerrechts gesucht, die sich in der Regel steuermindernd und damit begünstigend auf den Steuerpflichtigen auswirken. Dabei wird jedoch nicht auf spezielle Einzelfälle abgestellt, da hieraus zum einen die Gefahr resultieren würde, sich in unendlichen Fallgestaltungen zu verlieren, und da zum anderen die Erkenntnisse dieser „Spezialfälle" aus rechtsdogmatischer Sicht von eher geringer Bedeutung sind. Untersuchungsgegenstand der vorliegenden Arbeit sind ja gerade allgemeine Maßnahmen, die in jeder Steuerjurisdiktion auffindbar und nicht auf den ersten Blick als steuerliche Vergünstigungen erkennbar sind bzw. als solche wahrgenommen werden.

Kapitel 4 dient der Ableitung der Tatbestandsmerkmale steuerlicher Subventionen. Das Übereinkommen adressiert neben den direkten Kapitaltransfers z. B. in Form von Zuschüssen auch die indirekte Subventionierung von Unternehmen über den Verzicht auf die Erhebung von Einnahmen durch eine Regierung. Da beide Formen der Subventionierung über das Kriterium der „finanziellen Beihilfe" in einem Tatbestand vereint werden, bietet es sich zunächst an, allgemeine Subventionseigenschaften abzuleiten und diese anschließend auf das dogmatisch noch kaum ausdifferenzierte Konzept der Subventionierung durch staatlichen Einnahmeverzicht zu übertragen. Der EG-Vertrag weist mit Art. 87 Abs. 1 ein dem Subventionsübereinkommen in vielen Punkten recht ähnliches Subventionsaufsichtsregime auf. Bei der Analyse einzelner Tatbestände des Subventionsübereinkommens lässt sich daher auch auf die im EG-Beihilfenrecht bereits fortgeschrittene Diskussion im Schrifttum sowie auf eine umfangreiche Entscheidungspraxis von EuGH und Kommission zurückgreifen. Es wird sich allerdings zeigen, dass nicht sämtliche der hier entwickelten Konzepte vorbehaltlos auf die Tatbestandselemente steuerlicher Subventionen im Sinne des Subventionsübereinkommens übertragbar sind. Im Rahmen der Abwägung von Gemeinsamkeiten und Unterschieden auf Tatbestandsebene werden in diesem Kapitel auch konkrete Beispiele aus der Rechtsprechung des EuGH bzw. der Rechtsanwendung durch die Kommission WTO-rechtlich gewürdigt. Da im Rahmen des folgenden Kapitels überwiegend bilaterale Vorschriften des Internationalen Steuerrechts auf ihre WTO-Konformität überprüft werden, wird an dieser Stelle verstärkt auf die Konformität originär innerstaatlicher Maßnahmen mit dem WTO-Recht eingegangen. Das Kapitel schließt mit einer – aus Gründen der Übersichtlichkeit – auf das Wesentliche begrenzten Aufstellung der Tatbestandsmerkmale steuerlicher Subventionen.

In Kapitel 5 werden überwiegend abkommensrechtliche Vorschriften auf ihre Vereinbarkeit mit dem WTO-Subventionsübereinkommen untersucht. Dieser Teil ist aus methodischen Gründen im Wesentlichen nach dem Prüfungsmaßstab gegliedert. In einem ersten Abschnitt werden verschiedene DBA-Maßnahmen anhand des Subventionstatbestands diskutiert, was überwiegend mit der Ableitung möglicher Referenzfälle und damit der Suche nach Vergleichspaaren im DBA-Recht einhergeht. Im folgenden Abschnitt wird untersucht, ob die DBA-Anwendung oder einzelne DBA-Maßnahmen das Element der Spezifität erfüllen, das im Subventionsübereinkommen nicht Teil des Subventionsbegriffs, jedoch für eine WTO-Widrigkeit steuerlicher Maßnahmen entscheidend ist. In einem abschließenden Abschnitt wird der Einfluss des Verbots für Ausfuhrsubventionen auf die Ausgestaltung unilateraler Methoden zur Vermeidung der Doppelbesteuerung und abkommensrechtliche Verteilungs- und Entlastungsnormen untersucht, wobei auch der Frage nach einer Verpflichtung der WTO-Mitglieder, durch geeignete Vorschriften Fälle von Minderbesteuerung- und Doppelter-Nichtbesteuerung im Internationalen Steuerrecht zu begegnen, nachgegangen wird.

1.3 Subventions- und Steuersenkungswettbewerb

Die Subventionskontrolle gründet als Teil der WTO-Welthandelsordnung auf dem Grundgedanken, dass es durch staatliche Subventionen an Unternehmen zu Verzerrungen des Wettbewerbs auf den betroffenen Produktmärkten kommen kann. Das Subventionsübereinkommen stellt damit in erster Linie auf den Wettbewerb zwischen Warenanbietern ab. Dennoch haben Subventionsvorschriften auch Auswirkungen auf den Wettbewerb von Jurisdiktionen, die mit Hilfe bestimmter Anreizmechanismen um Unternehmensansiedlungen, Steuereinnahmequellen und Arbeitsplätze oder um Humankapital – der Begriff sei hier gestattet[1] – konkurrieren. Die Subventionskontrolle beeinflusst daher nicht nur den Wettbewerb auf den Produktmärkten, sondern ebenso den Wettbewerb zwischen Jurisdiktionen, selbst, wenn hierin nicht das erklärte Ziel der WTO-Welthandelsordnung allgemein bzw. des Subventionsübereinkommens im Speziellen liegt.

Diese zwischenstaatlichen Tausch- und Konkurrenzprozesse werden als Systemwettbewerb bzw. institutioneller Wettbewerb bezeichnet und beschreiben ein komplexes wirtschaftswissenschaftliches Forschungsobjekt, bei dem es um die „Voraussetzungen und Folgen von Tausch- und Wettbewerbsprozessen zwischen staatlichen Anbietern und privaten Nachfragern jener öffentlichen Leistung, die „institutionelle Regelung" genannt wird"[2], geht. Dabei gilt, dass zur Bereitstellung staatlicher Leistungen Steuern erhoben werden müssen. Nach *Siebert* sorgt der Wettbewerb der Institutionen dafür, dass der „Trade-Off zwischen den Vorteilen eines nationalen öffentlichen Gutes und seinen Opportunitätskosten im politischen Prozess deutlich gemacht wird"[3].

Sinn[4] befürchtet, dass dieser Systemwettbewerb dazu führe, dass sich potentielle Standorte in einen Subventions- und Steuersenkungswettbewerb hineinbegäben. Dieser führe zu einem ineffizient geringen Angebot an öffentlichen Gütern. Nutzen Unternehmen das internationale Steuergefälle zu zwischenstaatlichen Gewinnverschiebungen, so gehen den betroffenen Staaten Steuereinnah-

---

1 Die Gesellschaft für deutsche Sprache e. V. hat den Begriff „Humankapital" zum Unwort des Jahres 2004 gewählt.

2 Clapham, R./Schneider, H./Weigelt, K., Systemwettbewerb, 2005, S. 446. Der Systemwettbewerb wird seit Anfang der neunziger Jahre, allerdings unter verschiedenen Begrifflichkeiten, diskutiert. So wird das Phänomen auch als institutioneller Wettbewerb, Wettbewerb zwischen Jurisdiktionen oder kompetitiver Föderalismus beschrieben.

3 Siebert, H., Außenwirtschaft, 2002, S. 196.

4 Sinn, H.-W., Harmonization, 1990, S. 13 f.

men verloren, die sie zur Bereitstellung öffentlicher Leistungen benötigen. Da diese Unternehmen die staatlichen Leistungen weiterhin ungemindert in Anspruch nehmen, ohne für ihre Finanzierung aufzukommen, entstehen sog. *spill over*-Effekte, die in einer Unterversorgung mit öffentlichen Gütern münden. Ob es auf Grund dieses Steuersenkungswettbewerbs, wie dies *Sinn* vorhersagt, zu einer Senkung der Steuersätze bis auf Null („Race to the bottom“) kommen wird, ist umstritten.[5]

Dem Steuerwettbewerb werden jedoch nicht nur negative Eigenschaften zugeschrieben. Bereits *Tiebout*[6] hat in seinem regionalökonomisch sehr einflussreichen wohlfahrtsökonomischen Modell gezeigt, dass der Wettbewerb zwischen Standorten auch wohlfahrtssteigernd wirken kann. Unter der Prämisse vollkommener und kostenloser Mobilität wird sich eine wohlfahrtsoptimale räumliche Verteilung der Wirtschaftsaktivitäten einpendeln. Der Grund dafür liegt darin, dass die Wirtschaftssubjekte ihren Lebensschwerpunkt in dem Staat wählen, der ihnen nach ihrer Präferenzstruktur eine optimale Kombination von Steuerbelastung und öffentlichen Leistungen anbietet.[7] Wirtschaftssubjekte, die hohe öffentliche Leistungen in Anspruch nehmen wollen, sind bereit, Standorte mit höheren Steuern zu wählen, während Wirtschaftssubjekte, die geringere öffentliche Leistungen in Kauf nehmen, Standorte mit niedrigeren Steuern wählen („voting by feet“).

In seiner kritischen Betrachtung des *Tiebout*-Modells weist *Nowotny*[8] allerdings darauf hin, dass dieses Modell insbesondere in seiner Übertragung auf europäische Verhältnisse überzogen und unrealistisch sowie hinsichtlich seiner wirtschaftspolitischen Übertragbarkeit irreführend sei. Dies gelte sowohl in Bezug auf die Prämissen Mobilität und Information als auch für die Annahme gleicher Ausgangsbedingungen bezüglich Einkommen, Vermögen und regionaler Steuerbasen. So seien höhere regionale Steuertarife eben nicht unbedingt Ausdruck höherer Präferenzen für öffentliche Leistungen, sondern könnten ebenso das Ergebnis struktureller Schwierigkeiten der betreffenden Regionen sein, eine

5 *Sinn* geht sogar noch einen Schritt weiter. Er befürchtet, dass “tax competition not only implies a race to the bottom, as is often argued, but in a certain sense it also even implies a race below the bottom.” Sinn, H.-W., Systems, 2002, S. 51 f. Weitere Befürworter Revesz, R. L., N.Y.U. L. Rev. 1992, S. 1254; Tanzi, V., Integrating World, 1995, S. 118 ff; Huber, B., LFWF 1997, S. 247 ff; Müller, W., KP 1998, S. 320 f; Büttner, T., Empirie, 2001, S. 62; Oates, W. E., NTL 2001, S. 610 f. Gegen die Annahme eines “race to the bottom” Rädler, A. J., Überlegungen, 1994, S. 279; Gerken, L./Märkt, J./Schick, G., Steuerwettbewerb, 2000, S. 969; Feld, L. P., Gutachten, 2001, S. 83; Boss, A., Steuerharmonisierung, 2003, S. 22; Eickhof, N., Globalisierung, 2003, S. 17.

6 Tiebout, C. M., JPolE 1956, S. 416 ff.

7 Diese Leistungen können in der Sicherstellung innerer und äußerer Sicherheit durch Polizei und Armee oder in der Bereitstellung materieller Infrastruktur (z.B. Straßen) durch staatlich beauftragte Unternehmen bestehen.

8 Nowotny, E./Scheer, C./Walther, H., Finanzwissenschaft, 1999, S. 133 f.

Ausstattung mit öffentlichen Leistungen zu finanzieren, wie sie in anderen Regionen Standard sei. Dies sei gerade dann der Fall, wenn man nicht ausschließlich auf den Allokationsbereich bei ausschließbaren öffentlichen Leistungen abstelle, sondern auch nicht-ausschließbare Leistungen und Distributionsaspekte berücksichtige.

Überträgt man das *Tiebout*-Modell auf den Ansatz des internationalen Steuerwettbewerbs, kommt man zu dem Schluss, dass die einzelnen Regionen im Wettbewerb unterschiedliche „Pakete" von öffentlichen Leistungen und Steuern anbieten und dass die Wirtschaftssubjekte bei voller (und kostenloser) Mobilität jeweils jene Kombination wählen, die ihren Präferenzen am ehesten entspricht. So wird häufig argumentiert, dass der Wettbewerb der Wirtschafts- und Steuersysteme zu einem globalen wohlfahrtsökonomischen Optimum führt und der Steuerwettbewerb in einer Welt freier Güter- und Faktorströme dazu führt, dass Steueränderungen als strategisches Element der nationalen Wettbewerbspolitik eingesetzt werden können.

Die Bewertung des Steuerwettbewerbs ist, wie *Nowotny*[9] klarstellt, jedoch nicht so eindeutig, wie sie im *Tiebout*-Modell erscheint. Im Extremfall zeigt sich dies am Beispiel der Steueroasen, bei denen es sich meist um kleine Staaten handelt, die eine „free-rider-Strategie" gegenüber der internationalen Staatengemeinschaft verfolgen. Diese Staaten können auf Grund niedrigerer Staatsquoten niedrigere Steuerquoten aufstellen und spezielle begünstigende Steuerregime etablieren. Daraus resultieren Rückwirkungen auf den steuerpolitischen Spielraum anderer Staaten. Zudem ergibt sich hier für größere Staaten auch einzelstaatlich ein Problem, wenn reale Investitionsentscheidungen hinsichtlich des Finanzierungsvolumens nur in verhältnismäßig geringem Ausmaß steuerlich beeinflussbar sind. Hier führt eine Strategie der Steuerkonkurrenz zu hohen „Mitnahmeeffekten" und damit zu relativ hohen fiskalischen Kosten.

Dass diese Kritik am *Tiebout*-Modell berechtigt ist, zeigt sich auch daran, dass gerade kapitalkräftige Steuerpflichtige den Steuerwettbewerb zu ihren Gunsten nutzen können, indem sie ihr Vermögen in einen ausländischen Quellenstaat mit einer Vorzugsbesteuerung für grenzüberschreitende Kapitalanlagen verlagern. Der Wohnsitzstaat wird dabei benachteiligt, da diese ansässigen Steuerzahler einerseits die hochentwickelte Infrastruktur des Quellenstaates weiterhin in Anspruch nehmen, ohne sie jedoch andererseits zu finanzieren. Für den Quellenstaat hingegen ist der Mehraufwand vor allem bei reinen Kapitalanlagen als sehr gering einzustufen.[10] Es wird daher allgemein anerkannt, dass aus der internationalen Standortwettbewerbspolitik Verzerrungen makroökonomischer und allokativer Natur resultieren.[11]

---

9 Vgl. ebenda, S. 405.

10 Vgl. Schön, W., Rechtsproblem, 2000, S. 12.

11 Vgl. Organisation for Economic Co-operation and Development, Competition, 1998, S. 14 Rz. 24 f; Nowotny, E./Scheer, C./Walther, H., Finanzwissenschaft, 1999, S. 405.

Auch *Sinn*[12] kommt in seiner als *Selektionsprinzip* bezeichneten Hypothese zu dem Ergebnis, dass eine sinnvolle Konkurrenz von Staaten auf politischer Ebene nicht möglich und damit ein funktionierender Steuerwettbewerb nicht praktikabel sei. Hierzu erweitert *Sinn* seine These von der Ineffizienz des Systemwettbewerbs auch auf den Bereich staatlicher Aktivitäten, die keine grenzüberschreitende Wirkung haben. Das eigentliche Problem des traditionellen fiskalföderalistischen Ansatzes sei darin zu suchen, dass die gedankliche Übertragung der wohlfahrtsfördernden Wirkung des privatwirtschaftlichen Wettbewerbsmodells auf Jurisdiktionen nicht gerechtfertigt sei. Da es Aufgabe des Staates sei, Marktversagen auf den Produktmärkten zu bekämpfen und er gerade solche Güter anbiete, die auf Grund von Marktversagen durch private Anbieter nicht bereitgestellt würden, könne eine Wiedereinführung des Marktes durch die Hintertür des staatlichen Wettbewerbs keine wohlfahrtssteigernde Wirkung haben.

Zwar lässt sich bisher empirisch weder eindeutig belegen, dass ein Standortwettbewerb, etwa in Form eines Steuerwettbewerbs, zwingend Ineffizienzen induziert[13] noch dass es überhaupt zu einem Steuersenkungswettlauf kommt.[14] Dennoch ist nicht von der Hand zu weisen, dass Unternehmen und qualifizierte Arbeitnehmer mobiler geworden sind, wodurch der nationalstaatliche Handlungsspielraum enger geworden ist. Unternehmen und Arbeitnehmer können sich in einem internationalisierten Umfeld schneller dem Einflussbereich nationaler Instanzen entziehen.[15] Dadurch werden die Spielräume der Regierungen, eine Politik zur souveränen Gestaltung der Gesellschaft und zur Lösung von Problemen innerhalb der Staatsgrenzen formulieren und umsetzen zu können, eingeschränkt.[16] Besonders deutlich wird der nationalstaatliche Souveränitätsverlust im Bereich der Unternehmensbesteuerung, wo es insbesondere im Kapitalanlagebereich, der Gestaltung von Verrechnungspreisen oder im Finanzierungs- und Dienstleistungsbereich von internationalen Konzernen zu zwischenstaatlichen Gewinnverschiebungen kommt.[17]

Um auf den Wettbewerb der Steuerjurisdiktionen zu reagieren, bieten sich den einzelnen Ländern unterschiedliche Strategien. Eine Möglichkeit liegt in der „Abschottung“ und damit in protektionistischem Verhalten. Als Beispiel zu nennen sind Vorschriften, die den Wegzug Steuerpflichtiger erschweren, um der

---

12 Sinn, H.-W., Selektionsprinzip, 1997, S. 9 ff.

13 Vgl. Feld, L. P., Steuerwettbewerb, 2000, S. 77 ff.

14 *Pitlik* findet in seiner empirischen Analyse keine überzeugenden Hinweise auf einen Steuersenkungswettlauf. Vgl. Pitlik, H., Steuerpolitik, 2005, S. 23.

15 Vgl. Haucap, J./Hartwich, T., Beihilfenkontrolle, 2006, S. 19.

16 *Messner* spricht in diesem Zusammenhang auch von „interner Souveränität“. Externe Souveränität bezieht sich hingegen auf das Verhältnis von Staaten im internationalen System, in dem es keine übergeordnete Macht gibt. Sie wird durch die nationalstaatliche Außenpolitik determiniert. Vgl. Messner, D., IP 1998, S. 17.

17 Vgl. ausführlich Spengel, C., Europäische Union, 2003, S. 164 ff.

„Steuerflucht“ von Staatsbürgern ins Ausland zu begegnen. So bestimmt z. B. das deutsche Außensteuergesetz (AStG) in § 2, dass Privatpersonen, die in ein Niedrigsteuergebiet umziehen und ihren bisherigen deutschen Wohnsitz aufgeben, mit bestimmten Kapitaleinkünften auch weiterhin der deutschen Besteuerung im Rahmen der sog. „erweiterten beschränkten Steuerpflicht“ unterliegen. Weitere Beispiele für restriktive Antworten auf den Steuerwettbewerb sind Durchgriffsbesteuerungen durch inländisch beherrschte, im Ausland ansässige Rechtspersönlichkeiten (Hinzurechnungsbesteuerung), Vorgaben über die maximale Ausstattung ausländischer Gesellschaften mit Fremdkapital (*thin capitalization rules*) und Verlustausgleichsverbote für ausländische Beteiligungen oder Betriebsstätten. Im europäischen Kontext hat sich allerdings gezeigt, dass nationale Alleingänge in dieser Form nicht zukunftsfähig sind. Das liegt daran, dass durch diese Maßnahmen häufig zugleich Freiheitsrechte eingeschränkt werden, was von den Gemeinschaftsgerichten in der Regel nicht hingenommen wird.[18]

Eine andere Möglichkeit der Reaktion auf den Systemwettbewerb liegt in offensivem Verhalten und damit in einer *verstärkten* Partizipation am Systemwettbewerb. Dies geschieht in der Regel durch aktive Strategien, wie z. B. Körpersteuersatzreduktionen in bestimmten Regionen, zeitlich befristete Steuerbefreiungen (*tax holidays*), auf bestimmte (neue) Investoren beschränkte Vergünstigungen (*ring fencing*) oder spezielle Erleichterungen für Management- und Finanzdienstleistungsunternehmen internationaler Konzerne. Problematisch an diesen unkoordinierten nationalen Antworten auf den Systemwettbewerb ist, dass hierdurch der Wettbewerb der Jurisdiktionen weiter verschärft wird und sich die politischen Entscheidungsträger durch diese klassische "Beggar-Thy-Neighbor"-Politik in ein scheinbar auswegloses Dilemma (sog. Gefangenendilemma) hineinbewegen, bei dem es zu ineffizienten, nicht kooperativen Lösungen kommen muss.

Ein Schritt aus dem Gefangenendilemma liegt in der Erkenntnis, dass die Politik der Globalisierung nachwachsen muss und damit die Gestaltung der internationalen Wirtschaftsverflechtungen nicht den Nationalstaaten allein überlassen werden kann. So herrscht im Falle des Steuerwettbewerbs weitgehend Einigkeit, dass Harmonisierung bzw. Kooperation zu einem allgemeinen Wohlfahrtsanstieg führen, da Steuereinnahmen weiterhin zur Verfügung stehen, die ansonsten im Wettbewerb vernichtet worden wären.[19] Lassen sich politische Ziele nicht mehr auf nationaler Ebene erreichen, so müssen sie auf europäischer oder internationaler Ebene verfolgt werden. Dies kann z. B. durch eine gezielte Selbstbindung im Rahmen vertraglich abgesicherter Kooperationen wie die Übertragung von Kompetenzen in der Handelspolitik an die WTO erfolgen.

---

[18] Vgl. ausführlich zur rigorosen Rechtsprechung des EuGH zum Vorrang der Grundfreiheiten gegenüber der staalichen Steuersouveränität Schaumburg, H., DB 2005, S. 1130 ff.

[19] Vgl. Tanzi, V./Bovenberg, A. L., Capital, 1990, S. 176; Wilson, J. D., NTL 1999, S. 297; Oates, W. E., Regional Science and Urban Economics 2001, S. 136 ff.

Das Subventionsrecht der WTO, auf dessen Einhaltung sich die WTO-Mitglieder auf der Basis von Gegenseitigkeit verpflichtet haben, stellt eine solche Kooperation dar. Das Subventionsübereinkommen legt fest, welche Subventionen die WTO-Mitgliedstaaten gewähren dürfen und welche verboten sind. Wie sich im Rahmen dieser Arbeit zeigen wird, haben diese Vorschriften auch einen erheblichen Einfluss auf die mitgliedstaatliche Subventionsvergabe über das Abgabenrecht und damit auf den Steuerwettbewerb. Es stellt sich daher die Frage, wie die Vorschriften des Subventionsübereinkommens dazu beitragen können, den Systemwettbewerb im Bereich der Steuerjurisdiktionen sinnvoll einzuschränken. Betrachtet man die Ausführungen *Sinns* zum Selektionsprinzip, so erscheint es falsch, Subventionen grundsätzlich zu verbieten, da sie als ordnungspolitische Instrumente dazu beitragen können, fehlende Märkte zu ersetzen und die Fehler existierender Märkte zu korrigieren. Dies erkennen sowohl das Beihilfenrecht des EG-Vertrags als auch das WTO-Subventionsübereinkommen an. Das zeigt sich daran, dass beide Regelungsregime kein generelles Verbot steuerlicher Subventionen aussprechen, sondern nur bestimmte, als besonders wettbewerbsschädigend geltende Subventionen einer Subventionsdisziplin unterwerfen.

Damit definiert sich auch das legitime Ziel steuerlicher Subventionen und ihre schädliche Ausprägung. Nur wenn steuerliche Subventionen dazu dienen, einen Marktversagenstatbestand zu korrigieren, sollte die Subventionierung über das Abgabensystem erlaubt sein.[20] Subventionen werden jedoch nicht nur zur Korrektur von Marktversagen vergeben, sondern auch, wie oben beschrieben, als Instrument offensiver Teilnahme am Systemwettbewerb genutzt. Um zwischen Subventionen, die sich negativ auf die Wettbewerbsfähigkeit von Unternehmen oder Wirtschaftszweigen anderer Länder auswirken, und solchen, die als ordnungspolitische Antwort auf Marktversagen legitim sind, unterscheiden zu können, bedarf es einer effizienten juristischen Grenzziehung. An der Fähigkeit, diese rechtlichen Maßstäbe zu definieren, um die originär ökonomische Grenzziehung zwischen sinnvoller und schädlicher Subventionierung abzubilden, muss die Qualität einer Subventionsaufsicht beurteilt werden.

---

20 Ähnlich zur EG-Beihilfenkontrolle Haucap, J./Hartwich, T., Beihilfenkontrolle, 2006, S. 20.

2 Das Subventionsübereinkommen

2.1 Entstehungsgeschichte des Subventionsübereinkommens

Für die Auslegung eines völkerrechtlichen Vertrages gilt als oberster Auslegungsgrundsatz, dass er nach den Regeln der *bona fides*, also nach Treu und Glauben, auszulegen ist. Entscheidend für die Auslegung ist daher der wahre Wille der Vertragsparteien, der primär am Text festzustellen ist. Wertvolle Hinweise zum Weg der Willenseinigung und zum Werden des endgültigen Vertragstextes finden sich in den vorbereitenden Materialien: z. B. Notenwechsel, Vertragsentwürfe und Sitzungsprotokolle. Nach Art. 32 lit. a WVRK können diese Vorarbeiten, sofern der Wortlaut des Vertragstextes „mehrdeutig oder dunkel"[21] ist, subsidiär zu dessen Interpretation herangezogen werden.[22] So nehmen auch die WTO-Organe in ihren Berichten regelmäßig Bezug auf die Verhandlungsgeschichte und Meinungen der Vertragsstaaten im Verhandlungsprozess des Subventionsübereinkommens.[23]

Kritisch zum Rückgriff auf die Verhandlungsgeschichte bei der Auslegung von Vorschriften des Subventionsübereinkommens äußert sich *Lennard*, der auf den nur eingeschränkten Zugriff auf diese Dokumente verweist. So seien diese Dokumente nur Forschern in Genf oder in wenigen Bibliotheken auf Mikrofilm zugänglich.[24] Dem ist jedoch zum einen entgegenzuhalten, dass es den Mitgliedstaaten durchaus möglich sein sollte, auf Unterlagen im WTO-Archiv zurückzugreifen, und dass bereits viele dieser Dokumente im Internet allgemein zugänglich sind.[25] Zum anderen wird in der rechtswissenschaftlichen Literatur die Meinung vertreten, dass eine allgemein-öffentliche Zugänglichkeit bei der historischen Interpretation nicht im Vordergrund stehe und sämtliche Materialien, sogar private wissenschaftliche Arbeiten der Gesetzesverfasser, als Erkenntnisquellen herangezogen werden könnten.[26]

---

21 Nach *Michael Lang*, der auf *Sinclair* verweist, bedeutet dies jedoch kaum eine Einschränkung, da es der Natur kontroverser Rechtsfragen entspreche, dass diese „mehrdeutig oder dunkel" seien. Vgl. Sinclair, I., Treaties, 1984, S. 142; Lang, M., SWI 2005, S. 17.

22 Ausführlich Seidl-Hohenveldern, I./Stein, T., Völkerrecht, 2000, Rz. 357.

23 Vgl. die grundsätzliche Bereitschaft des Panels, auch informelle Diskussionsvorlagen im Auslegungsprozess zu berücksichtigen, in WTO Panel Report v. 27. September 2002 (US – Softwood Lumber from Canada), Rz. 7.253. Ausführlich zum Auslegungsvorgang des Panels in dieser Streitsache Moulis, D., Implications, 2002, S. 7 ff.

24 Vgl. Lennard, M., JIEL 2002, S. 17 ff.

25 Eine umfangreiche Dokumentensammlung zur Uruguay-Runde findet sich im Internet unter http://www.worldtradelaw.net (Zugriff: Dezember 2005).

26 Vgl. Bydlinski, F., Methodenlehre, 1991, S. 449. Zustimmend Lang, M., SWI 2005, S. 19.

Im Rahmen dieser Arbeit wird, soweit nötig, auf die historische Entwicklung der Vorschriften des Subventionsübereinkommens Bezug genommen. Daher empfiehlt sich ein kurzer geschichtlicher Abriss.

2.1.1 Die Havanna-Charta

Aus den Erfahrungen der Weltwirtschaftskrise in den 30er Jahren des letzten Jahrhunderts resultierte nach dem 2. Weltkrieg der Wunsch nach einer stabilen Ordnung für den Welthandel. Im Jahr 1945 wurden die Vereinten Nationen (United Nations) gegründet, deren Wirtschafts- und Sozialrat (Economic and Social Council, ECOSOC), vom Gedanken eines friedlichen Zusammenlebens der Völker geprägt, den Aufbau einer internationalen Wirtschaftsordnung vorantrieb. Der UN-Charta ist daher zu entnehmen, dass für die Sicherung des Friedens nicht nur der Verzicht auf Gewalt, sondern auch ein Konsens im Bereich wirtschaftlicher und sozialer Fragen nötig ist.[27]

Auf der Konferenz von Bretton Woods wurde im Kriegsjahr 1944 mit der Weltbank und dem Internationalen Währungsfonds eine neue Ordnung für internationale Finanzbeziehungen ins Leben gerufen. Für den Bereich des Welthandels war ein ähnliches Ordnungssystem in Form einer multilateralen Organisation vorgesehen. Hierzu wurde auf der Konferenz von Bretton Woods eine Internationale Konferenz für Handel und Beschäftigung (Conference on Trade and United Nation Employment) einberufen, die aus vier Verhandlungsrunden bestand. Von November 1947 bis März 1948 fand in Havanna die Konferenz für Handel und Beschäftigung statt. Ergebnis der Verhandlungen war die nach dem Tagungsort benannte „Havanna-Charta für eine internationale Handelsorganisation" vom 24. März 1948.

Die Havanna-Charta sollte der Sicherung von Vollbeschäftigung und dem Wiederaufbau in Mitleidenschaft gezogener Volkswirtschaften dienen und handelspolitische sowie wettbewerbsrechtliche Regelungen bereitstellen, deren Verwaltung und Durchsetzung in die Hand der Internationalen Handelsorganisation (International Trade Organization, ITO) gelegt werden sollten. Die Havanna-Charta enthielt in Art. 25 Abs. 1 eine allgemeine Notifikationspflicht für importersetzende[28] Subventionen sowie für Ausfuhrsubventionen. Die Subventionierung von Ausfuhren war den Vertragsstaaten verboten, wenn dies dazu führte, dass Exportwaren auf dem jeweiligen Auslandsmarkt zu einem niedrigeren Preis verkauft werden konnten als im Inland.[29] Einer gesonderten Regelung un-

---

27 Vgl. Wolfrum, R., UN-Charta Kommentar, 1991, Art. 55 Rn. 2.

28 Importersetzende Subventionen dienen der Beschränkung von Einfuhren in das Gebiet des subventionierenden Staates durch gezielte Förderung inländischer Substitute.

29 Sog. *bilevel pricing*, Art. 26 Abs. 1 Havanna-Charta. Zum Nachweis einer Ausfuhrsubvention war zu demonstrieren, dass der Ausfuhrpreis niedriger als der inländische Preis *und* diese Differenz auf die Subvention zurückzuführen war. Vgl. ausführlich Hudec, R. E., Minn. L. Rev. 1988, S. 1443 ff.

terlag die Ausfuhrförderung von Grundstoffen, die nur verboten war, wenn sich das subventionierende Mitglied hierdurch einen unangemessen hohen Anteil am Weltmarkt verschaffte.[30]

Diese Regelungen stießen auf erheblichen Widerstand des amerikanischen Kongresses und zahlreicher westlicher Regierungen, die befürchteten, dass sie in der ITO – wie in der UN-Vollversammlung – von der zunehmenden Zahl der Entwicklungsländer majorisiert werden könnten. Ein weiterer Grund für das Scheitern der Havanna-Charta dürfte an ihrem Kompromisscharakter gelegen haben. Für Vertreter des Freihandelskonzepts war sie zu protektionistisch, während die Liberalisierung protektionistisch orientierten Kräften zu weit ging. Die Ratifizierung der Havanna-Charta scheiterte, womit auch die Gründung der ITO unterblieb. Um jedoch zumindest den Vertragstext in irgendeiner Form zu retten, wurde im Oktober 1947 ein Allgemeines Zoll- und Handelsabkommen, das GATT, vereinbart, das am 1. Januar 1948 in Kraft trat.[31]

2.1.2 Das GATT 1947

Unterzeichner des GATT 1947 waren zunächst 23 Staaten: 13 Industrienationen und 20 Entwicklungsländer. Es sollte nur vorläufig in Kraft treten und nach Verabschiedung der Havanna-Charta im System der ITO aufgehen. Daher enthielt das GATT 1947 einen Vorbehalt zugunsten innerstaatlicher Regelungen protektionistischer Art, die vor seinem Inkrafttreten erlassen worden waren.[32]

Das Verbot der Exportsubventionierung der Havanna-Charta wurde auf Betreiben der USA nicht in Teil II des GATT 1947 übernommen. Die amerikanische Regierung verwies auf die ihr fehlende Kompetenz, die nationale Subventionstätigkeit ohne Beteiligung des US-amerikanischen Kongresses einzuschränken.[33] Die kleineren Agrarexportstaaten konnten die USA nicht zu einer Aufnahme des Ausfuhrsubventionsverbots bewegen und mussten sich mit der Übernahme der Notifizierungspflicht (Art. 25) und der Ausgleichszollvorschrift (Art. 34) aus der Havanna-Charta in das GATT 1947 abfinden.[34]

Die Vorschriften über die Gewährung von Subventionen und Ausgleichsmaßnahmen sind in den Artikeln VI, XVI und XXIII des GATT 1947 geregelt. Art. VI GATT enthält eine allgemeine Bestimmung zu Antidumping- und Aus-

---

30 Art. 27 Abs. 1 lit. a und b der Havanna-Charta.

31 Ausführlich zur historischen Entwicklung des GATT 1947 Jackson, J. H., System, 1997, S. 36 ff.

32 Sog. *grandfather clause*.

33 Vgl. Jackson, J. H., World Trade, 1969, S. 370.

34 Die Zusammenfassung von Antidumping- und Ausgleichsmaßnahmen ist auf die gleiche Wirkung dieser Maßnahmen zurückzuführen, die in der künstlichen Verbilligung von Produkten liegt. Im Unterschied zur Subventionierung wird Dumping jedoch nicht von einer Regierung, sondern von privaten Wirtschaftssubjekten mit entsprechender Marktmacht praktiziert. Vgl. Senti, R., Welthandelsordnung, 1986, S. 171.

gleichsmaßnahmen. In Absatz 3 werden Ausgleichsmaßnahmen als Sonderzoll definiert, der erhoben wird, um jede mittelbar oder unmittelbar für die Herstellung, Gewinnung oder Ausfuhr einer Ware gewährte Prämie oder Subvention unwirksam zu machen.[35] Vorraussetzung für die Erhebung von Ausgleichszöllen ist, dass die Subventionierung des anderen Staates zu einer bedeutenden Schädigung eines einheimischen Wirtschaftszweiges führt, zu führen droht oder den Aufbau eines Wirtschaftszweiges erheblich behindert. Art. XVI des GATT 1947 bestand vor seiner Erweiterung im Jahr 1955 nur aus dem Teil, der heute mit „Abschnitt A – Allgemeine Vorschriften über Subventionen" überschrieben ist. Dieser Abschnitt verpflichtet die Vertragsparteien, Subventionen dem GATT zu notifizieren (Art. XVI Abs. 1 S. 1 GATT 1947).

Bei Subventionen, die einen direkten oder indirekten Einfluss auf Importe oder Exporte ausüben und zu einer ernsthaften Schädigung der Interessen einer anderen Vertragspartei führen, waren auf Antrag der geschädigten Partei Konsultationen zu führen (Art. XXIII Abs. 1 lit. a GATT 1947, der nicht wie Art. XVI Abs. 1 S. 2 GATT 1947 auf Exportsubventionen beschränkt war). Diese Vorschrift stellte kein Subventionsverbot dar, und es gab kein direktes Mittel, die schädigende Subventionierung eines anderen Vertragsstaates zu unterbinden. Es konnten nur indirekte einseitige Schutzmaßnahmen nach Art. XIX Abs. 1a GATT 1947 angestrengt werden.[36] Lediglich bei einem Verstoß gegen die allgemeinen Diskriminierungsverbote des GATT 1947 (Meistbegünstigung und Inländergleichbehandlung) konnten Subventionen gegen das GATT 1947 verstoßen.[37]

In Art. VI und XVI GATT 1947 wurde der Begriff „Subvention" zwar aufgeführt, jedoch nicht näher definiert. Nach Art. XVI Abs. 1 S. 1 GATT 1947 ist „eine Subvention, einschließlich jeder Form von Einkommens- oder Preisstützung [...], die mittelbar oder unmittelbar die Wirkung hat, die Ausfuhr einer Ware aus ihrem Gebiete zu steigern oder die Einfuhr einer Ware in ihr Gebiet zu vermindern", zu notifizieren.[38] Da das Feststellen einer Subvention nur eine Notifikationspflicht zur Folge hatte, blieb eine wissenschaftliche Auseinanderset-

---

35 Vgl. m. w. N. Trebilcock, M. J./Howse, R., Regulation, 2005, S. 191.

36 Die Effektivität des Verfahrens nach Art. XVI Abs. 1 GATT 1947 galt allgemein als zweifelhaft, und es ist nicht bekannt, dass eine Streitpartei auf Grund dieser Norm jemals ihre Subventionspraxis eingeschränkt hätte. Vgl. Rivers, R. R./Greenwald, W. C., Law & Pol'y Int'l Bus. 1979, S. 1460.

37 Vgl. zum Überschneidungsbereich des Verbots der Import-substituierenden Subvention nach dem Subventionsübereinkommen und der Inländergleichbehandlung des GATT 1947 unten Punkt 4.4.1.

38 Mit „Steigerung von Exporten" wird in diesem Zusammenhang nicht auf eine Vorher-Nachher-Betrachtung abgestellt. Vielmehr sind als Vergleichsmaßstab die Verhältnisse, die ohne die Subventionierung vorliegen würden, heranzuziehen. Der Nachweis konnte anhand statistischer Daten erbracht werden. Vgl. GATT Panel Report v. 24. Mai 1960 (Review pursuant to Article XVI: 5), BISD 9S, S. 191.

zung mit dem Begriff der Subvention zu dieser Zeit aus. Das Interesse der Wissenschaft richtete sich vielmehr auf das Fehlen eines wirksamen Verbots, also auf Schwächen auf der Rechtsfolgeseite.[39]

Im Jahr 1955 wurde Art. XVI GATT 1947 um Abschnitt B mit der Überschrift „Zusätzliche Bestimmungen über Ausfuhrsubventionen" erweitert. Die neu eingeführten Absätze 2 bis 5 stellen eine abgeschwächte Nachbildung der Art. 26 bis 28 der Havanna-Charta dar und enthalten, neben dem Hinweis in Abs. 2, dass Ausfuhrsubventionen nachteilige Auswirkungen haben und Handelsinteressen der Vertragsstaaten sowie die Ziele des GATT 1947 hiervon behindert werden, unterschiedliche Regelungen für „Grundstoffe"[40] (*primary products*) und „andere Produkte als Grundstoffe". Nach Art. XVI Abs. 3 S. 2 GATT 1947 ist die Subventionierung der Ausfuhr von Grundstoffen nur verboten, wenn sich das subventionierende Mitglied dadurch einen unangemessen hohen Anteil am Weltmarkt verschafft. Bei einem Verstoß bleibt es jedoch bei der Empfehlung gemäß Art. XVI Abs. 3 S. 1 GATT 1947, Ausfuhrsubventionen für Grundstoffe zu vermeiden. Die sog. „Doppelpreisklausel" (*bilevel pricing* oder *dual pricing*) des Art. XVI Abs. 4 S. 1 GATT verbietet für verarbeitete Produkte die Ausfuhrsubventionierung, wenn diese zu einem im Vergleich zum Inlandsmarkt niedrigeren Preis des Produktes auf dem Exportmarkt führt. Abs. 5 verpflichtet die Vertragsparteien zur Förderung der Ziele des GATT 1947 und dazu, eine den Handel und die Interessen der Vertragsparteien „stark schädigende Subventionierung" zu vermeiden.

Im Jahr 1957 stimmten alle Vertragsparteien der Ergänzung des Art. XVI GATT 1947 um die Absätze 2, 3 und 5 zu. Die Unterzeichung des Verbots der Ausfuhrsubventionierung für andere Produkte als Grundstoffe (Art. XVI Abs. 4) wurde von den Entwicklungsländern verweigert, welche die Sonderregeln für Grundstoffe als Diskriminierung ihrer vom Export von Rohstoffen und Agrarprodukten abhängigen Volkswirtschaften sahen. Art. XVI Abs. 4 trat am 14. November 1962 in Kraft und hatte nur für solche Parteien Geltung, die dieser Vorschrift zugestimmt hatten (darunter die wichtigsten Industrienationen).[41]

Im Jahr 1960 erfolgte eine Ergänzung des GATT 1947 um eine illustrative Liste von Exportsubventionen, die als Interpretationshilfe zu Art. XVI Abs. 4 gedacht war.[42] Diese Liste enthielt acht Maßnahmen, die auch von der OEEC (später OECD) als Ausfuhrsubventionen betrachtet wurden und auf deren Ab-

---

39 Vgl. Grave, C., Subventionsbegriff, 2002, S. 125.

40 Grundstoffe werden in Anhang 4 zu Art. XVI Abs. 2 GATT 1947 als Erzeugnisse der Landwirtschaft, Forstwirtschaft und Fischerei sowie Mineralien in ihrem Urzustand oder nach der ersten Verarbeitung definiert.

41 Vgl. Jackson, J. H., System, 1997, S. 286. Ausführlich zu den Problemen, die sich aus dem Beitritt neuer Mitglieder ergaben Jackson, J. H., World Trade, 1969, S. 375.

42 Vgl. *Jackson, J. H.*, Economic Relations, 1977, S. 756.

schaffung sich die OEEC-Mitglieder im Jahr 1959 verständigt hatten.[43] Die Liste hatte jedoch nur gegenüber den Vertragsparteien Geltung, die der Ergänzung des GATT 1947 und Art. XVI Abs. 4 zugestimmt hatten.

2.1.3 Der Subventionskodex von 1979

Ein Hauptziel der Tokio-Runde (1973 – 1979) lag in der Schließung von Lücken und Beseitigung von Unklarheiten der Subventionsvorschriften des GATT 1947.[44] Die Verhandlungen wurden am 12. April 1979 abgeschlossen und mündeten in ein „Übereinkommen zur Auslegung und Anwendung der Art. VI, XVI und XXIII des Allgemeinen Zoll- und Handelsabkommens“ (Subventionskodex).

Gemäß Art. 9 Abs. 1 Subventionskodex waren Ausfuhrsubventionen für „andere Produkte als bestimmte Grundstoffe“ unbedingt und ohne Rücksicht auf ihre Wirkungen verboten. Bestimmte Grundstoffe im Sinne des Art. 9 Abs. 1 Subventionskodex umfassen im Unterschied zur Vorgängerregelung ausschließlich Produkte der Land-, Forst- und Fischereiwirtschaft. Die Förderung der Ausfuhr solcher Grundstoffe war gemäß Art. 10 Abs. 1 Subventionskodex nur dann verboten, wenn sie dem subventionierenden Mitglied zu einem unangemessen hohen Anteil am Weltmarkt verhalf. Wie bereits das GATT 1947 enthielt der Subventionskodex keine Definition von Ausfuhrsubventionen. Die überarbeitete Beispielliste von Ausfuhrsubventionen im Anhang des Kodex sollte als Interpretationshilfe dienen.[45]

Erstmals wurden auch heimische Subventionen (*domestic subsidies*)[46], durch die bestimmte Unternehmen oder Wirtschaftszweige, unabhängig von einem Bezug zur Ein- oder Ausfuhr, gefördert werden, einer Subventionsdisziplin unterworfen. Art. 11 Abs. 1 des Subventionskodex führte an, dass die Vertragsparteien mögliche negative Auswirkungen solcher Subventionen auf den Handel berücksichtigen sollten. Art. 11 Abs. 3 Subventionskodex nennt neben der direkten staatlichen Finanzierung von Handelsunternehmen durch Zuschüsse oder Darlehen auch indirekte Kapitalstransfers wie steuerliche Anreize. Ein Verbot dieser Subventionen wurde jedoch nicht ausgesprochen. Die Rechtsfolgen be-

---

43 Vgl. ausführlich zur Geschichte der Beispielliste Hudec, R. E., Minn. L. Rev. 1988, S. 1443 ff.

44 Vgl. General Agreement on Tariffs and Trade, Tokyo Round, 1979, S. 54.

45 Durch die Einführung der Beispielliste konnte die Notwendigkeit einer Legaldefinition umgangen werden. Vgl. Smeets, M., Tokyo Round, 1983, S. 53.

46 Es handelte sich bei dem Begriff der „domestic subsidies" nicht um einen Rechtsbegriff des Subventionskodex 1979, sondern schlicht um Subventionen, die nicht im Zusammenhang mit der Ausfuhr oder der Einfuhr von Waren gewährt werden. Vgl. Beviglia Zampetti, A., JWT 1995, S. 10. Manche Autoren sprechen auch von „domestic production subsidies". Vgl. Stehmann, O., JWT 2000, S. 127; Hoekman, B. M./Kostecki, M. M., WTO, 2001, S. 43; Warren, A. C., Jr., Tax L. Rev. 2001, S. 148.

schränkte der Subventionskodex auf das Bestreben der Unterzeichner, Subventionen mit nachteiligen Auswirkungen zu vermeiden.

Die USA waren in den Verhandlungen der Tokio Runde nur bereit, einer Beschränkung ihrer Ausgleichszollpolitik zuzustimmen, wenn sich die europäischen Staaten im Gegenzug einer weitgehenden Bindung ihrer Subventionspolitik unterwarfen.[47] Hieraus resultierte ein zweispuriger Ansatz, der im Subventionskodex festgelegt und auch im Subventionsübereinkommen der Uruguay-Runde fortgeführt wurde. In einer ersten Spur (Art. 1 bis 5) wurden die innerstaatlichen Verfahrensvorschriften und die materiellen Voraussetzungen für unilaterale Gegenmaßnahmen festgelegt. In einer zweiten Spur (Art. 7 bis 13) wurde die multilaterale Vorgehensweise gegen verbotswidrige Subventionen bestimmt.[48] Danach besteht die Möglichkeit, ein Konsultations- und Streitbeilegungsverfahren anzurufen. Das Verfahren gemäß Art. XXIII GATT wurde durch strikte Fristen und die Einrichtung unabhängiger Sondergruppen (sog. Panel) ergänzt. Da jedoch die unterliegende Partei durch Nichtannahme des Panelberichts die Schlussentscheidung des Ausschusses für Subventionen und Ausgleichsmaßnahmen blockieren konnte, wurde das Verfahren allgemein als ineffizient betrachtet.[49]

Obwohl eine einheitliche Definition des Subventionsbegriffs in einem Subventionsaufsichtsregime als unverzichtbar erscheint, konnten sich die Verhandlungsteilnehmer auf Grund unterschiedlicher wirtschaftspolitischer Grundeinstellungen nicht auf eine Legaldefinition von Subventionen einigen.[50] Die Hoffnung der Teilnehmer war, dass sich eine völkergewohnheitsrechtliche Praxis einstellen würde, sollten die Vertragsstaaten ihre nationalen Vorschriften anpassen und der internationale Streitbeilegungsmechanismus funktionieren.[51] Diese Hoffnung erfüllte sich jedoch nicht, da insbesondere die fehlende Bindungswirkung der Panel-Entscheidungen und die daraus resultierende Unverbindlichkeit der Auslegungsergebnisse zu keiner positiv-rechtlichen Konkretisierung des Subventionsbegriffs führte.[52]

2.1.4 Das Subventionsübereinkommen

Auch im Vorfeld der Uruguay-Runde zeigten sich die gegensätzlichen Positionen der wichtigsten Verhandlungsteilnehmer. Während die EU Subventionen als legitime wirtschafts- und sozialpolitische Instrumente ansah und die als protek-

---

47 Vgl. Stewart, T. P., History, 1993, S. 815 ff.

48 Vgl. Barceló III, J. J., Subsidies, 1982, S. 121.

49 Vgl. Horlick, G. N./Clarke, P. A., WC 1994, S. 51 f. Zu den einzelnen Verfahren Stewart, T. P., History, 1993, S. 826 ff.

50 Vgl. Anderson, M. J./Husisian, G., Framework, 1996, S. 300 f.

51 Vgl. ebenda, S. 305.

52 Den Berichten wurde lediglich eine faktische Autorität zugestanden. Vgl. m. w. N. Grave, C., Subventionsbegriff, 2002, S. 127.

tionistisch betrachtete Praxis im Bereich der Ausgleichsmaßnahmen der USA eindämmen wollte, sahen die USA und andere Teilnehmer das Hauptziel in der Reduktion von Subventionen *per se*.[53]

Nach Schätzungen der OECD lag die gesamtwirtschaftliche Subventionsquote der USA, also die Summe der Subventionen im Verhältnis zum Bruttoinlandsprodukt, in den 80er Jahren zwischen 0,5% und 0,7%. Damit befand sie sich auf dem niedrigsten Stand aller OECD-Länder, während die Subventionsquote in den EG-Mitgliedstaaten zwischen 3% und 4%, in Schweden sogar bei 7,4% lag.[54] Die USA waren zu dieser Zeit die Nation mit der höchsten Summe an Ausgleichszöllen. Zwischen 1979 und 1988 leiteten die USA 371 von insgesamt 429 Verfahren ein.[55] Insgesamt belegte sie Einfuhren mit Ausgleichszahlungen, die rund 86% des Ausgleichszollvolumens aller Vertragsparteien des GATT 1947 ausmachten. Im Bereich der verarbeitenden Industrie werden sogar deutlich höhere Zahlen genannt.[56]

Im Mai 1990 wurde den Verhandlungsparteien der erste Entwurf eines Übereinkommens zugänglich gemacht. Dieser, nach dem Vorsitzenden der Verhandlungsgruppe für Subventionen und Ausgleichsmaßnahmen benannte „Cartland I-Entwurf“[57] war nach dem Verhandlungsrahmen strukturiert und enthielt verschiedene Regelungen und Gegenmaßnahmen für die drei Subventionskategorien. Subventionen, die von der Ausfuhrleistung oder von der Verarbeitung inländischer Produkte abhingen, waren danach verboten. Zu den anfechtbaren Subventionen gehörten diejenigen, die eine Schädigung verursachten oder handelspolitische Vorteile des GATT neutralisierten. Unanfechtbar sein sollten regionale Subventionen und Subventionen in den Bereichen Umweltschutz, Forschung und Entwicklung sowie Fortbildung für Arbeitnehmer.[58] Der Cartland I-Entwurf war Gegenstand weiterer Diskussionen und Sitzungen des Verhandlungsausschusses und wurde jeweils nach geringfügigen Änderungen zu den Cartland-Entwürfen II bis IV weiterentwickelt.[59] Bei der Vorstellung des Cartland IV-Entwurfs am 6. November 1990 stellte die Verhandlungsgruppe fest, dass die Möglichkeiten auf Arbeitsgruppenebene erschöpft seien und die verbleibenden Meinungsverschiedenheiten nur noch im Rahmen einer Verhand-

---

53 Vgl. Stewart, T. P., History, 1993, S. 17; Beviglia Zampetti, A., JWT 1995, S. 844 f; Collins-Williams, T./Salembier, G., JWT 1996, S. 9.

54 Vgl. Ford, R./Suyker, W. B. C., Subsidies, 1990, S. 1, 47 Tabelle 1; Europäische Kommission, Beihilfen, 1997, S. 10.

55 Vgl. Messerlin, P. A., Antidumping, 1990, S. 110.

56 Vgl. Walter, R., Comment, 1991, S. 19.

57 GATT Dokument v. 18. Juli 1990 (Cartland I) S. 1 ff.

58 Vgl. Stewart, T. P., History, 1993, S. 869.

59 GATT Dokument v. 4. September 1990 (Cartland II). GATT Dokument v. 2. November 1990 (Cartland III). GATT Dokument v. 6. November 1990 (Cartland IV).

lung auf politischer Ebene, unter Einbezug des gesamten Verhandlungsgegenstands der Uruguay-Runde, gelöst werden könnten.[60]

Bereits auf der zweiten Sitzung der Verhandlungsgruppe „Subventionen" im Juni 1987 wurde auf die Möglichkeit einer Definition des Subventionsbegriffs eingegangen. In einer Stellungnahme vom 11. Juni 1987 schlug die EG die Definition "a financial charge [...] incurred by a government or administrative authority on behalf of a beneficiary"[61] vor. Im amerikanischen Entwurf wurde als Definition "any government action or combination of government actions which confers a benefit on the recipient firm(s)"[62] vorgeschlagen. Im Vorschlag der Nordischen Staaten heißt es: "net transfers of funds from public sources to the recipient through direct subsidies or which result in tax revenues through concessions".[63] Die Cartland-Entwürfe I bis IV und die Entwürfe der Schlussakte von 1990 und 1991 (Draft Final Act 1990 bzw. 1991) enthielten im Wesentlichen die heutige Definition der „Subvention" in Art. 1 Abs. 1. Bis zum Cartland II-Entwurf war sie allerdings Teil der Regelung für nicht anfechtbare Subventionen. Erst ab dem Cartland III-Entwurf wurde sie unter der Überschrift „allgemeine Vorschriften" an die Spitze des Übereinkommens gestellt, wo sie für alle Teile des Subventionsübereinkommens einschließlich der Ausgleichszölle gilt.[64]

2.2 Aufbau, Organe und Verfahren des Subventionsübereinkommens

2.2.1 Aufbau des Subventionsübereinkommens

Im ersten Teil des Übereinkommens werden die Begriffe „Subvention" (Art. 1 Abs.1) und „Spezifität" (Art. 2) einer Subvention definiert. Die drei Subventionskategorien: verbotene, anfechtbare und nicht anfechtbare Subventionen werden in den Teilen II bis VI aufgeführt. Die Regelungen zu den einzelnen Subventionskategorien sind analog aufgebaut und definieren zunächst die Kategorie und anschließend in den Artikeln 3, 5 und 8 die Seite der Rechtsfolge. Daran schließt sich die Beschreibung des jeweiligen Verfahrens zur Durchsetzung der Rechtsfolge an (Art. 4, 7 und 9).

In den Artikeln 10 bis 23 im Teil V werden die Voraussetzungen und das Verfahren für die Erhebung von Ausgleichzöllen beschrieben. Art. 24 im Teil VI stellt die Organe vor. Die Art. 25 und 26 im Teil VII enthalten das Notifikationsverfahren. Art. 27 im Teil VIII betrifft besondere Bestimmungen für Entwicklungsländer. Die Streitbeilegung wird in Teil X durch Art. 30 geregelt.

---

60 Vgl. GATT Dokument v. 29. November 1990 (Meeting of 6 November 1990) S. 2. Vgl. Ausführlich *Stewart, T. P.*, History, 1993, S. 877 ff.

61 GATT Dokument v. 11. Juni 1987 (Communication from the EEC) S. 3.

62 GATT Dokument v. 22. November 1989 (Submission by the United States) S. 6.

63 .GATT Dokument v. 27. November 1989 (Submission by the Nordic Countries) S. 5.

64 Vgl. Stewart, T. P., History, 1993, S. 886; Horlick, G. N./Clarke, P. A., WC 1994, S. 42.

Weitere Übergangs- und Schlussbestimmungen finden sich in den Teilen IX bzw. XI, in den Artikeln 28 und 29 bzw. 31 und 32.

Die Teile II bis V bilden die multilaterale Subventionsdisziplin, welche die Subventionen nach der Seite der Rechtsfolge entsprechend einer Ampel kategorisiert, weshalb sich der Begriff „Ampelansatz“[65] etabliert hat. Teil II stellt dabei das rote Signal dar, das den Status der verbotenen Subventionen kennzeichnet. Sie sollten bereits in der Havanna-Charta einem Regelungsregime unterworfen werden, da sie allgemein als besonders wettbewerbsschädlich gelten. Neben den Ausfuhrsubventionen gehören hierzu Subventionen, die auf die Substitution importierter Produkte abzielen, sog. Import-ersetzende Subventionen. Anfechtbare Subventionen, deren Status sich nach ihrer Wirkung bestimmt, werden dem gelben Licht zugewiesen. Dieser Kategorie gehören spezifische Subventionen an, die sich gemäß Art. 5 nachteilig auf die Interessen anderer WTO-Mitglieder auswirken. Das grüne Licht charakterisiert die nichtanfechtbaren Subventionen. Hierzu gehören Maßnahmen, die nicht im Sinne von Art. 2 des Subventionsübereinkommens spezifisch sind, und spezifische Subventionen, die für Forschungstätigkeiten, benachteiligte Regionen oder für den Umweltschutz gewährt werden. Diese Ausnahmevorschrift für spezifische Subventionen ist jedoch gemäß Art. 31 des Subventionsübereinkommens seit dem 31. Dezember 1999 ausgelaufen und nicht mehr anwendbar.

Der bereits in der Tokio-Runde eingeführte zweispurige Ansatz nach den Artikeln VI, XVI und XXIII GATT 1974 wird auch im Subventionsübereinkommen fortgeführt. Teil V des Subventionsübereinkommens stellt die erste Spur und damit die indirekte Subventionsdisziplin dar. Im Falle einer erheblichen Schädigung eines inländischen Wirtschaftszweiges ermächtigt sie das geschädigte Mitglied zur Erhebung eines Ausgleichszolls. Ausgleichszölle sollen die negativen Wirkungen einer Subvention neutralisieren und zur Abschaffung der entsprechenden Subvention anreizen.[66] Die zweite Spur ist die multilaterale Vorgehensweise, Subventionspraktiken zu unterbinden. Sie wird in den Teilen II bis IV durch die direkte Subventionsdisziplin geregelt. Diese Regelungen beziehen sich unmittelbar auf die Subventionspolitik des subventionierenden Staates, in dem diesem bestimmte Subventionspraktiken durch das Subventionsübereinkommen direkt untersagt werden.[67]

2.2.2 WTO-Organe

Die WTO-Organe haben erheblichen Einfluss auf die Effektivität der Durchsetzung mitgliedstaatlicher Interessen. Während die Vorschriften des GATT 1947 stark unter einem Vollzugsdefizit litten, hat sich dies im Hinblick auf das Sub-

---

65 Sog. *traffic light approach.* Vgl. Horlick, G. N./Clarke, P. A., WC 1994, S. 45.

66 Vgl. Trebilcock, M./Howse, R., EJLE 1998, S. 12; Nyahoho, E., JPS 2004, S. 92.

67 Vgl. Grave, C., Subventionsbegriff, 2002, S. 83; Trebilcock, M. J./Howse, R., Regulation, 2005, S. 191 ff.

ventionsübereinkommen und das gesamte WTO-Recht in hohem Maße geändert. Der aus der Uruguay-Runde hervorgegangene Streitbeilegungsmechanismus wird allgemein als besonders effizient beurteilt. Eine Blockade von Panelentscheidungen, wie sie unter den Verfahrensvorschriften des GATT 1947 möglich war, ist nun ausgeschlossen. Nur wenn auch die obsiegende Partei den Bericht von Panel oder Appellate Body ablehnt, entfaltet dieser keine Bindungswirkung.

Die WTO erleichtert gemäß Art. III Abs. 1 WTO-Übereinkommen die Durchführung und die Wirkungsweise der multilateralen und plurilateralen Handelsübereinkommen sowie die Verwirklichung ihrer Ziele. Dabei übernehmen die Organe der WTO sowohl die laufende Verwaltung als auch die Regelung der nur vereinzelt anfallenden Streitbeilegungsverfahren (Art. III Abs. 2 und 3 WTO-Übereinkommen). Die mit dem Subventionsübereinkommen zusammenhängenden administrativen Aufgaben und Kompetenzen werden im Wesentlichen vom Ausschuss für Subventionen und Ausgleichsmaßnahmen wahrgenommen. Gemäß Art. 24 Abs. 1 erfüllt der Ausschuss die Aufgaben, die ihm auf Grund des Übereinkommens übertragen oder von den Mitgliedern zugewiesen werden, und bietet den Mitgliedern Gelegenheit, über alle das Funktionieren des Übereinkommens oder die Verfolgung seiner Ziele betreffenden Fragen zu beraten.

Gemäß Art. 24 Abs. 3 setzt der Ausschuss eine Ständige Sachverständigengruppe (Permanent Group of Experts) mit fünf Fachleuten aus dem Gebiet „Subventionen und Handel“ ein. Die Sachverständigen werden vom Ausschuss gewählt, wobei in jedem Jahr einer von ihnen ersetzt wird. Die Tätigkeit der Expertengruppe besteht darin, gutachterliche Stellungnahmen für den Ausschuss und die Panel zu erarbeiten (Art. 24 Abs. 3). Auch den Mitgliedstaaten steht es frei, auf die Leistungen der Expertengruppe zurückzugreifen (Art. 24 Abs. 4). Im Falle der Einrichtung eines Streitbeilegungsverfahrens sind weitere Organe von Bedeutung. Diese in der Vereinbarung über Regeln und Verfahren zur Beilegung von Streitigkeiten (Dispute Settlement Understanding, DSU) festgelegten Organe sind das Streitbeilegungsorgan (Dispute Settlement Body, DSB), das erstinstanzliche Panel und der Appellate Body als Revisionsinstanz.

Der Allgemeine Rat der WTO in seiner Eigenschaft als Streitbeilegungsorgan fällt die Entscheidungen in Streitigkeiten, die unter die Vorschriften zur Streitbeilegung fallen (Art. IV Abs. 3 WTO-Übereinkommen, Art. 2 Abs. 1, Art. 16 Abs. 4, Art. 17 Abs. 14 DSU). Er besteht aus jeweils einem Vertreter der Mitgliedstaaten und leitet die Umsetzung der in diesem Verfahren ergangenen Entscheidungen (Art. 21 Abs. 3 ff. DSU). Die Entscheidungen des Streitbeilegungsorgans können nur einstimmig abgelehnt werden, was die Blockade seiner Entscheidung z. B. durch Abwesenheit oder Enthaltung einer Streitpartei verhindert (Art. 2 Abs. 4 DSU).

Für jedes dem Streitbeilegungsorgan vorliegende Verfahren wird ein Panel eingesetzt. Dieses analysiert die Rechtslage und unterbreitet dem Streitbeilegungsorgan seinen Entscheidungsvorschlag. Es besteht aus drei bis fünf Personen, die gemäß Art. 8 Abs. 1 und 5 Subventionsübereinkommen besondere Erfahrung auf dem Gebiet des internationalen Handels haben sollen. Die Panel-Mitglieder gehören diesem als unabhängige Personen und nicht als Vertreter einer Regierung oder einer Organisation an. Sie sind nicht den Weisungen ihrer Herkunftsländer unterworfen und dürfen von diesen hinsichtlich der Angelegenheiten vor einem Panel nicht beeinflusst werden.

Die Einspruchsinstanz des Streitbeilegungsverfahrens ist der Appellate Body. Er besteht aus sieben Fachleuten mit ausgewiesenen Sachkenntnissen auf den Gebieten Recht und internationaler Handel sowie Experten im Gebiet des jeweiligen Übereinkommens, das Gegenstand der Streitigkeiten ist. Von den Fachleuten befassen sich drei mit jeweils einem Fall (Art. 17 Abs. 3 und Abs. 1 S. 3). Der Appellate Body überprüft die Panel-Berichte auf Antrag der streitenden Parteien (Art. 17 Abs. 1 S. 2 und Art. 16 Abs. 4 S. 1 DSU).

2.2.3 Verfahrensgrundlagen

Zur Umsetzung der multilateralen Subventionsdisziplin stehen verschiedene Verfahren zur Verfügung, deren konkrete Ausgestaltung sich nach dem Ziel des jeweiligen Verfahrens, insbesondere nach der durchzusetzenden materiellrechtlichen Vorschrift richtet. Die möglichen Verfahren im Bereich des Subventionsübereinkommens sind Notifikationen (Art. 25), Gutachten (Art. 24 Abs. 3 und 4), Konsultationen (Art. 4 Abs. 1 und Art. 7 Abs. 1) und Streitbeilegung (Art. 4 Abs. 4 bis 10, Art. 7 Abs. 4 bis 9). Soweit das Subventionsübereinkommen keine eigenen Verfahrensregeln enthält, verweist es auf das DSU (Art. 30 Subventionsübereinkommen). Den Verfahrensvorschriften des Subventionsübereinkommens wird durch Art. 1 Abs. 2 i. V. m. Anhang 2 DSU Vorrang gegenüber den Vorschriften des DSU eingeräumt. Weitere verfahrensrechtlich relevante Vorschriften finden sich in den Artikeln XXII und XXIII des GATT 1994. Diese Vorschriften haben auch nach Gründung der WTO weiterhin Geltung. Die Prinzipien des GATT als Grundlage der Streitbeilegung werden durch Art. 30 Subventionsübereinkommen und Art. 3 Abs. 1 DSU weiterhin anerkannt.

Die Durchsetzung des Verbots von Ausfuhrsubventionen (Art. 3 Subventionsübereinkommen) bzw. die Verhinderung der schädigenden Wirkung anfechtbarer Subventionen (Art. 5 Subventionsübereinkommen) erfolgt nicht *ex officio* durch die WTO-Organe, sondern gestaltet sich als Verfahren zwischen den Mitgliedstaaten. Üblicherweise gliedert sich das Verfahren in die Abschnitte (1) Konsultationen, (2) das streitige Verfahren vor dem DSB und dem Panel, (3) ein (mögliches) Revisionsverfahren vor dem Appellate Body und (4) die Umsetzung der Entscheidung.[68]

Im Folgenden wird das Verfahrensrecht des Subventionsübereinkommens für verbotene (Teil II) und anfechtbare Subventionen (Teil III) skizziert. Aus Gründen der Übersichtlichkeit wird dabei auf Einzelprobleme und besondere Verfahrensarten (Verfahren unter mehr als einem Übereinkommen gemäß Art. 1 Abs. 2 S. 3, 4 DSU, Verfahren unter einem plurilateralen Übereinkommen gemäß Art. 2 Abs. 1 S. 3 DSU, Verfahren bei Beteiligung eines Entwicklungslandes[69] nach Art. 3 Abs. 12, Art. 4 Abs. 10, Art. 8 Abs. 10 Art. 12 Abs. 10 und 11 DSU, Verfahren in dringlichen Fällen, insbesondere wegen verderblicher Güter gemäß Art. 4 Abs. 8, 9, Art. 12 Abs. 8 DSU, Verfahren bei mehreren Beschwerdeführern gemäß Art. 9 DSU, Beteiligung Dritter nach Art. 10 DSU) nicht eingegangen.

Die Verfahren für verbotene und anfechtbare Subventionen weisen weitgehende inhaltliche Gemeinsamkeiten auf. Während sich jedoch das Verbot bei den verbotenen Subventionen auf die Art der Subvention bezieht, richtet es sich im Fall der anfechtbaren Subventionen auf deren Wirkung, was sich auch in den Verfahrensvorschriften widerspiegelt. Das Verfahrensrecht der Teile II und III ist parallel ausgestaltet. Das Verfahren bei den verbotenen Subventionen ist geprägt durch deutlich kürzere Fristen, die gegenüber denen bei anfechtbaren Subventionen und denen des DSU grundsätzlich halbiert sind (Art. 4 Abs. 12 Subventionsübereinkommen).[70]

2.2.4 Das Konsultationsverfahren

Das Konsultationsverfahren wird bei Verdacht auf Gewährung einer verbotenen Subvention bzw. einem Verdacht auf nachteilige Auswirkungen einer spezifischen Subvention durch einen Mitgliedstaat (Beschwerdegegner) auf Antrag eines anderen Mitgliedstaats (Beschwerdeführer) eingeleitet (Art. 4 Abs. 1 bzw. Art. 7 Abs. 1). Das Ersuchen um Konsultationen hat Angaben zu den verfügbaren Beweisen für das Bestehen und die Art der betreffenden Subvention zu enthalten (Art. 4 Abs. 2). Im Falle einer Subvention gemäß Teil III ist zusätzlich die Schädigung des inländischen Wirtschaftszweiges oder die Zunichtemachung bzw. Schmälerung oder die ernsthafte Schädigung der Interessen des um Konsultationen ersuchenden Mitglieds zu belegen (Art. 7 Abs. 2). Jeder Antrag auf Konsultationen ist in schriftlicher Form zu stellen und hat eine Begründung des Antrags einschließlich Angaben über die streitigen Maßnahmen und die Rechtsgrundlage der Beschwerde zu enthalten (Art. 4 Abs. 4 DSU).

---

68 Vgl. ausführlich Grave, C., Subventionsbegriff, 2002, S. 103 ff.

69 Wird eine verbotene Subvention von einem Entwicklungsland gewährt, so kommt nach Art. 27 Abs. 4 im Prinzip das Verfahren nach Teil III und nicht nach Teil II zur Anwendung.

70 Vgl. Grave, C., Subventionsbegriff, 2002, S. 103.

Nach dem Ersuchen um Konsultationen hat der Beschwerdegegner so bald wie möglich Konsultationen aufzunehmen. Das Ziel dieses Verfahrens liegt in der Klärung des Sachverhalts, wobei die Streitparteien gehalten sind, zu einer einvernehmlichen Lösung zu gelangen (Art. 4 Abs. 3 bzw. Art. 7 Abs. 3 Subventionsübereinkommen). Einvernehmliche Lösungen, die im Rahmen der Konsultationen förmlich vorgebracht werden, werden dem DSB und den entsprechenden Räten und Ausschüssen mitgeteilt, in denen jedes Mitglied jeden damit im Zusammenhang stehenden Punkt zur Sprache bringen kann (Art. 3 Abs. 6 DSU). Ein solcher Konsens beendet das Konsultationsverfahren.

2.2.5 Das Verfahren vor Streitbeilegungsorgan und Panel

Wurde im Falle des Verdachts auf eine verbotene Subvention innerhalb von 30 Tagen (Teil III 60 Tage) nach Zustellung des Antrags keine einvernehmliche Lösung gefunden, so beginnt das Verfahren vor dem Streitbeilegungsorgan (Art. 4 Abs. 4 bzw. Art. 7 Abs. 4 S. 1 Subventionsübereinkommen). Erklären die Streitparteien das Konsultationsverfahren in den ersten 20 Tagen desselben einvernehmlich für gescheitert, wird das Verfahren vor dem Streitbeilegungsorgan frühzeitig eröffnet (Art. 4 Abs. 7 S. 2 DSU). Das Verfahren beginnt umgehend, wenn keine erste Stellungnahme innerhalb von zehn Tagen vom Beschwerdegegner abgegeben wird oder dieser sich weigert, rechtzeitig in Konsultationen einzutreten (Art. 4 Abs. 3 S. 2 DSU).

Zur Einsetzung eines Panels ist ein schriftlicher Antrag beim Streitbeilegungsorgan erforderlich, der die Grundlage und den Gegenstand der Beschwerde sowie den Inhalt der Konsultationen wiederzugeben hat (Art. 6 Abs. 2 DSU). Das Streitbeilegungsorgan setzt daraufhin ein Panel ein, das mit der Untersuchung des Sachverhalts beauftragt wird (Art. 7 DSU). Das Panel nimmt die Vorlage des Beschwerdeführers und im Anschluss die des Beschwerdegegners entgegen. Es kann von Einzelpersonen oder Gremien, die es für geeignet hält, Informationen oder fachlichen Rat einholen (Art. 13 Abs. 1 DSU). Es kann zudem von jeder einschlägigen Stelle Informationen erbitten und Sachverständige befragen, um Gutachten zu bestimmten Aspekten der Angelegenheit einzuholen (Art. 13 Abs. 2 DSU).

Das Einschalten der Ständigen Sachverständigengruppe (Permanent Group of Experts, PGE) stellt eine Besonderheit des Verfahrens bei verbotenen Subventionen dar.[71] Das Panel hat neben dem Einholen von Auskünften und der Auswertung der Vorlagen der Streitparteien die Möglichkeit, die Expertengruppe mit der Feststellung einer verbotenen Subvention zu beauftragen (Art. 4 Abs. 5 S. 1 Subventionsübereinkommen). Von ihr werden die Stellungnahmen und Beweismittel beider Seiten ausgewertet und die Ergebnisse an das Panel weitergeleitet (Art. 4 Abs. 5 S. 2 und 3 Subventionsübereinkommen). Die Beurteilung

---

[71] Vgl. ebenda, S. 104.

des streitigen Sachverhaltes durch die Ständige Expertengruppe ist bindend (Art. 4 Abs. 4 S. 4 Subventionsübereinkommen).

Wird die streitige Maßnahme bzw. deren Wirkung vom Panel als unvereinbar mit Teil II oder III des Subventionsübereinkommens beurteilt, so empfiehlt das Panel dem subventionierenden Mitglied, diese im Falle einer verbotenen Subvention innerhalb einer vom Panel festgelegten Frist abzuschaffen (Art. 4 Abs. 7 Subventionsübereinkommen) bzw. bei anfechtbaren Subventionen die schädigende Wirkung zu beseitigen oder die Subvention zurückzunehmen (Art. 7 Abs. 8 Subventionsübereinkommen).

Konnte die zwischen den Parteien streitige Angelegenheit während des Verfahrens bereinigt werden, so beschränkt sich der Bericht des Panels auf eine kurze Beschreibung des Falles und auf die Feststellung, dass eine Lösung gefunden wurde (Art. 12 Abs. 7 S. 3 DSU). Die Notifikation beendet das Streitbeilegungsverfahren. Bleibt es bei unterschiedlichen Auffassungen über die streitige Maßnahme, so legt das Panel den Parteien den Berichtsentwurf für das Streitbeilegungsorgan als Zwischenbericht vor (Art. 15 Abs. 1 DSU). Erhält das Panel von keiner Partei eine Stellungnahme innerhalb des dafür vorgesehenen Zeitraums, so wird der Zwischenbericht als Abschlussbericht des Panels betrachtet und umgehend an die Mitglieder verteilt (Art. 15 Abs. 2 S. 4 DSU). Schließlich legt das Panel dem DSB seine Feststellungen in Form eines schriftlichen Berichts vor, der die Sachverhaltsfeststellungen, die Anwendbarkeit der einschlägigen Bestimmungen und die wesentliche Begründung seiner Feststellungen und Empfehlungen enthält (Art. 12 Abs. 7 Subventionsübereinkommen). Das Verfahren nach Teil II soll 90 Tage, nach Teil III 120 nicht überschreiten (Art. 4 Abs. 6 bzw. Art. 7 Abs. 5 Subventionsübereinkommen).

Innerhalb von 30 Tagen nach Verteilung des Panelberichts an die Mitglieder wird der Bericht auf einer DSB-Sitzung angenommen. Durch Annahme des Panelberichts macht sich das Streitbeilegungsorgan die Feststellungen und Entscheidungsvorschläge des Panels zu eigen, es sei denn, eine der Streitparteien notifiziert dem DSB förmlich ihren Entschluss, Einspruch zu erheben, oder das DSB beschließt einvernehmlich, den Bericht nicht anzunehmen (Art. 4 Abs. 8 bzw. Art. 7 Abs. 6 Subventionsübereinkommen). Die Ablehnung des Berichts durch die obsiegte Partei kann dessen Annahme nicht verhindern. Lediglich eine einstimmige Ablehnung des Berichts verhindert dessen Annahme. Die Ablehnung des Berichts durch die obsiegende Streitpartei dürfte in der Regel nicht erfolgen.[72]

---

72 Diese Verfahrensänderung gegenüber dem alten GATT gilt als die große Errungenschaft der Uruguay-Runde. Vgl. Krenzler, H. G., EU-Kommentar, 1994, Kap. E.1 Rz. 79.

2.2.6 Das Revisionsverfahren

Legt eine der Streitparteien gegen den Panel-Bericht innerhalb von 30 Tagen nach dessen Verteilung an die WTO-Mitglieder Einspruch ein (Art. 4 Abs. 8 bzw. Art. 7 Abs. 6 Subventionsübereinkommen), so beginnt das Verfahren vor dem Appellate Body. Dort werden ausschließlich die in dem Panelbericht behandelten Ausführungen erörtert (Art. 17 Abs. 6 DSU). Der Bericht des Appellate Body wird in Abwesenheit der Streitparteien unter Berücksichtigung der unterbreiteten Informationen und der abgegebenen Stellungnahmen erstellt und dem Streitbeilegungsorgan zugeleitet (Art. 17 Abs. 10 S. 2 DSU). Er entscheidet bei verbotenen Subventionen innerhalb von 30 Tagen (Teil III 60 Tage) nach dem Tag des Einspruchs durch eine Streitpartei (Art. 4 Abs. 9 S. 1 Subventionsübereinkommen, Art. 17 Abs. 5 DSU).

Die Verfahrensergebnisse (Berichte von Panel und Appellate Body) werden durch das Streitbeilegungsorgan erörtert, was spätestens zwölf Monate nach Einsetzung des Panels zu erfolgen hat. Damit wird der Bericht des Appellate Body vom DSB angenommen. Er ist von den Streitparteien vorbehaltlos zu akzeptieren, sofern er von den Streitparteien nicht einvernehmlich abgelehnt wird (Art. 17 Abs. 14 S. 1 DSU).

2.2.7 Inhalt und Umsetzung der Entscheidung

Die Berichte von Panel und Appellate Body können vom Streitbeilegungsorgan nur angenommen oder zurückgewiesen, nicht jedoch inhaltlich verändert werden. Wird im Sinne des Beschwerdegegners entschieden und damit das Vorliegen einer rechtswidrigen Subvention negiert, endet das Verfahren mit dieser Feststellung. Im Falle der Feststellung einer rechtswidrigen Subvention lautet die Empfehlung entsprechend dem Panel- oder Appellate Body-Bericht, die rechtswidrige Subvention zurückzunehmen oder durch entsprechende Modifikation mit dem Subventionsübereinkommen in Einklang zu bringen (Art. 3 Abs. 7 S. 4, Art. 19 Abs. 1 S. 2 DSU, Art. 4 Abs. 7 Subventionsübereinkommen).

Die Entscheidung ist vom Beschwerdegegner innerhalb eines angemessenen Zeitraums umzusetzen. Wie die Entscheidung umgesetzt wird, hat er innerhalb von 30 Tagen nach Annahme des Berichts dem Streitbeilegungsorgan mitzuteilen (Art. 21 Abs. 3,4 und 6 DSU). Resultieren aus der Frage, welche Pflichten sich durch die Entscheidung ergeben, weitere Streitigkeiten, so werden diese im Rahmen eines weiteren Streitbeilegungsverfahrens in der Regel vor dem gleichen Panel verhandelt (Art. 21 Abs. 5 DSU).

Eine nicht rechtzeitig umgesetzte Entscheidung des Streitbeilegungsorgans ermächtigt den Beschwerdeführer, vorläufige Maßnahmen oder Ausgleichszölle nach Teil V gegen die verbotene Subvention des Beschwerdegegners zu beantragen. Ein solcher Antrag kann vom Streitbeilegungsorgan nur einstimmig zurückgewiesen werden (Art. 4 Abs. 10).

Die Nichtumsetzung einer Entscheidung des Streitbeilegungsorgans kann eine Entschädigung nach Art. 22 Abs. 1 und 2 DSU oder die Aussetzung von Zugeständnissen gemäß Art. 22 Abs. 1, 3 bis 5 DSU zur Folge haben. Trotz der Gegenmaßnahmen des Beschwerdeführers hat der Beschwerdegegner weiterhin die Pflicht, die Maßnahme mit dem Subventionsübereinkommen in Einklang zu bringen (Art. 22 Abs. 8 S. 1 DSU). Spätestens nach Ablauf der Umsetzungsfrist muss der Beschwerdegegner eine Entschädigung mit dem Beschwerdeführer aushandeln (Art. 22 Abs. 2 S. 1 DSU). Nach 20 Tagen ohne Ergebnis kann der Beschwerdeführer beim Streitbeilegungsorgan die Aussetzung von Zugeständnissen gegenüber dem Beschwerdegegner beantragen (Art. 22 Abs. 2 S. 2 DSU). Dieser Antrag kann nur innerhalb von 30 Tagen nach Ablauf der Umsetzungsfrist durch Konsens zurückgewiesen werden (Art. 22 Abs. 6 S. 2 DSU). Die Aussetzung von Zugeständnissen muss sich auf das Subventionsübereinkommen im gleichen Wirtschaftssektor beziehen (Art. 22 Abs. 3 lit. a DSU). Danach folgt die Aussetzung von Zugeständnissen in anderen Sektoren und schließlich aus anderen Übereinkommen, sog. *cross retaliation* (Art. 22 Abs. 3 lit. b und c).

Der Beschwerdegegner kann gegen die drohende Aussetzung von Zugeständnissen das ursprünglich befasste Panel oder ein vom Generaldirektor benanntes Schiedsgericht anrufen (Art. 22 Abs. 6 S. 2 und 3 DSU). Bezüglich der Aussetzung von Zugeständnissen hat dies aufschiebende Wirkung (Art. 22 Abs. 6 S. 4 DSU). Über den Umfang der Aussetzung der Zugeständnisse wird innerhalb von 60 Tagen nach Ende der Umsetzungsfrist entschieden (Art. 22 Abs. 6 S. 3 DSU).

2.2.8 Sonstige Verfahren

Im Einvernehmen der Streitparteien kann parallel ein Vermittlungs- und Schiedsverfahren nach Art. 5 Abs. 5 DSU durchgeführt werden, welches das Schiedsverfahren nach dem DSU ersetzen kann. Voraussetzung ist jedoch, dass beide Parteien zustimmen (Art. 25 DSU).

Damit die Handelspartner der subventionierenden Mitglieder die Wirkungen der Subvention erkennen und die Erfolgsabsichten eines Streitbeilegungsverfahrens abschätzen können, sind spezifische Subventionen dem Sekretariat unter Angabe bestimmter Informationen zu notifizieren (Art. 25 Abs. 2 bis 6). Gesichert wird die Einhaltung der Notifikationspflicht durch die Möglichkeit, potentiell unterlassene Notifikationen dem Ausschuss für Subventionen und Ausgleichsmaßnahmen anzuzeigen (Art. 25 Abs. 10). Gemäß Art. 26 Abs. 1 S. 1 werden die Notifikationen alle drei Jahre durch den Ausschuss überprüft. Ein Auskunftsrecht der Mitglieder für notifizierte und nicht notifikationspflichtige Maßnahmen sorgt für entsprechende Transparenz (Art. 25 Abs. 8 und 9).

Vor der Einleitung eines Verfahrens gegen verbotene Subventionen kann ein Mitgliedstaat eine vertrauliche gutachterliche Stellungnahme bezüglich der tatbestandlichen Einordnung der Subvention beantragen (Art. 24 Abs. 4). Auch dem Ausschuss über Subventionen und Ausgleichsmaßnahmen steht dieses Recht zu (Art. 24 abs. 3 S. 4).

2.3 Das Regelungsziel des Subventionsübereinkommens

2.3.1 Die Zielsetzung des Subventionskodex von 1979

Die Ziele eines Gesetzes oder Übereinkommens werden in der Regel in einer Präambel festgelegt. Sie enthält die Intention des Gesetzgebers, legt den gemeinsamen Willen offen und formuliert die Vorstellungen, die mit dem Gesetz bzw. dem Übereinkommen verbunden sind. Die Präambel gibt damit eine Orientierung für die Interpretation und Auslegung der Vorschriften und hat neben ihrem politischen auch rechtlichen Gehalt. Sie gilt als wichtiges Indiz für den Gesamtzweck eines Vertrages. Nach Art. 31 Abs. 2 WVRK ist sie Teil des Vertrages und als solcher auszulegen.[73]

Entgegen herrschender Praxis in völkerrechtlichen Vertragswerken wurde im Subventionsübereinkommen keine Präambel festgelegt, welche die mit dem Übereinkommen verbundenen Zielvorstellungen beinhaltete.[74] Ein möglicher Grund dafür ist, dass die Vielzahl der unterschiedlichen politischen Ziele der Verhandlungsteilnehmer der Uruguay-Runde und die Probleme, im Rahmen der Verhandlungen zu einem Konsens zu gelangen, die Festlegung eines Zielkatalogs verhindert haben.[75] Dagegen spricht allerdings, dass sich die Verhandlungspartner beim Subventionskodex sehr wohl auf eine Präambel einigen konnten, obwohl auch hier grundlegend unterschiedliche wirtschaftspolitische Ansichten in den Abkommensverhandlungen, insbesondere zwischen der EG und den USA, zu Tage traten.[76]

Der Subventionskodex von 1979 erwähnt als Zielsetzung in seiner ersten Präambelerwägung, „die handelsbeschränkenden oder handelsverzerrenden Auswirkungen nichttariflicher Massnahmen abzubauen oder zu beseitigen und diese Maßnahmen einer wirksameren internationalen Disziplin zu unterstellen". Zwar wird in einer zweiten Präambelerwägung anerkannt, „dass von den Regierungen Subventionen dazu benutzt werden, wichtige Ziele der nationalen Politik zu fördern", jedoch wird entsprechend der dritten Erwägung berücksichtigt, „dass Subventionen nachteilige Auswirkungen auf Handel und Produktion haben können". Außerdem führt die Präambel auf, dass „diese Auswirkungen unter gebührender Berücksichtigung der internen Wirtschaftslage der betreffenden Unter-

---

[73] Vgl. Seidl-Hohenveldern, I./Stein, T., Völkerrecht, 2000, Rz. 350.

[74] In der gesamten Schlussakte von Marrakesch enthalten nur das Subventionsübereinkommen und das Übereinkommen zur Durchführung des Art. VI des Allgemeinen Zoll- und Handelsabkommens 1994 (Antidumping-Übereinkommen) keinen Zielkatalog.

[75] So Grave, C., Subventionsbegriff, 2002, S. 111.

[76] Vgl. oben Punkt 2.1.3

zeichner sowie des Standes der internationalen Wirtschafts- und monetären Beziehungen zu beurteilen sind“. Zudem soll die Gewährung von Subventionen die Interessen der Unterzeichner des Subventionskodex nicht beeinträchtigen oder schädigen. Ausgleichsmaßnahmen sollen den internationalen Handel nicht in unvertretbarer Weise behindern. Hersteller, für die die Gewährung von Subventionen nachteilige Folgen hat, sollen in einem vereinbarten internationalen Rahmen von Rechten und Verpflichtungen entschädigt werden. In einer sechsten Präambelerwägung wird zudem auf die besonderen Handels-, Entwicklungs- und Finanzbedürfnisse der Entwicklungsländer eingegangen.

Fraglich ist, ob die Tatsache, dass sich die Verhandlungsteilnehmer der Uruguay-Runde nicht auf eine Präambel einigten, als Abkehr von dem im Subventionskodex festgelegten Zielkatalog gedeutet werden muss oder ob sie als impliziter Verweis auf eine übergeordnete Zielsetzung zu interpretieren sei, die aus der Zielsetzung der gesamten WTO-Rechtsordnung abzuleiten ist. Für eine Ableitung der Ziele des Subventionsübereinkommens aus dem Zielkatalog der WTO-Rechtsordnung spricht Art. 31 Abs. 2 WVRK, wonach zur Interpretation eines völkerrechtlichen Vertrags auch auf Rechtsakte zurückgegriffen werden kann, die mit diesem im Zusammenhang stehen. Vor diesem Hintergrund erscheinen Rechtsakte, die von Parteien als einheitliches Vertragswerk angesehen werden, zur Auslegung einzelner Teile dieses Vertragswerks besonders geeignet. Dies spricht dafür, das Regelungsziel des Subventionsübereinkommens als Übereinkommen in Anhang 1A des WTO-Übereinkommens unter Rückgriff auf die Zielsetzung der gesamten WTO-Rechtsordnung zu ermitteln.[77]

2.3.2 Die Zielsetzung der WTO-Rechtsordnung

Das durch das einstige GATT und nun durch die WTO festgelegte System der Welthandelsordnung wird oft mit dem Begriff des Freihandels in Zusammenhang gebracht.[78] Dieser Begriff hat neben einer ökonomischen auch eine politische Bedeutung. Die ökonomische Freihandelstheorie geht auf Adam Smith (1723-1790) und David Ricardo (1774-1823) zurück und besagt, dass ein möglichst unbehinderter Handel zwischen den Staaten allen beteiligten Volkswirtschaften nützt, auch wenn diese unterschiedlich leistungsfähig und unterschiedlich entwickelt sind. Mit der politischen Seite des Freihandelsbegriffs verbindet sich die Forderung der Beseitigung *aller* staatlichen Regulierung des Welthandels und die Infragestellung *sämtlicher* staatlicher Eingriffe, auch im Bereich der innerstaatlichen Wirtschaftsordnung. Unbestritten ist, dass die Liberalisierung des Handels zu einer Steigerung der ökonomischen Wohlfahrt führt. Fraglich ist jedoch, ob der aus der Einschränkung nationaler wirtschaftpolitischer

---

[77] Vgl. Beviglia Zampetti, A., JWT 1995, S. 17; Grave, C., Subventionsbegriff, 2002, S. 112.

[78] Vgl. Matsushita, M., Competition Policy, 2002, S. 5.

Spielräume resultierende intensivierte institutionelle Wettbewerb zwischen den Staaten zwingend zu diesem Ziel führen muss, da bestimmte modelltheoretische Prämissen in der Realität häufig nicht oder nur unvollständig erfüllt sind.

Betrachtet man den Vertragstext des WTO-Übereinkommens, dann zeigt sich, dass die WTO in dieser grundsätzlichen Frage eine vermittelnde Rolle einnimmt. Tatsächlich ist der Begriff des Freihandels in den Übereinkommen nicht aufgeführt. Vorrangig werden andere, insbesondere wirtschaftspolitische Zielsetzungen genannt. Der Präambeltext des WTO-Übereinkommens nennt die Erhöhung des Lebensstandards, die Sicherung der Vollbeschäftigung, hohe und ständig steigende Realeinkommen und Nachfrage sowie die Ausweitung der Produktion und des Handels mit Waren und Dienstleistungen. Erreicht werden sollen diese Ziele unter der Nebenbedingung einer optimalen Nutzung der Hilfsquellen der Welt im Einklang mit dem Schutz und der Erhaltung der Umwelt. Im zweiten Erwägungsgrund der Präambel behandelt das WTO-Übereinkommen die Erfordernisse der wirtschaftlichen Entwicklung und das Interesse an der Sicherung eines entsprechenden Anteils am Wachstum des internationalen Handels auf Seiten der Entwicklungsländer, insbesondere der am wenigsten entwickelten unter ihnen. Diese sollen sich „einen Anteil am Wachstum des internationalen Handels sichern, der den Erfordernissen ihrer wirtschaftlichen Entwicklung entspricht".

Erst im dritten Erwägungsgrund führt die Präambel auf, dass die Mitglieder zur Verwirklichung der zuvor genannten (übergeordneten) Ziele dadurch beitragen wollen, dass sie Übereinkünfte abschließen, die „auf einen wesentlichen Abbau der Zölle und anderer Handelsschranken sowie auf die Beseitigung der Diskriminierung in den internationalen Handelsbeziehungen abzielen". Die Liberalisierung des Handels wird dadurch zum Unterziel oder Hilfsmittel übergeordneter wirtschaftspolitischer Zielvorstellungen.[79] Wirtschaftliches Wachstum allein, wie es sich durch weltweiten Freihandel ohne Reglementierung, nur mittels des freien Wettbewerbs am Markt ergibt, reicht somit nicht aus, um allgemeinen Wohlstand herbeizuführen. Die WTO erhält hierdurch eine zwischenstaatliche Verantwortung, die durch die Zustimmung aller Mitgliedstaaten getragen wird.[80]

Das WTO-Recht zielt nicht einmal bei spezifischen Handelshemmnissen auf deren vollständige Beseitigung ab, sondern nur auf deren „wesentlichen Abbau". Der Vergleich dieser Formulierung mit dem Wortlaut des Art. XXIV Abs. 8 lit. b GATT, der die Bedingungen einer Freihandelszone bestimmt, verstärkt die Ansicht, dass Freihandel in seiner politischen Dimension kein Ziel der WTO ist.[81] Aus der Differenzierung zwischen einem „wesentlichen Abbau [...] anderer

---

79 Vgl. Stoll, P.-T./Schorkopf, F., WTO, 2002, S. 32 Rz. 67.
80 Vgl. Siebold, D. I., Welthandelsorganisation, 2003, S. 81 f.
81 Vgl. Bogdandy, A. v., Konstitutionalisierung, 2002, S. 25.

Handelsschranken" und der „Beseitigung der Diskriminierung in den internationalen Handelsbeziehungen" wird auf ein enges Verständnis des Begriffs „Handelsschranke" geschlossen, da ein weites Verständnis dieses Begriffs jedes diskriminierende Verhalten mit einschließen würde. Der „wesentliche Abbau" betrifft daher nur spezifische Grenzmaßnahmen im Bereich der Zölle und der nichttarifären Handelshemmnisse, wie z. B. interne Abgaben und Rechtsvorschriften, mengenmäßige Handelshemmnisse und Subventionen. Der Begriff des „Abbaus von Zöllen und Handelsschranken" bekräftigt die gegenüber einem politisch verstandenen Freihandelsbegriff relativierte Zielsetzung.[82]

Bei den internen regulatorischen Maßnahmen geht es indes allein um die Verhinderung von Diskriminierung und nicht um den Abbau von Beschränkungen oder deren Harmonisierung.[83] Das Diskriminierungsverbot materialisiert sich in den beiden Prinzipien der Meistbegünstigung[84] und der Inländergleichbehandlung[85] (Art. I Abs. 1 GATT und Art. III Abs. 1 GATT). Diskriminierung gilt allgemein als die ungleiche Behandlung vergleichbarer Objekte oder Sachverhalte, aus der ein Nachteil für den Betroffenen folgt.[86] Mehrere Entscheidungen der WTO-Organe stützen sich auf diesen Grundsatz.[87] Die Nichtdiskriminierung ist kein der Liberalisierung untergeordneter Nebenaspekt, sondern sie hat eigenständige Bedeutung. Sie gilt unabhängig davon, ob in dem betreffenden Sektor Liberalisierungsverpflichtungen bestehen. Ihre Existenz gilt als Beweis dafür, dass die WTO nicht allein den Abbau staatlicher Regulierung bezweckt, sondern dass ihr sehr wohl eine ordnende Vorstellung von Handelsbeziehungen zu Grunde liegt.[88]

Trotz weitgehender Souveränität im Bereich der Ausgestaltung mitgliedstaatlicher Wirtschaftssysteme unterliegen die hoheitlichen Maßnahmen der Mitglieder im Bereich der Wirtschaftspolitik einer Reihe von Verpflichtungen und Beschränkungen. Manche Bereiche des WTO-Rechts lassen den Mitgliedern nur wenig Gestaltungsspielraum, insbesondere im Bereich außenhandelspolitischer Instrumentarien. So muss jede mitgliedstaatliche Vorschrift im Bereich des Antidumping-Rechts eng an den detaillierten Regelungen des einschlägigen WTO-Übereinkommens ausgerichtet sein, um als WTO-konform zu gelten. Ähnliches gilt auch für mitgliedstaatliche Subventionen im Bereich des Subventionsübereinkommens. Hierdurch ergeben sich indirekte Zusammenhänge zwischen der Welthandelsordnung und den nationalen Wirtschaftssystemen.[89] Diese Vorgaben

---

82 Vgl. Stoll, P.-T./Schorkopf, F., WTO, 2002, S. 33 Rz. 69.
83 Vgl. Bogdandy, A. v., Konstitutionalisierung, 2002, S. 25.
84 Vgl. Trebilcock, M. J./Howse, R., Regulation, 2005, S. 114 ff.
85 Vgl. ebenda, S. 78.
86 Vgl. Kewenig, W., Nichtdiskriminierung, 1972, S. 196.
87 Vgl. m. w. N. Tietje, C., Grundstrukturen, 1998, S. 187 ff.
88 Vgl. Stoll, P.-T./Schorkopf, F., WTO, 2002, S. 33 Rz. 69.
89 Vgl. ebenda, S. 34 Rz. 74.

und Anforderungen an nationale wirtschaftspolitische Instrumente und das Interesse der Staaten an der Aushandlung gegenseitiger Zugeständnisse haben erhebliche Rückwirkungen auf die nationale Wirtschaftspolitik.

Das WTO-Recht strebt im Gegensatz zum EG-Vertrag keine wirtschaftliche und politische Integration an. Während Art. 2 EGV auf die Etablierung eines „Gemeinsamen Marktes" abzielt, ist das WTO-Recht lediglich auf einen „wesentlichen Abbau von Handelsschranken" und die „Beseitigung von Diskriminierung" gerichtet. Die Unterschiede zwischen beiden Rechtsordnungen verstärken sich, wenn man die Präambeln der EG- und EU-Verträge betrachtet, die eine „immer engere Union der Völker Europas" mit dem Ziel der Förderung von Frieden, Demokratie und Grundrechten anstreben. Nach der Präambel des WTO-Übereinkommens werden zwar auch übergeordnete Ziele wie Umweltschutz und die Förderung von Entwicklungsländern verfolgt – ein integrativer Anspruch wird diesen Zielen jedoch nicht zugesprochen.[90]

Zudem ist darauf hinzuweisen, dass die Welthandelsordnung im Gegensatz zum EU-Recht, abgesehen von der wenig bedeutsamen Gewährleistung der Transitfreiheit (Art. V GATT), keine individuelle Handelsfreiheit enthält. Die Gebote der Nichtdiskriminierung in Form von allgemeinen Verpflichtungen zur Meistbegünstigung und Inländergleichbehandlung können zwar nach ihrem Wortlaut durchaus als individuelle Garantien verstanden werden, beziehen sich jedoch auf Gewährleistungsfunktionen im Hinblick auf die Sicherung des unbehinderten Handels. Dieser stellt den Schutzbereich der Diskriminierungsverbote dar, die in erster Line dem Schutz von gleichartigen oder im Wettbewerb stehenden *Produkten* gelten. Lediglich in bestimmten Fällen, in denen die Produkte eine besondere Nähe zu ihren Anbietern aufweisen, wie dies z. B. im Dienstleistungsbereich der Fall ist, kann dieser Schutzbereich direkte Wirkungen auf Personenebene haben.[91]

2.3.3 Übertragung auf das Subventionsübereinkommen

Betrachtet man die Ausführungen zur Zielsetzung des WTO-Übereinkommens, so zeigt sich, dass sich der Zielkatalog des Subventionskodex in den des WTO-Übereinkommens inhaltlich vollständig integrieren lässt. Der Abbau von Handelsschranken, wie sie die Präambel des WTO-Übereinkommens nennt, erfasst auch die in der Präambel des Kodex genannten „Subventionen mit nachteiligen Auswirkungen auf Handel und Produktion" und „Ausgleichsmaßnahmen, die den internationalen Handel in unvertretbarer Weise verzerren". Auch hinsichtlich der Sonderstellung von Entwicklungsländern decken sich die beiden Präambeln. Hätte man den Subventionskodex von 1979 anstelle des Subventionsübereinkommens in Anhang 1A des WTO-Übereinkommens integriert, wäre

---

90 Ausführlich Bogdandy, A. v., Konstitutionalisierung, 2002, S. 17 ff.

91 Vgl. Stoll, P.-T./Schorkopf, F., WTO, 2002, S. 35 Rz. 78.

sein Zielkatalog obsolet geworden. Daher spricht der Verzicht auf eine Präambel beim Subventionsübereinkommen dafür, dass seine Zielsetzung bereits über die des gesamten WTO-Vertragswerks abgedeckt wird.

Die WTO-Rechtsordnung dient dem Abbau von Zöllen und Handelsschranken und der Beseitigung der Diskriminierung in den internationalen Handelsbeziehungen. Die Subvention ist eine typische Form nicht-tarifärer Handelshemmnisse. Anstatt, wie beim Zoll, die Einfuhr der im Ausland produzierten Güter zu verteuern, wird der Verkaufspreis der im Inland produzierten Güter durch staatliche Förderung der Produktion künstlich „verbilligt". Die Subventionierung hat jedoch auch einen diskriminierenden Aspekt. Ihre Begrenzung auf einen bestimmten Empfängerkreis schließt gleichzeitig andere Wirtschaftssubjekte aus. Wird innerhalb einer Gruppe eine große Anzahl von Subjekten von einer begünstigenden Maßnahme ausgeschlossen, so lässt sich dieser Vorgang zum einen als Diskriminierung der Mehrheit, zum anderen aber auch als Subventionierung einer Minderheit interpretieren. Einziges Kriterium zwischen beiden Formen negativer Handelsbeeinflussung ist die Anzahl der Gruppenmitglieder, die begünstigt bzw. diskriminiert werden. Daher sind die Übergänge zwischen Diskriminierung und Subventionierung auch fließend.[92]

Das Subventionsübereinkommen verbietet die als besonders schädigend betrachteten Formen der Importsubstitution und Ausfuhrsubventionierung. Beide entfalten eine ähnlich schädigende Wirkung, da sie die einheimische Produktion auf Kosten der ausländischen Industrie bevorzugen, die dadurch im eigenen Markt oder bei der Ausfuhr von Waren geschädigt wird. Da die Importdiskriminierung nur den einheimischen Markt betrifft, können andere Staaten auf sie nicht mit Gegenmaßnahmen reagieren, was einen multilateralen Ansatz verlangt.[93]

Subventionen haben jedoch nicht grundsätzlich wettbewerbsschädigende Wirkung, sondern werden als wichtiger Bestandteil nationaler Wirtschaftspolitik akzeptiert. Dementsprechend kann das Ziel des Subventionsübereinkommens nicht darin liegen, sämtliche Subventionen zu verbieten, sondern nur solche Subventionen zu unterbinden, die sich negativ auf die Ökonomien anderer WTO-Mitgliedstaaten auswirken. Hier liegt auch der bedeutende Unterschied zur Zielsetzung des Beihilfenrechts des EG-Vertrags, das der Verwirklichung eines Gemeinsamen Marktes unter Beseitigung *aller* Wettbewerbsverzerrungen dient und nicht auf den *Abbau* von Handelshemmnissen ausgelegt ist.[94]

Die juristische Grenzziehung zwischen „guten" und „schlechten" Subventionen nimmt das Subventionsübereinkommen anhand der Kriterien „Spezifität"

---

92 Besonders deutlich werden diese Zusammenhänge im Bereich der Import-ersetzenden Subventionen. Vgl. ausführlich unten Punkt 4.4.1.

93 Vgl. Balassa, B./Sharpston, M., Export Subsidies, 1977, S. 13.

94 Zur Zielsetzung des EU-Beihilfenrechts vgl. Koenig, C. et al., EG-Beihilfenrecht, 2002, S. 28.

(Art. 2 Subventionsübereinkommen) und „nachteilige Auswirkungen" (Art. 5 Subventionsübereinkommen) vor. Nur solche Subventionen, die auf bestimmte Unternehmen oder Wirtschaftszweige beschränkt sind *und* nachweislich schädigende Auswirkung auf Unternehmen und Wirtschaftszweige andere Länder haben, sollen unterbunden werden. Da spezifisch ausfuhrbezogene und importsubstituierende Subventionen als besonders wettbewerbsschädigend angesehen werden, gelten sie per gesetzlicher Fiktion gemäß Art. 2 Abs. 3 i. V. m. Art. 3 stets als spezifisch. Ein Nachweis nachteiliger Auswirkungen im Sinne des Art. 5 ist nicht zu erbringen, da diese bei verbotenen Subventionen stets als gegeben angenommen werden.

2.4 Anwendungsbereich und Anwendbarkeit des Subventionsübereinkommens

2.4.1 Anwendungsbereich innerhalb des WTO-Vertragswerks

In anderen Rechtsakten des WTO-Übereinkommens existieren weitere Regelungen über Subventionen und Ausgleichsmaßnahmen. Daraus ergeben sich spezielle Abstimmungsmechanismen.[95] Da es keine allgemeine und konstituierende Rangordnung zwischen den Regelungsbereichen der verschiedenen Übereinkommen des WTO-Vertragswerks gibt, sind die Übereinkommen entsprechend der Struktur des Völkerrechts zunächst in ihrem Rang gleichgeordnet. Ihr Rangverhältnis richtet sich daher nach den allgemeinen Prinzipien des Völkervertragsrechts. Da die *lex posterior*-Regel auf Grund des gleichzeitigen Abschlusses der Übereinkommen ausscheidet, kommt hauptsächlich der Grundsatz *lex specialis derogat legi generali* zur Anwendung. Bevor jedoch der Grundsatz der Spezialität zur Anwendung kommt, sind vielfältige ausdrückliche Regelungen des Verhältnisses zwischen den einzelnen Übereinkommen zu berücksichtigen, die inhaltlich wieder auf diesen Grundsatz hinauslaufen.[96]

Die allgemeinen Bestimmungen über Subventionen in Art. VI und XVI GATT 1994 bestehen neben den Regelungen des Subventionsübereinkommens fort. Nach der „Allgemeinen Auslegungsregel zu Anhang 1A" in Anhang 1A des WTO-Übereinkommens haben die einzelnen Übereinkommen über den Handel mit Waren in Anhang 1A und damit auch das Subventionsübereinkommen im Falle eines Konfliktes mit dem GATT 1994 Vorrang. Im Bereich der Ausgleichszölle nach den Artikeln VI Abs. 3 bis 7 GATT 1994 ist ein Konflikt jedoch nicht zu befürchten, da Art. 10 Subventionsübereinkommen ausdrücklich auf die Vorschriften des GATT 1994 verweist und die Beachtung beider Regelungskomplexe bei der Erhebung von Ausgleichszöllen bestimmt.

---

95 Vgl. ausführlich Bénitah, M., Subsidies, 2001, S. 154 ff.

96 Vgl. Stoll, P.-T./Schorkopf, F., WTO, 2002, S. 26 Rn. 53.

Das Subventionsübereinkommen, das entgegen dem Subventionskodex keine bloße Interpretationsvorschrift zu den GATT-Vorschriften darstellt, geht als eigenständiges Übereinkommen mit eigenen materiell- und verfahrensrechtlichen Vorschriften weit über den Anwendungsbereich des Kodex hinaus.[97] Zwar bestehen mangels kollidierender Normen beide Normenkomplexe nebeneinander fort, jedoch kann sich ein Land nicht auf Art. XVI GATT 1994 berufen, ohne die entsprechenden Vorschriften und Definitionen des Subventionsübereinkommens heranzuziehen.[98] Mit Ausnahme des expliziten Verweises des Subventionsübereinkommens auf Art. VI Abs. 3 bis 7 GATT 1994 haben die Art. VI und XVI des GATT 1994 keinen Anwendungsbereich mehr, da sie vom Subventionsübereinkommen vollständig überlagert werden.[99]

Auch das Übereinkommen über die Landwirtschaft enthält in den Art. 6 Abs. 1, Art. 9 Abs. 1 und Art. 10 Abs. 2 Vorschriften über Subventionen. Entgegen dem Subventionsübereinkommen besteht jedoch kein Verbot, sondern lediglich die allgemeine Verpflichtung, Ausfuhrsubventionen abzubauen.[100] Die Allgemeine Auslegungsregel bezieht sich ausschließlich auf das Rangverhältnis zwischen Übereinkommen in Anhang 1A und den Vorschriften des GATT 1994. Sie findet bei Überschneidungen von Abkommen innerhalb von Anhang 1A keine Anwendung. Das gilt auch im Falle von Konflikten zwischen Normen des Landwirtschafts- und des Subventionsübereinkommens. Der Anwendungsbereich beider Übereinkommen wird jedoch in einzelnen Vorschriften explizit voneinander abgegrenzt. So unterliegt die Subventionierung von Agrarprodukten auf Grund expliziter Ausnahmen (Art. 13 des Übereinkommens über die Landwirtschaft und Art. 3 Abs. 1 S. 1, Art. 5 S. 2 sowie Art. 10 S. 2 des Subventionsübereinkommens) nicht der Subventionsdisziplin des Subventionsübereinkommens.[101] Sobald eine Regierung Unternehmen subventioniert, die landwirtschaftliche Produkte anbieten oder herstellen, hat das Übereinkommen über die Landwirtschaft Vorrang vor dem Subventionsübereinkommen.[102]

Das Allgemeine Übereinkommen über den Handel mit Dienstleistungen (GATS) erweitert den Anwendungsbereich der WTO-Diskriminierungsverbote Meistbegünstigung und Inländergleichbehandlung (Art. II, III, XVI und XVII GATS) auf den Dienstleistungssektor. Hinsichtlich der Subventionierung des

---

97 Vgl. WTO Appellate Body Report v. 20. März 1997 (Brazil – Measures Affecting Dessicated Coconut), Rz. 17.

98 Vgl. WTO Panel Report v. 8. Oktober 1999 (US – FSC), Rz. 7.82.

99 Vgl. Grave, C., Subventionsbegriff, 2002, S. 97.

100 Kritisch daher *Bhala*, der darauf hinweist, dass die Weltmarktpreise für Nahrungsmittel durch die Ausnahmevorschriften im Bereich der Ausfuhrsubventionen zu erheblichen gesamtwirtschaftlichen Schädigungen führen. Vgl. Bhala, R., N. Dak. L. Rev. 2004, S. 698.

101 Zum Zusammenspiel der einzelnen Vorschriften vgl. Senti, R./Conlan, P., Regulation, 1998, S. 88; Götz, V., Subventionsrecht, 1999, Kap. H.III Rz. 6.

102 Vgl. Grave, C., Subventionsbegriff, 2002, S. 97.

Dienstleistungssektors erkennt das GATS zwar an, dass Subventionen unter bestimmten Umständen zu Wettbewerbsverzerrungen im Dienstleistungsbereich führen können (Art. XV Abs. 1 S. 1 GATS), es stellt jedoch keine Abhilfemaßnahmen zur Verfügung. So kann ein WTO-Mitglied, das sich durch eine Subvention geschädigt sieht, zwar das subventionierende Mitglied um Konsultationen ersuchen (Art. XV Abs. 2 S. 1 GATS), es besteht jedoch keine Möglichkeit, gegen handelsverzerrende Subventionen vorzugehen. Die Mitglieder haben sich lediglich verpflichtet, eine multilaterale Subventionsdisziplin auszuarbeiten, um handelsverzerrende Auswirkungen zu vermeiden (Art. XV Abs. 1 S. 2 GATS).[103]

Wie im Falle des Übereinkommens über die Landwirtschaft ergibt sich die Abgrenzung des materiellen Anwendungsbereichs zwischen Subventionsübereinkommen und GATS aus dem Geschäftsgegenstand der subventionierten Unternehmen. In den materiellen Anwendungsbereich von Art. XV GATS fallen Subventionen an Unternehmen, die Anbieter von Dienstleistungen sind. Hingegen beschränkt sich der Anwendungsbereich des Subventionsübereinkommens auf den Handel mit körperlichen Waren. Hier führt das Subventionsübereinkommen die Tradition des GATT 1947 fort. Zwar bezieht sich Art. XVI GATT allgemein auf „Produkt", ohne zwischen „Ware" und „Dienstleistung" zu unterscheiden. In Art. VI Abs. 3 S. 1 GATT wird jedoch mit dem Wort „Beförderung" eine körperliche Ware vorausgesetzt. Die einzelnen Übereinkommen in Anhang 1A des WTO-Übereinkommens weisen eine Vielzahl von Vorschriften auf, die dafür sprechen, dass vom Anwendungsbereich von Anhang 1A ausschließlich körperliche Waren erfasst werden.[104] So ist das Übereinkommen über Schutzmaßnahmen[105] ausschließlich auf Güter anwendbar, bei denen Herstellung, Beförderung und Konsum zeitlich auseinander fallen. Eine zeitliche Trennung von Herstellung, Versand und Verbrauch ist jedoch bei Dienstleistungen nicht möglich. Daher können Dienstleistungen nicht in den Anwendungsbereich des Anhangs 1A fallen.[106] Daneben fallen auch die Bereiche Direktinvestitionen[107] und immaterielle Wirtschaftsgüter, wie z. B. Patente, Lizenzen oder sonstige Rechte nicht in den Anwendungsbereich der Übereinkommen in Anhang 1A des WTO-Übereinkommens.

---

[103] Ein Vorschlag, wie Subventionen vom GATS adressiert werden sollten, findet sich bei Gauthier, G./O'Brien, E./Spencer, S., Déjà Vu, 2000, S. 165 ff.

[104] So Europäische Kommission, Welthandel, 1995, S. 14.

[105] Anhang 1A 10 WTO-Übereinkommen.

[106] Vgl. Grave, C., Subventionsbegriff, 2002, S. 164.

[107] Vgl. zur Definition Organisation for Economic Co-operation and Development, Benchmark, 1996, Rz. 5. Dennoch lassen sich über die Wirkung regulativer Investitionsvorschriften indirekte Überschneidungen zwischen WTO-Recht und ausländischen Direktinvestitionen feststellen. Vgl. Punkt 3.2.

2.4.2 Stellung des WTO-Rechts im Europarecht

2.4.2.1 Überschneidungen mit Art. 87 EGV

Die Vorschriften des EG-Beihilfenrechts und des WTO-Subventionsübereinkommens überlagern sich in vielen Bereichen.[108] Beide unterwerfen spezifische Subventionen einer Subventionsdisziplin und verbieten bestimmte Formen wettbewerbsverzerrender Maßnahmen. Hinsichtlich des sachlichen Anwendungsbereichs der beiden Regelungsregime ist festzustellen, dass das Subventionsübereinkommen mit seiner Einschränkung auf Subventionen an Anbieter körperlicher Waren nur einen kleinen Teilbereich des in dieser Hinsicht uneingeschränkten Anwendungsbereichs[109] des Beihilfenverbots des EG-Vertrags einer Subventionsaufsicht unterwirft. Während das Subventionsverbot, insbesondere durch die Ausklammerung der Bereiche Dienstleistungen und Investitionen, im sachlichen Anwendungsbereich deutlich hinter Art. 87 Abs. 1 EGV zurücktritt, ist es hinsichtlich des persönlichen Anwendungsbereichs jedoch wesentlich weiter ausgestaltet als das Beihilfenverbot. So gilt das Beihilfenrecht nur für Beihilfen von EU-Mitgliedern, hingegen gelten die Vorschriften des Subventionsübereinkommens für sämtliche der 149 WTO-Mitgliedstaaten[110], einschließlich der EU-Mitglieder.

Es sind zahlreiche Situationen denkbar, in denen eine WTO-widrige Subvention vorliegt, jedoch keine EG-Beihilfe festzustellen ist bzw. letztere auf Grund des weiten Ermessens der Kommission genehmigt wird. Dies ist z. B. der Fall, wenn die Kommission zwar eine Beihilfe feststellt, diese jedoch ausdrücklich genehmigt – etwa auf der Rechtsgrundlage der *de minimis* Regelung[111], durch die die Kommission die Subventionierung von Unternehmen bis zu einem bestimmten Betrag genehmigen kann.[112] Hinzu kommt, dass die Tatbestandsmerkmale von EG-Beihilfen und WTO-Subventionen zwar in vielen Bereichen übereinstimmen, sich aber dennoch Situationen finden, in denen zwar keine Beihilfe, jedoch eine WTO-Subvention vorliegt. So z. B., wenn sich die Subvention eines EU-Mitglieds schädigend auf die Interessen eines Drittstaates auswirkt, aus gemeinschaftsrechtlicher Sicht jedoch keine Handelsverzerrungen feststellbar sind. Insbesondere bei der Frage, ob eine Subvention zu einer Belastung des öffentlichen Haushalts (charge on the public account) führen muss, haben Untersuchungen nachgewiesen, dass die WTO-Bestimmungen hier wesentlich weiter gefasst sind als Art. 87 Abs. 1 EGV, da hier der Vorteil beim Sub-

---

[108] Vgl. ausführlich Luja, R. H. C., Intertax 1999, S. 217 ff.

[109] So spricht Art. 87 EGV von „Beihilfen gleich welcher Art".

[110] Stand Dezember 2005.

[111] Vgl. Rat der Europäischen Union v. 7. Mai 1998, Abl. EG 1998, L 142, S. 1-4 Art. 2.

[112] Das Vorliegen einer WTO-widrigen Subvention ist jedoch unabhängig von einer Genehmigung durch die Kommission zu beurteilen. Vgl. Luja, R. H. C., Intertax 1999, S. 217.

ventionsempfänger – auch ohne eine entsprechende Haushaltsbelastung – maßgeblich ist.[113]

Vor dem Hintergrund, dass Art. 87 Abs. 1 EGV nicht sämtliche WTO-Subventionen bereits auf EU-Ebene einer Aufsicht unterwirft und der Kommission erheblicher Genehmigungsspielraum zukommt, stellt sich die Frage, ob die Vergabe WTO-widriger Subventionen durch Gemeinschaftsmitglieder direkt durch das Subventionsübereinkommen unterbunden werden kann. Dies wäre dann der Fall, wenn das WTO-Recht im Gemeinschaftsrecht unmittelbar anwendbar wäre oder ihm zumindest eine mittelbare Anwendbarkeit dahingehend zuzusprechen wäre, dass Gemeinschaftsrecht „im Lichte des Subventionsübereinkommens" auszulegen ist.[114]

2.4.2.2 Unmittelbare Anwendbarkeit des WTO-Rechts

Nach Auffassung des EuGH ist ein völkerrechtliches Abkommen unmittelbar anwendbar, wenn sich ein Individuum[115] oder ein Mitgliedstaat[116] hierauf berufen darf, um einen Gemeinschaftsakt[117] oder den Rechtsakt eines Mitgliedstaates[118] anzufechten. Beruft sich eine Prozesspartei in einem mitgliedstaatlichen Gerichtsverfahren auf eine unmittelbar anwendbare Völkerrechtsnorm, haben die nationalen Gerichte diese zu interpretieren und anzuwenden. Eine unmittelbar anwendbare Vertragsnorm entfaltet jedoch – lange bevor ihr rechtlicher Status vor einem nationalen Gericht geklärt ist – rechtliche Bindungswirkung. In gleicher Weise wie die Gerichte haben die Verwaltungsorgane die Pflicht, unmittelbar anwendbare Völkerrechtsvorschriften zu berücksichtigen. Dieser Effekt ist „unmittelbar", soweit diese Vorschriften in nationalen Verfahren anwendbar sind, ohne dass nationale Gesetze oder Verordnungen den völkerrechtlichen Vertrag implementieren.[119]

Aus dem Rechtsanwendungsbefehl des Art. 300 Abs. 7 EGV lässt sich zunächst auf eine Verpflichtung der EU schließen, die Vereinbarkeit mitgliedstaatlicher Maßnahmen bzw. Maßnahmen der Gemeinschaftsorgane mit dem WTO-Subventionsrecht zu gewährleisten. Beihilfen von EU-Mitgliedern und Beihilfen der EU selbst wären damit an das WTO-Subventionsübereinkommen gebunden.

---

113 Vgl. Slotboom, M. M., JWT 2002, S. 540 f.

114 Vgl. zur mittelbaren Anwendbarkeit Buergenthal, T., Rec. des cours 1992, S. 396.

115 EuGH v. 15. Dezember 1971 (International Fruit Company), EuGHE 1972, S. 411 Rz. 8, 19; EuGH v. 26. Oktober 1982 (Kupferberg), EuGHE 1982, S. 3641 Rz. 26 f., 47.

116 EuGH v. 5. Oktober 1994 (Deutschland/Rat), EuGHE 1994, S. I-4973 Rz. 105, 109; EuGH v. 23. November 1999 (Portugal/Rat), EuGHE 1999, S. I-8395 Rz. 26 f., 47.

117 EuGH v. 15. Dezember 1971 (International Fruit Company), EuGHE 1972, S. 411 Rz. 19; EuGH v. 23. November 1999 (Portugal/Rat), EuGHE 1999, S. I-8395 Rz. 47.

118 EuGH v. 16. März 1983 (SPI), EuGHE 1983, S. 801 Rz. 9; EuGH v. 26. Oktober 1982 (Kupferberg), EuGHE 1982, S. 3641 Rz. 28.

119 Vgl. Cottier, T./Nadakavukaren Schefer, K., JIEL 1998, S. 91.

Dies hätte zur Folge, dass das Gemeinschaftsrecht und das nationale Recht der EU-Mitglieder WTO-konform auszugestalten wäre. Durch mitgliedstaatliche Subventionspraktiken geschädigte (Dritt-)Länder, aber auch geschädigte Unternehmen oder Wirtschaftszweige, könnten sich vor einem nationalen oder einem Gemeinschaftsgericht auf Vorschriften des Subventionsübereinkommens berufen. Im Falle unterschiedlicher Interpretationen der Gemeinschaftsgerichte hinsichtlich der Reichweite von Umsetzungsverpflichtungen der Vorschriften des Subventionsübereinkommens würde zudem eine Verpflichtung der EU-Mitglieder bzw. der Gemeinschaft selbst bestehen, Entscheidungen der WTO-Organe, die z. B. zur Abschaffung einer bestimmten Subvention bzw. ihrer Wirkung verpflichten, umzusetzen.

2.4.2.2.1 Grundsätzliche Haltung des EuGH

In einem Grundsatzurteil zum GATT 1947 hat der EuGH die unmittelbare Anwendbarkeit dieser Vorschriften mit der Begründung abgelehnt, dass die allgemeinen Regelungen des GATT 1947 eine erhebliche Unschärfe aufwiesen und für eine unmittelbare Anwendbarkeit im Gemeinschaftsrecht zu unbestimmt seien. Das Streitbeilegungsverfahren nach Art. XXII GATT 1947 sei zudem nicht auf definitive Entscheidungen, sondern vielmehr auf einen Kompromiss zwischen den Streitparteien ausgelegt. Zudem seien die zahlreichen Ausnahmevorschriften des GATT 1947 Beleg dafür, dass es den Vertragsparteien nicht darum ging, Regeln mit unbedingtem Charakter zu schaffen.[120]

Zu der WTO-Rechtsordnung stellte der EuGH in der Rechtssache *Portugal/Rat* zwar fest, dass sich die neuen Vorschriften, insbesondere auf Grund der wesentlich effizienteren Verfahrensvorschriften, deutlich vom GATT 1947 unterschieden, eine unmittelbare Anwendbarkeit jedoch aus zwei Gründen abzulehnen sei. So hätten Verhandlungen und Zugeständnisse zwischen den Vertragsstaaten im Streitbeilegungsverfahren einen besonderen Stellenwert. Insbesondere Art. 22 Abs. 2 DSU, der das Festsetzen einer einvernehmlichen Entschädigung für den Fall vorsieht, dass ein Mitglied seiner Pflicht zur Ausführung der aus einer Streitentscheidung resultierenden Empfehlung nicht innerhalb eines angemessenen Zeitraumes nachkommt, führe zu einem Verhandlungsspielraum, der nicht durch eine unmittelbare Anwendbarkeit des WTO-Rechts im Gemeinschaftsrecht zerstört werden dürfe. Außerdem spreche der Gegenseitigkeitscharakter (Reziprozität) gegen eine unmittelbare Anwendbarkeit. So hätten insbesondere Staaten wie die USA, Kanada und Japan durch ihre Gerichte eine unmittelbare Anwendbarkeit abgelehnt. Würde diese im Gemeinschaftsrecht anerkannt, so würde „den Legislativ- und Exekutivorganen der Gemeinschaft

---

120 EuGH v. 15. Dezember 1971 (International Fruit Company), EuGHE 1972, S. 411 Rz. 7 f., 20 ff.

der Spielraum genommen, über den die entsprechenden Handelspartner der Gemeinschaft verfügen“.[121]

2.4.2.2.2 Die Fediol- und Nakajima-Ausnahmen

Nur in zwei Fällen lässt der EuGH Ausnahmen von seiner mitunter heftig kritisierten Rechtsprechung zur fehlenden unmittelbaren Anwendbarkeit des WTO-Rechts zu.[122] So ist die Rechtmäßigkeit von Gemeinschaftsrecht dann an den WTO-Vorschriften zu messen, wenn die Gemeinschaft eine bestimmte, im Rahmen der WTO übernommene Verpflichtung erfüllen wollte[123] und die Gemeinschaftshandlung explizit auf spezielle WTO-Vorschriften verweist.[124] Voraussetzung im ersten Fall ist das kumulative Vorliegen einer *bestimmten*, im Rahmen der WTO übernommenen Verpflichtung sowie eines klaren Umsetzungswillens der Gemeinschaft. Die genauen Voraussetzungen sind jedoch unklar.[125] In der Rechtssache *Nakajima* hat der EuGH einen Verweis in der EG-Antidumpingverordnung[126] als Indiz für den Willen der Gemeinschaft angesehen, die entsprechenden WTO-Vorschriften umsetzen zu wollen.[127] So ist der zweiten und dritten Präambelerwägung der EG-Antidumpingverordnung zu entnehmen, dass die Verordnung zur Erfüllung der internationalen Verpflichtungen der Gemeinschaft erlassen wurde. Aus diesen Gründen kam der EuGH zu dem Ergebnis, dass die Antidumpingverordnung und die entsprechenden Vorschriften des GATT 1994 die Gemeinschaftsorgane binden würden.

Der zweite Fall betrifft die Rechtssache *Fediol*, in der der EuGH feststellte, dass sich Gemeinschaftsangehörige zwar nicht direkt vor Gericht auf die Vorschriften des GATT 1994 berufen können, jedoch anhand eines auf Basis einer Gemeinschaftsverordnung gestellten Antrags Handelspraktiken auf ihre Rechtmäßigkeit überprüfen lassen können. Über die Verordnung wird den betroffenen Wirtschaftsteilnehmern das Recht verliehen, sich in einem bei der Kommission eingereichten Antrag auf die Bestimmungen des GATT zu berufen und darzulegen, dass die Handelspraktiken, durch die sie sich geschädigt sehen, rechtswidrig seien. Hiermit verbunden ist das Recht, den Gerichtshof anzurufen, um die

---

121 EuGH v. 23. November 1999 (Portugal/Rat), EuGHE 1999, S. I-8395 Rz. 40.

122 Kritisch und tendenziell für eine unmittelbare Anwendbarkeit von WTO-Recht im EU-Recht Lavranos, N., EuR 1999, S. 293 ff; Griller, S., JIEL 2000, S. 468 ff; Van Den Broek, N., JIEL 2001, S. 411 ff; Uerpmann, R., Constitutions, 2003, S. 27. Gegen unmittelbare Anwendbarkeit Espósito, C. D., Legal Orders, 1999, S. 466; Ehlermann, C.-D., JWT 2002, S. 637; Ehlermann, C.-D., WTR 2002, S. 307 f.

123 EuGH v. 7. Mai 1991 (Nakajima), EuGHE 1991, S. I-4973 Rn. 31.

124 EuGH v. 22. Juni 1989 (Fediol), EuGHE 1998, S. 1781 Rn. 19-22.

125 Vgl. Berg, W./Beck, J., RIW 2005, S. 402.

126 Vgl. Rat der Europäischen Union v. 11. Juli 1988, Abl. EG 1988, L 209, S. 1-17.

127 EuGH v. 7. Mai 1991 (Nakajima), EuGHE 1991, S. I-4973 Rn. 30.

Rechtmäßigkeit der Entscheidung nachprüfen zu lassen, mit der die Kommission die Bestimmungen der Verordnung angewendet hat.[128]

2.4.2.3 Umsetzung der Empfehlungen des Streitbeilegungsorgans

Fehlt es an Voraussetzungen zur Anwendung der *Fediol*- und *Nakajima*-Rechtsprechung, so verbleibt für die durch die Subventionierung eines EU-Mitglieds geschädigten Gemeinschafts- oder Drittstaaten lediglich die Inanspruchnahme des WTO-Streitbeilegungsverfahrens. Dabei stellt sich die Frage, ob für Gemeinschaftsmitglieder oder die Gemeinschaft selbst eine Verpflichtung besteht, die Ergebnisse dieses Verfahrens umzusetzen. Diese Frage wird häufig im Zusammenhang mit Schadensersatzklagen von Personen gegen die EU diskutiert, die sich durch die Nichtumsetzung von Entscheidungen der WTO-Organe geschädigt sehen. In der Rechtssache *Biret*[129] hat der EuGH weitgehend offen gelassen, ob in einem Fall, in dem ein derartiger Schaden entstanden ist, die unmittelbare Anwendbarkeit eines Appellate Body-Berichts zum Zwecke der Erhebung einer Schadensersatzklage möglich ist. In dieser Rechtssache gibt es jedoch Anzeichen, dass der EuGH zur unmittelbaren Anwendung eines Appellate Body-Berichts tendiert.[130] In den Urteilen in den Rechtssachen *Van Parys* und *Chiquita* sind die Gerichte aber wieder hiervon abgerückt und haben unmissverständlich deutlich gemacht, dass der Verhandlungsspielraum der Gemeinschaft gemäß Art. 22 DSU zu sehr eingeschränkt würde, wenn die Gerichte nach Ablauf der vom Streitbeilegungsorgan gewährten Umsetzungsfrist mit den WTO-Übereinkünften unvereinbare innerstaatliche Rechtsvorschriften unangewendet lassen müssten.[131] Die EG darf daher weiterhin die Ergebnisse von Streitbeilegungsverfahren ignorieren, was u. a. zur Folge hat, dass durch die Erhebung von Ausgleichszöllen geschädigte Unternehmen keinen Schadensersatz von ihr verlangen können.[132]

2.4.3 (Un-)Mittelbare Anwendbarkeit des Subventionsübereinkommens

Zur Umsetzung der aus den Vorschriften des Subventionsübereinkommens erwachsenden Pflichten der Gemeinschaft wurde die EG-Antisubventionsverordnung[133] eingeführt, die – zusammen mit der EG-Antidumpingverordnung – der „Erhöhung der Wirksamkeit und der Transparenz bei der Anwendung der Regeln des Antidumping-Übereinkommens 1994 und des Subventionsüberein-

---

[128] Vgl. EuGH v. 22. Juni 1989 (Fediol), EuGHE 1998, S. 1781 Rn. 19-22. Ausführlich Berg, W./Beck, J., RIW 2005, S. 403.

[129] Vgl. EuGH v. 30. September 2003 (Biret), EuGHE 2003, S. I-10565 Rn. 50 ff.

[130] So Lavranos, N., EWS 2004, S. 296.

[131] Vgl. EuGH v. 1. März 2005 (Van Parys), EuGHE 2005, S. I-0000 Rz. 37 ff; EuG v. 3. Februar 2005 (Chiquita), noch nicht in EuGHE veröffentlicht Rz. 162 ff.

[132] Kritisch Lavranos, N., EuR 1999, S. 296 ff; Lavranos, N., EWS 2004, S. 407 ff.

[133] Vgl. Rat der Europäischen Union v. 6. Oktober 1997, Abl. EG 1997, L 288, S. 1-33.

kommens durch die Gemeinschaft“[134] sowie der „Sicherstellung einer ordnungsgemäßen und transparenten Anwendung der neuen Regeln“[135] dient. Zwar macht die Notwendigkeit der Einführung einer solchen Verordnung nochmals deutlich, dass eine unmittelbare Anwendbarkeit des Subventionsübereinkommens nicht gegeben ist, jedoch hat die Gemeinschaft durch den expliziten Verweis auf die WTO-Vorschriften ihren Willen bekundet, die Vorschriften des Subventionsübereinkommens umzusetzen. Aus den in der Rechtssache *Nakajima* aufgestellten Bedingungen lässt sich daher eine mittelbare Anwendbarkeit der Vorschriften des Subventionsübereinkommens ableiten. Über den in der Verordnung ausgedrückten Willen der Gemeinschaft, die aus dem Subventionsübereinkommen resultierenden Verpflichtungen umzusetzen, sind die nationalen und Gemeinschaftsgerichte verpflichtet, die Vorschriften der EG-Subventionsverordnung im Lichte der Regelungen des Subventionsübereinkommens auszulegen. Da jedoch die EG-Verordnung überwiegend den Wortlaut des Übereinkommens nachbildet, ist m. E. die Bedeutung dieser Möglichkeit als gering einzuschätzen.

Die EG- Subventionsverordnung bezieht sich auf subventionierte Einfuhren aus Drittländern. Die Einleitung eines Verfahrens zur Feststellung von Vorliegen, Umfang und Auswirkung einer angeblichen Subvention im Sinne des WTO-Subventionsübereinkommens nach Art. 10 der Subventionsverordnung steht nur Personen offen, die im Namen eines Wirtschaftszweigs der Gemeinschaft handeln. Ein durch die Subventionierung eines EU-Mitglieds geschädigter Drittstaat hat keinen Anspruch auf Einleitung eines Verfahren. Dem geschädigten Warenanbieter aus einem Drittland bleibt lediglich die Möglichkeit, über seine Regierung das Verfahren des Subventionsübereinkommens einzuleiten und von der Ermächtigung zur Erhebung von Ausgleichsmaßnahmen Gebrauch zu machen. Da jedoch aus Entscheidungen des Streitbeilegungsorgans keine Umsetzungsverpflichtung für das subventionierende Gemeinschaftsmitglied resultiert, verbleibt dem geschädigten Drittland in letzter Konsequenz nur die Möglichkeit, von einer Ermächtigung zur Erhebung von Ausgleichsmaßnahmen Gebrauch zu machen und Waren des subventionierenden Mitglieds mit einem Einfuhrzoll zu belegen.[136]

In Streitfällen, die auf der potentiellen Unvereinbarkeit eines Rechtsaktes mit WTO-Recht beruhen, für den es keinen Umsetzungsakt der Gemeinschaft gibt, ist eine differenzierte Betrachtung angebracht. In Hinsicht auf den EG-Vertrag als primäres Gemeinschaftsrecht kann keine Bindungswirkung, etwa in Form einer „Auslegung der Beihilfevorschriften des Art. 87 im Lichte des Subventi-

---

[134] Vgl. die fünfte Präambelerwägung der EG-Antisubventionsverordnung.

[135] Vgl. Abs. 7 der Präambel der EG-Antisubventionsverordnung.

[136] Mangels Umsetzungsverpflichtung können die durch diesen Einfuhrzoll geschädigten Warenanbieter der Gemeinschaft keinen Schadensersatz verlangen. Berg sieht allerdings unter bestimmten Umständen die Alternative der „Haftung für rechtmäßiges Verhalten der Gemeinschaft“. Vgl. Berg, W./Müller, T. M., RIW 2003, S. 410 f.

onsübereinkommens“, gefordert werden. Völkerrechtliche Verträge sind in ihrem Rang unterhalb des primären Gesellschaftsrechts angesiedelt, da sie über den Rechtsanwendungsbefehl des Art. 300 EGV erst zur Anwendung kommen. Durch Art. 300 EGV binden diese Verträge jedoch die Gemeinschaftsorgane, weshalb den völkerrechtlichen Verträgen ein Status oberhalb des sekundären, auf Grund des EG-Vertrags ergangenen Gemeinschaftsrechts liegt.[137] Die Vorschriften des Subventionsübereinkommens können daher erst bei der Auslegung und Anwendung sekundären Gemeinschaftsrechts berücksichtigt werden.[138] Da das sekundäre Gemeinschaftsrecht wiederum dem nationalen Recht übergeordnet ist, scheint auch eine Verpflichtung zu bestehen, die Vereinbarkeit nationaler Gesetze oder Verwaltungsanweisungen durch WTO-konforme Auslegung zu gewährleisten.[139] Bei Zweifeln über die Bedeutung oder den Anwendungsbereich einer sekundärrechtlichen Norm des Gemeinschaftsrechts oder der nationalen Rechtsvorschriften der EU-Mitglieder ist daher derjenigen Auslegung Vorrang einzuräumen, die am ehesten mit den Vorschriften des WTO-Rechts übereinstimmt.[140]

2.5 Doppelbesteuerungsabkommen und WTO-Recht

2.5.1 Diskriminierungen und Subventionen im DBA-Recht

Bevor sich die Frage nach der Rangfolge zwischen WTO- und DBA-Recht stellt, ist zu klären, ob DBA-Vorschriften überhaupt mit Normen des WTO-Rechts kollidieren können. Diese Frage zeigt Parallelen zu der auf europäischer Ebene geführten Diskussion, ob DBA-Vorschriften gegen die Diskriminierungsverbote des EG-Vertrags verstoßen können. Sofern diese Frage hinsichtlich der Diskriminierungsverbote bejaht werden kann, muss dies auch für das Subventionsverbot gelten, bilden doch Subventionen das gedankliche Gegenstück zur Diskriminierung.[141] Hilfreich ist, dass bei der Frage nach dem Einfluss der Diskriminierungsverbote des EG-Vertrags auf Doppelbesteuerungsabkommen – im Gegensatz zum Subventionsverbot des WTO-Rechts – auf eine bereits fortge-

---

137 Vgl. Epiney, A., EuZW 1999, S. 7.

138 Vgl. Griller, S., JIEL 2000, S. 472.

139 Vgl. zum Verhältnis des WTO-Rechts mit anderen Völkerrechtsverträgen die Ausführung zu den Doppelbesteuerungsabkommen unter Punkt 2.5.

140 Vgl. Berrisch, G. M./Kamann, H.-G., EWS 2000, S. 95. Diese Möglichkeit darf jedoch nicht überschätzt werden, ist sie doch auf Zweifelsfälle beschränkt, die sich nicht anhand des Gemeinschaftsrechts lösen lassen. Vgl. Becker, T., Subventionsübereinkommen, 2001, S. 222.

141 Vgl. Schön, W., RIW 2003, S. 58.

schrittene Diskussion in Rechtsprechung und Schrifttum zurückgegriffen werden kann.[142]

Nach *Hahn* stellen DBA-Maßnahmen als Regelungen zur Abgrenzung der Hoheitssphären einen mitgliedstaatlichen Autonomiebereich dar, weshalb sie gemeinschaftsrechtlich grundsätzlich nicht zu beanstanden sind. Seiner Auffassung nach ist daher zu unterscheiden, ob die diskriminierende oder beschränkende Wirkung einer Maßnahme aus den nationalen Normen oder aus einem Doppelbesteuerungsabkommen resultiert. Im letzteren Falle wäre sie den Mitgliedstaaten erlaubt, da hiermit lediglich die Abgrenzung des Umfangs der Besteuerungshoheit verfolgt wird und die Normen des innerstaatlichen Rechts diskriminierungs- und beschränkungsfrei sind. Die Abgrenzung der Steuerhoheiten durch DBA können daher nicht am Maßstab der Grundfreiheiten gemessen werden.[143] Interessant an diesem Ansatz ist, dass *Hahn* zumindest die Möglichkeit sieht, dass Diskriminierungen im DBA-Recht möglich sind, diese jedoch anhand eines „übergeordneten" Status des DBA-Rechts – bestimmt durch das „Wesen der Doppelbesteuerungsabkommen" – als unanfechtbar ansieht. In diese Richtung scheinen auch die Entscheidungen in der Rechtssache *Gilly*[144] und anschließend in der Rechtssache *Saint-Gobain*[145] zu tendieren.[146] Bei näherer Betrachtung ist diese Sichtweise jedoch – wenn überhaupt – nur bei den Verteilungsnormen möglich. So waren die Methodenartikel (Art. 23A und B) des OECD-Musterabkommens in der Rechtssache *Gilly* sehr wohl Gegenstand einer eingehenden Prüfung durch den EuGH.[147] Zudem spricht das Urteil in der Rechtssache *De Groot*[148] dafür, dass Methodenartikel zu einer Verletzung der Grundfreiheiten führen können.[149] In allgemeiner Form wurde auch in der Rechtssache *"open skies"*[150] die Notwendigkeit einer Vereinbarkeit von Doppelbesteuerungsabkommen mit den Grundfreiheiten des EG-Vertrags ausgedrückt.

Michael Lang spricht sich dafür aus, eine Diskriminierung stets im nationalen Recht des Mitgliedstaats zu suchen, da Doppelbesteuerungsabkommen in der Regel nur bestehende innerstaatliche Besteuerungstatbestände einschränken. Sie können daher nicht dazu führen, dass Steuerpflichtige besser oder schlechter ge-

---

142 Ausführlich bereits Lang, M., Grundfreiheiten, 1996, S. 25 ff.

143 Vgl. Hahn, H., IStR 2002, S. 686.

144 EuGH v. 12. Mai 1998 (Gilly), EuGHE 1998, S. I-2793. Vgl. auch Cordewener, A., ET 2003, S. 300; Cordewener, A. et al., ET 2004, S. 224.

145 Vgl. EuGH v. 21. September 1999 (Saint-Gobain), EuGHE 1999, S. I-6161.

146 Vgl. Cordewener, A. et al., ET 2004, S. 224.

147 Vgl. EuGH v. 12. Mai 1998 (Gilly), EuGHE 1998, S. I-2793 Rz. 40 ff.

148 Vgl. EuGH v. 12. Dezember 2002 (De Groot), EuGHE 2000, S. I-11779 Rz. 92 f.

149 Vgl. m. w. N. Cordewener, A. et al., ET 2004, S. 224.

150 EuGH v. 4. November 2002 (Kommission/Vereinigtes Königreich u.a.), EuGHE 2002, S. I-9427 Rz. 51 ff. Vgl. auch Craig, A., BIFD 2003, S. 63 ff.

stellt werden, je nachdem, ob sie in den persönlichen Anwendungsbereich eines DBA fallen. Diesen zu determinieren liegt letztlich in der Hand des nationalen Gesetzgebers, der etwaige Begünstigungen grundsätzlich auch auf andere Personen ausweiten kann.[151]

Petritz und *Schuch* weisen auf die Möglichkeit hin, dass sich die DBA-Vertragsstaaten mitunter bewusst besondere Vorteile zuspielen, die sie anderen nicht einräumen wollen. Besonders deutlich wird dies beim Vergleich zweier beschränkt Steuerpflichtiger aus verschiedenen DBA-Staaten, deren Zinseinkünfte unterschiedlichen Quellensteuersätzen unterliegen. Zwar lassen sich diese Begünstigungen, wie von *Michael Lang* vorgeschlagen, auch auf andere Personen ausweiten, was durch eine unilaterale Anpassung des Quellensteuersatzes geschehen könnte. *Petritz* und *Schuch* sehen aber grundsätzlich auch die Möglichkeit, den Quellensteuersatzunterschieden durch bilaterale Nachverhandlungen zu begegnen. Der Rechtfertigung einer an sich diskriminierenden DBA-Vorschrift anhand einer unilateralen „Reparaturbefugnis" stehen sie jedenfalls kritisch gegenüber.[152]

Der EuGH hat in seinem jüngsten Urteil einer mitgliedstaatlichen Verpflichtung zur Gewährung von Abkommensvergünstigungen an Personen aus Drittstaaten (Meistbegünstigung) und damit zumindest indirekt auch der von *Petritz* und *Schuch* favorisierten bilateralen „Reparaturverpflichtung", zumindest in genereller Form, eine Absage erteilt.[153] Dennoch bleibt auch nach der Entscheidung in der Sache *D* offen, ob eine generelle „Immunität" der DBA gegen Diskriminierungen besteht, wie sie *Hahn* favorisiert. Es erscheint jedoch höchst fraglich, ob allein das Wesen von Doppelbesteuerungsabkommen jede Differenzierung tragen kann, da sie den Mitgliedstaaten ermöglichen würde, diskriminierende Maßnahmen durch ihre Verlagerung auf DBA-Ebene einer Überprüfung durch die Gemeinschaftsgerichte zu entziehen.[154]

Überträgt man diese Überlegungen auf die Frage nach subventiven Elementen des DBA-Rechts, muss man zu einem ähnlichen Ergebnis gelangen. Vereinbaren die Abkommenspartner z. B. eine Verteilungsnorm, nach der Betriebsstätten, die den Vertrieb von in den Vertragsstaaten hergestellten Waren nach Drittstaaten übernehmen, im Quellenstaat nicht oder niedrig besteuert werden, ist dies eine bilateral vereinbarte Form der Ausfuhrsubventionierung, die WTO-widrig ist. Auch Verteilungsnormen, die für bestimmte Wirtschaftszweige eine niedrigere Quellensteuer anordnen, können sich negativ auf die Interessen von Drittstaaten auswirken, deren Wirtschaftszweige auf den Märkten der Vertragsstaa-

---

[151] Vgl. Lang, M., IWB 1996, S. 255 ff.

[152] Vgl. Petritz, M./Schuch, J., Grundfreiheiten, 2005, S. 136.

[153] Eine eingehende Diskussion der Vorbehalte des EuGH zur Vergleichbarkeit der Situation von in verschiedenen EU-Staaten ansässigen Gebietsfremden und der rechtspolitischen Bedeutung dieses Urteils findet sich bei Lang, M., SWI 2005, S. 366 ff.

[154] Ebenso bereits Lang, M., Grundfreiheiten, 1996, S. 30 ff.

ten schlechteren Wettbewerbsbedingungen unterliegen. Allein auf Grund der Tatsache, dass sich Beispiele protektionistischer Handelspraktiken auch in Doppelbesteuerungsabkommen anführen lassen, ist eine generelle Immunität des Abkommenrechts gegen Vorschriften des Subventionsübereinkommens abzulehnen. Eine Kollision von DBA- und WTO-Recht ist daher nicht auszuschließen.

2.5.2 Anwendbares Recht

Der Ausgangspunkt für eine rechtliche Klärung möglicher Kollisionen liegt in der Frage nach dem anwendbaren Recht.[155] Gemäß Art. 1 Abs. 1 DSU ist die Jurisdiktion des WTO-Rechts auf Streitigkeiten über die Bestimmung der WTO-Rechtsordnung beschränkt. Dies bedeutet, dass ein WTO-Organ keine grundsätzliche Kompetenz besitzt, Streitigkeiten im Bereich des Abkommensrechts zwischen verschiedenen Staaten aufzugreifen. Nicht-WTO-Recht kann daher keine Anwendung finden. Diese Einschränkung hinsichtlich des anwendbaren Rechts hat jedoch keinen Einfluss auf das zu berücksichtigende Recht. So wurde durch den Appellate Body bestätigt, dass die WTO-Rechtsordnung nicht als klinisch isolierter Bereich des Völkerrechts, sondern vielmehr als Bestandteil des Völkerrechts anzusehen ist. Demzufolge muss, sofern Streitgegenstand eines WTO-Verfahrens Vorschriften eines DBA sind, den WTO-Organen auch die Würdigung dieser Maßnahmen anhand der durch ein WTO-Übereinkommen gesteckten Tatbestandselemente zugestanden werden.[156]

Grave spricht sich dafür aus, auf allen Gebieten des nationalen Rechts und insbesondere im Steuerrecht die Anwendung und Auslegung der nationalen Vorschriften den dortigen Gerichten zu überlassen. Die richterlichen Wertungen wären von den WTO-Organen als gegeben hinzunehmen.[157] Er bezieht sich dabei auf eine Aussage des Appellate Body in der Rechtssache *US – FSC*, aus der hervor geht, dass zur Beurteilung steuerlicher Subventionen nur das nationale Recht als Maßstab dienen kann. Dieser Auffassung ist zu widersprechen. So war es zum einen in der Streitsache *US – FSC* nicht die Intention des Appellate Body, die nationale Wertung ungeprüft zu übernehmen, sondern darauf hinzuweisen, dass auf Grund fehlender WTO-rechtlicher Harmonisierung im Bereich der direkten Steuern der *Referenzfall* nur im nationalen Recht gefunden werden

---

155 Vgl. Trachtman, J. P., Harv. Int'l L.J. 1999, S. 342 f; Pauwelyn, J., Am. J. Int'l L. 2001, S. 561 ff.

156 Hinsichtlich des Subventionstatbestands ist jedenfalls zu berücksichtigen, dass dieser in seiner Form neutral formuliert ist. Eine Subvention kann aus einem Gesetz, einer Verordnung oder aus der Verwaltungspraxis resultieren. Vgl. die Unterscheidung des Panels bei der Anfechtung von Subventionen "per se" oder "as applied" in der Streitsache *Canada – Aircraft*. WTO Panel Report v. 14. April 1999 (Canada – Aircraft), Rz. 9.124 f.

157 Vgl. Grave, C., Subventionsbegriff, 2002, S. 239.

kann.[158] Zum anderen kann einer Übernahme der Wertungen durch nationale Gerichte gerade im Falle einer Normenkollision nicht zugestimmt werden, da ersteres zunächst von einem Nicht-Vorliegen einer solchen ausgehen muss. Gerade um Kollisionen mit dem WTO-Recht festzustellen, muss es den WTO-Organen möglich sein, Vorschriften des nationalen Rechts autonom zu interpretieren.

Als Beispiel lässt sich hier die Berücksichtigung freigestellter ausländischer Betriebsstättenverluste bei der Berechnung der inländischen Bemessungsgrundlage anführen. Diese wurde vom österreichischen Verwaltungsgerichtshof (VwGH) aus dem Telos des DBA-Rechts abgeleitet. So war der VwGH der Auffassung, dass DBA eine Schrankenwirkung lediglich insoweit entfalten, als sie eine sich aus dem innerstaatlichen Recht ergebende Steuerpflicht begrenzen, sie jedoch nicht zu einer Erweiterung der Steuerpflicht führen.[159] Dieser Auffassung steht die bislang[160] in Deutschland vorherrschende höchstrichterliche Wertung gegenüber, dass die Berücksichtigung von freigestellten Auslandsverlusten nicht unbedingt zu erfolgen hat.[161] Folgt man der Auffassung von *Grave*, so müsste ein WTO-Panel bei der Beurteilung einer Maßnahme mit identischer Wirkung zu unterschiedlichen Ergebnissen gelangen – je nachdem, ob diese in Österreich oder in Deutschland praktiziert wird. Dies ist jedoch abzulehnen, da die Funktionsfähigkeit der WTO-Rechtsordnung nur gewährleistet werden kann, wenn den WTO-Organen eine Würdigung strittiger Maßnahmen anhand der durch das WTO-Übereinkommen und seiner Anhänge gesteckten Tatbestandselemente zugestanden wird.

2.5.3 Rangfolge

Im völkerrechtlichen Schrifttum wird zwischen bilateralen und multilateralen völkerrechtlichen Verträgen unterschieden.[162] Erstere sind regelmäßig zwischen zwei Staaten abgeschlossen, während letztere mehrere Vertragsstaaten binden. Das Subventionsübereinkommen ist als Übereinkommen in Anhang IA des WTO-Übereinkommens Bestandteil eines multilateralen völkerrechtlichen Vertrags. Doppelbesteuerungsabkommen sind zwischen zwei Staaten abgeschlossen und damit bilaterale völkerrechtliche Verträge. Bei der Untersuchung der Frage, was im Falle einer Kollision von WTO- und DBA-Recht hinsichtlich der Rang-

---

158 Vgl. die Ausführungen zum Tatbestand der finanziellen Beihilfe bei steuerlichen Vergünstigungen unter Punkt 4.1.4.

159 Kritisch Lang, M., SWI 2002, S. 86 ff; Lang, M., IStR 2002, S. 610 f.

160 Im Schrifttum wird durchaus die Möglichkeit gesehen, dass sich auch die deutsche Rechtsprechung bald von ihrer Sichtweise löst. Vgl. Portner, R., IStR 2005, S. 377.

161 Vgl. BFH v. 11. März 1970, BStBl 1970 II, S. 569; BFH v. 23. März 1972, BStBl 1972 II, S. 949.

162 Vgl. Fischer, P./Marboe, I./Köck, H. F., Völkerrecht, 2000, S. 66 Rz. 150; Doehring, K., Völkerrecht, 2004, S. 141 Rz. 328.

folge dieser Verträge zu beachten ist, ist zunächst zu klären, ob aus dem multilateralen Charakter des WTO-Übereinkommens auf eine Rangüberordnung des WTO-Rechts über das DBA-Recht geschlossen werden kann.

Im Schrifttum zum Völkerrecht wird darauf hingewiesen, dass sich multilaterale Verträge häufig auf Materien beziehen, die ein paralleles Verhalten der Vertragsparteien erreichen sollen (z. B. die UN-Charta), während bilaterale Verträge oft einen Leistungsaustausch betreffen.[163] Auf Grund dieser Ausprägung unterschied die ältere Völkerrechtslehre zwischen *rechtsgeschäftlichen* Verträgen, in denen einzelne konkrete Leistungen versprochen werden und *rechtsetzenden* Verträgen, in denen generelle Normen festgelegt werden. „Rechtsetzend", da sie nicht den Austausch von Leistungen regeln, sondern ein gemeinsames Vertragsregime vereinbaren, das für zukünftiges Verhalten der Vertragsparteien bestimmend sein soll.[164]

Die Frage, ob ein rechtsetzender Vertrag oder ein rechtsgeschäftlicher Vertrag vorliegt, ist jedoch nicht immer eindeutig zu beantworten. So kann ein bilateraler Vertrag sowohl einen Leistungsaustausch zum Gegenstand haben – als auch die Verpflichtung gemeinsamen Verhaltens. Letzteres zeigt sich daran, dass eine internationale Organisation bereits durch zwei Staaten gegründet werden kann. Auf der anderen Seite kann auch bei multilateralen Verträgen der Leistungsaustausch im Vordergrund stehen und kein rechtsetzendes Verhalten vereinbart werden.[165] So wurde hinsichtlich des GATT behauptet, es fordere zwar ein gemeinsames Verhalten in Handelssachen, aber es bestehe lediglich eine entsprechende Vertragspflicht von Staat zu Staat und nicht eine Verpflichtung der Mitgliedstaaten gegenüber der Organisation an sich.[166] In einer umfassenden Untersuchung der WTO-Rechtsordnung kommt *Pauwelyn*[167] zu dem Ergebnis, dass die aus dem WTO-Übereinkommen resultierenden Verpflichtungen rechtsgeschäftlicher Natur sind und keine generellen Verhaltensnormen mit rechtsetzendem Anspruch bestimmen.

Vor dem Hintergrund dieser Abgrenzungsprobleme verwundert es nicht, dass *Doehring*[168] es als verfehlt erachtet, bilaterale Verträge immer als rechtsgeschäftliche, multilaterale Verträge aber als rechtsetzende Verträge zu bezeichnen. Auf Grund dieser Schwierigkeiten wird eine Verknüpfung völkerrechtlicher Konsequenzen (z. B. Rangfolge und Vertragsauslegung und -beendigung) mit der Unterscheidung völkerrechtlicher Verträge in rechtsetzende und rechtsgeschäftliche Verträge grundsätzlich als fragwürdig abgelehnt und betont, dass das

---

163 Vgl. etwa Fischer, P./Marboe, I./Köck, H. F., Völkerrecht, 2000, S. 66 Rz. 150.
164 Vgl. Doehring, K., Völkerrecht, 2004, S. 141 Rz. 329 f.
165 Vgl. ebenda, S. 142 Rz.330.
166 Vgl. Herdegen, M., Wirtschaftsrecht, 1995, S. 116.
167 Vgl. Pauwelyn, J., EJIL 2003, S. 949 f.
168 Vgl. Doehring, K., Völkerrecht, 2004, S. 142 Rz. 330.

Völkerrecht keine dem innerstaatlichen Gesetz analoge besondere Form für die Erzeugung genereller Normen kenne.[169]

Es bleibt daher festzuhalten, dass es keine grundsätzliche Überordnung von multilateralen Verträgen über bilaterale gibt und somit keine Rangregel existiert, die generell das WTO-Recht als höherrangig gegenüber dem DBA-Recht einstuft, so dass das aus dem DBA-Recht stammende widersprechende Recht[170] nichtig oder unanwendbar wäre. Soweit Normenkonflikte zu lösen sind, geschieht dies daher nicht durch die generelle Bevorzugung des WTO-Rechts, sondern nach den allgemeinen Rechtsanwendungsregeln des Völkerrechts. Steht danach ein Vertrag mit bestehenden oder künftigen Verträgen in Widerspruch und fehlen Vorrangklauseln[171], so sind zunächst die gewohnheitsrechtlichen Regelungen zu prüfen, die das Verhältnis aufeinander folgender Verträge über denselben Gegenstand klären. Dieser Situation hat der ILC mit Art. 30 WVK Rechnung getragen.[172]

Die Vorschriften des Art. 30 WVK sind zwar sehr detailliert, jedoch für die vorliegende Fragestellung von geringer Bedeutung, da sie sich nur auf Kollisionsfälle beziehen, die aufeinander folgende Verträge mit *demselben* Gegenstand betreffen. Die Kollisionsregel führt zu keiner Lösung, wenn beide Verträge zwar auf einen bestimmten Gegenstand anwendbar sind, jedoch unterschiedliche Verhaltensweisen vorschreiben. Dies ist z. B. der Fall, wenn einerseits eine Verpflichtung zum Schutz der Umwelt besteht, den Vertragsparteien jedoch durch einen anderen Vertrag Handelshemmnisse untersagt werden. Der Nachweis, dass beide Verträge denselben Gegenstand betreffen, ist hier kaum zu erbringen.[173] Nach *Ipsen* wird man in diesen Fällen „im Wege einer Abwägung der infragestehenden Schutzgüter zu einem die Integrität der betroffenen Verträge wahrenden Ergebnis gelangen“.[174]

Die Lösung von Normenkonflikten bestimmt sich nicht nach einer vorgegebenen Rangfolge, sondern nach dem Inhalt der betreffenden völkerrechtlichen Verträge.[175] Im Fall des WTO-Rechts ist nicht anzunehmen, dass es auf Grund einer bereits beobachteten Konstitutionalisierung[176] von vornherein dem Recht der Doppelbesteuerungsabkommen übergeordnet ist. Im Gegenteil dazu würde

169 Vgl. Verdross, A./Simma, B., Völkerrecht, 1984, S. 339 § 537.

170 So etwa das Beispiel unter Punkt 2.5.1 über die bilaterale Vereinbarung einer Subventionierung von Ausfuhren in Drittstaaten.

171 Vgl. etwa die Ausführungen von *Verdross* und *Simma* zur Vereinbarung von Vorrangklauseln in völkerrechtlichen Verträgen. Verdross, A./Simma, B., Völkerrecht, 1984, S. 413 § 641.

172 Vgl. ausführlich zur Vertragskollision Ipsen, K., Völkerrecht, 1999, S. 155 Rz. 18 ff.

173 Vgl. ebenda, S. 155 Rz. 21.

174 Zitat ebenda.

175 Vgl. Fischer, P./Marboe, I./Köck, H. F., Völkerrecht, 2000, S. 66 Rz. 150.

176 Vgl. Petersmann, E.-U., Constitution, 2000, S. 111 ff; Jackson, J. H., Constitution, 2001, S. 411 ff; Petersmann, E.-U., Constitutionalism, 2002, S. 32 ff.

selbst eine Konstitutionalisierung des WTO-Rechts eine Abstimmung der WTO-Rechtsordnung mit der Völkerrechtsordnung und demnach auch mit dem Recht der Doppelbesteuerungsabkommen voraussetzen.[177] Zwar finden sich im WTO-Vertragswerk und insbesondere im GATS zahlreiche Ausnahmeregelungen für bestimmte steuerliche Maßnahmen,[178] ein höherer Rang für das WTO-Recht ergibt sich hieraus jedoch nicht. Vielmehr deuten auch diese Ausnahmevorschriften darauf hin, dass hinsichtlich des Verhältnisses von DBA- und WTO-Recht keine vorgegebene Rangfolge zu beachten ist. Mangels spezieller vertraglicher Regelungen, welches Recht im Kollisionsfall anwendbar ist, könnte der Rechtsanwender auf die allgemeinen Auslegungsgrundsätze, insbesondere auf die *lex posterior*- und die *lex specialis*-Regel zurückgreifen.[179]

Ob ein möglicher Konfliktfall unter Rückgriff auf die *lex-posterior* oder die *lex specialis*-Regelung zu lösen ist bzw. gelöst werden kann, bleibt jedoch fraglich. Versteht man unter „Konflikt" eine Situation, in der sich eine Vertragspartei, die an zwei völkerrechtliche Verträge (DBA und WTO-Übereinkommen) gebunden ist, zu einem Vertrag konform verhält und dies im gleichen Zuge zu einer Vertragsverletzung des anderen Vertrages führt, müsste man, um diesen Konflikt mit Hilfe der *lex specialis*-Regelung lösen zu können, im Einzelfall feststellen, ob das entsprechende DBA vor oder nach den WTO-Vorschriften entstanden ist. Hinsichtlich eines Doppelbesteuerungsabkommens würde sich das Problem stellen, ob das Entstehungsdatum des betreffenden DBA oder die Fassung des Musterabkommens relevant ist, nach dem sich das betreffende Abkommen richtet. Sofern die mit dem WTO-Recht konfligierende Norm bereits in früheren Abkommen praktiziert wurde, scheint auch ein Rückgriff auf vorhergehende DBA oder Musterabkommen nicht ausgeschlossen. Im weitesten Sinne ließe sich gar argumentieren, es sei auf die im Internationalen Steuerrecht praktizierten Regelungen, wie sie bereits in den 1920er Jahren von der League of Nations entwickelt und in die Musterabkommen von OECD und UN Eingang gefunden haben, abzustellen.

Ähnliche Probleme einer zeitlichen Einordnung ergeben sich bei den WTO-Vorschriften. So müsste man hinsichtlich des GATT überlegen, ob das GATT 1947 oder das GATT 1994 gemeint ist. Viele WTO-Vorschriften lassen sich auf ältere Übereinkünfte wie die Havanna-Charta aus dem Jahre 1948 zurückführen. Neben der *lex posterior*-Regelung ist auch die Frage nach der Spezialität nicht einfach zu beantworten. Gerade in den engen Überschneidungsbereichen von WTO- und DBA-Recht wird die Frage, welche Norm spezieller und welche all-

---

177 Vgl. zur Frage des Verhältnisses und der Vereinbarkeit von Umweltabkommen (Multilateral Environmental Agreements, MEA) und dem WTO-Recht Kluttig, B., Umweltschutz, 2003, S. 30.

178 Vgl. etwa Art. XIV S. 1 lit. d und lit. e sowie Art. XXII Abs. 3 GATS und Art. 2 Abs. 2 und Fn. 59 S. 5 in Anhang I Subventionsübereinkommen.

179 Vgl. Verdross, A./Simma, B., Völkerrecht, 1984, § 786 ff.

gemeiner ist, regelmäßig schwer zu beantworten zu sein. Hinreichend speziell scheinen beide Regelungsregime zu sein, weshalb auch die Anwendung dieser Kollisionsregel auf das Verhältnis von WTO- und DBA-Recht weder sinnvoll noch praktikabel erscheint.

Da weder von einem grundsätzlich höheren Rang eines der beiden völkerrechtlichen Vertragsregime noch von einer problemlosen Anwendbarkeit allgemeiner Kollisionsregeln ausgegangen werden kann, sind andere Wege zu suchen, die in einem Konfliktfall Abhilfe schaffen könnten. Dabei ist zu berücksichtigen, dass das Völkerrecht die Vertragsparteien verpflichtet, einen Vertrag nach dem Grundsatz von Treu und Glauben und unter Kenntnis ihrer bisher abgeschlossenen Verträge und völkerrechtlichen Verpflichtungen abzuschließen. Somit ist es wahrscheinlich, dass sich die Vertragspartner im Fall einer vorhersehbaren Normenkollision von einer bestehenden Verpflichtung gelöst hätten.[180] Im Fall der Überschneidungsbereiche von DBA- und WTO-Recht muss dementsprechend gefolgert werden, dass die Parteien – außerhalb expliziter Ausnahmen – keinen Konflikt mit bestehenden Rechtsvorschriften beabsichtigen. Für dennoch bestehende Überschneidungsbereiche ist daher von einer konfliktfreien Auslegung auszugehen, die eine intensive Abwägung zwischen welthandelsrechtlichen und DBA-rechtlichen Interessen verlangt.[181]

Dieses Ergebnis deckt sich mit den obigen Ausführungen zum Verhältnis zwischen WTO-Recht und nationalen Rechtsvorschriften. So wurde festgestellt, dass bei Zweifeln über die Bedeutung oder den Anwendungsbereich einer sekundärrechtlichen Norm des Gemeinschaftsrechts oder der nationalen Rechtsvorschriften der EU-Mitglieder der Auslegung Vorrang einzuräumen ist, die am ehesten mit den Vorschriften des WTO-Rechts übereinstimmt. Unter Berücksichtigung der Tatsache, dass Doppelbesteuerungsabkommen auf Grund parlamentarischen Beschlusses oder Anpassung der nationalen Gesetzeslage in national anwendbares Recht transformiert werden,[182] muss die Vorgabe einer WTO-konformen Auslegung auch für das Recht der Doppelbesteuerungsabkommen gelten, was im Ergebnis einer konfliktfreien Auswertung weitgehend entsprechen wird.

2.5.4 Die WTO als Forum für Steuerstreitigkeiten

Das WTO-Vertragswerk bietet mit seiner Vereinbarung über Regeln und Verfahren zur Beilegung von Streitigkeiten (DSU) einen als besonders effizient angesehenen Mechanismus zur Lösung zwischenstaatlicher Konflikte im Bereich

---

[180] Vgl. Pauwelyn, J., Am. J. Int'l L. 2001, S. 550.

[181] Vgl. allgemein zur konfliktfreien Auslegung ebenda, S. 550 ff.

[182] Vgl. zur Transformation der Doppelbesteuerungsabkommen in nationales Recht Lang, M., Einführung, 2002, Rz. 22. Ausführlich zum Arbeitsablauf beim Abschluss eines DBA Loukota, H., Abkommensziele, 2001, S. 9 ff.

des internationalen Handels mit Waren und Dienstleistungen.[183] In der Streitsache *US – FSC,* in der steuerliche Vorschriften der USA von den WTO-Organen als verbotene Ausfuhrsubvention beurteilt wurden, wurde die Frage aufgeworfen, ob Maßnahmen im Bereich Verrechnungspreisvorschriften oder anderer fundamentaler Bestandteile nationaler Steuerpolitik überhaupt Gegenstand eines Streitbeilegungsverfahren vor der WTO sein könnten. So waren die USA der Auffassung, dass Konflikte zunächst vor WTO-fremden Spezialorganen wie der OECD oder in einem DBA-Verständigungsverfahren verhandelt werden müssten. Die USA stützten ihre Argumentation insbesondere auf den vierten Satz von Fußnote 59 zu lit. e der Beispielliste in Anhang I des Übereinkommens, der bestimmt, dass Mitglieder sich bei entsprechenden Streitigkeiten zu bemühen hätten, die Möglichkeiten bilateraler Steuerabkommen oder anderer spezifischer internationaler Mechanismen in Anspruch zu nehmen.[184]

Das Panel erwiderte auf den amerikanischen Einwand mit vier Gegenargumenten. Erstens sei Fußnote 59, selbst wenn sie den Mitgliedstaaten nahelege, alternative Foren zu suchen, nicht dahingehend zu interpretieren, dass das Recht auf Streitbeilegung nach Art. XXIII GATT 1994, dem DSU und Art. 4 des Subventionsübereinkommens eingeschränkt würde. So sei das Recht auf Inanspruchnahme der Streitbeilegung ein fundamentales Element der WTO-Rechtsordnung, dessen Einschränkung sich solange nicht in das WTO-Übereinkommen hinein interpretieren lasse, als keine unmissverständliche Vorschrift eine solche Einschränkung ausspreche. Hingegen sei der Wortlaut "[...] Members shall normally attempt [...]" nicht hinreichend bestimmt und könne daher nicht dahingehend interpretiert werden, dass hierdurch die Mitgliedstaaten an der Anrufung des Streitbeilegungsverfahrens gehindert würden.[185] Zweitens würde der Einschub "[...] without prejudice to the rights and obligations of Members under GATT 1994, including the right of consultation created in the preceding sentence" deutlich machen, dass jede Restriktion, die ein Mitglied an der Inanspruchnahme des WTO-Streitbeilegungsverfahrens hindere, die Rechte und Pflichten der Mitgliedstaaten nach dem GATT 1994 beeinträchtige. Dieser Satz weist verstärkt darauf hin, dass durch Fußnote 59 zu keinem Zeitpunkt das Recht auf Streitbeilegung eingeschränkt werde. Das Panel räumte zwar ein, dass der Verweis auf das GATT 1994 verwirrend sei, führte diesen jedoch darauf zurück, dass dieser aus der Übertragung der Beispielliste aus dem Subventionskodex von 1979 stamme und dass richtigerweise die „Rechte und Pflichten nach dem WTO-Übereinkommen“ gemeint seien. Die Richtigkeit der Panel-Ausführungen würden durch den fehlerhaften Verweis jedoch nicht in Frage gestellt.[186] Drittens wäre, wenn durch Fußnote 59 von den Vertragsstaaten beab-

[183] Vgl. Baroncini, E., Solutions, 1999, S. 298 ff.
[184] Vgl. WTO Panel Report v. 8. Oktober 1999 (US – FSC), Rz. 7.12.
[185] Vgl. ebenda, Rz. 7.17 f.
[186] Vgl. ebenda, Rz. 7.19.

sichtigt worden wäre, einem Mitgliedstaat erst nach Ausschöpfung sämtlicher Alternativen die Inanspruchnahme des Streitbeilegungsverfahrens zu ermöglichen, dies als spezielle oder zusätzliche Vorschrift in Anhang 2 des DSU, zusammen mit den anderen dort aufgeführten Spezialvorschriften, aufgenommen worden.[187] Viertens müsse die Frage, ob die OECD- oder DBA-Verständigungsverfahren angemessene Wege zur Beseitigung von Meinungsverschiedenheiten darstellen oder ob die EG eventuell bereits versucht habe, den Streitfall über die OECD zu lösen, vom Panel nicht beantwortet werden, da Fußnote 59 eben nicht dazu verpflichte, dass sich WTO-fremde Spezialorgane vor Einleitung eines WTO-Streitbeilegungsverfahren damit befassen.[188]

Fraglich ist, ob für den vierten Satz in Fußnote 59 vor dem Hintergrund der Ausführungen des Panels noch eine Existenzberechtigung bleibt. Ähnlich unverbindliche Empfehlungen finden sich an vielen Stellen des WTO-Vertragswerks bzw. allgemein im Völkerrecht. Hier handelt es sich um sog. *soft law*, womit Entwicklungen im internationalen Verkehr bezeichnet werden, die auf die Entstehung von Völkerrecht zielen, sich aber noch nicht zu geltendem Recht verdichtet haben. Der Sinn des *soft law* ist darin zu sehen, dass im Völkerrecht häufig Übergangsphasen entstehen, wo aus etwas zunächst Unverbindlichem etwas Verbindliches entsteht. So z. B., wenn ein Organ einer Organisation eine unverbindliche Empfehlung abgibt, die einige Staaten innerstaatlich in verbindliches Recht umsetzen und andere nicht. Als Beispiele können hier die OECD-Richtlinien zum Verhalten transnationaler Unternehmen oder der EU-Verhaltenskodex zur Unternehmensbesteuerung genannt werden.[189] Im Falle des vierten Satzes von Fußnote 59 scheint die fehlende rechtliche Bedeutung m. E. zum einen darauf zurückzuführen zu sein, dass die Interessen der Vertragsparteien in der Uruguay-Runde so unterschiedlich waren, dass sie sich nicht auf mehr als nur eine Empfehlung einigen konnten, und dass es zum anderen kein geeignetes Forum gab (und gibt), auf das sie mit hinreichender Bestimmtheit hätten verweisen können.[190]

Insgesamt bleibt somit festzuhalten, dass Fußnote 59 zwar eine Pflicht zum vorrangigen Befassen WTO-fremder Spezialorgane enthält, das Recht auf Anrufung der WTO hierdurch jedoch nicht beschränkt wird. Wird dieses Recht in

---

187 Vgl. ebenda, Rz. 7.20.

188 Vgl. ebenda, Rz. 7.21.

189 Vgl. auführlich zum Verhaltenskodex als *soft law* Bratton, W. W./McCahery, J. A., CMLR 2001, S. 679 ff. Zum *soft law* im EG-Beihilfenrecht vgl. Cremona, M., ELJ 2003, S. 269 ff.

190 So etwa eine von vielen Autoren „herbeigesehnte“ *World Tax Organization*. Vgl. Wissenschaftlicher Beirat beim Bundesfinanzministerium, Reform, 1999, S. 76; Célestin, L. C., Approach, 2000, S. 407; Avi-Yonah, R. S., Brooklyn J. Int'l L. 2001, S. 1690; Horner, F. M., Tax Notes Int'l 2001, S. 179 ff; Thuronyi, V., Brooklyn J. Int'l L. 2001, S. 1663.

Anspruch genommen, kann der Beklagte über Fußnote 59 keine Kompetenzverneinung des Panels erreichen.[191]

[191] Vgl. auch Neumann, J., Koordination, 2002, S. 267.

3 Vorschriften des Internationalen Steuerrechts

3.1 Doppel- und Minderbesteuerungen

Das Internationale Steuerrecht ist ein komplexes Rechtsgebiet, das die Gesamtheit der Rechtsvorschriften umfasst, welche die steuerliche Behandlung auslandsbezogener Sachverhalte, insbesondere grenzüberschreitender Sachverhalte, betreffen. Diesem Rechtsgebiet liegen die unterschiedlichsten Rechtsquellen oder Rechtssätze zu Grunde. Neben innerstaatlichen Normen mit Auslandsbezug bilden auch supranationale Vorschriften, wie das EG-Recht und das aus völkerrechtlichen Verträgen hervorgehende Recht der Doppelbesteuerungsabkommen, seine Grundlage.[192]

3.1.1 Beschränkte und unbeschränkte Steuerpflicht

Es gehört zu den international anerkannten Regeln des Völkerrechts, dass es zur Begründung einer Steuerpflicht einer persönlichen oder räumlichen Anknüpfung bedarf.[193] Aus der persönlichen Beziehung zum besteuernden Staat resultiert im allgemeinen die unbeschränkte Steuerpflicht. Eine solch persönliche Beziehung kann sowohl in Form einer rechtlichen als auch einer ökonomischen Gebietszugehörigkeit definiert werden. Beantwortet man die Frage nach der persönlichen Bindung nach Maßgabe einer rechtlichen Zugehörigkeit der steuerpflichtigen Person zum steuererhebenden Staat, so stellt die Staatsangehörigkeit bei natürlichen Personen bzw. der zivilrechtliche Sitz bei juristischen Personen ein geeignetes Anknüpfungsmoment der Steuerpflicht dar. In diesem Zusammenhang wird auch von einer Besteuerung nach dem Nationalitätsprinzip gesprochen. Auf eine ökonomische Gebietszugehörigkeit wird abgestellt, wenn die unbeschränkte Steuerpflicht bei natürlichen Personen durch den Wohnsitz oder den gewöhnlichen Aufenthalt und bei juristischen Personen durch den Ort der Geschäftsleitung bestimmt wird. Hier spricht man vom Wohnsitz- oder Ansässigkeitsprinzip. Die unbeschränkte Steuerpflicht ist auf die steuerliche Erfassung des Welteinkommens bzw. des Weltvermögens gerichtet, weshalb hier auch vom Welteinkommensprinzip gesprochen wird.[194]

Eine Steuerpflicht kann jedoch auch bei Vorliegen einer sachlichen Verbindung zum staatlichen Territorium zustande kommen. Diese wird durch das Erwirtschaften von Einkommen oder Belegenheit von Vermögen im betreffenden Territorium begründet. Bei dieser Form der Steueranknüpfung wird auch von Quellen- oder Ursprungsprinzip gesprochen. Die sachliche Verbindung löst im

---

192 Vgl. Schaumburg, H., Steuerrecht, 1998, Rz. 1.7.

193 Vgl. Verdross, A. v./Verosta, S., Völkerrecht, 1964, 319; Zuber, B., Anknüpfungsmerkmale, 1991, S. 82.

194 Vgl. Jacobs, O. H., Unternehmensbesteuerung, 2002, S. 6 f.

Quellenstaat die beschränkte Steuerpflicht aus. Da sich der Quellenstaat auf die Einkünfte aus bzw. das Vermögen in seinem Gebiet beschränkt, wird hier vom Territorialitätsprinzip gesprochen.[195]

3.1.2 Internationale Doppelbesteuerung

Aus dem Nebeneinander von persönlichen und sachlichen Steueranknüpfungsmomenten resultieren vielfältige Gefahren von Doppel- und Minderbesteuerungen. Doppelbesteuerung liegt vor, wenn derselbe Steuerpflichtige mit denselben Einkünften oder Vermögenswerten gleichzeitig in zwei oder mehreren Staaten mit gleichen oder vergleichbaren Steuern der Besteuerung unterliegt. Erfasst werden durch diesen Terminus auch Drei- und Mehrfachbesteuerungen. Unterschieden wird zwischen der rechtlichen und der wirtschaftlichen Doppelbesteuerung. Sind Steuerobjekt, Steuersubjekt und Besteuerungszeitraum identisch und die Steuern gleichartig, so handelt es sich um rechtliche Doppelbesteuerung. Unter Aufgabe der für die juristische Doppelbesteuerung notwendigen strengen Subjektidentität handelt es sich bei der Besteuerung von denselben Einkommens- und Vermögensteilen verschiedener Steuersubjekte im gleichen Besteuerungszeitraum um wirtschaftliche Doppelbesteuerung. Sie liegt bereits dann vor, wenn z. B. ausgeschüttete Gewinne einer ausländischen Tochtergesellschaft, die bei dieser bereits besteuert wurden, bei der inländischen Mutter nochmals besteuert werden.[196]

3.1.3 Internationale Minderbesteuerung

Ein grenzüberschreitend tätiges Unternehmen[197] kann neben der doppelten Besteuerung auch der Minderbesteuerung unterliegen. Während sich der Begriff der Doppelbesteuerung auf ein allgemein akzeptiertes theoretisches Verständnis stützt, ist der Begriff der internationalen Minderbesteuerung nicht einheitlich definiert.[198] In weiter Definition wird hierunter eine ungerechtfertigte Steuerreduzierung verstanden, die sowohl aus dem Ausnutzen internationaler Belastungsunterschiede durch den Steuerpflichtigen als auch aus der mangelhaften Abstimmung von steuerlichen Kollisionsnormen oder lückenhafter Gesetzgebung resultieren kann.[199]

Obwohl durch Minderbesteuerung die Gesamtbelastung der betreffenden Unternehmen verringert wird, ist Minderbesteuerung wie die Doppelbesteuerung

---

195 Vgl. ebenda, S. 6.

196 Vgl. ebenda, S. 3 ff.

197 Auf Grund des auf Unternehmen als Subventionsempfänger eingegrenzten Anwendungsbereichs des WTO-Subventionsübereinkommens wird im Folgenden die Besteuerung unternehmerischer Aktivitäten fokussiert.

198 Vgl. Arnold, B. J./Sasseville, J./Zolt, E., CTJ 2002, S. 70.

199 Vgl. Schaumburg, H., Steuerrecht, 1998, 431; Jacobs, O. H., Unternehmensbesteuerung, 2002, S. 4.

volkswirtschaftlich schädlich und deshalb nach allgemeiner Ansicht zu vermeiden.[200] Doppelbesteuerung behindert den Handel und die Konkurrenzfähigkeit auf dem Auslandsmarkt, da Unternehmen einer exportorientierten Volkswirtschaft an einer erfolgreichen Teilnahme am Wettbewerb auf ausländischen Märkten gehindert werden. Minderbesteuerung sorgt hingegen zu einer Abwanderung von Unternehmen und Investitionen in das niedrig besteuerte Ausland, wobei dem inländischen Markt Kapital und Arbeitskräfte entzogen werden. Dies geht mit einer Senkung der Steuereinnahmen einher. Weiterhin kennzeichnend und für die vorliegende Untersuchung von besonderer Relevanz ist, dass den von der Minderbesteuerung betroffenen Unternehmen ein ungerechtfertigter Wettbewerbsvorteil gegenüber den Mitkonkurrenten verschafft wird und letztere aus dem Markt verdrängt werden können. Dieser subventive Charakter der Minderbesteuerung führt in letzter Konsequenz zur Marktineffizienz durch Verdrängung effizienter Produktion.[201]

3.2 Überschneidungen von Steuer- und WTO-Recht

Der Geltungsbereich steuerlicher Regelungen erstreckt sich im Bereich der unbeschränkten Steuerpflicht auf die persönlichen Anknüpfungsmerkmale: Sitz oder gewöhnlicher Aufenthalt von Personen, oder, im Sinne der sachlichen Anknüpfung, auf in dem jeweiligen Gebiet erzielte Einkünfte oder dort belegenes Vermögen. Die Vorschriften des WTO-Übereinkommens und seiner Anhänge richten sich hingegen direkt an die Mitgliedstaaten der WTO, die sich entsprechend der WTO-Zielsetzung auf den Abbau von Handelshemmnissen und die Beseitigung von Diskriminierung im internationalen Handel verpflichtet haben.[202] Die WTO-Vorschriften, insbesondere die Gebote der Nichtdiskriminierung im Sinne der Meistbegünstigung und Inländergleichbehandlung, lassen sich zwar nach ihrem Wortlaut durchaus als individuelle Garantien verstehen,[203] beziehen sich jedoch auf Gewährleistungsfunktionen im Hinblick auf die Sicherung des unbehinderten Handels. Dieser stellt den Schutzbereich des WTO-Übereinkommens und seiner Anhänge dar und bezieht sich in erster Line auf den Schutz von gleichartigen oder im Wettbewerb stehenden Anbietern von Waren- und Dienstleistungen. Nur wenn originär innerstaatliche oder abkommensrechtliche Steuervorschriften im Tatbestand nach Herkunft von Waren oder Waren- und Dienstleistungsanbietern differenzieren, ergeben sich Überschneidungen von Steuer- und WTO-Recht. Ein direkter Einfluss auf den Warenhandel ließe sich nachweisen, wenn ein Doppelbesteuerungsabkommen im Tatbestand

---

200 Vgl. zu den volkswirtschaftlichen Auswirkungen Jacobs, O. H., Unternehmensbesteuerung, 2002, S. 5.

201 Vgl. ebenda, S. 4 f.

202 Vgl. zur Zielsetzung oben Punkt 2.3.2.

203 Vgl. etwa Artikel I Abs. 1 GATT (Meistbegünstigung).

die Produktion oder den grenzüberschreitenden Handel von *bestimmten* Produkten erfassen würde.[204] Besonders gut vorstellbar sind direkte Überschneidungen von WTO- und Steuerrecht im Bereich der Dienstleistungen, da sich dieser durch eine untrennbare Einheit von Produkt und Anbieter auszeichnet.[205] Diesen kritischen Überschneidungsbereich haben Verhandlungsteilnehmer der Uruguay-Runde jedoch erkannt und den Bereich der Besteuerung durch ein geradezu lückenloses Konzept von Ausnahmeregelungen vollständig aus dem GATS herausgenommen.[206]

Direkt auf den Vertrieb inländischer Waren im Ausland wirken sich steuerliche Vorschriften zur Behandlung von Exportgeschäften aus. Als Beispiel einer diskriminierenden Regelung ist die häufig in Entwicklungsländern praktizierte Liefergewinnbesteuerung zu nennen. Obwohl nach h. L. kein hinreichend territorialer Anknüpfungspunkt mit dem „Quellenstaat" existiert, besteuert dieser die Einkünfte des ausländischen Warenanbieters.[207] Dem Warenanbieter ist es mangels einer vergleichbaren inländischen Steuer nicht möglich, diese Doppelbesteuerung durch Anrechnung der Steuer oder Freistellung der Einkünfte im Ansässigkeitsstaat zu vermeiden.[208] In die entgegengesetzte, jedoch volkswirtschaftlich nicht minder schädliche Richtung wirkt sich die Freistellung dieser Liefergewinne im Ansässigkeitsstaat aus. Da mit Ausnahme der Praxis in Entwicklungsländern im Ausland keine Steuer auf Liefergewinne anfällt, führen Freistellungen des Ansässigkeitsstaates zu definitiver Nicht-Besteuerung der Einkünfte und damit zur Subventionierung des Warenanbieters.[209]

Ein Bereich, der Welthandels- und Steuerrecht verbindet, ist der Bereich der ausländischen Direktinvestitionen. Dies sind internationale Investitionen, die eine in einem Wirtschaftsgebiet ansässige Einheit – z. B. eine inländische Kapital- oder Personengesellschaft – tätigt, um eine langfristige Beteiligung in einer in einem anderen Wirtschaftsgebiet ansässigen Einheit – z. B. eine Tochtergesellschaft oder Betriebsstätte – zu erwerben. Zu den Direktinvestitionen zählen sowohl die ursprünglichen Transaktionen zwischen den beiden Parteien als auch

---

204 Vgl. Schön, W., RIW 2003, S. 52.

205 Vgl. ebenda.

206 Ausführlich zum System der Ausnahmevorschriften Stricker, T. K., Report, 2005, S. 327.

207 Liefergewinne gelten daher in der Regel nicht als „ausländische Einkünfte". Vgl. Jacobs, O. H., Unternehmensbesteuerung, 2002, S. 50.

208 Als letzte Entlastungsmöglichkeit verbleibt lediglich die Behandlung einer Steuer auf Liefergewinne als Kostenposition und damit der Abzug der ausländischen Steuer von der inländischen Bemessungsgrundlage. Eine Freistellung dieser Ausfuhrgewinne ist weder unilateral noch bilateral üblich.

209 So die Wirkung der amerikanischen FSC- und ETI-Vorschriften. Vgl. Brumbaugh, D. L., Benefits, 2001, S. 4 ff.

alle nachfolgenden Kapitaltransaktionen zwischen ihnen und zwischen verbundenen Unternehmen mit oder ohne eigene Rechtspersönlichkeit.[210]

Grenzüberschreitende Direktinvestitionen bzw. die hieraus resultierenden Zahlungsströme fallen jedoch nicht primär in den Anwendungsbereich des WTO-Rechts.[211] Hinsichtlich der Übereinkommen in Anhang 1A des WTO-Übereinkommens ist festzustellen, dass diese ausschließlich den Handel mit Waren, insbesondere mit Fertigprodukten und Komponenten, regeln, während Direktinvestitionen den Transfer von Kapital betreffen.[212] Letzterer ist jedoch von den Güterströmen zunächst völlig losgelöst. Die Schnittmenge zwischen WTO-Recht und dem Konzept der Direktinvestitionen ergibt sich daraus, dass ein Exportgeschäft häufig nicht nur in Form eines Direktgeschäfts zwischen inländischem Anbieter und ausländischem Abnehmer stattfindet, sondern regelmäßig über eine ausländische Einheit, in Form einer Betriebsstätte oder Tochtergesellschaft des inländischen Anbieters, organisiert wird. Wird der Anbieter durch steuerliche Vorschriften eines anderen Landes hieran gehindert, läuft dies dem Ziel des WTO-Rechts, Handelshemmnisse abzubauen und Diskriminierung im internationalen Handel zu beseitigen, zuwider. Auch steuerliche Diskriminierungen und Subventionierungen dieser grenzüberschreitenden Investitionen haben daher zur Folge, dass effiziente Produzenten einen bestimmten Markt nicht erschließen können.[213]

Im Jahr 1990 wurde von dem sog. „Ruding-Ausschuss"[214] eine der wichtigsten Untersuchungen zum Einfluss der Besteuerung auf die Standortwahl von Unternehmen in Europa durchgeführt. Es wurden 1.000 Unternehmen in 17 europäischen Ländern unter anderem zum Einfluss der Besteuerung auf die Standortwahl in Abhängigkeit von der Art der im Ausland durchzuführenden Investition befragt. Bezüglich der Errichtung von Vertriebsstellen gaben 38% der befragten Unternehmen an, die Besteuerung spiele eine entscheidende Rolle.[215] Auch in amerikanischen Studien wurde ein eindeutiger Zusammenhang zwischen der Steuerpolitik eines Landes und der dort getätigten Direktinvestition

---

210 Vgl. OECD in Organisation for Economic Co-operation and Development, Benchmark, 1996, Rz. 2.

211 Ein entsprechendes Abkommen wurde zwar immer wieder gefordert, konnte jedoch bisher nicht verabschiedet werden. Die Verhandlungen zum Multilateralen Abkommen über Investitionen (MAI) scheiterten im Dezember 1998. Der sensible Bereich der Steuerpolitik wurde jedoch weitgehend aus dem Anwendungsbereich des MAI ausgenommen. Vgl. zur Berücksichtigung der Besteuerung im Investitionsabkommen Wartha, U., MAI, 2002, S. 408. Zum MAI allgemein Trebilcock, M. J./Howse, R., Regulation, 2005, S. 357 ff.

212 Vgl. Larkins, E. R., Double Tax Relief, 2001, S. 3.

213 Vgl. Kennedy, K. C., Geo. Wash. Int'l L. Rev. 2001, S. 598.

214 Nach dem Vorsitzenden *Otto Ruding* benannt.

215 Vgl. Europäische Kommission, Unternehmensbesteuerung, 1992, S. 3 ff; Weber, A., Standortwahl, 1998, S. 11.

festgestellt.[216] Neben dem allgemeinen Steuerniveau wird auch der von einem Land verfolgten DBA-Praxis ein erheblicher Einfluss auf die Höhe der effektiven Besteuerung der grenzüberschreitenden Investitionen zugesprochen.[217]

Durch ihren Einfluss auf die Rendite von Auslandsinvestitionen können Vorschriften im Internationalen Steuerrecht die grenzüberschreitenden Güterströme mittelbar beeinflussen. Erfahren z. B. ausländische Betriebsstätten eine steuerlich günstigere Behandlung als entsprechende inländische Engagements oder inländische Betriebsstätten ausländischer Unternehmen eine schlechtere Behandlung als inländische Personengesellschaften, stellt sich die Frage nach einer subventiven oder diskriminierenden Wirkung dieser Steuervorschriften. Wird der Vertrieb im Inland hergestellter Waren über ausländische Betriebsstätten abgewickelt, haben diese Vorschriften auch einen Einfluss auf den Warenhandel. Selbst wenn Güter- und Dienstleistungsströme auf der einen Seite und Kapitalströme auf der anderen Seite nicht zeitlich zusammenfallen und damit nicht direkt einander zuzuordnen sind, ist ein kausaler Zusammenhang zwischen ihnen doch immer gegeben.

3.3 Eingrenzung des Untersuchungsgegenstandes

Die rechtlich bedeutsame Schnittstelle von Internationalem Steuerrecht und WTO-Recht gliedert sich in die Bereiche Diskriminierung und Subventionierung. Durch internationale Doppelbesteuerung wird sichergestellt, dass die beteiligten Staaten an einem grenzüberschreitenden Sachverhalt fiskalisch partizipieren. Gegenüber rein inländischen Transaktionen führt Doppelbesteuerung, soweit sie nicht beseitigt wird, zu einer diskriminierenden Behinderung des internationalen Waren- und Kapitalaustausches.[218] Eine diskriminierende Wirkung im Sinne der Inländergleichbehandlung des Art. III Abs. 4 GATT liegt z. B. vor, wenn Betriebsstätten ausländischer Warenanbieter einer besonders hohen Quellensteuer unterliegen, die im Ansässigkeitsstaat auf Grund von Anrechnungshöchstbeträgen nicht angerechnet werden kann. Die Doppelbesteuerung wird nicht vollumfänglich beseitigt, womit sich die Belastungssituation des ausländischen Warenanbieters gegenüber dem inländischen Wettbewerber wesentlich schlechter darstellt.[219]

Minderbesteuerung hingegen stellt eine steuerliche Subventionierung des internationalen Waren- und Kapitalverkehrs dar, der gegenüber dem inländischem

---

216 Vgl. Koop, M. J./Institut für Weltwirtschaft, Gewinnbesteuerung, 1993, S. 28.

217 Vgl. Breuss, F./Schratzenstaller, M., Direktinvestitionen, 2004, S. 650.

218 Vgl. Genschel, P., Steuerpolitik, 2000, S. 14.

219 Eine Beurteilung von Steuervorschriften anhand der WTO-Diskriminierungsverbote findet sich bei Moritz, M., Diskriminierungsverbot, 2003, S. 245 ff; Stricker, T. K., Report, 2005, S. 321 ff.

Handel und inländischen Investitionen steuerlich begünstigt wird.[220] Minderbesteuerung läuft der Zielsetzung WTO-Rechtsordnung zuwider, da sie im makroökonomischen Kontext zu Wettbewerbsverzerrungen führt. Angebot und Nachfrage im internationalen Waren- und Dienstleistungshandel kommen nicht mehr im ökonomischen Optimum zustande. Da Gegenstand der vorliegenden Arbeit die subventionsrechtliche Würdigung von Vorschriften des Internationalen Steuerrechts ist, stellen Vorschriften, die sich steuermindernd für den Steuerpflichtigen auswirken bzw. ihm ermöglichen, am internationalen Steuergefälle zu partizipieren, den weiteren Untersuchungsgegenstand dieser Arbeit dar.

3.3.1 Die Freistellungsmethode

Die Freistellungsmethode wird insbesondere in den kontinentaleuropäischen Staaten angewendet und kommt häufig erst über Doppelbesteuerungsabkommen zur Anwendung. Dies resultiert aus der Tatsache, dass Staaten selten einen einseitigen Steuerverzicht aussprechen, sondern erst im Zuge bilateraler Zugeständnisse und Konzessionen zum Aufgeben eines Steueranspruchs bereit sind.[221] Die Rechtsgrundlage für die Freistellung auf bilateraler Ebene ergibt sich direkt aus den Doppelbesteuerungsabkommen, deren Vorschriften eine unmittelbar wirkende Steuerbefreiung im innerstaatlichen Recht zur Folge haben. Die Steuerfreistellung wird in der Regel dahingehend eingeschränkt, dass die freigestellten ausländischen Einkünfte zur Berechnung des progressiven Steuersatzes der inländischen Bemessungsgrundlage hinzugerechnet werden. Durch diesen sog. Progressionsvorbehalt wird bei der Berechnung des Steuertarifs im Ansässigkeitsstaat das gesamte Welteinkommen zu Grunde gelegt.

Die Freistellungsmethode ist, soweit die im Sitzstaat nicht besteuerten Einkünfte aus ausländischer wirtschaftlicher Betätigung im Ansässigkeitsstaat besteuert werden, systematisch dem Territorialitätsprinzip zuzuordnen. Als Durchbrechung des Welteinkommensprinzips führt sie zu dem Ergebnis, dass Einkünfte in Abhängigkeit ihrer in- oder ausländischen Herkunft unterschiedlich besteuert werden.[222] Da grenzüberschreitend tätige Unternehmen mit ihren Einkünften aus ausländischen Quellen der ausländischen Besteuerung unterliegen und sie somit ihren Wettbewerbern im Auslandsmarkt gleichgestellt sind, spricht man im Zusammenhang mit der Freistellungsmethode von Kapitalimportneutralität.[223]

---

220 Vgl. Genschel, P., Steuerpolitik, 2000, S. 14.

221 Vgl. Mössner, J. M., Methoden, 1985, S. 64 f; Lornsen, B., Unilaterale Maßnahmen, 1987, S. 165.

222 Vgl. Mössner, J. M., Methoden, 1985, S. 142; Lornsen, B., Unilaterale Maßnahmen, 1987, S. 44; Jacobs, O. H., Unternehmensbesteuerung, 2002, S. 19 ff.

223 Vgl. Gandenberger, O., Wirtschaftsströme, 1985, S. 35 f; Lornsen, B., Unilaterale Maßnahmen, 1987, S. 39 ff; Jacobs, O. H., Unternehmensbesteuerung, 2002, S. 19 ff.

Kommt die abkommensrechtliche Freistellungsmethode zur Anwendung, werden ausländische Einkünfte, i. d. R. unabhängig von der tatsächlichen Besteuerung, von der Bemessungsgrundlage des Ansässigkeitsstaates ausgenommen. Auch Fälle Doppelter-Nichtbesteuerung können daher aus der Anwendung der DBA-Freistellungsmethode resultieren; ein abkommensrechtliches Ziel, diese zu vermeiden, ist nicht nachweisbar.[224] Ungeachtet möglicher Rechtfertigungen führt die Anwendung von Doppelbesteuerungsabkommen häufig zu Ungleichbehandlungen, da vergleichbare grenzüberschreitende Sachverhalte zu einer anderen Belastungssituation führen als rein inländische Fallkonstellationen. So fällt durch die DBA-Freistellungsmethode zunächst die inländische Steuerbelastung auf die freigestellten Einkünfte weg, da der Ansässigkeitsstaat auf die Besteuerung dieser Einkünfte verzichtet. Fraglich und nur anhand des Prüfungsmaßstabs „Subventionsübereinkommen" zu klären ist, inwieweit das ausländische Steuerniveau hierbei zu berücksichtigen ist. Betrachtet man ausschließlich die Belastungssituation im Ansässigkeitsstaat, ist der Steuerpflichtige mit seinen Einkünften aus ausländischen Quellen immer besser gestellt als der Steuerpflichtige mit ausschließlich inländischen Einkünften.[225] Der Subventionsverdacht, der sich bei der Freistellung von Einkünften aus ausländischen Quellen, insbesondere aus Niedrigsteuerländern oder sog. „Steueroasen"[226], ergibt, wird verstärkt, wenn dem Steuerpflichtigen über Verrechnungspreis- oder Gewinnabgrenzungsvorschriften die Möglichkeit eröffnet wird, inländische Bemessungsgrundlagenanteile auf eine ausländische Betriebsstätte oder Tochterkapitalgesellschaft zu übertragen.

Durch die Freistellungsmethode werden vom Quellenstaat gewährte Steuererleichterungen an den inländischen Investor weitergeleitet und spezielle Steuervergünstigungen des Quellenstaates aufrechterhalten.[227] Um diesen Fällen und Missbrauch vorzubeugen, stehen den Vertragspartnern im Rahmen der DBA-Verhandlungen durchaus effiziente Instrumente zur Verfügung. So wird die Anwendung der Freistellungsmethode im Abkommensrecht häufig von bestimmten Bedingungen abhängig gemacht. Ein Aktivitätsvorbehalt führt dazu, dass nur aktive, aus produktiven Tätigkeiten stammende Einkünfte freigestellt werden.[228] Sog. *subject to tax*-Klauseln sollen garantieren, dass die betreffenden Einkünfte aus Auslandsaktivitäten mindestens einmal der Besteuerung unterlie-

---

224 Vgl. Lang, M., SWI 2002, S. 92; Lang, M., IStR 2002, S. 611 f.

225 Vgl. Sutter, F. P., Verteilung, 2005, S. 100 f.

226 Unter den Begriff „Steueroase" fallen sowohl Niedrigsteuergebiete, also Staaten mit einem generell niedrigeren Steuerniveau (vgl. etwa §§ 7,8 AStG), als auch Länder mit speziellen, nur auf bestimmte Sachverhalte anzuwendenden Sonderregelungen.

227 Vgl. Denkl, H. R., RIW 1979, S. 321; van der Bruggen, E., Intertax 2001, S. 125.

228 Vgl. Schaumburg, H., Steuerrecht, 1998, Rz. 16.134, 16.560; Vogel, K./Lehner, M./Eigelshoven, A., DBA-Kommentar, 2003, Art. 23 Rz. 88 ff.

gen.[229] Durch sog. *switch over*-Klauseln wird bei Qualifikations- oder Zurechnungskonflikten[230] sowie zur Verhinderung von Abkommensmissbrauch[231] der Übergang von der Freistellungs- zur Anrechnungsmethode bestimmt.[232] Neben den abkommensrechtlichen Instrumenten finden sich im innerstaatlichen Recht Maßnahmen mit ähnlicher Zielsetzung. Hierzu gehören Vorschriften gegen Gewinnverlagerungen, insbesondere Verrechnungspreisvorschriften, Maßnahmen zur Beseitigung der Abschirmwirkung in Form von Durchgriffsbesteuerung oder Zugriffsbesteuerung und Maßnahmen gegen die Verrechnung ausländischer Verluste.

Da die Freistellungsmethode erst über die Doppelbesteuerungsabkommen zur Anwendung kommt, wird sie als Durchbrechung des vom Gesetzgeber grundsätzlich verfolgten Prinzips der Besteuerung des Welteinkommens angesehen.[233] In dieser inkonsequenten Ausgestaltung, insbesondere der kontinentaleuropäischen Steuersysteme, sieht *Avi-Yonah* den subventionsrechtlichen Angriffspunkt der Freistellungsmethode: "Defining the baseline for the European regimes is hard, since they contain many worldwide features (such as controlled foreign corporation (CFC) regimes). Thus, I think that it is possible to argue that there is 'foregone revenue' here as well."[234] Und er merkt an: "If the case ever came before the WTO again, as seems likely, the U.S. seems to have a stronger argument for complaining about the European exemption systems than most tax experts assume."[235]

3.3.2 Verlustberücksichtigung bei DBA-Freistellung

Die Frage nach einer Berücksichtigung ausländischer Betriebsstättenverluste bei DBA-Freistellung analoger Gewinne war erst kürzlich Gegenstand breiter Diskussionen im österreichischen und deutschen Schrifttum.[236] Hintergrund war das Urteil des österreichischen Verwaltungsgerichtshofs (VwGH), eine Berücksichtung abkommensrechtlich freigestellter Verluste sei über die DBA-Auslegung

---

229 Vgl. Schilcher, M., Subject-to-tax-Klauseln, 2004, S. 34 ff.

230 Vgl. zu Einzelheiten Schaumburg, H., Steuerrecht, 1998, Rz. 16.81 ff.

231 Vgl. ebenda, Rz. 16.118 ff.

232 Vgl. zu den sog. *switch-over*-Klauseln ebenda, Rz. 16.134, 16.563.

233 Vgl. für das deutsche Unternehmenssteuerrecht Schaumburg, H., Leistungsfähigkeitsprinzip, 1995, S. 147; Jacobs, O. H., Unternehmensbesteuerung, 2002, S. 23. Allgemein Avi-Yonah, R. S., Brooklyn J. Int'l L. 2001, S. 1688; Slemrod, J. B./Avi-Yonah, R. S., Tax L. Rev. 2002, S. 551; Avi-Yonah, R. S., Interaction, 2003, Rz. 57.

234 Avi-Yonah, R. S., Brooklyn J. Int'l L. 2001, S. 1688. Ebenso Slemrod, J. B./Avi-Yonah, R. S., Tax L. Rev. 2002, S. 551; Avi-Yonah, R. S., Interaction, 2003, Rz. 57.

235 Avi-Yonah, R. S., Brooklyn J. Int'l L. 2001, S. 1688 Fn. 20.

236 Vgl. Kessler, W./Schmitt, C. P./Janson, G., IStR 2001, S. 729 ff; Loukota, H., SWI 2001, S. 466 ff; Hahn, H., IStR 2002, S. 681 ff; Lang, M., SWI 2002, S. 86 ff; Lang, M. et al., SWI 2002, S. 428 ff.

geboten.[237] Danach würden DBA zwar den innerstaatlichen Streueranspruch einschränken, „nicht aber einen im innerstaatlichen Steuerrecht gar nicht bestehenden Besteuerungsanspruch [..] begründen“.[238] Demgegenüber leitet der deutsche BFH ebenso unmittelbar aus dem Abkommensrecht das Verbot ab, Verluste bei Freistellung entsprechender Einkünfte zu berücksichtigen, da über die DBA-Freistellung sowohl positive als auch negative Einkünfte von der Besteuerung im Ansässigkeitsstaat ausgenommen werden. Lediglich im Rahmen des negativen Progressionsvorbehalts ist eine Verlustberücksichtigung möglich.[239]

Trotz deutlicher Kritik am Urteil des VwGH, eine Verpflichtung zur Verlustberücksichtigung ergebe sich bereits aus der DBA-Auslegung, besteht im Schrifttum dahingehend Einigkeit, dass eine Beschränkung der steuerlichen Verlustverrechnungsmöglichkeiten ausländischer Betriebsstätten eine erhebliche Belastung von Auslandsinvestitionen inländischer Unternehmen darstellt und der Verlustausgleich über die Grenze steuerpolitisch sinnvoll ist.[240] So führt die Versagung einer sofortigen Steuerminderung, selbst wenn die Verluste im Ausland in den Folgeperioden berücksichtigt werden können, beim Steuerpflichtigen zu Zins- und Liquiditätsnachteilen. Werden in den Folgeperioden keine Gewinne erwirtschaftet, ist die Steuer definitiv. Aus diesem Gründen sah das deutsche Einkommensteuergesetz mit § 2a Abs. 3 bis zum Veranlagungszeitraum 1998 die Möglichkeit des Abzugs ausländischer Verluste aus DBA-befreiter gewerblicher Tätigkeit von in einem ausländischen Staat gelegenen Betriebsstätten vor.[241] Diese Vorschrift diente jedoch nicht der Beseitigung von Diskriminierung, was durch mehrere Gerichte bestätigt wurde,[242] sondern der Förderung von Auslandsinvestitionen, weshalb § 2a Abs. 3 als Steuervergünstigung in den Subventionsberichten der deutschen Bundesregierung Erwähnung fand.[243]

---

237 Vgl. VwGH v. 25. September 2001, AnwBl 2002, S. 285.

238 Vgl. ebenda, S. 285 f. Dazu kritisch Lang, M., SWI 2002, S. 86 ff; Lang, M., IStR 2002, S. 610 f.

239 Vgl. BFH v. 9. August 1989, BStBl 1990 II, S. 175; BFH v. 11. März 1970, BStBl 1970 II, S. 563; BFH v. 12. Januar 1983, BStBl 1983 II, S. 382; BFH v. 17. Oktober 1990, BStBl 1991 II, S. 136; BFH v. 20. Juli 1973, BStBl 1973 II, S. 732; BFH v. 23. März 1972, BStBl 1972 II, S. 948; BFH v. 25. Februar 1976, BStBl 1976 II, S. 454.

240 Vgl. Loukota, H., SWI 2001, S. 468; Hahn, H., IStR 2002, S. 681; Jacobs, O. H., Unternehmensbesteuerung, 2002, S. 178.

241 Bis 2008 bleibt lediglich der Ausgleich älterer Verlustabzüge durch Hinzurechnung späterer Betriebsstättengewinne bestehen. Vgl. § 52 Abs. 3 dEStG.

242 Vgl. Finanzgericht Düsseldorf v. 14. September 2004, EFG 2005, S. 538; Finanzgericht Baden-Württemberg v. 30. Juni 2004, EFG 2004, S. 1694.

243 Aufgeführt als Subvention in Bundesminister der Finanzen (Deutschland), Subventionsbericht, 2001, S. 89 Nr. 40; Bundesminister der Finanzen (Deutschland), Subventionsbericht, 2003, S. 93 Nr. 34.

Für die vorliegende Untersuchung ist bedeutsam, ob eine gezielte Förderung von Auslandsinvestitionen durch die Verlustberücksichtigung als Subvention im Sinne des Subventionsübereinkommens zu werten ist. Als erster Anhaltspunkt kann die explizite Erwähnung dieser Maßnahme im deutschen Subventionsbericht herangezogen werden. Stellt man ausschließlich auf die Wirkung der Verlustberücksichtigung ab, sollte unerheblich sein, ob sie sich aus einer § 2a Abs. 3 dEStG nachgebildeten Vorschrift oder aus der DBA-Auslegung ergibt. Jedenfalls sieht *McDaniel* in der Möglichkeit, Verluste in einem Freistellungssystem zu berücksichtigen, generell einen subventiven Ausnahmetatbestand.[244] *Schön* weist darauf hin, dass die Möglichkeit des Verlustausgleichs auch als Subventionierung risikoorientierter Industrien gewertet werden kann.[245]

3.3.3 Die Anrechnungsmethode

Die Anrechnungsmethode kommt sowohl im Abkommensrecht als auch im innerstaatlichen Recht neben der Möglichkeit des Steuerabzugs[246] zur Anwendung. Sie ist systematisch eng mit dem Welteinkommensprinzip verbunden, da sie zu einer Gleichbelastung von inländischen und ausländischen Einkommensteilen mit inländischer Steuer führt. Da somit die wirtschaftliche Betätigung inländischer Steuerpflichtiger im Ausland wie eine rein inländische Betätigung der inländischen Besteuerung unterliegt, wird im Zusammenhang mit der Anrechnungsmethode auch von Kapitalexportneutralität gesprochen. Dieser Ausdruck gibt die Wettbewerbsneutralität inländischer natürlicher oder juristischer Personen wieder, die unabhängig von der Quelle ihrer Einkünfte gleich belastet werden.[247] Auch bei Anwendung der Anrechnungsmethode kann nicht grundsätzlich ausgeschlossen werden, dass für den Steuerpflichtigen Vorteile aus der grenzüberschreitenden Tätigkeit resultieren.[248] Zumindest unter Ausblendung des ausländischen Steuerniveaus führt eine Steueranrechnung zu einer Minderung der im Inland anfallenden Steuerlast.[249]

Betrachtet man allerdings die Gesamtbelastung eines grenzüberschreitenden Sachverhalts, hat die Anrechnungsmethode zur Folge, dass durch Heraufschleusen der ausländischen Vorbelastung zumindest das inländische Belastungsniveau zum Tragen kommt. Da die Anrechnungsmethode insoweit eine neutrale Wirkung auf grenzüberschreitende Güterströme hat, gelten sie und das durch sie zur Anwendung kommende Universalitätsprinzip als grundsätzlich vereinbar mit

---

244 Vgl. McDaniel, P. R., Intertax 2002, S. 170 Fn. 38.

245 Vgl. Schön, W., CMLR 1999, S. 927; Schön, W., Steuerliche Beihilfen, 2001, S. 120.

246 Bei der Steuerabzugsmethode wird die ausländische Steuer schlicht von der Bemessungsgrundlage der inländischen Steuer abgezogen.

247 Vgl. Gandenberger, O., Wirtschaftsströme, 1985, S. 35 f; Lornsen, B., Unilaterale Maßnahmen, 1987, S. 38 ff; Jacobs, O. H., Unternehmensbesteuerung, 2002, S. 20.

248 Vgl. van der Bruggen, E., Intertax 2001, S. 125.

249 Vgl. Sutter, F. P., Verteilung, 2005, S. 101.

der Idee des freien Welthandels.[250] Durch das Zunichtemachen von Vorteilen aus dem internationalen Steuergefälle ist sie aus subventionsrechtlicher Sicht eher von untergeordneter Bedeutung.

3.3.4 Die fiktive Steueranrechnung

Doppelbesteuerungsabkommen sehen für Zinsen, Dividenden und Lizenzen – auf Grund der nur geringen sachlichen Verknüpfung dieser Einkünfte zum Quellenstaat – in der Regel die Anrechnungsmethode vor. Diese hat jedoch, wie oben beschrieben, grundsätzlich die Eigenschaft, dass für Zwecke der Investitionsförderung gewährte Steuervorteile des Quellenstaates durch die Anrechnung im Wohnsitzstaat kompensiert werden. Ein niedriges Steuerniveau oder bestimmte Steuervergünstigungen des Quellenstaates kommen nicht mehr dem Steuerpflichtigen als eigentlichen Adressaten der Maßnahme, sondern dem Fiskus des Wohnsitzstaates zugute. Die Anreizwirkung derartiger Maßnahmen geht damit verloren. Um diesen Effekt zu vermeiden und unternehmerisches Engagement in Entwicklungsländern zu fördern, wird in Doppelbesteuerungsabkommen mit Entwicklungsländern regelmäßig eine „fiktive Anrechnung von Quellensteuern" festgelegt.

Manche Entwicklungsländer sind im Rahmen der DBA-Verhandlungen unnachgiebig, wenn es um die Frage der Implementierung der fiktiven Steueranrechnung geht. Ohne diese Anreize ist es für sie wesentlich schwerer, ausländische Investitionen anzuziehen. Die Popularität dieser Regelung in Doppelbesteuerungsabkommen ist zudem darauf zurückzuführen, dass sie es dem Entwicklungsland ermöglicht, gezielt bestimmte Unternehmen, Wirtschaftszweige oder Sektoren anzusprechen und seine Wettbewerbsstellung im Verhältnis zu anderen Ländern, die andere Steueranreize geschaffen haben, zu verbessern. Die Regelung entspricht zudem dem Wunsch vieler Entwicklungsländer, die Kontrolle über die nationalen Förderprogramme selbst in den Händen zu halten.[251]

Auch die OECD hat die fiktive Anrechnung von Quellensteuern über Jahre hinweg als ein geeignetes Mittel zur Aufrechterhaltung der Steueranreize von Entwicklungsländern betrachtet.[252] Viele OECD-Mitglieder, darunter Deutschland, Japan, Kanada, Österreich und das Vereinigte Königreich, haben in Doppelbesteuerungsabkommen mit Entwicklungsländern Vorschriften zur fiktiven Anrechnung von Quellensteuern ausgehandelt. Es gibt jedoch auch gewichtige Ausnahmen. Insbesondere die USA haben die Aufnahme von Vorschriften zur

---

250 Vgl. Avi-Yonah, R. S., Interaction, 2003, Rz. 43.

251 Vgl. Tillinghast, D. R., U. Miami l. Rev. 1996, S. 476.

252 Die OECD weist jedoch auf die als gering einzustufenden wirtschaftlichen Vorteile und die Möglichkeit missbräuchlicher Inanspruchnahme hin. Vgl. Organisation for Economic Co-operation and Development, Tax Sparing, 1998, S. 41.

fiktiven Steueranrechnung in ihre Doppelbesteuerungsabkommen stets abgelehnt.[253]

Um die vorteilhafte Wirkung der steuerlichen Regelungen der Entwicklungsländer zu erhalten, verzichtet der Sitzstaat auf Steuern, die er normalerweise auf das niedrig oder nicht besteuerte ausländische Einkommen erheben würde. Bei der *tax sparing credit*-Methode wird eine ausländische Steuer in Höhe der normalerweise im Quellenstaat zu entrichtenden Steuer oder des durch das Abkommen begrenzten Betrages im Sitzstaat des Investors angerechnet. Dies geschieht unabhängig davon, ob der Quellenstaat auf Grund von Wirtschaftsfördermaßnahmen ganz oder teilweise auf die Besteuerung verzichtet. Bei der *matching credit*-Methode wird immer ein fiktiver Prozentsatz vom Bruttobetrag der Einkünfte angerechnet – unabhängig davon, ob oder in welcher Höhe der Quellenstaat eine Ermäßigung gewährt. Damit hat die fiktive Anrechnung ausländischer Steuern eine ähnliche Wirkung wie die Freistellung ausländischer Einkünfte,[254] wird jedoch bewusst in Doppelbesteuerungsabkommen vereinbart, um Fälle doppelter Nichtbesteuerung herbeizuführen.[255]

3.4 Forschungsfragen

Im Zentrum dieser Untersuchung steht die Frage, ob sich uni- oder bilaterale Methoden zur Vermeidung der Doppelbesteuerung als Subvention im Sinne des Subventionsübereinkommens werten lassen bzw. ob einzelne auf diese Maßnahmen oder die DBA-Anwendung insgesamt zurückzuführende Fälle Doppelter-Nicht- oder Minderbesteuerung auf Grund einer Begünstigung grenzüberschreitender Vorgänge subventiven Charakter haben.

Daneben stellt sich die Frage, ob sich für ein WTO-Mitglied die Verpflichtung ergibt, im innerstaatlichen oder im Abkommensrecht Maßnahmen zu treffen, um steuerlichen Gestaltungsmissbrauch, lückenhaften Steuergesetzen oder einer mangelhaften Abstimmung steuerlicher Kollisionsnormen vorzubeugen. Sofern der Freistellungsmethode spezifische subventive Elemente nachgewiesen werden können, könnte die Verpflichtung zur WTO-konformen Interpretation von DBA-Recht und damit eine intensive Abwägung welthandelsrechtlicher und DBA-rechtlicher Interessen dazu führen, dass in Doppelbesteuerungsabkommen mit Niedrigsteuerländern nicht bestehende *subject to tax*-Klauseln oder *switch over*-Klauseln hineinzulesen sind.

---

[253] Die politischen Motive beleuchtet Toaze, D., CTJ 2001, S. 883 ff. Vgl. zur wiederentfachten Diskussion in den USA McDaniel, P. R., Geo. Wash. Int'l L. Rev. 2003, S. 265 ff; Peroni, R. J., Geo. Wash. Int'l L. Rev. 2003, S. 303 ff; Thompson, S. C. J., Geo. Wash. Int'l L. Rev. 2003, S. 297 ff.

[254] Vgl. Tumpel, M., Anrechnung, 1995, S. 77; Vogel, K./Lehner, M./Eigelshoven, A., DBA-Kommentar, 2003, Art. 23 Rz. 195.

[255] Vgl. Vogel, K./Lehner, M./Eigelshoven, A., DBA-Kommentar, 2003, Art. 23 Rz. 195.

Eng mit dieser Fragestellung verbunden ist die insbesondere im US-amerikanischen Schrifttum aufgeworfene Frage, ob das in vielen Ländern über die DBA-Freistellung zur Anwendung kommende, jedoch nur in Bezug auf Einkünfte aus bestimmten grenzüberschreitenden Tätigkeiten konsequent praktizierte Territorialitätsprinzip mit dem Subventionsübereinkommen vereinbar ist. Dabei stellt sich insbesondere die Frage, ob der unterschiedlichen steuerlichen Behandlung grenzüberschreitender Sachverhalte je nach territorialem Anknüpfungspunkt oder Tätigkeit auch spezifische Begünstigungen oder ausfuhrfördernde Momente nachgewiesen werden kann.

Die Möglichkeit einer Verschiebung von Gewinnanteilen in Ländern mit niedrigem Steuerniveau oder speziellen Quellensteueranreizen erscheint im Zusammenhang mit den WTO-Vorschriften besonders problematisch, da hier ein direkter Zusammenhang von Besteuerung und Warenhandel bzw. Ausfuhr von Waren festgestellt werden konnte. Da sich der subventive Effekt der Freistellungsmethode über die Gewinnzuweisung an niedrigbesteuerte Einheiten im Ausland verstärkt, sind administrative Vorschriften zur Gewinnabgrenzung im (Konzern-)Verbund besonders subventionsverdächtig.

Auch im Falle einer Verlustberücksichtigung von Betriebsstättengewinnen bei DBA-Freistellung wird das Territorialitätsprinzip zu Gunsten von Einkünften aus bestimmten grenzüberschreitenden Tätigkeiten durchbrochen. Im Zusammenhang mit der Freistellung von Einkünften aus ausländischen Quellen stellt sich daher die Frage, ob sich eine Freistellung von negativen Einkünften als Förderung verlustiger Auslandsengagements bzw. als staatliche Förderung der Erschließung neuer Märkte inländischer Warenanbieter interpretieren lässt.

Neben der Freistellung von Einkünften aus ausländischen Quellen führt auch die fiktive Anrechnung von Quellensteuern zu einer Durchbrechung des Welteinkommensprinzips und zu einer Durchschleusung von Steuervergünstigungen des Quellenstaats an den inländischen Investor. Der Subventionsverdacht ist auf Grund der gesetzgeberischen Zielsetzung, der Förderung von Investitionen in Entwicklungsländer in Verbindung mit den oben angesprochenen Zusammenhängen zwischen grenzüberschreitenden Investitionen und dem Welthandel in besonderem Maße gegeben. Sofern sich Argumente für einen Zusammenhang zwischen fiktiver Anrechnung und Warenausfuhr oder für eine Förderung bestimmter Unternehmen finden, ist zu klären, ob diese Maßnahmen auf Grund eines auf bestimmte Unternehmen beschränkten Anwendungsbereichs unter die Subventionsdisziplin des Subventionsübereinkommens fallen.

4 Die Tatbestandsmerkmale steuerlicher Subventionen

4.1 Finanzielle Beihilfe

4.1.1 Anwendungsbereich

Der Wortlaut des Art. 1 Abs. 1 ist hinsichtlich seines Anwendungsbereichs weit gefasst, was dafür spricht, z. B. auch Subventionen in den Bereichen „Dienstleistungen" und „Finanztransaktionen" hierunter zu subsumieren. Dass Subventionsempfänger nur Unternehmen sein können, die im Bereich des Handels mit Waren tätig sind, ist Art. 1 Abs. 1 nicht unmittelbar zu entnehmen. Erstmals verwendet wird der Begriff des Unternehmens bei der Definition von „Spezifität" in Art. 2 Abs. 1 S. 1. Es ließe sich daher fordern, dass der Subventionsbegriff gegenüber der Person des Subventionsempfängers zunächst „blind" zu sein hat und damit u. a. Subventionen an Dienstleister unter Art. 1 Abs. 1 fallen können. Die Stellung des Subventionsübereinkommens als Übereinkommen in Anhang 1A des WTO-Übereinkommens spricht jedoch für eine Eingrenzung des Anwendungsbereichs finanzieller Beihilfen auf Subventionen an Warenanbieter. Hinsichtlich des Anwendungsbereichs der Übereinkommen in Anhang 1A des WTO-Übereinkommens gilt als allgemein anerkannt, dass sich dieser auf Waren bezieht, bei denen Herstellung, Beförderung und Konsum zeitlich auseinander fallen, was nur bei materiellen Wirtschaftsgütern der Fall ist. Aus historischer Sicht ist zudem zu berücksichtigen, dass das Verhandlungsmandat der Verhandlungsgruppe für Subventionen und Ausgleichsmaßnahmen in der Uruguay-Runde lediglich Subventionen umfasste, „die den internationalen Handel betreffen".[256] Legt man die Vorschriften des Subventionsübereinkommens und damit auch Art. 1 Abs. 1 so aus, dass sie sich mit dem Verhandlungsmandat der Verhandlungsgruppe decken, so können vom Subventionsbegriff nur finanzielle Beiträge an Anbieter von Waren erfasst sein.[257] Diese Feststellung macht Sinn vor dem Hintergrund, dass der Subventionstatbestand lediglich Eingangstatbestand der Subventionsdisziplin ist und das Übereinkommen hieran keine unmittelbare Rechtsfolge knüpft. Würde man hinsichtlich des Empfängerkriteriums zunächst einen weiten Anwendungsbereich bestimmen, würde dieser spätestens unter Einbezug der Spezifitätsargumente wieder verengt werden. Spätestens auf Ebene des Spezifitätskonzepts von Art. 2 würden finanzielle Beihilfen an

---

[256] "Negotiations on subsidies and countervailing measures shall be based on a review of the Articles VI and XVI and the MFN Agreement on subsidies and countervailing measures with the objective of improving GATT disciplines relating to all subsidies and countervailing measures that affect international trade." Abgedruckt in GATT Dokument v. 11. Juni 1987 (Communication from the EEC).

[257] Vgl. Grave, C., Subventionsbegriff, 2002, S. 161 f.

Dienstleister oder Anbieter immaterieller Wirtschaftsgüter wieder aus dem Anwendungsbereich des Subventionsübereinkommens herausfallen.

4.1.2 Relevanz des Beihilfenbegriffs des EG-Vertrags

Um dem Begriff der „finanziellen Beihilfe" des Art. 1 Abs. 1 lit. a des Subventionsübereinkommens Konturen zu verleihen, ist man zunächst geneigt, eine Parallele zum Beihilfenbegriff des EG-Vertrages zu ziehen, da auch Art. 87 Abs. 1 EGV von „staatlichen oder aus staatlichen Mitteln gewährten Beihilfen" spricht. Theoretisch ist durchaus denkbar, dass die EG den Beihilfenbegriff des EG-Vertrags in die Verhandlungen über das Subventionsübereinkommen eingebracht hat,[258] musste sie doch als gemeinsames Organ ihrer Mitglieder als starke Verhandlungsmacht gelten.[259] Aus historischer Sicht ist dagegen anzuführen, dass sich bereits im Vorfeld der Verhandlungen zur Uruguay-Runde hinsichtlich der Definition von Subventionen, insbesondere zwischen den USA und der EG, erhebliche Meinungsunterschiede zeigten, die aus abweichenden wirtschaftspolitischen Grundüberzeugungen resultierten.[260] Eine einseitige Definition zu Gunsten der Vorstellungen der EG scheint vor diesem Hintergrund unwahrscheinlich. Hinzu kommt, dass in den Cartland I-Entwurf, der als erster die heutige Definition der Subvention enthielt – neben Vorschlägen der USA und der EG –, auch Vorschläge von Australien, Indien und den Nordischen Staaten eingegangen sind.[261] Dies spricht ebenfalls gegen eine Übernahme des Beihilfenkonzepts des EG-Vertrags in das Subventionsübereinkommen.

Die Parallelen zwischen beiden Regelungsregimen verschwimmen weiter, wenn man sich auf die authentischen Fassungen der zu vergleichenden Vorschriften bezieht. Während das Subventionsübereinkommen in seiner authentischen englischen Fassung von "financial contribution by a government or any public body within the territory of a Member" spricht, verwendet der EG-Vertrag die Definition "aid granted by a Member State". Zwar haben "contribution" und "aid" durchaus Überschneidungsbereiche in ihrem Wortsinn, der Begriff "aid" deutet jedoch verstärkt darauf hin, dass mit der staatlichen „Hilfe" eine bestimmte Zielsetzung erreicht werden soll, während der Begriff "financial contribution" primär auf den Vermögenszuwachs abstellt. Der Begriff "contri-

258 So auch ebenda, S. 137.

259 Gemäß Art. IX Abs. 1 WTO-Übereinkommen verfügt die EG über eine Anzahl von Stimmen, die der Anzahl ihrer Mitgliedstaaten entspricht.

260 Vgl. oben Punkt 2.1.4; Stewart, T. P., History, 1993, S. 844 f.

261 Vgl. zu den frühen Verhandlungen der Uruguay-Runde von 1987 bis 1988 ebenda, S. 845 ff.

bution" erscheint hier etwas abgeschwächter und ist eher als „Beitrag" zu übersetzen.[262]

Das Attribut "financial" deutet darauf hin, dass es sich um eine monetär quantifizierbare Größe handeln muss. Diese Größe kann zum einen in Form von Geldbeständen bestehen. Erfasst würden dann jedoch nur direkte Kapitaltransfers, was mit der nachfolgenden Aufzählung (Nr. i bis iv) nicht vereinbar ist, die ausdrücklich auch den Transfer von Waren oder Dienstleistungen sowie den Einnahmenverzicht des Staates auf zu entrichtende Abgaben adressiert. Damit ist der Begriff weit auszulegen. Das Vermögen, zu dem finanziell beigetragen werden soll, ist die Gesamtheit der einem Wirtschaftssubjekt zugeordneten vermögenswerten Gegenstände. Da neben positiven Vermögensbestandteilen auch negative Bestandteile existieren, kann der finanzielle Beitrag auf zwei Arten das Vermögen eines Wirtschaftssubjekts beeinflussen. Dem Vermögen kann ein positiver Wert zugeführt oder ein negativer Wert entnommen werden. Grundsätzliche Eigenschaft einer finanziellen Beihilfe ist demnach, dass die Maßnahme der Regierung direkt oder indirekt zu einer Erhöhung des Vermögens eines Wirtschaftssubjekts führt.[263]

Unterschiede weisen Art. 87 Abs. 1 EGV und Art. 1 Abs. 1 Subventionsübereinkommen auch in ihrer Gesetzestechnik auf. Der Normgeber des EG-Vertrages hat sich für eine ausfüllungsbedürftige Generalklausel entschieden. So spricht Art. 87 Abs. 1 EG von „Beihilfen gleich welcher Art" und definiert hierdurch einen umfassenden Anwendungsbereich. Hingegen werden die einzelnen Subventionsformen im Subventionsübereinkommen in kasuistischer Form umschrieben. Das gilt auch für das Spezifitätskriterium, das in Art. 2 Subventionsübereinkommen detailliert beschrieben wird, während Art. 87 Abs. 1 schlicht von „Begünstigung bestimmter Unternehmen oder Produktionszweige" spricht.

Insgesamt bleibt daher festzuhalten, dass der Beihilfenbegriff des EG-Vertrags zur Interpretation des Eingangstatbestands der „finanziellen Beihilfe" des Art. 1 Abs. 1 lit. a Subventionsübereinkommen nur eingeschränkt herangezogen werden kann. Vielmehr stellt das Subventionsübereinkommen eine eigenständige, in den multilateralen Verhandlungen der Uruguay-Runde entstandene Definition einer Subvention zur Verfügung.[264]

---

262 Vgl. Daiss, K. et al., PONS Wörterbuch, 2005, S. 250. Hinzu kommt, dass beim Subventionsübereinkommen keine staatliche Budgetbelastung gefordert wird, wie dies im EG-Beihilfenrecht der Fall ist. Vgl. zu Art. 87 Abs. 1 Helios, M., EWS 2005, S. 210. Ausführlich zu den Unterschieden beider Regelungsregime Slotboom, M. M., JWT 2002, S. 533 ff.

263 Vgl. Grave, C., Subventionsbegriff, 2002, S. 137 f.

264 Ähnlich, aber ohne weitere Begründung ebenda, S. 137. Hierdurch wird jedoch nicht ausgeschlossen, dass Subventionen und Beihilfen erhebliche Überschneidungsbereiche in ihrem materiellen Regelungsgehalt aufweisen.

4.1.3 Allgemeine Eigenschaften finanzieller Beihilfen

Hinsichtlich allgemeiner Subventionseigenschaften ist man geneigt anzunehmen, dass eine Regierung mit der Vergabe einer Subvention ein bestimmtes Verhalten des subventionierten Wirtschaftssubjekts herbeiführen möchte: ein Verhalten, das sich im politischen Prozess als erstrebenswert erwiesen hat. Man ist daher geneigt, auf Ebene des einleitenden Satzes auf das Vorliegen einer solchen Absicht bei der Subventionsvergabe abzustellen. Daher liegt die Frage nahe, ob eine Zielvorstellung beim Subventionsgeber Bestandteil des Begriffs der finanziellen Beihilfe ist oder ob eine Regierung eine Subvention auch „versehentlich" gewähren kann. Letzteres wäre z. B. der Fall, wenn aus einer Rechtsnorm oder dem Zusammenspiel einzelner Vorschriften eine Form der Begünstigung resultierte, die weder in politischen Materialien noch in der öffentlichen Wahrnehmung als solche registriert würde. Hinsichtlich allgemeiner Subventionseigenschaften ist daher zu klären, ob Subventionierung auch „Nebenprodukt" zunächst allgemein verstandener staatlicher Maßnahmen sein kann.

Aus objektiver Perspektive erscheint als weitere Eigenschaft der Subventionierung, dass die hiermit zusammenhängende Begünstigung nicht sämtlichen Wirtschaftssubjekten gewährt wird. In dieser Betrachtung dürfte eine gleichmäßige Begünstigung aller Wirtschaftssubjekte keine Subvention darstellen. Es muss daher ein Vergleichsmaßstab angewendet werden, der den direkten oder indirekten Kapitaltransfer erst im Verhältnis zu den nichtbegünstigten Wirtschaftssubjekten zu einer Subvention werden lässt. Diesen Vergleichsmaßstab übernimmt im Subventionsübereinkommen das Kriterium der Spezifität des Art. 2. Durch die Trennung von Subventionstatbestand (Art. 1) und Spezifität (Art. 2) ist fraglich, inwiefern bereits auf Ebene des Art. 1 ein solcher Vergleichsmaßstab zu berücksichtigen ist. Die Trennung der beiden Tatbestände deutet zumindest darauf hin, dass das Subventionsübereinkommen auch Subventionen kennt, die nicht spezifisch sind.

4.1.3.1 Die einzelnen Subventionsformen

Da die vier Subventionsformen durch das ihnen gemeinsame Erfordernis der „finanziellen Beihilfe" in Art. 1 Abs. 1 lit. a Nr. 1 vereint werden, lassen sich die oben aufgeworfenen Fragen anhand der zentralen Dimensionen einer Subvention festmachen, die sich aus dem Oberbegriff der „finanziellen Beihilfe" ergeben. Die einzelnen Subventionsformen (direkte Kapitaltransfers (i), steuerliche Subventionen (ii), der Transfer von Waren oder Dienstleistungen (iii) und die mittelbare Subventionierung durch die Regierung über andere Subventionsgeber (iv)) müssen daher bestimmte Gemeinsamkeiten oder subventionsartenspezifische Unterschiede aufweisen.

4.1.3.1.1 Direkte Kapitaltransfers

Die erste Subventionsart bilden die „klassischen" Subventionen, bei denen der Subventionsempfänger positive Vermögensbestandteile erhält oder ihm diese in Aussicht gestellt werden. Beispielhaft aufgeführt werden in Nr. i Zuschüsse, Kredite und Kapitalzufuhren sowie Kreditbürgschaften. Zuschüsse gelten als Vermögensvorteile, die dem Zuschussempfänger mit der Bestimmung zugewendet werden, sie zur Förderung eines auch im Interesse des Zuschussgebers liegenden Zwecks zu verwenden, und die keine Gegenleistung für Leistungen des Zuschussempfängers sind.[265] Nach dieser Definition wird ein Zuschuss zumindest auch vergeben, um ein bestimmtes Verhalten beim Empfänger herbeizuführen. Als weiteres Beispiel der ersten Subventionsform nennt Nr. i die Vergabe von Krediten und Kapitalzufuhren. Kredite zwischen Staat bzw. staatlichen Institutionen und privatwirtschaftlichen Unternehmen sind keine Seltenheit. Der Staat tritt, z. B. in Form einer staatlichen Bank, als Wirtschaftssubjekt auf und nimmt, wie eine privatwirtschaftliche Bank, am Wirtschaftsgeschehen teil. Unter der Annahme, dass auch die staatlichen Darlehenskonditionen denen einer Privatbank entsprechen, ist eine Förderungsabsicht nicht unbedingt gegeben. So hätte das betreffende Wirtschaftssubjekt das Darlehen auch zu ähnlichen Konditionen von einer Privatbank erhalten können. Die in Nr. i angesprochene Beteiligung der öffentlichen Hand an Unternehmen durch Zuführung von Eigenkapital ist auch nicht zwingend mit einer gewissen Förderungsabsicht verhaftet. Häufig sind es ehemalige und privatisierte Staatsbetriebe, an denen staatliche oder föderale Ebenen zu einem gewissen Anteil beteiligt sind. Diese Strukturen sind in der Regel historisch gewachsen und nicht unbedingt Ausdruck staatlichen Förderwillens.[266] Das in Nr. i aufgeführte Beispiel der Kreditbürgschaft deutet ebenfalls darauf hin, dass ein – wie auch immer geartetes – staatliches Vergabeziel von eher untergeordneter Bedeutung sein muss. Die Übernahme von Bürgschaften bedeutet für den Begünstigten im Augenblick der Übernahme einen Zuwachs an finanziellen Mitteln, da dieser für das hierdurch gedeckte Risiko ein gemindertes Rückstellungsvolumen zu bilden hat.[267] Keine Aussage trifft die Vorschrift bezüglich des Zwecks der Bürgschaftsvergabe.

4.1.3.1.2 Steuerliche finanzielle Beihilfen

Die zweite Subventionsform betrifft die indirekte Subventionierung über den Verzicht des Staates auf die Erhebung von Abgaben. Als Beispiel nennt Nr. ii „Steueranreize wie Steuergutschriften". Ein Steueranreiz soll den Steuerpflichtigen zu einem bestimmten (politisch erwünschten) Handeln bewegen. Dieses

---

[265] Vgl. BFH v. 29. April 1982, BStBl 1982 II, S. 591.

[266] Vgl. etwa die Beteiligung des deutschen Bundeslandes Niedersachsen an der Volkswagen AG.

[267] Vgl. Koenig, C./Haratsch, A., ZHR 2005, S. 77 ff.

Beispiel spricht für das Vorliegen einer zielorientierten Maßnahme auf Ebene des finanziellen Beitrags. Dennoch ist anzumerken, dass es sich hier um ein Beispiel handelt, das den Tatbestand steuerlicher Subventionen beschreiben, ihn jedoch nicht abschließend bestimmen soll. Hinzu kommt, dass das Subventionsübereinkommen in Fußnote 1 Bezug auf grenzüberschreitende Umsatzsteuersysteme nimmt. Ausgenommen vom Subventionstatbestand wird durch diese Vorschrift die übliche Entlastung von Waren von der Umsatzsteuer bei deren Ausfuhr. Ihre explizite Ausnahme vom Subventionstatbestand deutet darauf hin, dass Umsatzsteuerentlastungen bei der Ausfuhr von Waren – trotz des Fehlens einer Förderungsabsicht – zunächst unter Nr. ii subsumierbar wären. Damit wäre eine Maßnahme dem Tatbestand einer finanziellen Beihilfe zuzuordnen, die rein technischer Natur ist und keine wettbewerbsmäßige Zielorientierung verfolgt.

Gegen die Relevanz einer Zielorientierung beim Beihilfentatbestand des EG-Vertrags hat sich auch der EuGH ausgesprochen. Danach nimmt Art. 87 Abs. 1 die Beschreibung von Beihilfen nicht nach Gründen oder Zielen, sondern anhand ihrer Wirkung vor.[268] Der EuGH hat aber dennoch des öfteren den Zweck einer mitgliedstaatlichen Maßnahme als Indiz zu ihrer beihilfenrechtlichen Beurteilung herangezogen.[269] Dies mag damit zusammenhängen, dass die Identifikation von Beihilfen bzw. Subventionen[270] gerade im Abgabenrecht besonders problematisch ist und dass daher auch auf Faktoren einzugehen ist, die eine steuerliche Maßnahme umgeben. In der Literatur wird daher Abgabenvorschriften, die einer besonderen wirtschaftspolitischen Zielsetzung unterliegen, eine besondere beihilfenrechtliche Indizwirkung zuerkannt. Dennoch wird die Zielsetzung als hinreichende Bedingung strikt abgelehnt.[271] Es bleibt daher festzuhalten, dass auch im Bereich steuerlicher Subventionen der subjektive Wille des Normsetzers vor dem objektiven Gehalt und der Wirkungsweise einer Maßnahme in den Hintergrund tritt.[272]

4.1.3.1.3 Nachfrage der öffentlichen Hand

Die dritte Subventionskategorie betrifft das Angebot bzw. die Nachfrage der öffentlichen Hand bezüglich Waren oder Dienstleistungen. Die Tatsache, dass der

---

268 Vgl. EuGH v. 2. Juli 1974 (Italien/Kommission), EuGHE 1974, S. I-718 Rz. 26 ff. Ausführlich Sutter, F. P., EG-Beihilfenverbot II, 2005, S. 44 f.

269 EuGH v. 23. Februar 1961 (De Gezamenlijke Steenkolenijnen), EuGHE 1961, S. 1 insbes. S. 3, 43; EuGH v. 27. März 1980 (Denkavit Italiana Srl), EuGHE 1980, S. 1205 Rz. 31. Ausführlich Sutter, F. P., EG-Beihilfenverbot II, 2005, S. 44 f.

270 Beihilfen und Subventionen werden auf Grund kaum zu definierender Begriffsunterschiede in dieser Untersuchung als Synonyme behandelt. Auf eine synonyme Verwendung der Begriffe verweist auch Koschyk, M. M., steuerliche Beihilfen, 1999, S. 36.

271 *Sutter* leitet hieraus lediglich einen „erhöhten beihilferechtlichen Rechtfertigungsdruck“ ab. Sutter, F. P., EG-Beihilfenverbot II, 2005, S. 45.

272 Vgl. ausführlich ebenda, S. 45 f.

Staat als Anbieter oder Nachfrager auftritt, ist ausreichend, um das Eingangskriterium der dritten Subventionskategorie zu erfüllen. Dennoch wird diese Subventionsform durch einen zweiten Halbsatz eingeschränkt. So werden Waren, die zur allgemeinen Infrastruktur gehören, vom Tatbestand der finanziellen Beihilfe ausgenommen. Es verbleiben für den Anwendungsbereich der dritten Subventionsform nur noch diejenigen Bereiche, in denen der Staat als Anbieter oder Nachfrager am Markt auftritt und die nicht der Bereitstellung der allgemeinen Infrastruktur dienen.

Hinsichtlich der Frage nach der Relevanz eines staatlichen Förderziels kann sicher nicht unterstellt werden, dass in den verbleibenden Bereichen staatlicher Aktivität grundsätzlich eine Förderungsabsicht verfolgt wird bzw. der Staat ein bestimmtes Verhalten bei den Marktteilnehmern erreichen möchte. Interessant ist die Einschränkung des Anwendungsbereichs der dritten Subventionskategorie bezüglich der allgemeinen Infrastrukturleistungen eines Staates aus einem anderen Grund. Diese Einschränkung könnte nämlich dahingehend interpretiert werden, dass allgemeine wirtschaftspolitische Maßnahmen des Staates nicht als finanzielle Beihilfen im Sinne des Art. 1 Abs. 1 lit. a gelten können.[273] Dies würde bedeuten, dass das erst in Art. 2, an dritter Stelle des Prüfungsschemas für Subventionen verlangte Vorliegen des Kriteriums der Spezifität bereits auf Ebene des Art. 1 zu prüfen wäre. Bereits hier wäre dann die Frage zu klären, ob eine Maßnahme allgemeiner Natur ist oder ob ihr Empfängerkreis nur auf bestimmte Unternehmen (Art. 2 Abs. 1), Regionen (Art. 2 Abs. 2) oder auf Ausfuhr (Art. 2 Abs. 3 i. V. m. 3 Abs. 1 lit. a) oder Einfuhr (Art. 2 Abs. 3 i. V. m. Art. 3 Abs. 1 lit. b) von Waren beschränkt ist.

Prinzipiell erscheint es durchaus möglich, die spezifischen Elemente einer Maßnahme bereits auf Ebene des Art. 1 zu prüfen, da nicht spezifische Maßnahmen in jedem Fall aus der Subventionsdisziplin herausfallen (Art. 1 Abs. 2). Dennoch empfiehlt es sich, das durch den kasuistischen Aufbau des Subventionsübereinkommens vorgegebene Prüfungsschema beizubehalten und die Tatbestandsmerkmale – finanzielle Beihilfe, Vorteil und Spezifität – nachfolgend zu prüfen.[274] Dies verhindert zum einen eine gewisse Fehleranfälligkeit, die um so größer ist, wenn mehrere Prüfungsschritte in einem vollzogen werden. Zum anderen beinhaltet das Subventionsübereinkommen ein differenziertes Spezifitätskonzept, das neben bestimmten Unternehmen auch Regionen und Vorgänge als Anknüpfungsmomente bestimmt. Vor diesem Hintergrund sollte die Ebene des Art. 1 von Spezifitätsargumenten möglichst freigehalten und lediglich auf den Zufluss monetär quantifizierbarer Vermögensbestandteile abgestellt werden.

M. E. ist die Einschränkung der dritten Subventionsform bezüglich allgemeiner Infrastrukturleistungen nicht dahingehend zu verstehen, dass eine Prüfung

---

273 Vgl. McGovern, E., WTO-Kommentar, 1995, § 11.3132.
274 Ähnlich zum EG-Beihilfenrecht Luja, R. H. C., Incentives, 2003, S. 51.

der Spezifität auf Ebene des Art. 1 vorzunehmen ist. Sie ist vielmehr den besonderen Eigenschaften der dritten Subventionsform zuzuschreiben. Der Ausschluss staatlicher Infrastrukturmaßnahmen aus der dritten Subventionsform gilt ausschließlich für diese Subventionsform und hat den Hintergrund, grenzüberschreitende Transportwege von subventionsrechtlicher Seite her abzusichern. Wäre der Subventionstatbestand auch hier einschlägig, würde bei Prüfung der Spezifität das Problem entstehen, dass die Bereitstellung dieser Transportwege als Ausfuhrsubvention im Sinne von Art. 3 Abs. 1 lit. a beurteilt werden könnte, da hier eine Begünstigung proportional zur ins Ausland gelieferten Warenmenge festgestellt werden könnte.[275] Um diese Möglichkeit von vornherein auszuschließen, haben sich die Vertragsstaaten auf die Ausnahme allgemeiner Infrastrukturleistungen bei der dritten Subventionsform geeinigt.

4.1.3.1.4 Mittelbare Beihilfenvergabe

Bei der vierten und letzten Kategorie des finanziellen Beitrags handelt es sich nicht um eine eigenständige Form. Vielmehr bestimmt Nr. iv, dass ein finanzieller Beitrag unabhängig davon vorliegt, ob die Regierung die Beiträge der Nummern i bis iii direkt oder indirekt über einen Fördermechanismus bzw. privatwirtschaftliche Einrichtungen vergibt. Bezüglich allgemeiner Subventionseigenschaften gibt Nr. iv keine weiteren Aufschlüsse.[276]

4.1.3.2 Zentrale Eigenschaften „finanzieller Beihilfen“

Die Analyse der Formen finanzieller Beihilfen spricht für ein wirkungsorientiertes Subventionskonzept. Entscheidend ist, dass das Handeln der Regierung bei dem Empfänger der finanziellen Beihilfe zu einem direkten oder indirekten, monetär quantifizierbaren Vermögenszuwachs führt. Mit dieser Feststellung tritt die vom Subventionsgeber verfolgte Zielsetzung in den Hintergrund. Es wurde gezeigt, dass dieser lediglich Indizcharakter zuzugestehen ist. Daher können Subventionen in legislativen Instrumenten enthalten sein, obwohl eine Regierung mit der betreffenden Maßnahme kein konkretes Förderziel verbindet oder ein Förderungszweck bei dieser Maßnahme nicht oder zumindest nicht auf den ersten Blick erkennbar ist. In diesen Fällen ist die Subventionierung „Nebenprodukt“ zunächst allgemein verstandener Regelungen.

Da das Vorliegen einer finanziellen Beihilfe auch nicht von einer Einschränkung der Subventionsvergabe auf *bestimmte Unternehmen* abhängig ist, ist das Konzept des finanziellen Beitrags sehr weit gefasst. Es schließt prinzipiell auch allgemeine wirtschaftspolitische Maßnahmen einer Regierung mit ein. Zu einer Eingrenzung dieses sehr weiten Anwendungsbereichs kommt es erst an späterer

---

275 Ähnlich Grave, C., Subventionsbegriff, 2002, S. 244 f.

276 Systematisch handelt es sich um eine Erweiterung der Eigenschaft des möglichen Subventionsgebers. Vgl. ebenda, S. 150.

Stelle des Prüfungsmaßstabs durch die Konzepte Vorteil (Art. 1 Abs. 1 lit. b) und Spezifität (Art. 2).

Durch die Betonung des Vermögenszuwachses tritt die Form der Maßnahme in den Hintergrund. Für den Subventionstatbestand muss daher unerheblich sein, ob die Begebung einer Subvention auf einer vertraglichen Vereinbarung zwischen Regierung und Subventionsempfänger – z. B. in Form eines Zuschuss- oder Darlehensvertrags, eines sachverhaltsbezogenen Verwaltungsakts, durch behördliches Ermessen oder einen gesetzlichen Anspruch, der sich aus einem nationalen Steuergesetz oder einem bilateralen Doppelbesteuerungsabkommen ergibt – basiert. Im Schrifttum zum EG-Beihilfenrecht, das hier auf eine bereits gefestigte Rechtsprechung durch den EuGH zurückgreifen kann, besteht längst Einigkeit darüber, dass die rechtliche Grundlage, auf welcher die Gewährung finanzieller Beihilfen erfolgt, für ihre begriffliche Abgrenzung unerheblich ist.[277]

4.1.4 Steuerliche Vergünstigungen

Das Konzept der finanziellen Beihilfe adressiert neben direkten Kapitaltransfers durch Zuschüsse oder die Gewährung von Darlehen auch indirekte Kapitaltransfers in Form von steuerlichen Vergünstigungen. Die hier relevante Vorschrift ist Art. 1 Abs. 1 lit. a Nr. 1 ii, der den Verzicht einer Regierung auf die Erhebung von normalerweise zu entrichtenden Abgaben als Form einer finanziellen Beihilfe definiert. Die Erfassung indirekter Subventionen durch die zweite Subventionsform des Art. 1 schließt eine wichtige Lücke im Anti-Subventionskonzept. Sie verhindert die Umgehung des Subventionstatbestandes durch indirekte Kapitaltransfers einer Regierung. Der Umstand, ob eine Subvention als direkte Zahlung oder durch Verzicht auf Einnahmen seitens der Regierung geleistet wird, hat subventionsrechtlich keine unterschiedliche Beurteilung zur Folge.[278]

Fraglich ist zunächst, wie weit der „Abgabenbegriff" des Übereinkommens auszulegen ist und welche Steuerarten hierunter subsumiert werden können – gibt es doch gerade im Bereich der GATT-Vorschriften, insbesondere der Inländergleichbehandlung des Art. III Abs. 2 GATT, eine breite Diskussion über die Anwendbarkeit dieser Vorschriften auf direkte Steuern.[279] Der authentische eng-

---

[277] Vgl. Koschyk, M. M., steuerliche Beihilfen, 1999, S. 41 f. *Sutter* spricht auch von einer „Formneutralität des Beihilfenbegriffs" Sutter, F. P., Verteilung, 2005, S. 85 ff; Sutter, F. P., EG-Beihilfenverbot II, 2005, S. 39 ff.

[278] *Schön* weist darauf hin, dass sich die EU-Mitglieder zunehmend diesen „eleganten" indirekten Formen der Beihilfenvergabe zuwenden. Vgl. Schön, W., CMLR 1999, S. 911.

[279] Zuletzt Hofbauer, I., Verteilung, 2005, S. 63. Ergebnis der Diskussion ist, dass die GATT-Diskriminierungsverbote zwar auch Maßnahmen im Bereich der direkten Steuern adressieren, diese jedoch als protektionistische Maßnahmen ineffizient und daher von untergeordneter Bedeutung sind. Vgl. Slemrod, J. B./Avi-Yonah, R. S., Tax L. Rev. 2002, S. 536 f; Stricker, T. K., Report, 2005, S. 339; Väljemark, C., Report, 2005, S. 704 ff.

lische Text des Übereinkommens enthält den Begriff "government revenue", während die amtliche deutsche Übersetzung schlicht von „Abgaben" spricht. Der Begriff der Abgabe gilt als Oberbegriff zu Steuern, Sonderabgaben und Vorzugslasten.[280] Dies sind Geldleistungen, die eine Gebietskörperschaft kraft öffentlichen Rechts zur Deckung ihres Finanzbedarfs erhebt.[281] "Government revenue" bedeutet hingegen „Einnahmen der Regierung" und stellt das jährliche Einkommen einer Regierung dar, das aus *sämtlichen* Quellen resultiert, mit denen die öffentlichen Ausgaben bestritten werden.[282] Die authentische Fassung weist damit auf den fiskalischen Zweck einer Maßnahme hin, während die amtliche deutsche Übersetzung mit dem Begriff der Abgabe einen klar umrissenen Tatbestand aufführt. Durch die Verwendung des Begriffs "government revenue" weisen die authentischen Fassungen des Subventionsübereinkommens auf einen weiten Anwendungsbereich hin. Die Beschreibung des Tatbestandes greift weder auf die Bestimmung von Rechtsgründen noch auf den öffentlich rechtlichen Charakter der Maßnahme zurück.[283] Vielmehr ist das Ergebnis des Vorgangs, „die fehlende Einnahme auf Seiten der Regierung", das entscheidende Kriterium. Damit wird jede Geldleistung, zu der ein Unternehmen gegenüber der Regierung verpflichtet ist, zu einer Abgabe im Sinne des Subventionsübereinkommens, selbst wenn dieser der hoheitliche Charakter fehlt.[284]

Die mit dem Wort "otherwise" (deutsch: sonst, andernfalls) angesprochene Referenzsituation ist das Schlüsselelement der zweiten Form einer finanziellen Beihilfe. Ohne diesen Ausdruck, der in der amtlichen deutschen Übersetzung mit „normalerweise"[285] wiedergegeben wird, wären Verzicht oder Nichterhebung *sämtlicher* Steuern eine finanzielle Beihilfe im Sinne des Art. 1 Nr. 1 lit. a. Jede steuerliche Maßnahme, die zu einer Verringerung der Steuerbelastung führt, wäre demnach eine finanzielle Beihilfe. Die Reichweite einer solchen Definition erscheint unendlich, da sich rein theoretisch jede steuergesetzliche Regelung mit jeder vorstellbaren anderen Regelung desselben Sachverhalts oder derselben Gruppe von Sachverhalten vergleichen lässt.[286] Durch das Wort "otherwise" erscheint dieser Anwendungsbereich auf den ersten Blick deutlich eingegrenzt. Nur Steuervorschriften, die von einem bestimmten „Normalmaß" abwei-

---

280 Vgl. Birk, D., Abgabenordnung, 1999, AO § 3 Rdnr. 23.

281 Vgl. Bundesministerium für Finanzen (Österreich)/Ruppe, H. G., Widersprüche, 2004, § 5.

282 Vgl. die Ausführungen des Panels in *Canada – Automotive*. Vgl. WTO Panel Report v. 11. Februar 2000 (Canada – Autos), Rz. 10.159.

283 Vgl. Grave, C., Subventionsbegriff, 2002, S. 232 f.

284 Vgl. WTO Panel Report v. 11. Februar 2000 (Canada – Autos), Rz. 10.159. Als „Abgabe" im Sinne des Übereinkommens gelten neben direkten und indirekten Steuern u. a. Soziallasten, Geldstrafen oder Bußgelder. Vgl. Grave, C., Subventionsbegriff, 2002, S. 238 ff.

285 Der authentische französische Abkommenstext verwendet das Adverb "normalement", was die Legitimität der amtlichen deutschen Übersetzung stützt.

286 Vgl. Vogel, K., StuW 1977, S. 100.

chen, stellen danach finanzielle Beihilfen dar. Da sich jedoch im Subventionsübereinkommen keine Angaben zur Ableitung dieses Referenzfalls finden, bleibt das Konzept der „normalerweise zu entrichtenden Abgabe“ weiterhin unscharf. In der Frage nach den methodischen Voraussetzungen bei der Bestimmung des Referenzfalls gibt es im Schrifttum unterschiedliche Ansätze, die alle darauf hinauslaufen, ein Regel-Ausnahme-Verhältnis im Steuerrecht abzuleiten. Da eine steuerliche Subvention nur identifiziert werden kann, wenn der Regelsteuertatbestand feststeht, dienen die verschiedenen Ansätze der Identifikation des Regelsteuertatbestandes als Abschichtungsbasis für den Ausnahmetatbestand.[287] Die Vorgehensweisen, den steuerlichen Regelfall zu identifizieren, unterscheiden sich mitunter erheblich.

4.1.4.1 Die Ableitung des Referenzfalls im Schrifttum

Häufig wird versucht, den Vergleichsmaßstab aus übergeordneten Besteuerungsprinzipien abzuleiten, die auf Basis von Gerechtigkeits- und Neutralitätsüberlegungen gebildet werden. *Kube* überträgt diesen Gedanken gar auf eine internationale Ebene. Er betrachtet das Leistungsfähigkeitsprinzip als geeignete Möglichkeit, den steuerlichen Regelfall insbesondere im Internationalen Steuerrecht abzuleiten.[288] Dies ist jedoch aus zweierlei Gesichtspunkten problematisch. So erscheint eine Übertragung des Leistungsfähigkeitsprinzips auf eine länderübergreifende Ebene nur dann möglich, wenn sämtliche der 149 WTO-Steuerordnungen[289] auf gleichen Prinzipien basieren. Bei nationaler Steuerautonomie kann dieses Prinzip jedoch nicht greifen, da es unmöglich ist, z. B. einen in Frankreich ansässigen Steuerpflichtigen einer deutschen Aktiengesellschaft im Vergleich zu anderen Franzosen und im Vergleich zu anderen deutschen Anteilseignern steuerlich gleich zu behandeln, wenn deutsche und französische Besteuerung unterschiedlich sind.[290] Zum anderen erscheint die Ableitung übergeordneter internationaler Grundprinzipien bzw. der Transfer nationaler Besteuerungsprinzipien auf eine internationale Ebene grundsätzlich problematisch, da die Steuersysteme der WTO-Mitglieder eine Vielzahl von Unterschieden aufweisen. Diese sind teils so erheblich, dass es schwerfällt, einen „gemeinsamen Nenner“ zu bestimmen. Während im kontinentaleuropäischen Raum überwiegend die Anerkennung der juristischen Person als Normalfall und der Durchgriff als Ausnahme betrachtet wird,[291] sehen dies vornehmlich angelsächsische Autoren umgekehrt. Für sie resultiert aus der Anerkennung der juristischen Persön-

---

287 Vgl. ausführlich zur „Abschichtung von Rechtsfolgen im Steuerrecht“ ebenda, S. 97 ff.

288 *Kube* spricht gar von “transnational interpretation of ‘ability to pay’”. Kube, H. E., Colum. J. Eur. L. 2002, S. 107.

289 Stand Dezember 2005.

290 Vgl. Homburg, S., Steuerlehre, 2003, S. 259 f.

291 Vgl. Vogel, K., Auslandseinkünfte, 1985, S. 8.

lichkeit ein Steueraufschub (*deferral*)[292]. Sie halten also die sofortige Besteuerung des Gewinnanteils beim Gesellschafter für geboten.[293]

Da das Leistungsfähigkeitsprinzip auf Grund dieser Überlegungen als ein auf WTO-Ebene praktikables Abgrenzungskriterium ausscheidet, stellt sich die Frage, ob die WTO-Konformität einzelner Maßnahmen aus höherrangigem Recht oder allgemein akzeptierten Prinzipien abgeleitet werden kann. Möglich erscheinen Steuervorschriften, denen eine Art übergeordneter „Systemcharakter" zugesprochen werden kann. Dies wäre z. B. der Fall, wenn auf eine einheitliche völkergewohnheitsrechtliche Praxis abgestellt werden könnte. Abweichungen von dieser Praxis wären dann als Ausnahmetatbestände grundsätzlich subventionsverdächtig, sofern ihnen ein begünstigender steuermindernder Charakter zugesprochen werden könnte.

Nach *Avi-Yonah* finden sich im Internationalen Steuerrecht Regelungen, die auf einen Konsens der Mehrheit der Welt-Steuersysteme zurückgehen.[294] Dies sind Regelungen, wie sie bereits in den 1920er Jahren von der *League of Nations* in einer Studie über die Methoden zur Vermeidung von Doppelbesteuerung entwickelt wurden und in die Musterabkommen von OECD und UN eingegangen sind. Hinsichtlich dieser Vorschriften spricht man im amerikanischen Raum auch von "public international law of taxation".[295] Ihnen spricht *Avi-Yonah* gar völkergewohnheitsrechtlichen Charakter zu, da sie in der überwiegenden Zahl der Doppelbesteuerungsabkommen zur Anwendung kommen und damit als Ausdruck besonderer Systemhaftigkeit betrachtet werden können.[296]

Ein solcher aus der völkerrechtlichen Praxis abgeleiteter „Systemgedanke" und damit eine Art übergeordnete Stellung im Internationalen Steuerrecht ließe sich vor diesem Hintergrund dem Belegenheitsprinzip, dem Betriebsstättenprinzip oder dem Fremdvergleichsgrundsatz zusprechen. Im weitesten Sinne ließe sich dieser Gedanke sogar auf das gesamte OECD-Musterabkommen oder die Meinungsäußerungen des OECD-Steuerausschusses (OECD-Kommentar) übertragen. In diese Richtung scheint auch die Auffassung des Panels in der Streitsache *US – FSC 21.5* zu tendieren, das vom OECD-Musterabkommen als „example of international tax practice"[297] spricht.

Dennoch darf nicht übersehen werden, dass DBA-Vorschriften, auch wenn sie sich an einem Musterabkommen orientieren, in der Praxis in unterschiedlichster

---

292 Daher sind diese Vorschriften auch im *tax expenditure budget* der amerikanischen Regierung aufzuführen. Vgl. Avi-Yonah, R. S., Brooklyn J. Int'l L. 2001, S. 1688.

293 Vgl. Surrey, S. S./McDaniel, P. R./Pechman, J. A., Reform, 1976, S. 76 ff.

294 Vgl. Avi-Yonah, R. S., Tex. L. Rev. 1996, S. 1304. Ähnlich Célestin, L. C., Approach, 2000, S. 2.

295 Vgl. Qureshi, A. H., Taxation, 1994, S. 371.

296 Vgl. Avi-Yonah, R. S., Tex. L. Rev. 1996, S. 1304.

297 WTO Panel Report v. 20. August 2001 (US – FSC 21.5), Rz. 8.93 Fn. 189.

Form umgesetzt sind.[298] So haben manche Länder eigene Abkommenswege entwickelt oder können auf Grund bilateraler Zugeständnisse ihre Abkommenspraxis nicht immer in reiner Form umsetzen. Im Ergebnis gibt es daher nicht nur Unterschiede zwischen den DBA einzelner Länder, sondern auch verschiedene Abkommensausführungen innerhalb dieser Länder. Hinzu kommt, dass auch die Musterabkommen einer gewissen Rechtsfortbildung unterliegen, die sich zwangsläufig aus der wissenschaftlichen Auseinandersetzung mit diesem Instrument ergibt.[299] Vor dem Hintergrund dieser Heterogenität der DBA lassen sich weder ein WTO-übergreifender Konsens noch eine einheitliche völkergewohnheitsrechtliche Praxis finden.

Erschwerend kommt hinzu, dass sich Streitigkeiten über Vorschriften im Internationalen Steuerrecht zwischen WTO-Mitgliedern eher im Bereich steuerlicher Spezialregime ergeben. Auf Basis allgemeiner Prinzipien wie dem Belegenheitsprinzip, dem Betriebsstättenprinzip oder dem Fremdvergleichsgrundsatz lassen sich daher in der Regel keine Aussagen darüber treffen, ob in solch einem speziellen Einzelfall ein Regel-Ausnahme-Verhältnis vorliegt. Die Frage, ob es sachgerecht ist, dass Bauausführungen, die weniger als ein Jahr bestehen, oder Warenlager bereits eine Betriebsstätte darstellen, lässt sich anhand des Betriebsstättenprinzips nicht beantworten. Auch löst die Suche nach einem völkerrechtlichen Konsens im Bereich der Doppelbesteuerungsabkommen nicht das Problem, wann steuerliche Maßnahmen, die keine grenzüberschreitende Besteuerung betreffen, als Subventionen einzuordnen sind. Für Subventionen ohne Auslandsbezug müssten daher andere Leitprinzipien abgeleitet werden als für grenzüberschreitende Maßnahmen, was mit dem Gedanken eines einheitlichen Subventionsaufsichtsregimes kollidiert.

Es bleibt daher festzuhalten, dass es auf internationaler Ebene keinen geeigneten Maßstab für den steuerlichen Regelfall gibt, anhand dessen eine strittige Maßnahme als Ausnahme beurteilt werden kann. Rechtsprechung[300] und Literatur[301] sind sich daher einig, dass die Referenzsituation nur in den Steuervorschriften des Landes gesucht werden kann, das die potentiell subventive Maßnahme praktiziert.

Weitere Vorgehensweisen, den steuerlichen Regelfall zu isolieren, orientieren sich stark am positiven Recht und identifizieren eine steuerliche Maßnahme

---

298 Vgl. zu den DBA-Verteilungsnormen Strasser, C., Quellenstaatsregelungen, 2005, S. 25.

299 Hinsichtlich der österreichischen Verhandlungsstrategie verweist *Loukota* auf eine vertiefte Zusammenarbeit mit Praxis und Wissenschaft, um „die Grundfragen der Abkommensgestaltung zu analysieren, ihre Auswirkungen gemeinsam zu durchdenken und gemeinsam neue Erkenntnisse zu gewinnen, die sodann in die weiteren DBA-Verhandlungen einfließen können". Loukota, H., Abkommensziele, 2001, S. 22.

300 WTO Panel Report v. 8. Oktober 1999 (US – FSC), Rz. 7.42; WTO Panel Report v. 23. Juli 1998 (Indonesia – Automobile Industry), Rz. 14.155.

301 Vgl. Schön, W., RIW 2003, S. 59.

dann als Ausnahmeregelung, wenn Förderungsziel und Adressatenkreis dort hinreichend konkret definiert sind.[302] Problematisch erscheint diese Vorgehensweise vor dem Hintergrund, dass sich Subventionen im Steuerrecht häufig erst aus dem Zusammenspiel mehrer Vorschriften ergeben. Eine strenge Orientierung an der Legistik trägt diesem Umstand nicht Rechnung. Jüngere Untersuchungen im Bereich des EG-Beihilfenrechts lösen sich daher von normorientierten Referenzfallgestaltungen und fragen danach, ob sich eine Maßnahme noch in die „innere Stimmigkeit eines vom Normsetzer selbst implementierten Systems einfügt“[303]. Über diese sehr weite Definition wird das EG-beihilfenrechtliche Prüfungsschema genutzt, um System- und Stringenzbrüche sowohl im nationalen Recht als auch im bilateralen Recht der Doppelbesteuerungsabkommen aufzudecken.[304] Das Beihilfenrecht kontrolliert hierdurch nicht mehr nur den freien Handel der EU-Mitgliedstaaten, sondern dient auch der Durchsetzung der inländischen Gleichmäßigkeit der Besteuerung. Es scheint, als bilde das EG-Beihilfenrecht in dieser Betrachtung einen logischen Gegenpol zu den Diskriminierungsverboten des EG-Vertrags, die mit ihrer Entwicklung von Diskriminierungs- hin zu Beschränkungsverboten bereits eine ähnliche Entwicklung vollzogen haben.

4.1.4.2 Die Ableitung des Referenzfalles in der Rechtsprechung

Vor dem Hintergrund der Entwicklungen im EG-Beihilfenrecht stellt sich die Frage, ob auch für den Subventionstatbestand des Subventionsübereinkommens ein derart weiter Anwendungsbereich gefordert werden kann und ob sich in der Rechtsprechung der WTO-Organe ähnliche Entwicklungstendenzen beobachten lassen. So wurde der Tatbestand der „normalerweise zu entrichtenden Abgabe“ durch die WTO-Organe in den einzelnen Instanzen der Streitsache *US – FSC* bzw. *US – FSC 21.5* unterschiedlich interpretiert. Die zuletzt vom Appellate Body in der Streitsache *US – FSC 21.5* aufgestellte Vorgehensweise zur Ableitung des Referenzfalles weist mit den neueren Entwicklungen im EG-Beihilfenrecht deutliche Übereinstimmungen auf. Im Folgenden wird die Rechtsprechung der WTO-Organe zum Tatbestand der „normalerweise zu entrichtenden Abgabe“ analysiert und die einzelnen „Evolutionsstufen“ skizziert.

4.1.4.2.1 But for-Test

In der Streitsache *US – FSC* wurde vom Panel der so genannte *but for*-Test entwickelt, um den Regelsteuertatbestand und die Ausnahme hiervon zu bestimmen. Dieser Test fragt danach, ob die nicht besteuerten Einkommensbestandteile ohne die Vorschrift, welche die Befreiung der Einkünfte anordnet, besteuert

---

302 Vgl. Koschyk, M. M., steuerliche Beihilfen, 1999, S. 187.

303 Sutter, F. P., EG-Beihilfenverbot II, 2005, S. 109.

304 Eine ausführliche Analyse der Verteilung der Besteuerungsrechte zwischen Ansässigkeits- und Quellenstaat findet sich bei Sutter, F. P., Verteilung, 2005, S. 94 ff.

worden *wären*. Dabei wird (gedanklich) die Norm vernachlässigt, die als Rechtsfolge die Befreiung für die Einkommensbestandteile bestimmt. Knüpft das Gesetz in diesem Fall eine Leistungspflicht an den durch die Einkommensbestandteile verwirklichten Tatbestand, so entsteht der „normale“ Steueranspruch des Staates. Damit wäre der Beweis erbracht, dass der Staat auf normalerweise zu entrichtende Abgaben verzichtet.[305]

Nach *Hudec* besticht der *but for*-Test zwar durch seine Einfachheit, ist aber dennoch mit zeitlichen und technischen Problemen verbunden.[306] In zeitlicher Hinsicht ist zu beachten, dass der Test nur dann zu richtigen Ergebnissen führt, wenn die Befreiung bestimmter Einkommensbestandteile eine Ausnahme des zuvor geltenden allgemeinen Besteuerungsprinzips darstellt. Hier betrachtet der Test das alte System als Basis und identifiziert die neue Maßnahme als Subvention. Stellen jedoch die zuvor geltenden Vorschriften nicht die Regelbesteuerung dar, führt der *but for*-Test in die falsche Richtung, da er nicht den Regelfall als Basis identifiziert, sondern die Ausnahme. Die neue Maßnahme wird nicht als Subvention erkannt. Ähnliche Probleme ergeben sich, wenn die allgemeine Struktur des Steuersystems geändert wird. Die zuvor angewendete Vorschrift ist nun nicht mehr die Regelbesteuerung. Dennoch greift der *but for*-Test auf diese zurück. Die neue Struktur wird nicht erkannt, da nicht auf die generelle Anwendbarkeit der neuen Maßnahme Bezug genommen wird.[307]

Auch im europäischen Beihilfenrecht wurde bereits auf die Frage abgestellt, ob sich die Situation der durch diese Maßnahme angeblich begünstigten Unternehmen oder Produktionszweige im Vergleich zur vorhergehenden Rechtslage verbessert oder verschlechtert.[308] Hier scheinen sich ähnliche zeitliche Probleme zu ergeben, da Steuervorschriften insbesondere auf Grund ihrer wirtschafts- und sozialpolitischen Relevanz einem ständigen Wandel ausgesetzt sind. Der Vergleich eines Steuergesetzes mit einer früheren Regelung oder eines Gesetzesentwurfs mit dem geltenden Recht führt demnach nicht unbedingt zu einem objektiven Vergleich. Zwar kann in Ausnahmefällen die historisch vorangegangene Regelung die Vermutung mit sich bringen, die objektivere gewesen zu sein, doch „ist das neue System in sich begründbar und ist der Wechsel vom alten zum neuen System begründbar, so sind damit auch die Belastungsveränderungen begründet“[309].

Erhebliche Probleme beim *but for*-Test ergeben sich aus gesetzestechnischer Sicht. Vernachlässigt man die Vorschrift, die für die Einkommensbestandteile als Rechtsfolge die Steuerbefreiung vorsieht, muss eine andere Vorschrift greifen, damit die betreffende Maßnahme als Subvention identifiziert werden kann.

---

305 Vgl. WTO Panel Report v. 8. Oktober 1999 (US – FSC), Rz. 7.45.
306 Vgl. Hudec, R. E., Subsidies, 2003, S. 187.
307 Vgl. ebenda.
308 EuGH v. 7. Juni 1988 (Griechenland/Kommission), EuGHE 1988, S. 2855 Rz. 10.
309 Vogel, K., StuW 1977, S. 101.

Diese technische Vorgehensweise führt *dann* zu keinem Ergebnis, wenn nur spezielle Vorschriften für verschiedene Einkommensbestandteile existieren und damit keine allgemeine Vorschrift gefunden wird, die auf die befreiten Einkommensbestandteile anwendbar wäre.[310] Zudem ist vorstellbar, dass sich ein Steuergesetz der Aussage zur steuerlichen Behandlung bestimmter Lebenssachverhalte völlig enthält. In diesem Fall kann der *but for*-Test nicht angewendet werden, da keine Vorschrift existiert, die gedanklich zu eliminieren wäre.

Diese technischen Probleme gehen darauf zurück, dass Ausnahmevorschriften in Steuergesetzen auf das Unterschiedlichste normiert sind. Will der Gesetzgeber etwa steuerbare Sachverhalte von der Besteuerung ausnehmen, so bedient er sich häufig solcher Formulierungen wie „außer Ansatz bleiben" oder „unversteuert bleiben", „steuerfrei sind", „sind befreit", „von der Besteuerung sind ausgenommen". Diese Formulierungen geben jedoch keine sichere Aussage über das „tatsächliche" Vorliegen einer steuerlichen Ausnahmevorschrift. Dies wäre nur möglich, wenn der Gesetzestext den Grundtatbestand genau wiedergeben würde. Da neben Gründen der Verständlichkeit und Übersichtlichkeit des Gesetzes häufig reine Zufälligkeiten über die Wahl der Formulierungsweise entscheiden,[311] lassen sich Steuergesetze nicht nach äußeren Merkmalen, wie Begriffssprache oder Abschnittsüberschriften, systematisieren.[312] In der Literatur herrscht daher längst Einigkeit darüber, dass es nur eine Frage der Gesetzestechnik ist, ob Einkünfte von vornherein gar nicht erfasst oder zunächst in die Bemessungsgrundlage einbezogen und dann steuerbefreit werden.[313] Eine streng an der Legistik orientierte Identifikation eines Referenzfalls wäre somit dem Vorwurf der Beeinflussbarkeit durch die Legistik ausgesetzt.[314]

4.1.4.2.2 Vorherrschender Standard

Vor dem Hintergrund der geschilderten Probleme mit dem *but for*-Test überrascht es nicht, dass der Appellate Body diesem im Revisionsverfahren eine Absage erteilte. Zum einen äußerte er Bedenken darüber, dass der *but for*-Test nicht mit dem Wortlaut von Art. 1 Abs. 1 lit. a Nr. 1 ii vereinbar sei. Dieser sei, so der Appellate Body, nicht durch eine typisierte Vorgehensweise zu ersetzen.[315] Zum anderen sei die Anwendung des *but for*-Tests auf Situationen begrenzt, in denen tatsächlich eine alternative Vorschrift bestehe. Den Mitgliedstaaten sei es prob-

---

310 Vgl. Hudec, R. E., Subsidies, 2003, S. 187.

311 Vgl. Ruppe, H. G., Ausnahmebestimmungen, 1971, S. 4 f; *Lang, J.*, Systematisierung, 1974, S. 64 f; Vogel, K., StuW 1977, S. 102.

312 Vgl. Lang, J., Systematisierung, 1974, S. 64.

313 Vgl. Ruppe, H. G., Ausnahmebestimmungen, 1971, S. 28 ff; Lang, M., Doppelbesteuerungsabkommen, 1992, S. 75; Lang, M., SWI 2000, S. 217. Vgl. zum EG-Beihilfenrecht Sutter, F. P., EG-Beihilfenverbot I, 2004, S. 335.

314 Vgl. zu steuerlichen EG-Beihilfen Sutter, F. P., EG-Beihilfenverbot I, 2004, S. 79.

315 Vgl. WTO Appellate Body Report v. 24. Februar 2000 (US – FSC), Rz. 91.

lemlos möglich, diesen Test dadurch zu umgehen, dass keine allgemeine Regelung verwendet werde. Für den zu entscheidenden Fall sei das Panel allerdings zu einen richtigen Ergebnis gelangt, was für andere Fälle jedoch nicht gelten müsse.[316]

Aus diesem Grund führte der Appellate Body eine neue, systemorientierte Vorgehensweise ein. Danach ist, um den Referenzfall zu identifizieren, der „vorherrschende nationale Besteuerungsstandard“[317] eines Landes abzuleiten. Allein dieser Maßstab ist nach Meinung des Appellate Body sachgerecht und in der Lage, eine „normalerweise zu entrichtende Abgabe“ im Sinne des Art. 1 Abs. 1 lit. a Nr. 1 ii zu identifizieren.[318] Nähere Angaben, um diesem Maßstab Konturen zu verleihen, machte der Appellate Body jedoch nicht. Erst im fortgesetzten Verfahren *US – FSC 21.5*[319] wurde die Interpretation von Art. 1 Abs. 1 lit. a Nr. 1 ii vom Panel fortentwickelt.[320] Hinsichtlich der von den USA praktizierten und von der EU erfolgreich angefochtenen Freistellung von Ausfuhrerlösen stellte das Panel fest, Steuervorschriften könnten solange keinen neuen Standard oder einen fundamentalen Systemwechsel darstellen, solange die als neuer Standard betrachtete Maßnahme keine allgemeine Anwendbarkeit mit sich brächte, die Ausdruck eines kohärenten steuerpolitischen Grundprinzips sei.[321]

---

316 Vgl. ebenda.

317 “To accept the argument of the United States that the comparator in determining what is ‘otherwise due’ should be something other than the prevailing domestic standard of the Member in question would be to imply that WTO obligations somehow compel Members to choose a particular kind of tax system; this is not so.” Zitat ebenda, Rz. 80.

318 So auch der Appellate Body in *Canada – Autos*: “More specifically, through the import duty exemption, Canada has ignored the ‘defined, normative benchmark’ that it established for itself for import duties on motor vehicles under its normal MFN rate and, in so doing, has foregone ‘government revenue that is otherwise due’”. WTO Appellate Body Report v. 31. Mai 2000 (Canada – Autos), Rz. 91.

319 Die amerikanische Regierung ersetzte die FSC-Vorschriften durch die ETI-Vorschriften. Diese wurden von der EU jedoch nicht als Erfüllung der Umsetzungsverpflichtung der Empfehlungen des Streibeilegungsorgans akzeptiert. Das Streitbeilegungsverfahren bei Meinungsverschiedenheiten über die Umsetzung von Empfehlungen des Streitbeilegungsorgans erfolgt auf der Rechtsgrundlage des Art. 21 Abs. 5 DSU. Bei diesem Verfahren wird der ursprünglichen Abkürzung der Streitsache der Zusatz „21.5“ hinzugefügt. Vgl. ausführlich oben Punkt 2.2.7

320 “It is clear to us that there is a ‘prevailing’ domestic standard and that the measure at issue functions, indeed, as an effective departure from it”. WTO Panel Report v. 20. August 2001 (US – FSC 21.5), Rz. 8.25.

321 “The Panel then emphasized that the Act does not represent a ‘coherent approach’ to corporate earnings derived from offshore activities.” Zitat ebenda, 8.27 f.

Mit der Bezugnahme auf den Begriff der Kohärenz[322] scheint das Panel darauf hinzuweisen, dass eine Maßnahme nicht isoliert zu betrachten ist, sondern auch ihr Zusammenspiel mit anderen Vorschriften berücksichtigt werden muss. Bei der Beurteilung, ob eine finanzielle Beihilfe vorliegt, muss daher auf das gesamte Steuersystem abgestellt und nach Zusammenhängen zwischen begünstigenden und belastenden Normen gesucht werden. So könnte etwa eine Begünstigung gleichzeitig oder an späterer Stelle durch eine entsprechende Belastungswirkung ausgeglichen werden. In dieser Betrachtung würden z. B. Steuerstundungen dann keine finanziellen Beihilfen darstellen, wenn später angemessene Zinsen hierfür eingefordert würden.[323]

Fraglich ist, ob aus der Berücksichtigung dieser Zusammenhänge nicht nur eine Rechtfertigung begünstigender Maßnahmen, sondern auch eine Verpflichtung für die WTO-Mitglieder resultiert, die Steuervorschriften ihrer Handelspartner bei der Ausgestaltung des eigenen Steuersystems zu berücksichtigen. So wird gerade in einem globalisierten Umfeld die Besteuerungspraxis eines Landes immer auch diejenige seiner Handelspartner beeinflussen. Nach *Kingston* setzt die Existenz eines kohärenten Steuersystems voraus, dass einzelne Länder bei der Ausgestaltung ihrer Steuersysteme berücksichtigen, wie andere Länder grenzüberschreitende Einkünfte besteuern.[324] Dass eine solche Verpflichtung bestehe, zeige sich daran, dass sowohl die Vorschriften in Doppelbesteuerungsabkommen als auch die originär innerstaatlichen Regelungen erkennen lassen, wie einzelne Staaten die Besteuerung in anderen Ländern erwarten.[325]

Wenngleich ein länderübergreifender Ansatz bei der Kohärenz vor dem Hintergrund der zunehmenden Globalisierung zu begrüßen wäre, bleibt fraglich, ob aus den Vorschriften des Subventionsübereinkommens bzw. des WTO-Rechts insgesamt eine solch weitgehende Verpflichtung abzuleiten ist. Auf Grundlage der lediglich auf den Abbau von Handelshemmnissen und nicht auf Integration ausgerichteten Zielsetzung der WTO-Rechtsordnung ließe sich eine solche jedenfalls nicht ableiten. Vielmehr scheint diese den WTO-Mitgliedern gerade im sensiblen Bereich der Steuerpolitik erhebliche Souveränität zuzugestehen.[326] Es verbleibt daher lediglich die Maßgabe, bei der Prüfung des Subventionstatbestands auch auf Zusammenhänge zwischen begünstigenden und belastenden Rechtsfolgen abzustellen, wobei sich im Einzelfall immer die Frage stellen wird, welche Zusammenhänge relevant sind. Hier lässt sich die an der Rechtsprechung

---

322 Im europäischen Kontext versteht man unter dem Begriff der Kohärenz einen normativen Gesichtspunkt, der an die innere Ausgestaltung einer Steuerrechtsordnung und das Ineinandergreifen von Vorteilen und Nachteilen anknüpft. Vgl. Ismer, R./Reimer, E./Rust, A., EWS 2004, S. 215.

323 Vgl. Fußnote 59 zu lit. e der Beispielliste in Anhang I des Subventionsübereinkommens.

324 Vgl. Kingston, C. I., Colum. L. Rev. 1981, S. 1153.

325 Vgl. ebenda.

326 Vgl. zur Zielsetzung der WTO-Rechtsordnung oben Punkt 2.3.

des EuGH zur Kohärenz geäußerte Kritik anführen, dass in Steuergesetzen viele Zusammenhänge bestehen und die zur Würdigung des Einzelfalls heranzuziehenden Zusammenhänge immer einer gewissen Beliebigkeit ausgesetzt sind.[327]

4.1.4.2.3 Tatsächliche Ungleichbehandlungen

Im Revisionsverfahren der Streitsache *US – FSC 21.5* erkannte der Appellate Body die mit dem „vorherrschenden nationalen Standard“ verhafteten Probleme, übergeordnete Prinzipien und Zusammenhänge im Internationalen Steuerrecht abzuleiten. Dies veranlasste ihn dazu, seine Interpretation von Art. 1 Abs. 1 lit. a Nr. 1 ii grundlegend zu ändern. So stellte er fest, dass konkrete Zusammenhänge häufig nicht ableitbar sind und Grundprinzipien auch innerhalb einer Steuerrechtsordnung nicht konsequent praktiziert werden. Zu komplex, so der Appellate Body, seien die Steuersysteme der einzelnen WTO-Vertragsstaaten, als dass es einer WTO-Instanz zuzumuten wäre, für jede Einkünftekategorie einen übergeordneten Systemmaßstab zu finden. Daher sei bei der Frage nach der „normalerweise zu entrichtenden Abgabe“ nicht mehr der „vorherrschende nationale Standard“ zu suchen, sondern eine von der Fiktion eines allgemein übergreifenden steuerlichen Regelfalls losgelöste Vergleichspaarbildung auf Basis alternativ anwendbarer nationaler Steuervorschriften durchzuführen. Maßgeblich, so der Appellate Body, sei allein die Besteuerung „vergleichbarer Einkünfte“ von Steuerpflichtigen in „vergleichbaren Situationen“.[328]

Neben der Aussage, dass Gleiches mit Gleichen zu vergleichen sei,[329] erläuterte der Appellate Body den vorzunehmenden Vergleich lediglich anhand zweier Beispiele. So könne es zum einen bei der Suche vergleichbarer Einkünfte unangemessen sein, Einkünfte aus dem Warenhandel mit denen aus nichtselbständiger Arbeit zu vergleichen.[330] Hier scheint der Appellate Body einkunftsartenbedingte Besteuerungsunterschiede vor Augen gehabt zu haben. So weist die Besteuerung von Arbeitnehmern naturgemäß erhebliche Unterschiede zur steuerlichen Behandlung gewerblicher Einkünfte auf, weshalb Differenzierungen hier unausweichlich sind. Zum anderen seien Einkünfte inländischer Gesellschaften nicht ohne weiteres mit den Einkünften ausländischer Gesellschaften zu vergleichen. Den WTO-Mitgliedern solle nicht die Freiheit genommen werden, über die Steuerpflicht oder Steuerfreiheit ausländischer Einkünfte zu entscheiden. Hier spricht der Appellate Body wohl die gängige Praxis an, bei der Steuer-

---

327 Vgl. Lang, M., Grundfreiheiten, 1996, S. 38 ff. Ausführlich zur Widersprüchlichkeit der bisherigen Rechtsprechung Lang, M., IStR 2005, S. 291 f.

328 Vgl. WTO Appellate Body Report v. 14. Januar 2002 (US – FSC 21.5), Rz. 92.

329 "In general terms, in this comparison, like will be compared with like." Zitat ebenda, Rz. 90.

330 "For instance, if the measure at issue involves income earned in sales transactions, it might not be appropriate to compare the treatment of this income with employment income." Zitat ebenda.

freiheit von Auslandseinkünften zwischen unternehmerischen Auslandsgewinnen und bloßen Erträgen aus Vermögensverwaltung zu differenzieren.[331] Zudem nahm der Appellate Body zu der Frage Stellung, was zu tun sei, wenn vergleichbare Einkünfte unterschiedlichen Vorschriften unterliegen. Hierzu stellte er fest, dass Mitgliedstaaten viele Vorschriften hätten, die vergleichbare Einkünften unterschiedlich behandelten. So sei beispielsweise ein Teil von Einkünften aus ausländischen Quellen nicht in jedem Fall steuerpflichtig, während ein anderer Teil dieser Einkünfte der Besteuerung unterläge. Ein dritter Teil werde nur unter bestimmten Umständen besteuert. Auf Basis einer detaillierten Analyse der Beziehung der verschiedenen Steuervorschriften untereinander sei in solch einer Situation entscheidend, welcher Aspekt der Steuervorschriften angefochten würde. Bei der Beurteilung dieser Maßnahmen sei eine „ausreichende Flexibilität" an den Tag zu legen.[332]

Der EuGH hat bei der Beurteilung steuerlicher Maßnahmen am Maßstab der Grundfreiheiten bereits Flexibilität unter Beweis gestellt. So wurden unbeschränkt Einkommensteuerpflichtige mit beschränkt Einkommensteuerpflichtigen,[333] zwei beschränkt Einkommensteuerpflichtige[334] und zwei unbeschränkt Einkommensteuerpflichtige (davon einer mit Auslandsbezug)[335] verglichen. Grundsätzlich auszuschließen ist eine ähnliche Vergleichspaarbildung auf Ebene des Subventionsübereinkommens, insbesondere vor dem sehr weit gefassten Konzept von Art. 1 Abs. 1 lit a, nicht. Im Gegensatz zu der Prüfung der EG-Grundfreiheiten bedarf es im Subventionsrecht jedoch nicht zwingend einer Gegenüberstellung von nationalem und grenzüberschreitendem Sachverhalt.[336] Möglich sind auch rein inländische Fallkonstellationen, da das Subventionsübereinkommen gerade auf Differenzierungen zwischen inländischen Steuerpflichtigen Beug nimmt.[337]

Betrachtet man die vom Appellate Body favorisierte Vergleichspaarbildung, so zeigt sich, dass bei der Beurteilung steuerlicher Subventionen der Wahl des Vergleichspaars entscheidende Bedeutung regelmäßig zukommt. So ist die Frage, wann eine Belastungssituation als gleichartig einzustufen ist, letztlich von

331 Vgl. Schön, W., RIW 2003, S. 61.

332 "The examination under Article 1.1(a)(1)(ii) of the SCM Agreement must be sufficiently flexible to adjust to the complexities of a Member's domestic rules of taxation." WTO Appellate Body Report v. 14. Januar 2002 (US – FSC 21.5), Rz. 91 Fn. 66.

333 Vgl. etwa EuGH v. 12. Juni 2003 (Gerritse), EuGHE 2003, S. I-85933; EuGH v. 14. Februar 1995 (Schumacker), EuGHE 1995, S. I-225; EuGH v. 14. September 1999 (Gschwind), EuGHE 1999, S. I-5451.

334 Vgl. EuGH v. 12. Mai 1998 (Gilly), EuGHE 1998, S. I-2793.

335 Vgl. etwa EuGH v. 12. Dezember 2002 (De Groot), EuGHE 2000, S. I-11779.

336 Vgl. Sutter, F. P., EG-Beihilfenverbot II, 2005, S. 103; Sutter, F. P., Verteilung, 2005, S. 92 Fn. 35.

337 *Sutter* sieht hierin den wesentlichen Unterschied zur Diskriminierungsprüfung bei den Grundfreiheiten des EG-Vertrags. Vgl. Sutter, F. P., EG-Beihilfenverbot I, 2004, S. 101.

subjektiven Wertungsmomenten des Rechtsanwenders im konkreten Einzelfall abhängig.[338] Die Prüfung finanzieller Beihilfen im Sinne des Art. 1 Abs. 1 lit. a nähert sich in ihrer konkreten Ausgestaltung der Prüfung über Vergleichspaare im Rahmen der gleichheitsrechtlichen Prüfung an. Auch dort bedarf es der Suche nach Vergleichspaaren, anhand derer eine Ungleichbehandlung festgestellt wird. Im Unterschied hierzu werden bei der Prüfung finanzieller Beihilfen vornehmlich inländische Vergleichspaare betrachtet, während die Diskriminierungsprüfungen nur auf grenzüberschreitende Sachverhalte anwendbar sind.[339] Während aus Diskriminierungssicht zwar inländische Produkte oder Warenanbieter gegenüber ausländischen grundsätzlich schlechter gestellt werden dürfen, ist eine Besserstellung gegenüber anderen inländischen Herstellern subventionsrechtlich bedenklich. Deshalb geraten Verstöße gegen die Gleichmäßigkeit und Logik eines Besteuerungssystem schnell unter Subventionsverdacht.[340]

Die Prüfung nach dem Gleichheitsgrundsatz beinhaltet in der Regel eine Rechfertigungsmöglichkeit und die Frage nach der Verhältnismäßigkeit. Fraglich ist, ob auch der Subventionstatbestand eine Rechtfertigungsmöglichkeit bietet und auf Ebene des Art. 1 Abs. 1 lit. a eine Abwägung der Rechtsgüter Steuerrecht und Welthandelsrecht vorzunehmen ist. Der Wortlaut des Art. 1 Abs. 1 lit. a beinhaltet jedenfalls keinen Hinweis auf mögliche Rechtfertigungsgründe.[341] Hingegen wurde das logische Gegenstück zum Subventionsübereinkommen, die Antidiskriminierungsvorschriften des GATT 1994, explizit mit einer solchen ausgestattet. Hier kann die Verpflichtung zu Gleichbehandlung ähnlicher Situationen bzw. die unterschiedliche Behandlung vergleichbarer Situationen durchbrochen werden, wenn die betreffende Maßnahme zum Schutz des Lebens, der Umwelt und der Gesundheit oder dem Schutz nationaler Kulturgüter dient. Da Art. 1 Abs. 1 lit. a Subventionsübereinkommen keine analog definierten Schutzgüter kennt, scheint eine Maßnahme nur auf ihre protektionistische Wirkung hin zu untersuchen zu sein. Die Behauptung legitimer Regulierungsziele könnte dann keine Berücksichtigung finden.

Hinsichtlich des EG-Beihilfenrechts ist allerdings zu konstatieren, dass das Fehlen einer expliziten Rechtfertigungsebene den EuGH jedenfalls nicht daran gehindert hat, eine solche für steuerliche Beihilfen einzuführen. Nach dem *obiter dictum* des EuGH aus dem Jahre 1974 fallen nämlich steuerliche Maßnahmen dann nicht unter das Beihilfenverbot des Art. 87 Abs. 1, wenn sie durch die

---

338 Ähnlich zum Vergleichspaar im Bereich der Inländergleichbehandlung nach Art. III GATT Kluttig, B., Umweltschutz, 2003, S. 10.

339 Zu den europarechtlichen Grundfreiheiten Streinz, R., Europarecht, 1999, Rz. 684.

340 Im Falle des WTO-Rechts sind allerding stets der eingegrenzte Schutzbereich und die begrenzte Anwendbarkeit zu berücksichtigen. Vgl. oben Punkte 2.4.1, 2.4.3 und 4.1.1.

341 Bei der Auslegung der WTO-Vorschriften orientieren sich die WTO-Organe besonders stark am Wortlaut der zu interpretierenden Norm. Vgl. Slotboom, M. M., JIEL 2001, S. 557 ff.

„Natur und den inneren Aufbau des Steuersystems“ gerechtfertigt sind. *Sutter* bezeichnet diese Rechtfertigungsebene jedoch als tautologisch, da es bereits bei der Bestimmung des Regelsteuertatbestandes des Einbezugs von Natur und innerem Aufbau des Steuersystems bedarf.[342] Die Frage nach einer möglichen Rechtfertigung einer steuerlichen Beihilfe sieht er daher gleichbedeutend mit einer feineren Abgrenzung des Regelsteuertatbestandes.[343] Auch für den Tatbestand der finanziellen Beihilfen im Sinne des Art. 1 Abs. 1 lit. a Nr. 1 ii ist dies zu fordern, da es im Ergebnis keinen Unterschied machen darf, ob der Tatbestand der normalerweise zu entrichtenden Abgabe zunächst weit fasst und über Rechtfertigungen einschränkt – oder ob von vornherein eng eingrenzt wird. Dies gilt ebenso für die Prüfung der EG-vertraglichen Diskriminierungsverbote. So hat der EuGH erst kürzlich in der Rechtssache *Manninen* bestätigt, dass Argumente, die in die Vergleichbarkeits- und Rechtfertigungsebene eingehen, weitgehend austauschbar sind.[344]

Bei der Prüfung von Diskriminierungen schließt sich an die Frage nach einer sachlichen Rechtfertigung in der Regel die Prüfung der Verhältnismäßigkeit einer Maßnahme an. Danach ist das Ausmaß der nachteiligen Wirkungen einer Maßnahme an dem sachlichen Interesse zu messen, das hinter der Differenzierung steht.[345] Im Falle des Art. 1 Abs. 1 lit. a Nr. 1 ii würde das bedeuten, dass eine Abwägung zwischen dem nationalen Steuersystem bzw. den bilateralen Doppelbesteuerungsabkommen vor dem Hintergrund staatlicher Souveränität und Vertragsfreiheit auf der einen und dem Welthandelsrecht als Wettbewerbsaufsichtssystem der WTO-Welthandelsordnung auf der anderen Seite vorzunehmen wäre. Eine solche Abwägung wäre jedoch auf Ebene des Art. 1 zu früh, da hier über die wettbewerbsschädigende Wirkung einer Maßnahme noch nicht entschieden ist. Erst unter Einbezug aller für die Subventionsdisziplin relevanten Tatbestände – finanzielle Beihilfe, Vorteil, Spezifität und ernsthafte Schädigung[346] – kann eine Abwägung zwischen der steuerlichen und der subventionsrechtlichen Sphäre vorgenommen werden. Erst auf Ebene der Spezifität

---

342 Vgl. Sutter, F. P., EG-Beihilfenverbot I, 2004, S. 78.

343 *Sutter* spricht auch von einer Art „Finetuning” des Regelsteuertatbestandes. Sutter, F. P., Verteilung, 2005, S. 91 f.

344 So wurde die „Kohärenz“ in der Sache *Wickolex* als Rechtfertigungsgrund, in der Rechtssache *Manninen* im Rahmen von Verhältnismäßigkeitserwägungen und im Schlussantrag in der Rechtssache *Blanckaert* bei Beurteilung der Vergleichbarkeit, herangezogen. Vgl. Lang, M., SWI 2005, S. 369. Zur weitgehenden Austauschbarkeit von Vergleichbarkeits- und Rechtfertigungsebene vgl. Lang, M., Grundfreiheiten, 1996, S. 37; Cordewener, A., Grundfreiheiten, 2002, S. 483.

345 Vgl. Holoubek, M., ÖZW 1991, S. 79.

346 Dies bezieht sich auf heimische Subventionen. Eine ernsthafte Schädigung wird bei verbotenen Subventionen stets angenommen. Vgl. die Grafik bei Anderson, M. J./Husisian, G., Framework, 1996, S. 310.

erfolgt nämlich die juristisch bedeutsame Grenzziehung für die Subventionsdisziplin.[347]

Doch auch auf allgemeiner Ebene ist fraglich, ob eine Abwägung der Rechtsgüter Steuer- und WTO-Recht gefordert werden kann, da das Subventionskonzept, wie das WTO-Recht insgesamt, nicht nach der mit einer Maßnahme verfolgten Zielsetzung fragt.[348] So kann eine Abwägung zwischen Ungleichbehandlung und Ziel der Regelung nicht vorgenommen werden, da hierzu eine Einschätzung der mit einer steuerlichen Maßnahme verfolgten Zielsetzung vorzunehmen ist. Da eine Subvention lediglich anhand ihrer Wirkung und unabhängig von ihrer Zielsetzung gesucht wird, ist m. E. auszuschließen, dass letztere über eine Abwägung von Interessen wieder in das Prüfungsschema eingeht. Zwischen einer steuerpolitischen Zielsetzung und der protektionistischen Wirkung der einzelstaatlichen Norm wird daher keine Prüfung der Angemessenheit oder Verhältnismäßigkeit vorgenommen.

4.1.5 Finanzielle Beihilfen im originär innerstaatlichen Recht

Subventionen im Internationalen Steuerrecht können prinzipiell auf jeder steuergesetzlichen Ebene existieren. Den Schwerpunkt dieser Untersuchung bilden abkommensrechtliche Vorschriften. Subventionen finden sich jedoch auch im originär innerstaatlichen Recht. Verzichtet z. B. ein Staat auf die Besteuerung bestimmter Einkünfte, die ihm durch ein DBA zugewiesenen werden, ist eine potentielle Subvention in der originär innerstaatlichen Sphäre zu suchen. Werden Gewinne aus Liefergeschäften nach Art. 7 Abs. 1 DBA-Modell dem Ansässigkeitsstaat eines Unternehmens zugewiesen und verzichtet der Ansässigkeitsstaat auf die Besteuerung des Exportgeschäfts, liegt eine finanzielle Beihilfe vor. Auf Grund der fehlenden sachlichen Verbindung dieser Einkünfte zum ausländischen Territorium erfolgt dort in der Regel keine Besteuerung. In diesem Sinne haben die WTO-Organe in der Streitsache *US – FSC 21.5* entschieden, dass der Verzicht eines Staates auf die Besteuerung von Einkünften, die auf Grund einer fehlenden sachlichen Verknüpfung zum ausländischen Territorium nach herrschender Auffassung nicht in die Steuerhoheit des Quellenstaates fallen, eine finanzielle Beihilfe darstellt.[349]

Bei der Betrachtung unilateraler Begünstigungsmaßnahmen im Internationalen Steuerrecht ist die Möglichkeit eines temporären internationalen Verlustausgleichs interessant, der als wichtige Finanzierungshilfe für inländische Investo-

---

347 Und tatsächlich sieht das Subventionsübereinkommen für Methoden zur Vermeidung der Doppelbesteuerung im letzten Satz von Fußnote 59 zu lit. e der Beispielliste von Ausfuhrsubventionen in Anhang I des Subventionsübereinkommens eine solche Rechtfertigung vor. Vgl. unten Punkt 4.4.2.5.

348 Für das WTO-Recht insgesamt fordern dies Hoekman, B. M./Kostecki, M. M., WTO, 2001, S. 43.

349 Vgl. WTO Panel Report v. 20. August 2001 (US – FSC 21.5), Rn. 8.95 f.

ren zur Erschließung ausländischer Märkte gilt.[350] Auf Grund der untergeordneten Bedeutung der rechtlichen Form einer Maßnahme ist es unerheblich, ob eine solche Vorschrift in einer Nachbildung des § 2a Abs. 3 und 4 dEStG a. F. besteht oder – wie nun in der österreichischen Praxis – aus der DBA-Auslegung resultiert.[351] Ein Anhaltspunkt für den potentiell subventiven Charakter der Berücksichtigung von Betriebsstättenverlusten bei DBA-Freistellung von Betriebsstättengewinnen ist die Durchbrechung des Prinzips der Kapitalimportneutralität.[352] Orientiert man sich allerdings streng am Prüfungsschema des Subventionsübereinkommens, so muss man zu dem Ergebnis kommen, dass die Gewährung der Verlustberücksichtigung bei Anwendung der Freistellungsmethode schwer als finanzielle Maßnahme zu werten ist. So stellt sich die Frage, mit welcher Besteuerungssituation ein Steuerpflichtiger, dem die Möglichkeit eröffnet wird, ausländische Betriebsstättenverluste sofort mit anderen Einkünften zu verrechnen, zu vergleichen ist. Sowohl im rein inländischen als auch im Nicht-DBA-Fall, wo die Anrechnungsmethode zur Anwendung kommt, ist eine Verlustberücksichtigung möglich. Auch eine unilaterale Aktivitätsklausel würde dazu führen, dass auf negative Einkünfte aus passiver Tätigkeit die Anrechnungsmethode zur Anwendung kommt, womit ebenfalls eine sofortige Verlustverrechnung ermöglicht würde.[353] Da es bereits an einem Referenzfall fehlt, gegenüber dem sich eine begünstigende steuerliche Behandlung ergibt, lässt sich die Verlustberücksichtigung nicht als finanzielle Beihilfe bewerten. An dieser Feststellung kann auch die Tatsache nichts ändern, dass § 2a Abs. 3 und 4 dEStG a. F. im Subventionsbericht der deutschen Bundesregierung ausgewiesen wird.[354] Zwar lässt sich hieraus ableiten, dass sich die Regierung der Vergabe einer Subvention, nach eigener Definition, bewusst ist, jedoch ist der gesetzgeberische Sinn und Zweck einer Maßnahme für ihre Bewertung nach dem Subventionsübereinkommen höchstens von untergeordneter Bedeutung.

Ähnliche Probleme bei der Suche nach Vergleichspaaren bildet die konsequente Anwendung des Territorialitätsprinzips. Besteuert ein WTO-Mitglied nur Einkünfte, die einen sachlichen Zusammenhang mit dem inländischen Territorium aufweisen und verzichtet bereits unilateral auf die Besteuerung von Betriebsstättengewinnen oder Dividenden aus ausländischen Kapitalgesellschaften,

---

[350] Vgl. Jacobs, O. H., Unternehmensbesteuerung, 2002, S. 495.

[351] Vgl. die Ausführungen zum anwendbaren Recht, oben Punkt 2.5.2.

[352] *Jacobs* spricht sich daher gegen EU-rechtliche Bedenken bei der Abschaffung von § 2a Abs. 3 dEStG aus. Jacobs, O. H., Unternehmensbesteuerung, 2002, S. 495.

[353] Dies ist dann der Fall, wenn im unilateralen Recht keine Aktivitätsklausel besteht oder diese, wie üblich, wesentlich weiter gefasst ist. Vgl. Pyszka, T./Schmedt, M., IStR 2002, S. 343.

[354] Aufgeführt als Subvention in Bundesminister der Finanzen (Deutschland), Subventionsbericht, 2001, S. 89 Nr. 40; Bundesminister der Finanzen (Deutschland), Subventionsbericht, 2003, S. 93 Nr. 34.

wird sich mangels eines schlechter gestellten Referenzfalles schwerlich die gezielte Begünstigung eines Steuerpflichtigen nachweisen lassen. Der Subventionstatbestand des Art. 1 Abs. 1 lit. a Nr. 1 ii wäre in diesem Falle nicht erfüllt. Zu einem anderen Ergebnis müsste man allerdings gelangen, wenn nur Einkünfte von Betriebsstätten oder Dividenden von Kapitalgesellschaften mit Vertriebsfunktion, die im Inland hergestellte Waren im Ausland absetzen, von der Besteuerung im Ansässigkeitsstaat der Spitzeneinheit freigestellt werden. In diesem Falle fände man Vergleichspaare, die auf eine Ungleichbehandlung schließen ließen – wie z.B. Betriebsstätten, die nicht überwiegend inländische Waren im Ausland absetzen, sondern auch dort hergestellte Waren vertreiben.

4.2 Vorteil

Während das Konzept des finanziellen Beitrags auf den Transfer staatlicher Ressourcen abstellt, wird mit dem Tatbestandselement des Vorteils die Budgetwirkung beim Subventionsempfänger angesprochen. Da in dieser Betrachtungsweise ein Wettbewerbsvorteil vorliegen muss, erfährt das Konzept der finanziellen Beihilfe und damit der Subventionsbegriff eine entscheidende Eingrenzung.[355] Nicht jeder direkte oder indirekte Kapitaltransfer durch eine Regierung, der zu einem Budgetzuwachs beim Empfänger führt, geht mit einem wettbewerbsrelevanten Vorteil einher. Werden z. B. Kredite durch eine staatliche Bank gewährt, liegt zwar eine finanzielle Beihilfe vor, ein Vorteil jedoch nur dann, wenn die Konditionen des Kreditvertrages unüblich günstig sind. Andererseits führt aber auch nicht jegliche für ein bestimmtes Wirtschaftssubjekt vorteilhafte Maßnahme zum Vorliegen einer Subvention im Sinne des Art. 1 Abs. 1 lit. a, da auch ein Vorteil vorliegen kann, ohne dass es sich um eine finanzielle Beihilfe handelt.[356] Dies ist bei staatlichen Maßnahmen der Fall, bei denen es zu keinem direkten oder indirekten Transfer staatlicher Ressourcen kommt. Zu nennen sind hier Gesetze oder Verordnungen, die sich auf manche Wirtschaftssubjekte günstiger auswirken als auf andere (z. B. Wettbewerbsvorschriften).

4.2.1 Berechnungsmethode

Das Vorliegen eines Vorteils ist grundsätzlich unabhängig von der Höhe einer Subvention, da ein Vorteil entweder besteht oder nicht. Vorteil und Höhe der Subvention stehen jedoch insoweit in einem Verhältnis, als die Höhe der Subvention positiv sein muss, damit ein Vorteil existiert. Damit könnte die Methode zur Berechnung einer Subvention genutzt werden, um die Existenz einer Subvention nachzuweisen.[357]

---

[355] Vgl. Collins-Williams, T./Salembier, G., JWT 1996, S. 10; Ohlhoff, S., EuZW 2000, S. 645; Mrozek, M., Marktordnungsrecht, 2003, S. 138 f.

[356] Vgl. McGovern, E., WTO-Kommentar, 1995, § 11.3131.

[357] Vgl. Grave, C., Subventionsbegriff, 2002, S. 171.

Sowohl das GATT 1947 als auch der Subventionskodex von 1979 enthielten keine Regelungen darüber, wie die Höhe einer Subvention zu ermitteln ist, obwohl die Höhe des Ausgleichszoll durch die Höhe der Subvention begrenzt war (Art. VI Abs. 3 S. 1 GATT 1947 bzw. Art. 4 Abs. 1 S. 1 Subventionskodex 1979). Eine in Fußnote 2 zu Art. 4 des Subventionskodex angekündigte Regelung, die von den Vertragsparteien geschlossen werden sollte, wurde auf Grund unüberwindbarer Differenzen zwischen den USA und der EG nicht vereinbart.[358] Während die EG-Kommission in Übereinstimmung mit dem Recht der Ausgleichszölle der EG die Höhe der Subvention mit den Kosten der Maßnahme für die Regierung gleichsetzte, machten die USA, entsprechend ihrer nationalen Anti-Dumping-Gesetzgebung, die Höhe der Subvention an der Begünstigung für den Empfänger fest und wollten dieses Konzept auch im GATT praktizieren.[359]

Im Rahmen der Uruguay-Runde kam es auf Grund der unterschiedlichen Auffassungen über die Höhe einer Subvention zu einem Kompromiss. Danach ist im Subventionsübereinkommen an zwei Stellen die Höhe der Subvention relevant: bei der Bestimmung der maximal zulässigen Belastung der subventionierten Ware mit einem Ausgleichszoll (Art. 19 Abs. 4) und für das Vorliegen einer ernsthaften Schädigung gemäß Art. 6 Abs 1 lit. a.[360] Während sich jedoch die Berechnung der Höhe einer Subvention zur Ermittlung des zulässigen Ausgleichszolls gemäß Art. 14 lit. a bis d nach dem Vorteil für den *Empfänger* richtet, dem eine analoge Transaktion nicht oder nicht zu entsprechenden Konditionen möglich gewesen wäre, richtet sich die Berechnungsweise zum Nachweis einer ernsthaften Schädigung nach den Kosten der die Subvention gewährenden Regierung (Anhang IV Abs. 1 Subventionsübereinkommen).

Vor dem Hintergrund dieser Unterschiede in der Berechnungsweise ist fraglich, ob das Berechnungskonzept für den Nachweis des Vorteils im Sinne des Art. 1 Abs. 1 lit. b überhaupt von Nutzen sein kann. Zu Recht spricht sich daher *Grave* gegen die Zuhilfenahme des Verfahrens zur Berechnung der Höhe der Subvention bei der Bestimmung aus, ob ein Vorteil im Sinne des Art. 1 Abs. 1 lit. b vorliegt. Da das Subventionsübereinkommen von einem einheitlichen Terminus für Subventionen ausgeht, darf die Wahl der Methode zur Berechung derselben nicht zu unterschiedlichen Ergebnissen je nach Anwendungsbereich (Teil V vs. Teile II bis IV) führen. Es ist daher nach einem Konzept zu suchen,

---

358 Vgl. Crocioni, P., AJPIL 1994, S. 62.

359 Entsprechend auch der Vorschlag an die Verhandlungsgruppe Subventionen und Ausgleichsmaßnahmen vom 30. November/1. Dezember. Vgl. Stewart, T. P., History, 1993, S. 860 f.

360 Eine Subvention, die 5% des Warenwertes überschreitet, ist nach Art. 6 Abs. 1 lit. a anfechtbar. Diese Vorschrift ist gemäß Art. 31 Subventionsübereinkommen zum 31. Dezember 1999 ausgelaufen.

das die Feststellung eines Vorteils ohne Rückgriff auf die Berechnungsmethode zur Höhe der Subvention ermöglicht.[361]

4.2.2 Wettbewerbsvorteil

Nach Auffassung der WTO-Organe lässt sich das Konzept des Vorteils auch als Wettbewerbsvorteil[362] gegenüber den Unternehmen interpretieren, die keine finanzielle Beihilfe im Sinne des Absatzes 1 erhalten. Danach knüpft das Tatbestandsmerkmal des Vorteils direkt an den Vergleichsmaßstab an, der bereits zur Identifikation der finanziellen Beihilfe herangezogen wird. In dieser Betrachtung lässt sich nur von einem Vorteil sprechen, wenn der Empfänger der finanziellen Beihilfe auf dem relevanten Markt gegenüber dem Referenzfall bessergestellt ist.[363] Ein finanzieller Beitrag führt nur zu einem Vorteil, wenn die finanzielle Beihilfe auf Bedingungen basiert, die der Empfänger auf dem Markt ohne die staatliche Intervention nicht hätte erzielen können.[364] Bei diesem Vergleich grenzen sich auch finanzieller Beitrag und Vorteil voneinander ab. Wie bereits ausgeführt, beschreibt das Subventionselement der „finanziellen Beihilfe" die Handlung der Regierung, die in einen direkten oder indirekten Kapitaltransfer resultiert. Das Vorteilskonzept hingegen richtet sich direkt an den *Empfänger* der finanziellen Beihilfe und stellt damit einen zusätzlichen Vergleichsmaßstab auf, der im Konzept des finanziellen Beitrags nicht enthalten ist.[365] „Vorteil" bedeutet damit mehr als nur der budgetwirksame Zuwachs an finanziellen Mitteln, sondern bedeutet Vorteil *gegenüber* dem Wirtschaftssubjekt, das die finanzielle Beihilfe nicht erhält.[366]

4.2.3 Der Vorteil beim Einnahmeausfall

Dem Vorteilskriterium wird hinsichtlich des Subventionstatbestands eine zentrale Auslesefunktion beigemessen.[367] Dies ist vor dem Hintergrund der oben beschriebenen Reichweite des Konzepts finanzieller Beihilfen verständlich. Fraglich ist jedoch, ob das Vorteilskriterium auch bei steuerlichen finanziellen Beihilfen zu einer Eingrenzung führt. In der Rechtssache *US – FSC* wurde diesem

---

361 Vgl. Grave, C., Subventionsbegriff, 2002, S. 179.

362 Engl. *competitive advantage*.

363 "[…] involves the concept of comparison". WTO Appellate Body Report v. 2. August 1999 (Canada – Aircraft), Rn. 157.

364 Vgl. WTO Panel Report v. 14. April 1999 (Canada – Aircraft), Rn. 9.112 f.

365 Ausführlich WTO Arbitrator Decision v. 17. Februar 2003 (Canada – Aircraft II), Rz. 352 ff.

366 "We also believe that the word 'benefit', as used in Article 1.1(b), implies some kind of comparison. This must be so, for there can be no 'benefit' to the recipient unless the 'financial contribution' makes the recipient 'better off' than it would otherwise have been, absent that contribution." WTO Appellate Body Report v. 2. August 1999 (Canada – Aircraft), Rz. 157.

367 Vgl. Ohlhoff, S., EuZW 2000, S. 647.

Tatbestandselement jedenfalls keine besondere Beachtung geschenkt. Den Äußerungen des Panels scheint vielmehr zu entnehmen zu sein, dass der Verzicht auf eine normalerweise zu entrichtende Abgabe stets mit einem Vorteil einhergeht.[368] Diese Auffassung wurde im Revisionsverfahren durch den Appellate Body bestätigt, der feststellte, dass die FSC-Freistellungen einen Vorteil darstellten, da sie zu einer niedrigeren Steuerschuld und – damit einhergehend – zu verminderten Steuerzahlungen führten.[369] In *Canada – Autos* stellte das Panel hinsichtlich der Importzollfreistellung lediglich fest, dass hierdurch ein Vorteil gewährt werde, da die Empfänger keine Zölle zu entrichten hätten, während andere Unternehmen diese Abgaben leisten müssten.[370] Im Verfahren zu den Nachfolgevorschriften der FSC-Maßnahmen, den ETI-Vorschriften, wurde ebenfalls festgestellt, dass ein Vorteil gegeben sei, wenn eine bestimmte Steuer nicht in entsprechender Höhe vom Steuerpflichtigen entrichtet werden müsse, die dieser normalerweise zu tragen hätte.[371]

Diese Ausführungen sprechen dafür, dass das Vorteilselement bei steuerlichen Subventionen sozusagen „automatisch" gegeben ist. Daher erscheint der Anwendungsbereich der finanziellen Beihilfe im Bereich steuerlicher Subventionen kaum eingeschränkt durch das Element des Vorteils. Dies ist vor dem Hintergrund zu sehen, dass im Bereich direkter Kapitaltransfers auf einen Vergleich der Wettbewerbssituation des subventionierten Unternehmens und seiner Konkurrenten auf dem relevanten Markt Bezug genommen werden kann, im Bereich steuerlicher Subventionen ein solcher „Markttest"[372] hingegen nicht praktikabel ist, da es schlichtweg keinen Markt gibt, der einen solchen Markttest erlaubt.[373] Hat man daher eine Ausnahmeregelung identifiziert, liegt auch der Vorteil dieser Maßnahme meist auf der Hand.

In den Verfahren, die bisher im Bereich des Steuerrechts vor der WTO verhandelt wurden, waren allerdings keine Steuervorschriften Streitgegenstand, welche die Besteuerung von Einkünften, die auch im Ausland der Besteuerung unterliegen, regulieren. Sowohl bei den FSC- als auch den ETI-Vorschriften wurden Einkünfte freigestellt, die in keiner anderen Steuerjurisdiktion hätten besteuert werden können. In beiden Fällen handelte es sich vielmehr um eine Freistellung von Exportgeschäften ohne hinreichende Anknüpfung an das aus-

---

368 "In our view, the financial contribution clearly confers a benefit, in as much as both FSCs and their parents need not pay certain taxes that would otherwise be due." WTO Panel Report v. 8. Oktober 1999 (US – FSC), Rz. 7.103.

369 WTO Appellate Body Report v. 24. Februar 2000 (US – FSC), Rz. 140.

370 Vgl. WTO Panel Report v. 11. Februar 2000 (Canada – Autos), Rz. 10.164 f.

371 Vgl. WTO Panel Report v. 20. August 2001 (US – FSC 21.5), Rz. 8.46. Bestätigt im Revisionsverfahren und von den Streiparteien nicht bestritten, vgl. WTO Appellate Body Report v. 14. Januar 2002 (US – FSC 21.5), Rz. 82 insbes. Fn. 59.

372 Schön, W., Steuerliche Beihilfen, 2001, S. 117.

373 Vgl. ebenda.

ländische Territorium.[374] Nicht zu klären war daher die Frage, ob bei der Beurteilung von Maßnahmen zur Besteuerung oder Freistellung von Einkünften aus ausländischen Quellen die Steuerbelastung des Quellenstaates zu berücksichtigen ist. Hinsichtlich der allgemeinen Eigenschaften des Vorteilselements wurde festgestellt, dass Unternehmen, die Empfänger einer finanziellen Beihilfe sind, gegenüber dem Referenzfall nur dann besser gestellt sind, wenn sich die Budgetsituation gegenüber der Referenzsituation *insgesamt* verbessert hat. Übertragen auf die Beurteilung von steuerlichen Vorschriften zu grenzüberschreitenden Tätigkeiten ist in diesem Sinne zu konstatieren, dass dem Steuerpflichtigen in der Ausnahmesituation gegenüber dem Steuerpflichtigen, auf den der Referenzfall anwendbar ist, nur dann ein Vorteil erwächst, wenn die steuerliche Gesamtbelastung niedriger ist als im Referenzfall. Der Vorteil ist daher anhand eines Belastungsvergleichs zwischen den *Situationen* abzuleiten, die auch als Vergleichspaar zum Nachweis einer finanziellen Beihilfe herangezogen wurden. Das Vorteilselement führt daher gerade bei der Besteuerung grenzüberschreitender Sachverhalte zu einer entscheidenden Eingrenzung, da bei Anwendung des Vergleichsmaßstabs auch auf das ausländische Belastungsniveau abzustellen ist.

Das Vorteilselement führt jedoch noch zu einer weiteren Einschränkung des Anwendungsbereichs der finanziellen Beihilfe. So genügt es für den Subventionstatbestand nicht, dass finanzielle Beihilfe und Vorteil lediglich zusammentreffen. Vielmehr fordert das Übereinkommen einen kausalen Zusammenhang zwischen beiden Elementen. Ein solcher Zusammenhang wird aus der Verwendung des Wortes „dadurch“[375] in Art. 1 Abs. 1 lit. b abgeleitet.[376] Damit liegt solange keine Subvention vor, bis ein Zusammenhang zwischen beiden Tatbestandsmerkmalen nachgewiesen werden kann.[377] Nur wenn „Kapitaltransfer der Regierung“ und „Vorteil des Empfängers“ in einem kausalen Zusammenhang stehen, liegt eine Subvention im Sinne des Art. 1 vor. Liegen beide Elemente jedoch ohne diesen Zusammenhang lediglich nebeneinander vor, ist der Subventionstatbestand nicht erfüllt.[378] Insbesondere bei der subventionsrechtlichen Würdigung von Maßnahmen zur Besteuerung grenzüberschreitender Sachverhalte erscheint diese Einschränkung wichtig, da bei der Belastungssituation des Steuerpflichtigen das Zusammenspiel mehrerer Steuerjurisdiktionen zu berücksichtigen ist. Hier stellt sich insbesondere die Frage, ob der Staat, der auf die

---

[374] Insoweit wurde auch das Argument der USA abgelehnt, dass die ETI-Vorschriften der Vermeidung von Doppelbesteuerung von Einkünften aus *ausländischen Quellen* dienen. Vgl. ausführlich unten Punkt 5.3.1.2.

[375] “A benefit is thereby conferred” – Art. 1 Abs. 1 lit. b.

[376] Vgl. Geboye Desta, M., Agriculture, 2002, S. 169; Grave, C., Subventionsbegriff, 2002, S. 182.

[377] Vgl. WTO Panel Report v. 17. Mai 1999 (Canada – Dairy), Rz. 4.373.

[378] Vgl. ebenda; Mrozek, M., Marktordnungsrecht, 2003, S. 140.

Erhebung einer Abgabe verzichtet, auch für die niedrige Gesamtbelastung verantwortlich ist bzw. verantwortlich gemacht werden kann.[379]

4.3 Spezifitätskonzept

Finanzielle Beihilfe, Vorteil und der kausale Zusammenhang zwischen beiden führen zwar zum Vorliegen einer Subvention im Sinne des Art. 1 des Subventionsübereinkommens, eine direkte Rechtsfolge knüpft das Übereinkommen an den Subventionstatbestand jedoch nicht. So wird durch Art. 1 Abs. 2 festgelegt, dass nur spezifische Maßnahmen unter die Subventionsdisziplin des Übereinkommens fallen. Der Subventionstatbestand des Art. 1 ist damit lediglich Eingangstatbestand der direkten (Teile II bis IV) und indirekten (Teil V) Subventionsdisziplin sowie für Notifikationspflichten (Teil VII).[380] Erst in Verbindung mit Art. 2 wird eine Subvention zur Voraussetzung für unilaterale Schutzmaßnahmen anderer Mitgliedstaaten, die nur bei *spezifischen* Subventionen eingeleitet werden können. Und nur bei Vorliegen einer spezifischen Subvention können Ausgleichszölle erhoben werden (Art. 10 i. V. m. Art. VI Abs. 6 lit. a GATT 1994).[381] Als Eingangsvorschrift soll der Subventionsbegriff die Grenzen der Subventionsautonomie seiner Mitgliedstaaten festlegen und den wirtschaftspolitischen Gestaltungsfreiraum der Mitgliedstaaten im Bereich Subventionen und Ausgleichsmaßnahmen determinieren.[382]

Sämtliche belastenden Rechtsfolgen der Subventionsdisziplin knüpfen an den Tatbestand *spezifischer* Subventionen an. Die „Spezifität" wird damit zum entscheidenden Tatbestandsmerkmal zur Differenzierung zwischen erlaubten, anfechtbaren und verbotenen Subventionen. Subventionen, die nicht spezifisch sind, sind nicht anfechtbar und den WTO-Mitgliedern erlaubt (Art. 8 Abs. 1 lit. a). Sind Subventionen spezifisch und haben sie zudem nachteilige Auswirkungen auf die Interessen anderer Mitgliedstaaten im Sinne des Art. 5, so sind sie anfechtbar, soweit sie lediglich die inländische Produktion berühren und nicht zur Förderung von Ausfuhren oder zur Substitution von Einfuhren führen. Dienen sie jedoch der Ausfuhrförderung oder der Import-Substitution, dann sind sie ohne den Nachweis eines auf *bestimmte Unternehmen* begrenzten Empfängerkreises und ohne den Nachweis nachteiliger Auswirkungen durch das Überein-

---

379 Vgl. ausführlich unten Punkt 5.1.2.

380 "The chapeau of Article 1.1 SCM Agreement explicitly states that the concept and definition of what constitutes a 'subsidy', as set forth in that Article, applies to the entire Agreement. Thus, it is clear that this most basic definition of the Agreement informs every other reference to 'subsidy' in the Agreement." WTO Panel Report v. 29. August 2003 (US – Lumber), Rz. 7.104.

381 Vgl. Depayre, G./Petriccione, R. M., Definition, 1991, S. 67.

382 Vgl. Mederer, W., EU-Kommentar, 1999, Art. 92 Rz. 4; Grave, C., Subventionsbegriff, 2002, S. 130 f.

kommen verboten (Art. 2 Abs. 3 i. V. m. Art. 3). Es gibt jedoch auch Subventionen, die ausdrücklich durch Art. 8 Abs. 2 erlaubt sind, obwohl sie spezifisch sind. Die hierunter fallenden Subventionen in den Bereichen Forschung, benachteiligte Regionen und Umweltvorschriften wurden auf experimenteller Basis in das Subventionsübereinkommen übernommen und sind zum 31. Dezember 2000 ausgelaufen.[383]

Das Subventionsübereinkommen kennt demnach zwei Arten von Spezifität, die sich hinsichtlich ihres Anknüpfungspunktes unterscheiden. Bei heimischen Subventionen bedarf es eines eingrenzbaren Empfängerkreises. Nur, wenn der Nachweis erbracht wird, dass die Subventionsgewährung auf *bestimmte Unternehmen* beschränkt ist, liegt Spezifität im Sinne des Art. 2 Abs. 1 vor.[384] Eine andere Form der Spezifität sieht das Übereinkommen für Ausfuhrsubventionen (Art. 3 Abs. 1 lit a) und importersetzende Subventionen (Art. 3 Abs. 1 lit b) vor. Hier ist kein interpersoneller Vergleich vorgesehen. Diese verbotenen Subventionen, d. h. Ausfuhrsubventionen und Einfuhrsubstitutionssubventionen, gelten kraft Fiktion als spezifisch, auch wenn sie sämtlichen Unternehmen oder Wirtschaftszweigen offenstehen.[385]

4.3.1 Sinn und Unzulänglichkeiten des Spezifitätskonzepts

Das Kriterium der Spezifität war weder im GATT 1947 noch im Subventionskodex von 1979 Voraussetzung für die direkte oder indirekte Subventionsdisziplin. Dies ist darauf zurückzuführen, dass von diesen Subventionsregimen im wesentlichen Ausfuhrsubventionen und importersetzende Subventionen erfasst wurden, bei denen Spezifität auf Grund ihres besonderen wettbewerbsverzerrenden Potentials stets angenommen wird.[386] Eines Spezifitätstests bedarf es gerade bei heimischen Subventionen, um zwischen allgemeinen und spezifischen Maßnahmen WTO-mitgliedstaatlicher Wirtschaftspolitik unterscheiden zu können. Da sich die Rechtsfolgen hinsichtlich heimischer Subventionen bis zur Uruguay-Runde auf das Bestreben der Unterzeichner beschränkten, Subventionen mit

---

383 Vgl. Art. 31 Subventionsübereinkommen.

384 Gemäß Art. 2 Abs. 2 Subventionsübereinkommen ist es irrelevant, ob die Subvention auf nationaler Ebene oder durch subnationale Regierungen, etwa einer Landes- oder Kommunalregierung, vergeben wird. Der Spezifitätstest wird für den Zuständigkeitsbereich der subventionierenden Behörde vorgenommen. Eine Ausnahme macht Art. 2 Abs. 2 hinsichtlich allgemein geltender Steuersätze in diesen geografischen Regionen. So können einzelne föderale Ebenen eines Staates unterschiedliche Steuersätze festlegen. Niedrige Körperschaftststeuersätze in einzelnen Bundesländern sind daher nicht als spezifische Subventionen zu werten. Vgl. Grave, C., Subventionsbegriff, 2002, S. 208 f.

385 So bestimmt Art. 2 Abs. 3: „Jede Subvention gemäß Art. 3 gilt als spezifische Subvention." Vgl. *Lukas, M., EWS 2000, S. 206.*

386 So spricht auch Art. 3 Abs. 1 ein Verbot aus, ohne auf einen interpersonellen Vergleich abzustellen.

nachteiligen Auswirkungen zu vermeiden,[387] wurde eine explizite Festschreibung des Spezifitätskriteriums im GATT 1947 und im Subventionskodex von 1979 als überflüssig angesehen.[388]

Die Unterscheidung zwischen Spezifität und Nichtspezifität wird in der Literatur auf teleologischer Basis, nach dem wettbewerbsverzerrenden Potential einer Subvention, vorgenommen.[389] Im Bereich heimischer Subventionen fehlt dieses bei allgemeinen wirtschafts- und sozialpolitischen Maßnahmen wie Bereitstellung von Infrastruktur, Forschungs- und Bildungswesen und Gewährleistung von Sicherheit und Ordnung. Subventionen in diesen Bereichen gelten als horizontal und sollen durch die Subventionsdisziplin nicht reguliert werden.[390] Hauptaufgabe des Spezifitätskriteriums ist die Trennung von allgemeinen wirtschafts- bzw. konjunkturfördernden Maßnahmen von selektiven, programmatischen Maßnahmen. Dem Konzept liegt die Vermutung zu Grunde, dass Subventionen, die auf bestimmte Unternehmen, Industrien oder Wirtschaftszweige beschränkt sind, nicht allgemeiner ordnungspolitischer Natur sein können.

Das Spezifitätskonzept wurde aus dem amerikanischen Recht der Ausgleichsmaßnahmen (countervailing duty law) übernommen und gilt dort als das entscheidende Element einer ausgleichsfähigen Subvention.[391] Seit dem Omnibus Trade and Competitive Act von 1988 wendet die amerikanische International Trade Administration (ITA)[392] den sog. „Spezifitätstest" an. Die ITA vertritt die Auffassung, dass Ausgleichszölle nur gegen spezifische, nicht aber gegen allgemein erhältliche Subventionen erhoben werden können.[393] Bevor von der ITA Ausgleichszölle erhoben werden dürfen, ist der Nachweis zu erbringen, dass die Subvention rechtlich oder tatsächlich nur bestimmten Unternehmen oder Wirtschaftszweigen gewährt wird.[394] Drei Faktoren werden von der ITA beim Test herangezogen: die Art, wie die ausländische Regierung den Empfän-

---

387 Vgl. Art. 11 Abs. 2 Subventionskodex 1979

388 Vgl. oben Punkt 2.1.

389 Vgl. Trachtman, J. P., Harv. Int'l L.J. 1993, S. 47 ff; Beviglia Zampetti, A., JWT 1995, S. 7, 11 f. und 20.

390 Vgl. Grave, C., Subventionsbegriff, 2002, S. 193.

391 Nach Sec. 771 (5A) (D) des US-Tarif Act liegt der originäre Zweck des Spezifitätskriteriums darin, "to function as an original screening mechanism to winnow out only those foreign subsidies which truly are broadly available and widely used throughout an economy." Vgl. Nettesheim, M., Antisubventionsrecht, 1994, S. 67 ff; Herlach, M. D./Codevilla, D. A., Changes, 1995, S. 63. Vgl. auch WTO Panel Report v. 8. September 2004 (US – Upland Cotton), Rz. 7.1142.

392 Die ITA ist eine Institution des amerikanischen Departement of Commerce und für die Durchführung von Anti-Dumping- und Ausgleichszollmaßnahmen verantwortlich. Vgl Trebilcock, M. J./Howse, R., Regulation, 2005, S. 205 ff.

393 Vgl. Adamantopoulos, K. A., Subventionsrecht, 1987, S. 19; Crocioni, P., AJPIL 1994, S. 55; McGovern, E., WTO-Kommentar, 1995, 313.

394 19 U.S.C. § 1677 (5) (B) (1988).

gerkreis begrenzt, die tatsächliche Inanspruchnahme der Subvention und das Ausmaß behördlichen Ermessens bei der Gewährung der Subvention.[395] Der Spezifitätstest ist jedoch inhaltlich umstritten, da insbesondere die Grenzziehung zwischen allgemeinen und programmatischen Subventionen Schwierigkeiten bereitet.[396]

Auch die Spezifität des Subventionsübereinkommens ist dieser Kritik ausgesetzt. Mitunter wird argumentiert, dass der spezifische oder nicht-spezifische Charakter einer Subvention für den Nachweis des wettbewerbsverzerrenden Potentials irrelevant ist. Wo eine Regierung z. B. Investitionszuschüsse für alle neuen Investoren vergibt, wirkt dieser staatliche Eingriff, wenn auch nicht spezifisch, so doch dem Ziel einer volkswirtschaftlich optimalen Ansiedlung von Unternehmen entgegen.[397] Zudem stellt sich die berechtigte Frage, ob eine Maßnahme innerhalb einer allgemeinen Maßnahme nicht ebenso wettbewerbsverzerrend ist wie die Maßnahme *per se*. Angenommen, es wird der Körperschaftsteuersatz nur für bestimmte Exportunternehmen auf die Hälfte des allgemeinen Landessatzes gesenkt: Aus Sicht eines anderen Landes dürfte es keinen Unterschied machen, ob das Land das Steuerniveau für alle Firmen oder nur für die Ausfuhrgesellschaften reduziert. Man könnte sich nun, um die Effektivität des Konzepts zu verteidigen, darauf berufen, dass im ersten Beispiel die Zuschüsse sehr wohl spezifisch sind, da die Gruppe „neue Investoren im Inland" gebildet werden kann. Auch die allgemeine Körperschaftsteuerabsenkung betrifft nur die Gruppe der „körperschaftsteuerpflichtigen Unternehmen". Entscheidend ist hier, welche gemeinsamen Kriterien und Merkmale heranzuziehen sind, die aus einer bloßen Ansammlung von Unternehmen eine „Gruppe" werden lassen. Da sich in vielen Fällen eindeutige Aussagen schwer treffen lassen, wird das Spezifitätskonzept nicht als Garant für Transparenz und Rechtssicherheit im Bereich Subventionen und Ausgleichsmaßnahmen angesehen.[398]

Der Spezifitätstest führt bei der Identifikation wettbewerbsschädlicher Maßnahmen zu einer Typisierung und ist insbesondere in den Grenzbereichen zwischen sektoralen und horizontalen Subventionen ineffizient. Die Problematik einer genauen Grenzziehung zwischen allgemeinen und spezifischen Maßnahmen, wird von *Gieze* zutreffend beschrieben: "The inherent problem with the

---

395 Vgl. US Department of Commerce v. 22. Oktober 1986, 51, Certain Softwood Lumber Products from Canada, Federal Register 37, S. 453.

396 Vgl. Diamond, R., Law & Pol'y Int'l Bus. 1990, S. 507 ff.

397 Vgl. Didier, P., Instruments, 1999, S. 239.

398 Nach Auffassung von *Didier* ist das Spezifitätskonzept daher weit davon entfernt, einen Schutz gegen US-amerikanische Ausgleichszollpolitik zu bieten. Vgl. ebenda, S. 238 f. Nach *Lay* führt es zu unvorhersagbaren Abgrenzungen durch das amerikanische Commerce Department: "It is still not possible to articulate the concept of specificity in a way that predicts whether a given collection of industries will be deemed limited enough to constitute a 'specific group of enterprises.'" Lay, W., Colum. L. Rev. 1991, S. 1503.

entire de facto "specificity" analysis, however, is that no mathematical, economic, or financial formula currently exists to distinguish with absolute precision a "specific" domestic subsidy from a "general" domestic subsidy."[399] Es bleibt daher festzuhalten, dass das Spezifitätskonzept erhebliche Unschärfen aufweist, die dem Rechtsanwender einen breiten Argumentationsspielraum belassen.[400] Derartige Unschärfen bei der Prüfung sind allerdings unvermeidlich und müssen gerade dann hingenommen werden, wenn Subventionen den einzelnen Ländern als wirtschaftspolitische Instrumente weiterhin zur Verfügung stehen sollen.[401]

4.3.2 Anfechtbare Subventionen

Mit Art. 2 Abs. 1 adressiert das Subventionsübereinkommen der sog. *domestic production subsidies*, im folgenden als „heimische Subventionen" bezeichnet. Mit heimischen Subventionen werden bestimmte Industrien in Abhängigkeit von ihrer Güterproduktion subventioniert. Sie unterscheiden sich von Ausfuhrsubventionen darin, dass Produktion oder Produkte unabhängig davon subventioniert werden, auf welchem Absatzmarkt die Güter veräußert werden. Ausfuhrsubventionen hingegen knüpfen an die Ausfuhrmenge oder den Ausfuhrwert von Waren an. Heimische Subventionen werden aus verschiedenen Gründen vergeben, wobei häufigster Grund die Einkommenserhöhung von Produzenten in bestimmten Wirtschaftszweigen ist. Ein weiterer Grund für die Vergabe heimischer Subventionen liegt in der Erhöhung der Ausbringungsmenge bestimmter Produkte – z. B., wenn ein Produkt wichtig für die nationale Sicherheit ist, wie im Falle bestimmter Impfstoffe. Manche Länder subventionieren ganze Wirtschaftszweige, von denen angenommen wird, sie seien ausschlaggebend für volkswirtschaftliches Wachstum. Aus diesem Grunde erhalten viele Unternehmen staatliche Gelder für Forschungs- und Entwicklungsprojekte.[402] Diese Subventionen sind anfechtbar, wenn sie gemäß Art. 2 Abs. 1 spezifisch sind und sich im Sinne von Art. 5 auf die Interessen anderer Mitgliedstaaten nachteilig auswirken. Unter „Spezifität" versteht das Übereinkommen die Gewährung von Subventionen an „bestimmte Unternehmen". Bestimmte Unternehmen sind nach der Definition des Art. 2 Abs. 1: ein Unternehmen, eine Gruppe von Unternehmen, ein Wirtschaftszweig und eine Gruppe von Wirtschaftszweigen.

---

399 Giesze, C. R., St. Mary's L. J. 1994, S. 922.

400 Im Falle des EG-Beihilfenrechts schöpft die Kommission ein erhebliches Maß an Ermessensspielraum aus dem Selektivitätskriterium des Art. 87 Abs. 1 EGV.

401 Vgl. Hoekman, B. M./Kostecki, M. M., WTO, 2001, S. 43. *Beviglia Zampetti* führt zur Verteidigung des Konzepts an, dass es schlichtweg keinen anderen Selektionsmechanismus gebe. Vgl. Beviglia Zampetti, A., JWT 1995, S. 21; Grave, C., Subventionsbegriff, 2002, S. 199.

402 Vgl. zur Abgrenzung von Ausfuhr- und einheimischen Subventionen MacKenzie, J. L., International Trade, 1998, S. 686 ff.

4.3.2.1 Intersektorale und intrasektorale Subventionen

Im einfachsten Fall der Spezifität wird eine Subvention, z. B. in Form eines Investitionszuschusses, nur einem Unternehmen gewährt. Dies war der Fall in der Streitsache *EC – DRAMS*, in der ein Unternehmen etwa 41% des Förderbetrages eines Subventionsprogramms erhielt.[403] Problematischer ist der Fall, wenn eine Subvention mehreren Unternehmen gewährt wird. Hier stellt sich die Frage, wann von einer „Gruppe von Unternehmen" im Sinne des Art. 2 Abs. 1 S. 1 gesprochen werden kann. Nicht gemeint ist mit diesem Ausdruck ein Verbund mehrerer rechtlich selbständiger Unternehmen – etwa ein Konzern oder ein Zusammenschluss von Unternehmen unter einheitlicher Führung –, da der Abkommenstext sich nicht explizit auf „verbundene Unternehmen" bezieht. Es müssen daher andere Merkmale gesucht werden, die aus einer bloßen Ansammlung von Unternehmen eine „Gruppe von Unternehmen" machen.

Grave nimmt diese Abgrenzung auf teleologischer Basis vor und leitet aus den Wettbewerbsverzerrungen, die aus spezifischen Subventionen resultieren, zwei Konstellationen ab. Danach führen sowohl Differenzierungen *zwischen* als auch *innerhalb* von Wirtschaftszweigen zum Vorliegen von Spezifität, da es in beiden Fällen zu Preisverschiebungen kommt. Werden einzelne Unternehmen eines Wirtschaftszweiges subventioniert, führt dies zu einer Besserstellung gegenüber den Konkurrenten. Im Verhältnis zu den Produkten der Wettbewerber werden die subventionierten Waren günstiger, womit diese intrasektorale Subvention potentiell wettbewerbsverzerrend ist.[404] Die Regierung kann aber auch die Unternehmen *eines* Wirtschaftszweiges gleichermaßen subventionieren, was ebenfalls Spezifität begründet. Eine solche intersektorale Subvention verbessert die relativen Preise gegenüber den Produkten anderer Wirtschaftszweige. Von den subventionierten Produkten wird zu viel konsumiert, was zu einer Abweichung von der effizienten Allokation führt.[405] Die Streitpraxis bestätigt die Auffassung, dass es bei der Frage nach der Spezifität heimischer Subventionen auf eine Differenzierung nach Wirtschaftszweigen oder nach Herstellern innerhalb einzelner Wirtschaftszweige ankommt.[406]

Eine für den europäischen Wirtschaftsraum allgemein gültige Einordnung von Unternehmen in Wirtschaftszweige nimmt die in der EU verbindlich eingeführte „Statistische Systematik der Wirtschaftszweige in der Europäischen Gemein-

---

403 Vgl. WTO Panel Report v. 17. Juni 2005 (EC – DRAMS), Rz. 7.223 f.

404 Vgl. Grave, C., Subventionsbegriff, 2002, S. 196. Ähnlich Beviglia Zampetti, A., JWT 1995, S. 20.

405 Vgl. Grave, C., Subventionsbegriff, 2002, S. 196.

406 Z. B. Anbieter von Lederwaren für die Automobilindustrie, Luftfahrtunternehmen, Molkereiprodukte oder Keramikfliesen. Vgl. die einzelnen Streitgegenstände auf der Website der WTO unter http://www.wto.org/english/tratop_e/dispu_e/dispu_subjects_index_e.htm (Zugriff: Dezember 2005).

schaft“[407] vor. Ein „Wirtschaftszweig“ ist danach eine Gruppe von Unternehmen, die ähnliche Produkte herstellen oder ähnliche Dienstleistungen erbringen. Hierbei kommt es auch zu einer Zusammenfassung von Unternehmen, die dasselbe Herstellungsverfahren (Baugewerbe) oder dieselben Ausgangsprodukte (Mineralölverarbeitung) benutzen. In der Soziologie werden als Eigenschaften einer „Gruppe“ u. a. ein einheitliches Auftreten und eine gemeinsame Zielsetzung betrachtet.[408] Dies lässt sich auch auf Unternehmensebene beobachten, sind Unternehmen doch häufig auf Ebene von Wirtschaftszweigen (z. B. Verband der Chemischen Industrie) oder auf Sub-Ebenen (z. B. Verband der Österreichischen Ansichtskartenverleger und -Hersteller) organisiert.

Auch die WTO-Organe haben festgestellt, dass die Abgrenzung einer „Gruppe von Unternehmen“ in der Regel anhand der von den betreffenden Unternehmen hergestellten Produkten vorgenommen wird.[409] Die Differenzierungen müssen sich nicht unbedingt auf Produkte oder Endprodukte mit bestimmten physikalischen Eigenschaften beziehen. Auch einzelne Wirtschaftszweige können eine breite (End-)Produktpalette herstellen und anbieten und weiterhin Wirtschaftszweige im Sinne des Art. 2 bleiben.[410] Die WTO-Organe tendieren daher auch zu feineren Sub-Ebenen innerhalb eines Wirtschaftszweiges. Bei der Abgrenzung, wann eine Gruppe von Unternehmen oder Wirtschaftszweigen im Sinne des Art. 2 vorliegt, kann daher auch auf Gemeinsamkeiten *innerhalb* des Produktportfolios der subventionierten Unternehmen abgestellt werden.

4.3.2.2 Horizontale Subventionen

Nicht-spezifisch sind nach Art. 2 Abs. 1 lit. b Situationen, in denen die gewährende Behörde oder die Gesetzgebung bei der Subventionsvergabe auf „objektive Bedingungen“ abstellt. Objektive Bedingungen sind „horizontal anwendbare Kriterien oder Bedingungen wirtschaftlicher Art, die neutral sind und bestimmte Unternehmen gegenüber anderen nicht bevorzugen“[411]. Eine Bedingung wirtschaftlicher Art ist eine im Wettbewerb relevante Eigenschaft, z. B. Geschäftsgegenstand oder Umfang der Unternehmenstätigkeit.[412] Neutral ist diese Bedingung, wenn sie keine intersektoralen oder intrasektoralen Verzerrungen zur Folge hat.[413] Als Beispiel nennt Fußnote 2 zu Art. 2 Abs. 1 lit. b die Anzahl der Beschäftigten und die Größe von Unternehmen. Hintergrund dieser Vorschrift ist,

407 Sog. *NACE Codes*. Vgl. Rat der Europäischen Union v. 9. Oktober 1990, Abl. EG 1990, L 293, S. 1-26.

408 Vgl. http://de.wikipedia.org/wiki/Soziale_Gruppe (Zugriff: Dezember 2005).

409 Vgl. WTO Panel Report v. 29. August 2003 (US – Lumber), 7Rz.121.

410 Vgl. ebenda, Rz. 7.120.

411 Fn. 2 zu Art. 2 Abs. 1 lit. b Subventionsübereinkommen.

412 Vgl. Grave, C., Subventionsbegriff, 2002, S. 203.

413 Nach Fußnote 2 zu Art. 2 Abs. 1 lit. b führen objektive Bedingungen nicht dazu, dass bestimmte Unternehmen gegenüber anderen bevorzugt werden.

dass Subventionen mit horizontaler Zielsetzung in der Regel weniger Wettbewerbsverzerrungen auslösen als sektorale und Einzelbeihilfen (sog. *ad hoc*-Beihilfen). Subventionen in den Bereichen Forschung und Entwicklung, Umwelt, Energieeinsparung, Unterstützung von KMU, Schaffung von Arbeitsplätzen, Förderung von Ausbildung sowie regionale Entwicklung gehören zu den wichtigsten horizontalen Zielen, die mit staatlichen Beihilfen verfolgt werden.[414] Sie werden vom Subventionsübereinkommen explizit ausgenommen. Für die Ausgrenzung horizontaler Subventionen von der Subventionsdisziplin des Übereinkommens spricht, dass das Übereinkommen anerkennt, dass Subventionen nicht grundsätzlich wettbewerbsschädigende Wirkung haben müssen, sondern den WTO-Mitgliedern als wichtiger Bestandteil nationaler Wirtschaftspolitik weiterhin offen stehen sollen.[415] Nur solche Subventionen sollen unterbunden werden, die sich negativ auf die Ökonomien anderer WTO-Mitgliedstaaten auswirken.[416]

4.3.2.3 Der Nachweis von Spezifität

Spezifität lässt sich direkt anhand von Gesetzen oder Verwaltungsanweisungen nachweisen. Diese *de iure*-Spezifität ist jedoch widerlegbar, wenn es sich bei den Abgrenzungskriterien um objektive Bedingungen handelt und die Inanspruchnahme der Subvention gemäß Art. 2 Abs. 1 lit. b automatisch besteht. Die objektiven Bedingungen müssen sich durch ein Gesetz oder eine Verordnung überprüfen lassen. Sie müssen genau eingehalten werden; es darf kein behördlicher Ermessensspielraum verbleiben.

Das Übereinkommen sieht zu dieser Ausnahme eine Gegenausnahme vor.[417] So bestimmt Art. 2 Abs. 1 lit. c, dass Spezifität *de facto* vorliegen kann, selbst wenn das Gesetz keine Bedingungen hinsichtlich der Einschränkung der Subvention enthält bzw. die im Gesetz festgelegten Vergabekriterien objektiv horizontaler Natur sind. Dies ist der Fall, wenn der Empfängerkreis der Subvention *tatsächlich* auf bestimmte Unternehmen begrenzt ist. Für den Nachweis von *de facto*-Spezifität erwähnt das Subventionsübereinkommen den Rückgriff auf „andere Faktoren“, die in Betracht zu ziehen sind. Gemäß Art. 2 Abs. 1 lit. c sind dies (1) die Inanspruchnahme eines Subventionsprogramms durch eine begrenzte Anzahl bestimmter Unternehmen, (2) die überwiegende Inanspruchnahme durch bestimmte Unternehmen, (3) die Gewährung unverhältnismäßig

---

[414] Im Jahr 2001 machte der Anteil horizontaler Beihilfen am Gesamtvolumen der EU (ohne Landwirtschaft, Fischerei, Verkehr) 71% aus. In den meisten Mitgliedstaaten waren zwischen 75% und 100% der Beihilfen für horizontale Ziele bestimmt. Vgl. Bundesminister der Finanzen (Deutschland), Subventionsbericht, 2003, S. 51 Rz. 91.

[415] Vgl. die zweite Präambelerwägung des Subventionskodex 1979 i. V. m. der oben unter Punkt 2.3. abgeleiteten Zielsetzung des Subventionsübereinkommens.

[416] Vgl. oben Punkt 2.3.

[417] Zur Struktur der Vorschrift ausführlich Grave, C., Subventionsbegriff, 2002, S. 191 f.

hoher Subventionsbeträge an bestimmte Unternehmen und (4) die Art und Weise des Einsatzes behördlichen Ermessens. Bei der Prüfung einer Maßnahme müssen allerdings nicht sämtliche dieser Tatbestände kumulativ erfüllt sein, da das Übereinkommen von "may be considered" und nicht von "shall be considered" spricht. Damit ist bereits der Nachweis nur eines der *de facto*-Elemente für das Vorliegen von Spezifität im Sinne des Art. 2 Abs. 1 lit. c ausreichend.[418]

Gerade für Subventionen im Bereich der direkten Steuern erscheint das *de facto*-Spezifitätskonzept des Übereinkommens von Bedeutung, da steuerliche Maßnahmen häufig nicht explizit nach Industriesektoren differenzieren, tatsächlich aber in dieser Richtung wirken können. Gewährt z. B. ein WTO-Mitglied einen Freibetrag für Unternehmen erst ab einer bestimmten Bilanzsumme und erfüllt lediglich ein Unternehmen dieses Kriterium, liegt zwar eine objektive horizontale Bedingung, dennoch aber *de facto*-Spezifität vor. Erfasst werden zudem Situationen, in denen bestimmte Sektoren in besonders hoher Zahl den steuerlichen Vergünstigungstatbestand erfüllen. Fällt der überwiegende Teil einer Vergünstigung auf einen oder mehrere Wirtschaftszweige, so ist sie spezifisch.[419] Profitieren demnach von einer breit angelegten, auf objektiven Kriterien basierenden Steuervergünstigung Unternehmen, die gleichartige Produkte herstellen in besonderem Maße, ist sie *de facto* spezifisch.

Der letzte Satz von Art. 2 Abs. 1 lit. c bestimmt einen Diversifikationsvorbehalt, der bei Anwendung des *de facto*-Konzepts dazu verpflichtet zu berücksichtigen, bis zu welchem Grad die Wirtschaftstätigkeit im Zuständigkeitsbereich der die Subvention gewährenden Behörde diversifiziert ist. Zudem beinhaltet er einen Laufzeitvorbehalt, der zur Berücksichtigung der Laufzeit des Subventionsprogramms verpflichtet. Beide Vorbehalte dienen der Anpassung des Spezifitätstests an die im Einzelfall gegebenen Umstände.[420] Der Diversifikationsvorbehalt soll in Fällen, in denen in den Zuständigkeitsbereich einer Behörde nur wenige Unternehmen oder Wirtschaftszweige fallen, dafür sorgen, dass der wirtschaftspolitische Spielraum dieser Behörde im Vergleich zu einer in einem diversifizierten Umfeld zuständigen Behörde nicht schon aus diesem Grunde allein eingeschränkt wird. Der Laufzeitvorbehalt dient der Berücksichtigung der fallweisen Bearbeitung von Subventionsanträgen in der ersten Phase der Durchführung eines Subventionsprogramms durch die Verwaltungsinstanz, welche die Anträge in der Regel nur nacheinander bearbeiten und auszuzahlen kann.[421]

4.3.2.4 Sektoral wirkende Steuervergünstigungen

Es wurde festgestellt, dass heimischen Subventionen, also Subventionen, die nicht der Exportförderung (Art. 3 Abs. 1 lit. a) bzw. der Importsubstitution (Art.

418 Vgl. WTO Panel Report v. 29. August 2003 (US – Lumber), Rz. 7.123.
419 Vgl. m. w. N. Grave, C., Subventionsbegriff, 2002, S. 206 f.
420 Vgl. ebenda, S. 207 f.
421 Vgl. ebenda, S. 307 f.

3 Abs. 1 lit. b) dienen,[422] als spezifisch gelten, wenn sie inter- oder intrasektorale Differenzierungen zur Folge haben (Art. 2 Abs. 1). Nicht spezifisch sind Subventionen, die horizontaler Natur sind und keine sektorspezifischen Verzerrungen zur Folge haben. Auch steuerliche Maßnahmen haben die unterschiedlichsten Anknüpfungspunkte und können, selbst wenn im Steuertatbestand keine sektoralen Differenzierungen bestehen, in tatsächlicher Hinsicht solche Wirkungen haben. Auch wenn sich die üblicherweise im Bereich der direkten Steuern geltenden Steueranknüpfungsmomente nicht explizit auf sektorale Anknüpfungsmomente beziehen, können damit einhergehende Vergünstigungen in tatsächlicher Hinsicht überwiegend Herstellern ähnlicher Produkte und Herstellungsverfahren oder den Verarbeitern ähnlicher Ausgangsprodukte gewährt werden.

In der internationalen Praxis sind steuerliche Investitionsanreize mit Bezug zu bestimmten Wirtschaftszweigen, insbesondere der Landwirtschaft und dem verarbeitenden Gewerbe, üblich. In China werden z. B. steuerliche Zugeständnisse nur für Produktionsaktivitäten gewährt, d.h. für Herstellung und Weiterverarbeitung durch bestimmte Wirtschaftszweige. Insbesondere in kleinen Ländern wie Malaysia und Singapur existieren zahlreiche steuerliche Förderprogramme. Singapur sieht für sog. Pionier-Unternehmen bestimmte Steuerfreistellungen vor.[423] Um diesen Pionierstatus zu erlangen, müssen im Inland Produkte hergestellt werden, die dort bisher nicht hergestellt wurden.[424] Zunehmend sind steuerliche Investitionsanreize in technologieorientierten Sektoren zu beobachten.[425] So in den Bereichen Elektronikindustrie, Softwareentwicklung, Filmherstellung und Luftfahrzeugindustrie. Spezielle Steueranreize werden zudem für bestimmte Management- oder Holdingfunktionen gewährt. Gerade der Wettbewerb um Holdingstandorte von multinationalen Unternehmen ist im Steuerwettbewerb ausgeprägt. Diese Funktionen sind besonders mobil und können problemlos in andere Länder verlagert werden.[426] Auch europäische Länder wie Belgien, Irland oder die Niederlande verfolgen oder verfolgten durch diese Fördermaßnahmen die Errichtung von Koordinationszentren, Holdingstandorten, Finanzie-

---

422 Vgl. zur Unterscheidung von heimischen und Ausfuhrsubventionen Stehmann, O., JWT 2000, S. 127.

423 Vgl. Zolt, E./Easson, A., Incentives, 2003, S. 17.

424 Vgl. MacKenzie, J. L., International Trade, 1998, S. 693 f. Ähnliche Vergünstigungen gewährt auch Indonesien. Hier werden Steuervergünstigungen nur für Pionier-Unternehmen gewährt, die nationale Fahrzeughersteller sind. Vgl. Edwards, R. H. J./Lester, S. N., SJIL 1997, S. 181.

425 Vgl. Easson, A., BIFD 2001, S. 266 ff.

426 Vgl. zur Möglichkeit von Funktionsverlagerungen im Konzern bzw. Einheitsunternehmen Endres, D., RIW 2003, S. 729 ff.

rungsgesellschaften und ähnlichen Abteilungen multinational tätiger Unternehmen auf ihrem Territorium.[427]

Ein aktuelles Beispiel für steuerliche Vergünstigungen sind die belgischen Steuerregime zu sog. Koordinierungszentren. Bei diesen handelt es sich um Kapitalgesellschaften oder Betriebsstätten mit Holdingfunktionen. Voraussetzung für die Qualifikation als Koordinierungszentrum ist, dass die belgische Einheit zu einer internationalen Unternehmensgruppe gehört, die bestimmte Größenkriterien aufweisen muss.[428] Zudem gelten für die belgische Einheit bestimmte Tätigkeitsvorgaben. So darf sie ausschließlich Aufgaben für die Unternehmensgruppe, wie z. B. Werbung, Forschung oder Buchführung, tätigen. Sie darf zudem Finanzdienstleistungen für die Gruppe – wie Leasing Factoring und Wechselkurssicherungsgeschäfte – übernehmen. Ausgenommen von den steuerlichen Vergünstigungen sind Konzerne des Bank- und Versicherungswesens. Die Errichtung eines Koordinationszentrums ist mit einer Reihe steuerlicher Vorteile verbunden, von denen die pauschalierte Ermittlung der Bemessungsgrundlage besonders hervorzuheben ist.[429] Dabei wird die Steuer mit Hilfe eines pauschalen Prozentsatzes auf die Geschäftsführungskosten ermittelt. Der Prozentsatz liegt üblicherweise zwischen 8 und 10%.[430] Durch diese pauschale Gewinnermittlung kann die Steuerbelastung im Konzernverbund bzw. im Einheitsunternehmen erheblich gesenkt werden.[431]

Die Europäische Kommission hat die Vorschriften zu den Koordinierungszentren als selektive staatliche Beihilfe angesehen und Belgien untersagt, die Vorschriften zu verlängern.[432] Nach Auffassung der Kommission sind „bestimmte Steuervorteile [..] manchmal auf bestimmte Arten von Unternehmen, bestimmte Unternehmensfunktionen (gruppeninterne Dienstleistungen, Vermittlungs- oder Koordinierungstätigkeiten) oder bestimmte Produktionszweige beschränkt. Da sie bestimmte Unternehmen oder bestimmte Produktionszweige begünstigen, können diese Maßnahmen staatliche Beihilfen im Sinne des Art. 92 Abs. 1 EG-Vertrag darstellen."[433]

---

427 Vgl. Easson, A., BIFD 2001, S. 365 ff.

428 Sie muss ein konsolidiertes Kapital von TEUR 12.000 und Umsatzerlöse von etwa TEUR 120.000 ausweisen. Zur Unternehmensgruppe zählen alle Beteiligungen über 20%.

429 Vgl. Koschyk, M. M., steuerliche Beihilfen, 1999, S. 250.

430 Vgl. Hinnekens, L., Intertax 1996, S. 353.

431 Vgl. die empirischen Befunde hinsichtlich der Belastungsvergleiche ebenda, S. 354.

432 Die Europäische Kommission entschied am 17. Februar 2003, dass die bestehende steuerliche Regelung für die Belgischen Koordinationszentren (BKZ) mit dem EU-Beihilferecht nicht vereinbar ist und Belgien diese Regelung aufzuheben hat. Auf Grund der vor dem EuGH anhängigen Verfahren können die Koordinationszentren, die zum 31. Dezember 2000 bestehen, ihren Status bis zum 31. Dezember 2010 behalten. Vgl. die vor dem EuGH anhängigen Verfahren C-182/03 u. C-217/03, Belgien/Kommission sowie C-399/03, Kommission/Rat.

433 Europäische Kommission v. 10. Dezember 1998, Abl. EG 1998, C 384/03, S. 3-9 Rz. 20.

Schön kritisiert die Beurteilung der Steuervergünstigungen für belgische Koordinierungszentren als *selektive* Beihilfen durch die Kommission. Diese gehe zu weit in ihrer Auslegung von Art. 87 Abs. 1, wenn sie steuerliche Begünstigungen von Koordinierungszentren als selektiv ansehe, die ausschließlich bestimmte Aufgaben für die Gesellschaften einer Unternehmensgruppe ausführten.[434] Nach Auffassung von *Schön* sind die Steuervergünstigungen nicht als selektiv i. S. d. Art. 87 Abs. 1 EGV anzusehen, da sie nicht bestimmte Unternehmen oder Wirtschaftszweige begünstigen. Vielmehr bezögen sich die Beihilfen auf Koordinierungs- oder Managementfunktionen, die in fast jedem größeren Unternehmen anfallen könnten.[435] Mit dem Wortlaut des Art. 87 Abs. 1 sei nicht vereinbar, dass eine Maßnahme hierunter subsumiert wird, die eine Steuervergünstigung für alle Geschäftsgegenstände der ausländischen Investoren aufstelle und nicht sektoral differenziere.[436] Wenn es den Mitgliedstaaten erlaubt sein solle, Steuerlasten zwischen verschiedenen Produktionsfaktoren zu verschieben – solange nicht bestimmte Unternehmen begünstigt werden – müsse dies auch für Managementfunktionen großer Unternehmen gelten. Auch wenn Forschungs- und Entwicklungskosten nicht als selektiv angesehen würden, könne für Managementfunktionen nichts anderes gelten. Die Förderung dieser Funktionen im Rahmen der belgischen Koordinationszentren durch ein EU-Mitglied könnten daher nicht als selektive Beihilfe gewertet werden.[437]

Die Beurteilung der belgischen Vorschriften zu den Koordinierungszentren als *selektive* Beihilfe durch die Kommission zeigt, dass sich diese im Bereich steuerlicher Beihilfen von sektorspezifischen Anknüpfungsmomenten und damit vom Wortlaut des Art. 87 Abs. 1 weitgehend gelöst hat. So wird von ihr bereits die Einschränkung im Steuertatbestand als selektiv betrachtet, ohne dass nochmals gesondert auf die Selektivität der Vergünstigung eingegangen wird. Auch der EuGH verbindet bei Steuervergünstigungen die Frage nach der Begünstigung einer Steuerregelung mit dem Tatbestandsmerkmal der Bestimmtheit einer Beihilfe und verknüpft beide Tatbestandsmerkmale zu einer einheitlichen Fragestellung.[438]

Die Zusammenführung der Tatbestandselemente der Begünstigung und der Bestimmtheit ist m. E. abzulehnen. Zum einen werden beide Elemente bereits im Wortlaut von Art. 87 Abs. 1 getrennt.[439] Zum anderen verbindet sich mit dem jeweiligen Element eine unterschiedliche Fragestellung. So fragt die Begünstigung nach dem wirtschaftlichen Vorteil, wohingegen die Bestimmtheit auf einen interpersonellen Vergleich abstellt. Vorteilhafte Maßnahmen müssen jedoch

---

434 Vgl. Schön, W., CMLR 1999, S. 935; Schön, W., ECTR 2000, S. 100.
435 Vgl. Schön, W., CMLR 1999, S. 935.
436 Vgl. ebenda.
437 Vgl. ebenda, S. 935 f.
438 Kritisch Helios, M., EWS 2005, S. 210.
439 Ebenso ebenda.

nicht immer auf einen bestimmten Empfängerkreis eingrenzbar sein bzw. sektoral wirken. Würde man dies unterstellen, führte das dazu, dass es im Steuerrecht keine horizontalen Subventionen geben kann. Zwar führt z. B. ein auf die ertragsteuerliche Bemessungsgrundlage gewährter Freibetrag für Unternehmen ab 10 Mitarbeitern zu einer Begünstigung dieses Empfängerkreises – die Frage, wie sich letzterer zusammensetzt, ist hiervon jedoch nicht berührt. Erst in einem zweiten Schritt kann entschieden werden, ob die Maßnahme lediglich einer Gruppe von Steuerpflichtigen gewährt wird, wobei es dabei auf die oben genannten Gruppenmerkmale ankommen wird.[440]

Von der Frage nach der Zusammenführung der Tatbestandmerkmale Begünstigung und Bestimmtheit wird auch die Frage nach der Reichweite des Selektivitätskonzepts berührt. In den Arbeiten der Kommission deutet sich eine Tendenz in Richtung Ausweitung an. Während im Maßnahmenpaket der Kommission von Oktober 1997 hauptsächlich regionale und sektorale Beihilfen fokussiert wurden,[441] geht aus der Mitteilung zu Beihilfen im Bereich der Unternehmensbesteuerung von 1998 eine wesentlich weitere Interpretation des Selektivitätskriteriums hervor. Es scheint, als wende die Kommission für steuerliche Beihilfen strengere Maßstäbe an als für Beihilfen in anderen Bereichen.[442]

Mit der weiten Anwendung des Beihilfenverbots im Bereich steuerlicher Maßnahmen entfernt sich die Kommission vom Wortlaut des Art. 87 Ab. 1, der eben nicht sämtliche Formen von Beihilfen, sondern eben nur selektive Maßnahmen adressiert. Da hierdurch den Mitgliedstaaten ein erhebliches Maß an nationaler Wirtschaftspolitik genommen wird, müssen m. E. besondere systematische und teleologische Gründe gefunden werden, die für eine derart weite Auslegung des Selektivitätskonzepts sprechen. Aus systematischer Sicht spricht sicherlich die Ineffizienz des Selektivitätskonzepts für eine weite Auslegung der Beihilfenvorschriften des EG-Vertrags. Gegen eine streng auf die Ermittlung eines limitativ begünstigten Adressatenkreises bezogene Prüfung des Beihilfentatbestands lässt sich – neben den unter Punkt 4.3.1 genannten Einwänden – die gleiche Kritik anführen, die dem deutschen Subventionsbericht wegen eines analogen Unterscheidungsmerkmals für Subventionen entgegengebracht wurde.[443]

---

440 *Schön* spricht sich für eine Trennung von Begünstigung und Spezifität aus, da das Vorliegen einer Begünstigung lediglich die Frage beantworte, ob eine Beihilfe vorliege und nicht, ob diese nur *bestimmten Unternehmen* gewährt werde. Vgl. Schön, W., CMLR 1999, S. 930.

441 Sog. Monti-Paket, das neben einem Verhaltenskodex für die Unternehmensbesteuerung und Maßnahmen zum Abbau von Steuergrenzen für transnationale Unternehmensverflechtungen auch eine gemeinschaftliche Regelung der Zinsbesteuerung vorsah. Vgl.*Commission of the European Communities*, Competition, 1997, S. 1 ff.

442 Vgl. Europäische Kommission v. 10. Dezember 1998, Abl. EG 1998, C 384/03, S. 3-9 Rz. 20.

443 Vgl. Tipke, K., Steuerrechtsordnung I, 2000, S. 126 f.

Seit dem 6. Subventionsbericht[444] werden verschiedene Vorteile aus dem Vergünstigungsbegriff mit der Begründung ausgenommen, dass die weit überwiegende Mehrzahl der Steuerpflichtigen sie erhalte. Diesem Kriterium des „quantitativen Regel-Ausnahmeverhältnisses"[445] wurde entgegengesetzt, dass es nicht zutreffend sein könne, dass eine Subvention ihren Charakter verlieren solle, nur weil eine Majorität sie erhalte.[446]

Für eine weite Auslegung des Selektivitätskriteriums des EU-Beihilfenrechts spricht zudem ein gewichtiges systematisches Argument. Bei einer engen Auslegung könnten z. B. Exportsubventionen, die sektorübergreifend gewährt werden, nicht als schädliche Beihilfe identifiziert werden. Nach Art. 2 Abs. 3 Subventionsübereinkommen gelten diese Maßnahmen auch dann als spezifisch, wenn sich keine sektorbezogenen Differenzierungskriterien finden lassen. Der EG-Vertrag enthält keine vergleichbare Vorschrift. Daher brächte eine enge Auslegung des Selektivitätskriteriums die Gefahr mit sich, dass diese besonders wettbewerbsschädlichen Subventionen nicht erfasst würde.

Hinsichtlich der Vorschriften des Subventionsübereinkommens gibt es allerdings zahlreiche Gründe, die gegen eine ähnlich weite Auslegung des Spezifitätskonzepts sprechen. So sind die Ziele der Europäischen Union andere als die des WTO-Rechts. Während der EG-Vertrag gemäß Art. 2 EGV eine zukünftige politische Integration anstrebt und mit der Vorstellung eines Gemeinsamen Marktes die Beseitigung *aller* Wettbewerbsverzerrungen verbunden ist, ist diese Zielvorstellung im WTO-Recht nicht relevant.[447] Das WTO-Recht dient lediglich einem auf Gegenseitigkeit ausgelegtem Abbau von Handelshemmnissen und nicht der vollständigen Abschaffung protektionistischer Grenzmaßnahmen und ineffizienter wohlfahrtsmindernder Instrumente.[448]

Neben den unterschiedlichen Zielsetzungen beider Vertragswerke wird man im Falle der Koordinierungszentren aus WTO-rechtlicher Sicht auch auf Grund der exakten Definition von Spezifität nicht zu ähnlichen Ergebnissen kommen wie die Kommission. So legt Art. 2 unmissverständlich fest, was unter „bestimmten Unternehmen" zu verstehen ist. Ein Grund für die weite Auslegung des Selektivitätselements im Beihilfenrecht wurde darin gesehen, dass sektor-

---

444 Bundesminister der Finanzen (Deutschland), Subventionsbericht, 1977, S. 1 ff.

445 Zitzelsberger, H., StuW 1985, S. 199.

446 Vgl. Tipke, K., Steuerrechtsordnung I, 2000, S. 126 f.

447 Während die Präambeln der EG- und EU-Verträge eine „immer engere Union der Völker Europas" anstreben, um Frieden, Demokratie und Grundrechte zu fördern, findet sich im WTO-Übereinkommen kein Hinweis auf einen Integrationswillen der Vertragsparteien. Vgl. Bogdandy, A. v., Konstitutionalisierung, 2002, S. 17, 25 f. Ähnlich Howse, R., Am. J. Int'l L. 2002, S. 101 ff; Snyder, F., CMLR 2003, S. 366.

448 So kann etwa eine Bestimmung des GATT nicht teleologisch dahingehend ausgelegt werden, dass eine Harmonisierung herbeizuführen ist. Vgl. Bogdandy, A. v., Konstitutionalisierung, 2002, S. 26.

übergreifende Ausfuhrsubventionen bei enger Auslegung nicht erfasst würden. Diese sind im Subventionsübereinkommen durch Art. 3 Abs. 1 lit. a explizit verboten, womit ein wichtiges systematisches Argument für eine weite Auslegung des Spezifitätskonzepts entfällt.

Hinzu kommt, dass ein genau umschriebener Tatbestand sich schwerer zur Rechtsfortbildung eignet als eine Generalklausel.[449] Der Vertragstext sieht für die WTO-Organe insoweit kaum Auslegungsspielraum vor.[450] Zumindest bisher haben sich diese eng am Wortlaut des Subventionsübereinkommens orientiert. Dass dieser hinter teleologischen Argumenten zurücktritt, wie dies der EuGH im Gemeinschaftsrecht praktiziert, ist schwer vorstellbar.[451] So nehmen die WTO-Organe niemals ein übergreifendes „globales“ oder „WTO-Interesse“ an, sondern kennen bezüglich ihrer Entscheidungen nur ein rechtlich relevantes Interesse der im Streitverfahren beteiligten Parteien.[452] Das „Gemeinschaftsinteresse“ hingegen ist ein Kernbegriff des europäischen Gemeinschaftsrechts (Art. 43 Abs. 1 lit. a EU und Art. 86 Abs. 2 EGV) und gilt als wichtigstes argumentatives Werkzeug des EuGH.[453]

Im Falle der belgischen Koordinierungszentren ist auf Grund ihres sektorübergreifenden Ansatzes daher keine Spezifität gegeben.[454] Die Größenkriterien der Vorschriften zu den Koordinierungszentren werden durch Fußnote 2 zu Art. 2 Abs. 1 lit. b gedeckt und gelten demnach als horizontales Differenzierungsmoment. Die von den Vorschriften vorgenommene tätigkeitsbezogene Differenzierung wäre nur dann spezifisch im Sinne des Art. 2 Abs. 1 lit. c, wenn sich die Anzahl der Koordinierungszentren in bestimmten Sektoren nachweislich besonders häufen würde. In diesem Fall könnte Spezifität *de facto* vorliegen. Entsprechend der oben aufgeführten Kriterien für den Nachweis tatsächlich sektoraler Differenzierungen müsste der Nachweis erbracht werden, dass unter den Koordinationszentren die Luftfahrtindustrie am häufigsten vertreten ist oder von die-

---

449 Es ist jedoch fraglich, ob eine ähnliche Rechtsfortbildung des WTO-Rechts wie im Europarecht möglich ist. So ist der EG-Vertrag nach dem Stand der Harmonisierungs- und Integrationsprozesses auszulegen, was schon allein mangels eines solchen Prozesses für das WTO-Recht nicht gelten kann. Vgl. zum evolutionären Prozess der Europarechtsfortbildung im Steuerrecht Pistone, P., Impact, 2002, S. 41.

450 Dennoch sind auch hier Unschärfen unvermeidlich. Vgl. oben Punkt 4.3.1.

451 Während sich der EuGH bei gewichtigen teleologischen und systematischen Argumenten über den Wortlaut einer Norm hinwegsetzt, orientieren sich die WTO-Organe bei ihrer Auslegung von WTO-Normen wesentlich strenger am Wortlaut. Vgl. Slotboom, M. M., JIEL 2001, S. 557 ff.

452 Vgl. WTO Appellate Body Report und Panel Report v. 20. Mai 1996 (US – Gasoline), Rz. 22; Bogdandy, A. v., Konstitutionalisierung, 2002, S. 26.

453 Vgl. EuGH v. 5. Februar 1963 (Van Gend & Loos), EuGHE 1963, S. 1 insbes. S. 24.

454 Hinzu kommt, dass sich der Anwendungsbereich des Subventionsübereinkommens auf den Handel mit körperlichen Waren beschränkt und Differenzierungen im Dienstleistungsbereich vom Subventionsübereinkommen nicht erfasst werden.

ser Vergünstigung überwiegend Gebrauch macht. Derartige empirische Befunde sind jedoch nicht bekannt.

Es bleibt daher festzuhalten, dass, selbst wenn steuerliche Vergünstigungen für Tochtergesellschaften, die Finanz- oder Managementfunktionen anbieten, auf Grund einer sehr weiten Anwendung des Beihilfenverbots von der Kommission unter Art. 87 Abs. 1 EGV subsumiert werden, ähnliche systematische und teleologische Argumente für das Spezifitätskriterium des Subventionsübereinkommens nicht bestehen. Entgegen der im Bereich des EG-Vertrags geschilderten Tendenzen hinsichtlich einer Ausweitung des Selektivitätsbegriffs in Bezug auf steuerliche Maßnahmen ist für das Vorliegen von Spezifität im Sinne des Art. 2 Subventionsübereinkommen zu konstatieren, dass hierunter lediglich Differenzierungen nach Herstellungsverfahren[455] sowie nach Art der hergestellten Endprodukte oder der eingesetzten Ausgangsprodukte subsumiert werden können. Allgemeine Vergünstigungen für Holdinggesellschaften fallen insoweit nicht unter die Subventionsdisziplin des Übereinkommens.

Ein Beispiel dafür, dass auch steuerliche Vorschriften industriesektorale Anknüpfungsmomente haben, sind Abschreibungstabellen, die je nach Wirtschaftszweig eine unterschiedliche Nutzungsdauer vorgeben.[456] Damit diese Vorschriften jedoch als spezifische Subvention gewertet werden könnten, müsste allerdings zunächst der Subventionstatbestand des Art. 1 erfüllt sein. Hieran ergeben sich jedoch Zweifel, da es am Vorliegen eines Vorteils fehlt, wenn durch die Abschreibungstabellen der tatsächliche Werteverfall der entsprechenden Produktionsmittel in ihrer industriesektoralen Nutzung korrekt wiedergegeben wird. Sofern die Nutzungsdauer sachlich gerechtfertigt ist, ist der Subventionstatbestand nicht einschlägig. Handelt es sich jedoch um unsachliche Differenzierungen dahingehend, dass eine kürzere Nutzungsdauer für einen Wirtschaftszweig nicht anhand des tatsächlichen Verschleißes der Produktionsmittel begründet werden kann, liegt eine spezifische Subvention vor. Sofern der Nachweis einer ernsthaften Schädigung der Interessen eines anderen WTO-Mitglieds erbracht werden kann, ist die schädigende Wirkung der Subvention durch das Übereinkommen verboten bzw. ein beschwerdeführender Staat dazu ermächtigt, Ausgleichsmaßnahmen einzuleiten.

Seit 1995 fördert Deutschland die Investitionstätigkeit kleiner und mittlerer Betriebe durch die Möglichkeit der Bildung einer steuerfreien Rücklage. Sie steht allen Unternehmen bis zu einer bestimmten Größe offen. Bis zu 40% der voraussichtlichen Anschaffungs- oder Herstellungskosten künftiger Investitionen in neue bewegliche Wirtschaftsgüter des Anlagevermögens können gemäß § 7g Abs. 3 dEStG in die Rücklage eingestellt werden. Die Europäische Kommis-

---

[455] D. h. soweit dadurch ein Industriezweig abgegrenzt werden kann. Vgl. die Definition von „Wirtschaftszweig" unter Punkt 4.3.2.1.

[456] So etwa die deutschen AfA-Tabellen.

sion hat die Ansparabschreibung für unbedenklich gehalten, soweit ihre Gewährung nicht an Unternehmen aus sensiblen Sektoren fällt und die Unternehmen die Größenmerkmale des Gemeinschaftsrahmens der Kommission für KMU nicht überschreiten.[457] Diese sensiblen Sektoren hat der deutsche Gesetzgeber daraufhin vom Begünstigtenkreis der Ansparabschreibung ausgenommen. Sie wird dann nicht gewährt, wenn das Wirtschaftsgut für Zwecke verwendet wird, für die nach EU-Recht wegen der Zugehörigkeit zu einem „sensiblen Sektor"[458] keine Förderung möglich ist.

Auch aus WTO-rechtlicher Sicht ist das Vorliegen der Spezifität zu negieren, da von dieser Maßnahme sämtliche kleinen und mittleren Unternehmen in Deutschland profitieren. Die Eingrenzung der anspruchsberechtigten Unternehmen anhand der vorgegebenen Größenkriterien ist als objektive Bedingung im Sinne des Art. 2 Abs. 1 lit. b zu werten. Fußnote 2 zu diesem Art. nennt explizit die Größe von Unternehmen als horizontales Kriterium. Zu inter- oder intrasektoralen Differenzierungen führt dieses Abgrenzungskriterium nicht.[459] Lediglich, wenn sich herausstellte, dass bestimmte Branchen überproportional von dieser Abschreibung profitieren, könnte Spezifität *de facto* vorliegen. Empirische Befunde hierzu sind jedoch nicht bekannt.

Um die vom Strukturwandel besonders betroffenen Industriesektoren des Luftfahrt- und Schiffbaus zu fördern und zu Investitionen in neue Handels- und Seeschiffe bzw. Luftfahrzeuge anzureizen, hat der deutsche Gesetzgeber spezielle Sonderabschreibungen nach 82f dEStDV eingeführt. Steuerpflichtige können auf diese Wirtschaftsgüter Sonderabschreibungen von bis zu 40% der Anschaffungs- oder Herstellungskosten vornehmen.[460] Die Europäische Kommission hat bei ihrer Beurteilung der Sonderabschreibung für Luftfahrzeuge festgestellt, dass diese nur bestimmte Sektoren begünstige und es sich daher um eine selektive Fördermaßnahme im Sinne des Art. 87 Abs. 1 EGV handle.[461] Die Verlängerung der Sonderabschreibung für Handelsschiffe für weitere fünf Jahre wurde

---

[457] Als beihilferechtlich sensible Sektoren werden aus Sicht der EU-Kommission Wirtschaftsbereiche betrachtet, bei denen sich auf Grund starker struktureller Probleme schon bei geringen Subventionen erhebliche Auswirkungen auf den Wettbewerb ergeben. Hierzu gehören die Eisen- und Stahlindustrie, Kraftfahrzeugindustrie, Kunstfaserindustrie, Schiffbau, Schiffsumbau, Schiffsreparaturen und Verkehr.

[458] Die betrieblichen Tätigkeiten, die als sensibler Sektor gelten, sind in Anlage 1 zum InvZulG 2005 aufgeführt, wobei diese Anlage jederzeit durch Rechtsverordnung an das sich ggf. ändernde EU-Recht angepasst werden kann.

[459] Ähnlich zum Beihilfenrecht Koschyk, M. M., steuerliche Beihilfen, 1999, S. 237.

[460] Nach Abs. 5 zu § 82f EStDV konnte die Sonderabschreibung sowohl für Handelsschiffe als auch für Luftfahrzeuge letztmalig im Wirtschaftsjahr 1998 in Anspruch genommen werden, da das begünstigte Objekt vor dem 1. Januar 1999 angeschafft oder hergestellt werden musste.

[461] Vgl. Europäische Kommission v. 13. März 1996, Abl. EG 1996, L 146, S. 42-48.

allerdings von der Kommission genehmigt.[462] Auch aus WTO-rechtlicher Sicht handelt es sich um spezifische Subventionen, da ausschließlich der deutsche Schiff- und Luftfahrzeugbau gefördert wird. Sofern auch eine ernsthafte Schädigung der Interessen eines WTO-Mitglieds nachgewiesen werden kann, besteht für Deutschland die WTO-rechtliche Verpflichtung, die schädigende Wirkung dieser Vorschriften zu beseitigen.

Im Jahr 1987 errichtete die irische Regierung im ehemaligen Dubliner Hafengebiet ein Zentrum für internationale Finanzdienstleistungen (International Financial Service Centre – IFSC). Um Unternehmen anzureizen, sich auf diesem Gebiet niederzulassen, werden zeitlich befristete Ermäßigungen beim Körperschaftsteuersatz gewährt, der mit 10% deutlich unter dem allgemeinen irischen Körperschaftsteuerniveau liegt.[463] Um als IFSC anerkannt zu werden, muss das betreffende Unternehmen Finanzdienstleistungen erbringen, zu denen übliche Bank- und Versicherungsleistungen zählen. Diese Leistungen müssen für Unternehmen oder natürliche Personen erbracht werden, die nicht in Irland ansässig sind, und es müssen in Irland neue Arbeitsplätze geschaffen werden.[464]

Die Kommission hatte bei ihrer Beurteilung der IFSC-Vorschriften keine Zweifel daran, dass es sich hier um eine selektive Beihilfe handelt.[465] Innerhalb des Paketes an Vergünstigungen sah die Kommission den auf 10% abgesenkten Körperschaftsteuersatz als wesentlich an, genehmigte jedoch die Beihilfen auf Grund der schlechten gesamtwirtschaftlichen Lage Irlands, insbesondere der Gegend um die Dublin Docks.[466] Nach mehrmaligem Verlängern der Genehmigung kam die Kommission im Jahr 1998 zur Ansicht, dass sich die sozioökonomischen Rahmenbedingungen in Irland geändert hätten und eine förderungswürdige Region nicht mehr vorliege. Auf Grund des Fehlens der Fördervoraussetzungen durften Steuervergünstigungen nur noch bis zum Jahr 2005 an IFSC gewährt werden, die bis zum 31. Mai 1998 genehmigt wurden.[467]

Aus WTO-rechtlicher Sicht ließe sich zunächst anführen, dass es sich bei den Subventionsempfängern nicht um Unternehmen handelt, die sich mit Herstellung oder Handel körperlicher Waren beschäftigen. Betroffen sind vielmehr Unternehmen, die Bank- und Versicherungsdienstleistungen anbieten. Maßnahmen, die gezielt das Kredit- und Versicherungsgewerbe sowie mit diesen verbundene Tätigkeiten begünstigen, werden vom Subventionsübereinkommen nicht adres-

---

462 Vgl. BMF-Schreiben v. 17. Februar 1997, BStBl I 1997, S. 194.

463 Daneben wurden weitere Vergünstigungen, insbesondere im Bereich der Umsatzsteuer, gewährt. Vgl. m. w. N. Koschyk, M. M., steuerliche Beihilfen, 1999, S. 259.

464 Ausführlich zu den einzelnen Bedingungen vgl. Europäische Kommission, Primarolo Bericht, 2000, S. 39 f.

465 Vgl. m. w. N. Europäische Kommission v. 18. Dezember 1998, Abl. EG 1998, C 395/08, S. 14-18.

466 Vgl. ebenda; Europäische Kommission, Wettbewerbspolitik, 1987, S. 85 f. Rn. 249.

467 Vgl. Europäische Kommission v. 18. Dezember 1998, Abl. EG 1998, C 395/09, S. 19-23.

siert, da es sich hier um Dienstleistungen und nicht um körperliche Waren handelt. Der Schutzbereich der Anhang 1A Übereinkommen des WTO-Übereinkommens ist daher nicht berührt.[468] Dennoch kann nicht ausgeschlossen werden, dass auch Unternehmen hiervon profitieren, die im Bereich des Warenhandels tätig sind. So haben viele internationale Konzerne ihre Versicherungs- oder Finanzdienstleistungen in IFSC-Tochtergesellschaften gebündelt. In sämtlichen Finanzdienstleistungsbereichen der IFSC finden sich Tochtergesellschaften international tätiger Großunternehmen.[469] Es kann daher nicht ausgeschlossen werden, dass die Vergünstigungen sich auch auf den Warenhandel auswirken.

Dennoch finden sich keine Hinweise darauf, dass einzelne Wirtschaftszweige – mit Ausnahme des nicht in den Anwendungsbereich des Übereinkommens fallenden Kredit- und Versicherungsgewerbes – besonders vom IFSC-Regime profitieren. Die Tatsache, dass von dieser Maßnahme Unternehmen profitieren, die Finanzdienstleistungen anbieten, ist für die Subventionsdisziplin des Subventionsübereinkommens jedenfalls nicht relevant. Auch hinsichtlich der Wirtschaftszweige, die in den Anwendungsbereich des Übereinkommens fallen, gibt es keinen Hinweis darauf, dass sich IFSC-Gesellschaften in bestimmten Sektoren besonders häufen. Es handelt sich daher nicht um eine Subvention, die im Sinne des Art. 2 Abs. 1 spezifisch ist.

4.3.3 Erhebliche Schädigung

Eine spezifische Subvention muss, damit sie anfechtbar ist bzw. der subventionierende Staat die negativen Auswirkungen der Subvention zu beseitigen hat, nachteilige Auswirkungen im Sinne des Art. 5 haben. Nach Art. 5 lit. a bis c werden nachteilige Auswirkungen angenommen, wenn die Subvention zu einer erheblichen Schädigung der Hersteller gleichartiger Waren eines anderen Mitglieds führt, aus dem GATT 1994 erwachsende Vorteile geschmälert oder zunichte gemacht werden oder eine ernsthafte Schädigung der Interessen eines anderen WTO-Mitglieds vorliegt. Ist einer dieser drei Tatbestände erfüllt, so ist die Subvention anfechtbar. Dem subventionierenden Mitgliedstaat ist die Gewährung einer solchen Subvention nicht erlaubt. Im Gegensatz zu den verbotenen Subventionen des Teils II stützt sich das Verbot nicht auf die Form der Subventionierung, sondern auf die Verursachung bestimmter negativer Wirkungen.[470] Der subventionierende Staat hat die Subvention selbst – oder durch Umgestaltung der Maßnahme – ihre Wirkung zu beseitigen.[471] Hier liegt der Unterschied

---

[468] Vgl. oben Punkt 2.4.1.

[469] So existieren etwa eine Porsche International Financing plc, Airbus Financial Services, Caterpillar Financial Services oder Metzler Ireland Ltd. Vgl. auch im Internet auf der Seite http://www. ifsconline.ie/ (Zugriff: Dezember 2005).

[470] Vgl. Beviglia Zampetti, A., JWT 1995, S. 23.

[471] Vgl. Mrozek, M., Marktordnungsrecht, 2003, S. 164.

zur Subventionsdisziplin des Teils II für verbotene Subventionen, bei denen stets die Pflicht zur Beseitigung der Subvention an sich besteht.[472]

Die Schädigung von Anbietern gleichartiger Waren eines anderen Mitgliedsstaates gemäß Art. 5 lit. a wird angenommen, wenn eine Subvention bestimmten inländischen Unternehmen gewährt wird und dies zu einer *erheblichen* Schädigung von Anbietern gleichartiger Waren des anderen Mitgliedstaates führt oder zu führen droht – erheblich deshalb, weil Fußnote 11 zu Art. 5 auf Teil V verweist, wo eine erhebliche Schädigung für die Erhebung eines Ausgleichszolls nachzuweisen ist. Der Begriff der Schädigung eines inländischen Wirtschaftszweigs beschreibt die Veränderung des inländischen Marktes, die sich wiederum auf die inländischen Hersteller dieser Waren auswirken muss. Hat diese Veränderung aus der Perspektive der inländischen Hersteller nachteilige Auswirkungen, liegt die Schädigung eines inländischen Wirtschaftszweiges vor.[473]

Das Zunichtemachen oder die Schmälerung von aus dem GATT 1994 erwachsenden Vorteilen ist der zweite Tatbestand des Art. 5 und stellt ein partielles, auf Subventionen beschränktes Verbot für Ersatzmaßnahmen einer unzulässigen Zollpolitik dar. Es ist den Mitgliedstaaten nicht erlaubt, Subventionen zu gewähren, die aus der Perspektive eines Handelspartners die gleiche Wirkung entfalten wie das Überschreiten der Zollzugeständnisse des GATT 1994.[474]

Eine ernsthafte Schädigung der Interessen anderer Mitglieder im Sinne des Art. 5 lit. c kann auf zwei Wegen erfolgen. Zum einen tritt die Rechtswirkung unmittelbar ein, wenn eine der in Art. 6 Abs. 3 genannten Bedingungen erfüllt ist. Gemeinsam ist den Tatbeständen in lit. a bis d des Art. 6 Abs. 3, dass die Subvention das Angebotsverhalten der begünstigten Unternehmen so verändert, dass Ertragsmöglichkeiten der ausländischen Konkurrenz mit gleichartigen Waren eingeschränkt werden.[475] Dies kann z. B. aus einer Verdrängung oder Verhinderung von Einfuhren gleichartiger Waren in den Markt des subventionierenden Mitglieds (lit. a) oder in einen Drittlandsmarkt (lit. b) resultieren.

Zum anderen ermöglicht Art. 6 Abs. 1 auch die Vermutung der ernsthaften Schädigung, die jedoch durch den Nachweis widerlegt werden kann, dass keine der in Art. 3 genannten Folgen eingetreten ist.[476] Nach Art. 6 Abs. 1 lit. a wird das Vorliegen einer ernsthaften Schädigung angenommen, wenn ein Produkt mit mehr als 5% seines Wertes subventioniert wird. Gemäß lit. b wird eine ernsthafte Schädigung vermutet, wenn durch die Subvention die Verluste von Herstellern gleichartiger Waren (Wirtschaftszweig) gedeckt werden sollen. Lit. c führt die (wiederholte) Deckung von Betriebsverlusten für einzelne Unternehmen an. Gemäß lit. d liegt eine ernsthafte Schädigung vor, wenn die Regierung einem

---

[472] Vgl. Grave, C., Subventionsbegriff, 2002, S. 87.
[473] Vgl. ebenda, S. 87 f.
[474] Vgl. ebenda, S. 89.
[475] Vgl. ebenda, S. 90.
[476] Vgl. ebenda, S. 89 f.

Unternehmen Schulden erlässt oder Zuschüsse zur Rückzahlung von Verbindlichkeiten gewährt werden. Allerdings ist zu berücksichtigen, dass Art. 31 Subventionsübereinkommen eine zeitliche Befristung für die Anwendung des Art. 6 vorgesehen hat, welche am 31. Dezember 1999 abgelaufen und nicht verlängert worden ist.

Ein wirkungsorientiertes Konzept der ernsthaften Schädigung stellt Absatz 3 zur Verfügung. Danach liegt diese vor, wenn die Subvention Einfuhren einer gleichartigen Ware eines anderen Mitglieds auf den Markt des subventionierenden Mitglieds (lit. a) oder einen Drittlandsmarkt (lit. b) verdrängt oder verhindert. Lit. c bestimmt das Vorliegen einer ernsthaften Schädigung, wenn sich die Subvention in einer bedeutenden Preisunterbietung einer gleichartigen Ware eines anderen Mitglieds auf demselben Markt oder in erheblichem Preisdruck, Preisrückgang oder Absatzverlust auf demselben Markt auswirkt. Lit. d spricht von einer Zunahme des Weltmarktanteils des subventionierenden Mitglieds im Vergleich zu einem Dreijahresdurchschnitt.

In der betriebswirtschaftlichen Theorie herrscht Einigkeit, dass auch direkte Steuern einen Einfluss auf die Produktpreise von Unternehmen haben können. Eine niedrigere Steuerquote gibt Unternehmen in preissensiblen Märkten die Möglichkeit, ihre Gewinnspanne auf Produktebene zu senken. Dieser Effekt kann sich in extremer Form auch auf ganze Produkte oder Produktgruppen überwälzen. Lässt sich dieser Effekt anhand von Statistiken über Marktanteile oder Verkaufsmengen nachweisen und wird glaubhaft gemacht, dass hierdurch die Gesamtleistung und die finanzielle Lage eines Wirtschaftszweiges des Beschwerdeführers erheblich beeinträchtigt wird, ist der Tatbestand der ernsthaften Schädigung belegt. Wird z. B. bei Abschreibungsvorschriften für einen bestimmten Wirtschaftszweig eine besonders kurze Nutzungsdauer festgelegt, hat dieser die Möglichkeit, sich schneller zu refinanzieren, was Zins- und Liquiditätsvorteile mit sich bringt. Nutzen die Unternehmen dieses Wirtschaftszweigs das Kosteneinsparungspotential in einem aggressiven Auftreten auf dem Markt, sind Situationen der ernsthaften Schädigung durchaus denkbar.

4.4 Verbotene Subventionen

Das Subventionsübereinkommen adressiert zwei unterschiedliche Arten von Spezifität. Während bei heimischen Subventionen ein bestimmter Empfängerkreis das Anknüpfungsmoment darstellt, ist es bei Ausfuhrsubventionen oder importersetzenden Subventionen der *Vorgang* der Aus- bzw. Einfuhr. Im Gegensatz zu heimischen Subventionen verbietet Art. 3 Abs. 1 Ausfuhrsubventionen und importersetzende Subventionen auch dann, wenn sie allgemein zugänglich und nicht auf bestimmte Unternehmen oder Wirtschaftszweige beschränkt sind. Hinzu kommt, dass bei verbotenen Subventionen auch der Nachweis einer ernsthaften Schädigung nicht erbracht werden muss. Diese wird bei Ausfuhrsubventionen und importersetzenden Subventionen stets als gegeben angenommen.[477] Bereits der Subventionskodex von 1979 ging stillschweigend davon aus, dass Ausfuhrsubventionen stets spezifisch sind. Das 1989 in der Uruguay-Runde interimistisch vereinbarte *Mid Term Review Agreement*[478] nannte die Begrenzung des Empfängerkreises auf bestimmte Unternehmen oder Wirtschaftszweige nur im Zusammenhang mit ausgleichsfähigen und anfechtbaren Subventionen. Der Nachweis von Ausfuhrsubventionen und importersetzenden Subventionen sollte hingegen nicht von einer allgemeinen Verfügbarkeit abhängig gemacht werden.[479]

Der Anwendungsbereich des Verbots von Ausfuhrsubventionen hat sich seit der Entstehung des GATT 1947 kontinuierlich ausgeweitet. In seiner ursprünglichen Fassung bestimmte das GATT 1947 für Ausfuhrsubventionen lediglich eine Notifikationspflicht. Die Erweiterung des GATT-Subventionsregimes im Jahr 1955 führte zu einem Verbot der Subventionierung von Grundstoffen, wenn diese dazu führte, dass das subventionierende Mitglied hierdurch einen unangemessen hohen Anteil am Welthandel erreichte. Die Exportsubventionierung aller anderen Produkte war den Vertragsstaaten verboten, wenn sie dazu führte, dass die Preise ausgeführter Waren unter dem vergleichbaren Inlandspreis gleichartiger Ware liegen. Im Rahmen der Ergänzung des Art. XVI GATT 1947 im Jahre 1955 wurde von einer GATT-Arbeitsgruppe eine Liste von Maßnahmen vorgelegt, die von den Vertragsparteien als Ausfuhrsubventionen angesehen werden sollten. In der Erklärung von 1960 zur Inkraftsetzung des Art. XVI Abs. 4 GATT verpflichteten sich die Unterzeichner, mindestens diese Maßnahmen als Ausfuhrsubventionen zu betrachten.[480] Eine überarbeitete Fassung der Beispielliste der Arbeitsgruppe wurde dem Subventionskodex als Anhang I beigefügt.

In der Uruguay-Runde haben sich die Mitglieder der WTO auf ein vollständiges Verbot von Ausfuhrsubventionen und importersetzenden Subventionen geeinigt. Danach sind die WTO-Mitglieder verpflichtet, diese Subventionen abzuschaffen (Art. 3 Abs. 2) bzw. nicht neu einzuführen (Art. 3 Abs. 2). Das Verbot gilt sowohl für *de jure*- als auch für *de facto*-Subventionen.[481] Nach dem Schutzzweck des Art. 3 ist nicht nur die Förderung des Exports in andere WTO-Mitgliedstaaten, sondern auch in Drittländer erfasst, da auch hier Produkte anderer WTO-Mitgliedstaaten verdrängt werden können.[482]

---

477 Vgl. die Grafik bei Anderson, M. J./Husisian, G., Framework, 1996, S. 310.

478 Vgl. Trebilcock, M. J./Howse, R., Regulation, 2005, S. 51 ff.

479 Vgl. Grave, C., Subventionsbegriff, 2002, S. 210.

480 GATT Panel Report v. 19. November 1960 (Provisions of Article XVI:4), BISD 9S, S. 187 Rz. 5.

481 Vgl. Anderson, M. J./Husisian, G., Framework, 1996, S. 309. Auch für importersetzende Subventionen gilt trotz Fehlens einer expliziten Erwähnung das *de facto*-Konzept. Vgl. WTO Appellate Body Report v. 31. Mai 2000 (Canada – Autos), Rz. 140.

482 Vgl. Grave, C., Subventionsbegriff, 2002, S. 84.

4.4.1 Importersetzende Subventionen

Importersetzende Subventionen sind Subventionen an inländische Warenanbieter oder -hersteller, die davon abhängig gemacht werden, dass einheimische Waren Vorrang vor importierten Waren erhalten (Art. 3 Abs. 1 lit. b Subventionsübereinkommen). Bei der Importsubstitution handelt es sich um eine protektionistische Handelspolitik, durch die ein Land versucht, die inländische Wirtschaft vor ausländischen Wettbewerbern abzuschirmen. Dies geschieht in der Regel durch die Erhebung hoher Einfuhrzölle, -quoten und -lizenzen, aber auch durch nichttarifäre Hemmnisse wie Subventionen. Staaten bedienen sich dieser Form des Protektionismus, um der inländischen Industrie eine „Starthilfe" zu geben. Haben sich die im Inland hergestellten Produkte auf dem dortigen Markt etabliert, wird die Subventionierung zurückgefahren. Im Ergebnis werden durch die Importsubstitution gleichartige Importwaren durch inländische Produkte ersetzt.[483]

In der Streitsache *US – FSC 21.5* wurde den USA von der EG vorgeworfen, mit dem sog. "local contend requirement" inländischen Unternehmen eine Subvention im Sinne des Art. 3 Abs. 1 lit. b zu gewähren. Danach hatten Unternehmen nur einen Anspruch auf die FSC-Steuerbefreiungen auf Exporteinkünfte, wenn die exportierten Waren zu mehr als 50% ihres Marktwertes aus amerikanischer Herstellung stammten. Amerikanische Unternehmen konnten die Steuerfreistellungen also nur erhalten, wenn sie Vorprodukte aus überwiegend amerikanischer Fertigung verwendeten. Die Verarbeitung importierter Waren hingegen qualifizierte nicht für die Freistellung von Ausfuhrerlösen. Aus Gründen der Verfahrensökonomie verzichtete das Panel allerdings auf die Prüfung des Art. 3 Abs. 1 lit. b, da es bereits eine Ausfuhrsubvention und einen Verstoß gegen die Inländergleichbehandlung des Art. III: 4 GATT feststellte und die Streitparteien im Verfahren nicht hinreichend zu Art. 3 Abs. 1 lit. b Stellung bezogen.[484] Die Reichweite des Verbots der importersetzenden Subventionierung und insbesondere seine Wirkung auf steuerliche Maßnahmen ist daher noch weitgehend unklar.

Das Wort „Waren" in Art. 3 Abs. 1 lit. b deutet allerdings darauf hin, dass die Vorschrift nicht für Maßnahmen gilt, die dazu führen, dass inländische Produktionsfaktoren, wie der Arbeitseinsatz bei der Güterherstellung, gegenüber ausländischen Produktionsfaktoren bevorzugt werden. Auf Basis des Wortlauts der Norm des Art. 3 Abs. 1 lit. b kann jedenfalls schwerlich gefordert werden, dass

---

483 Vgl. Samuelson, P. A./Nordhaus, W. D., Economics, 1992, S. 73. In der Vergangenheit war diese Form der protektionistischen Handelspraktik insbesondere in den lateinamerikanischen Staaten populär. Vgl. Giesze, C. R., St. Mary's L. J. 1994, S. 889 ff.

484 Vgl. WTO Panel Report v. 8. Oktober 1999 (US – FSC), Rz. 7.132. Da der Appellate Body die Ergebnisse des Panels aufrecht erhielt, musste auch er sich nicht mit der Prüfung von Art. 3 Abs. 1 lit. b Subventionsübereinkommen befassen. Vgl. WTO Appellate Body Report v. 24. Februar 2000 (US – FSC), Rz. 175.

Maßnahmen hierunter zu subsumieren seien, die inländische Produktionsfaktoren bevorzugen.[485] Hierzu müsste der Nachweis einer indirekten Subventionierung inländischer Waren oder Vorprodukte über die Bevorzugung inländischer Produktionsfaktoren, z. B. auf Basis empirischer Befunde, möglich sein. Der Rückgriff auf solche Beweise bedarf jedoch eines ähnlichen *de facto*-Konzepts, wie es durch Art. 3 Abs. 1 lit. a für Ausfuhrsubventionen bestimmt wird. Gegen das Vorliegen eines solchen Konzepts spricht jedenfalls, dass Art. 3 Abs. 1 lit. b ein solches Konzept nicht explizit nennt, während es in lit. b normiert ist. Hätten demnach die Verhandelnden ein solches Konzept auch für lit. b gewollt, hätten sie es wohl durch einen ähnlichen Satz in diese Vorschrift eingefügt.[486]

Dagegen lässt sich anführen, dass das Fehlen von "in fact" in dieser Norm nicht grundsätzlich dahingehend zu deuten ist, dass das *de facto*-Konzept nicht auch für Subventionen im Sinne des lit. b gilt.[487] So wäre es für ein Land einfach, den Tatbestand der Importsubstitution dadurch zu umgehen, dass eine solche Maßnahme nicht explizit in einem legislativen Instrument aufgeführt wird, sondern sich erst aus dem Zusammenspiel verschiedener Rechtsnormen mit tatsächlichen Marktgegebenheiten ergibt. So werden auch durch Art. III: 4 GATT 1994, der ebenfalls Maßnahmen adressiert, die den Gebrauch inländischer Waren vor importierten Waren bevorzugen, *de facto*-diskriminierende Maßnahmen erfasst. Zwar sind beide Vorschriften unterschiedlich in ihrem Wortlaut und Anwendungsbereich, dennoch ist unwahrscheinlich, dass sich Art. III: 4 GATT sowohl auf *de iure*- als auch auf *de facto*-Diskriminierungen bezieht, Art. 3 Abs. 1 lit. b Subventionsübereinkommen hingegen nur *de jure*-Situationen anspricht.[488] Auch Art. XVII GATS, der sowohl *de jure*- als auch *de facto*-Diskriminierungen verbietet, stützt dieses Ergebnis.[489] Daher muss auch für die importersetzende Subvention ein Nachweis der Importsubstitution auf Basis von Fakten möglich sein.[490]

Mit der Möglichkeit des Nachweises importersetzender Subventionen auf Basis von Fakten verschwimmen die Unterschiede zwischen Art. III: 4 GATT und Art. 3 Abs. 1 lit. b Subventionsübereinkommen, da neben direkter Produktsubventionierung auch Produktionsfaktor-Subventionierungen als indirekte Formen der Subventionierung inländischer Warenanbieter durch Art. 3 Abs. 1 lit. b erfasst werden. Art. III Abs. 4 GATT 1994 ist Bestandteil der Inländergleichbehandlung (Art. III GATT) und betrifft diskriminierende regulatorische Maß-

---

485 Vgl. Chou, W., NW. J. INT'L L. & BUS. 2005, S. 447.

486 Vgl. WTO Panel Report v. 11. Februar 2000 (Canada – Autos), Rz. 10.220 f.

487 Vgl. WTO Appellate Body Report v. 31. Mai 2000 (Canada – Autos), Rz. 139.

488 Vgl. ebenda, Rz. 140.

489 Vgl. ebenda, 140. Unter Verweis auf WTO Appellate Body Report v. 9. September 1997 (EC – Bananas), Rz. 233.

490 Vgl. WTO Appellate Body Report v. 31. Mai 2000 (Canada – Autos), Rz. 135 ff.

nahmen[491], die dazu führen, dass importierte Waren ungünstiger behandelt werden als gleichartige inländische Waren.[492] Art. 3 Abs. 1 lit. b kehrt diesen Anwendungsbereich um und betrifft subventive Maßnahmen, die zu einer günstigeren Behandlung inländischer Waren führen als von gleichartigen ausländischen Waren. In diesem Falle werden ausländische Waren von einer Begünstigung ausgeschlossen und dadurch diskriminiert. Für die Frage nach steuerlichen Maßnahmen, die unter diese Vorschrift subsumierbar sind, kann daher auf Ausführungen zu Art. III: 4 GATT 1994 zurückgegriffen werden.

Vor diesem Hintergrund sind steuerliche Vorschriften problematisch, die an die Herkunft von Produktionsmitteln anknüpfen. So z. B. Abschreibungsvorschriften, die für inländische technische Anlagen und Maschinen höhere Sätze aussprechen als für Maschinen ausländischer Herkunft.[493] Als „importersetzende Maßnahmen" sind auch die von Korea angewendeten Steuergutschriften für Investitionsprojekte zu beurteilen. Danach wurden bestimmte Investitionen steuerlich mit bis zu 5% der Anschaffungskosten gefördert. Für entsprechende Investitionen in Einrichtungen, die im Inland hergestellt wurden, war jedoch eine 10%-ige Steuergutschrift vorgesehen. Ähnlich wie Abschreibungsvorschriften führte diese Maßnahme dazu, dass koreanische Unternehmen bevorzugt in inländische Einrichtungen investierten und hierdurch gleichartige Güter ausländischer Fabrikation auf dem Inlandsmarkt substituiert bzw. diskriminiert wurden.[494]

Da zwischen Herkunft und Angebot von Waren und der Ansässigkeit des Warenanbieters keine zwingende Verbindung besteht, wird für das Diskriminierungsverbot des GATT 1994 bzw. das Konzept für importersetzende Subventionen ein geringer Anwendungsbereich im Internationalen Steuerrecht gesehen. Ausländische Waren müssen nicht zwingend durch ausländische Anbieter vertrieben werden. Möglich ist z. B. die Gründung einer inländische Kapitalgesellschaft, über die der Vertrieb organisiert wird. Die Frage nach der Herkunft der Waren bzw. des Anbieters ist daher losgelöst von der Frage der Ansässigkeit zu betrachten, weshalb das produktbezogene Diskriminierungsverbot des GATT 1994 im Internationalen Steuerrecht kaum von Bedeutung ist. Lediglich in dem schmalen Bereich, in denen sich steuerliche Vorschriften direkt auf die Warenebene auswirken, sind die Inländergleichbehandlung des Art. III: 4 GATT 1994

---

491 Art. III Abs. 4 GATT 1947 nennt Gesetze, Verordnungen und sonstige Vorschriften über den Verkauf, das Angebot, den Einkauf, die Beförderung, Verteilung oder Verwendung.

492 Hier geht es nicht um Übereinstimmungen in der Beschaffenheit von Waren (z. B. verwendete Eingangsmaterialien), sondern um gleichartige, im Wettbewerb relevante Eigenschaften (z. B. Märkte und Zielgruppen). Vgl. Stricker, T. K., Report, 2005, S. 326.

493 Vgl. ebenda, S. 327.

494 Diese Maßnahme wurde sowohl vom amerikanischen Commerce Department als auch von der Europäischen Kommission als anfechtbare Subvention beurteilt. Vgl. ausführlich Luja, R. H. C., Intertax 2000, S. 240. Die Regelungen wurden von Korea am 10. April 1989 außer Kraft gesetzt.

und das Verbot importersetzender Subventionierung von Bedeutung. Ein anderes Ergebnis würde sich im Bereich der Dienstleistungen ergeben, bei dem zwischen „Steuerpflichtigen“ und „Ware“ nicht mehr sinnvoll unterschieden werden kann.[495] Da jedoch direkte Steuern über Ausnahmevorschriften weitgehend aus dem Anwendungsbereich des GATS herausgenommen wurden, haben die Vorgaben der Meistbegünstigung und Inländergleichbehandlung keinen nennenswerten Einfluss auf das Ertragsteuerrecht.[496]

4.4.2 Ausfuhrsubventionen

Die Art. XVI Abs. 1 S. 1 und VI Abs. 3 S. 1 GATT 1947 bezogen sich auf eine „Subvention, welche, direkt oder indirekt, Exporte einer Ware aus dem Gebiet der Vertragspartei erhöht“ und eine „Subvention, die, direkt oder indirekt, auf […] den Export eines Produktes gewährt wurde“. Der Begriff „Ausfuhrsubventionen“ wurde lediglich in der Beispielliste zum GATT 1947 bzw. Subventionskodex 1979 aufgeführt, jedoch nicht näher definiert. Auch im Subventionsübereinkommen findet man auf den ersten Blick keine Definition des Begriffs der Ausfuhrsubvention. Art. 3 Abs. 1 lit. a beschreibt lediglich eine Kategorie von Subventionen, die nach dem Subventionsübereinkommen verboten sind. Dies sind „Subventionen, die gesetzlich oder tatsächlich [...] einschließlich der in Anhang I genannten Bedingungen von der Ausfuhrleistung abhängig sind“. Nur in den Fußnoten 4 und 5 zu Art. 3 Abs. 1 lit. a werden die Begriffe „Ausfuhrsubvention“ und „Ausfuhrsubventionen“ genannt. Diese Fußnoten liefern zwar auch keine Definition, weisen jedoch als Bestandteile des Art. 3 Abs. 1 lit. a darauf hin, dass Art. 3 Abs. 1 lit. a von den Verhandlungspartnern der Uruguay-Runde als Umschreibung des Konzepts der Ausfuhrsubvention im Subventionsübereinkommen gedacht war.[497] Dafür spricht auch der Verweis von Art. 3 Abs. 1 lit. a auf Anhang I und damit auf die „Beispielliste von Ausfuhrsubventionen“. Auch nach Art. 1 lit. e WTO-Übereinkommen über die Landwirtschaft sind Ausfuhrsubventionen Subventionen, die von der Ausfuhrleistung abhängig sind. Art. 3 Abs. 1 lit. a des Subventionsübereinkommens wird daher als Definition des Begriffs der Ausfuhrsubvention im Sinne des Subventionsübereinkommens verstanden.[498]

4.4.2.1 Nachweis des Abhängigkeitselements

Art. 3 Abs. 1 lit. a definiert zwei Formen von Ausfuhrsubventionen: *de jure*- und *de facto*-Ausfuhrsubventionen. Beide Formen unterscheiden sich lediglich hinsichtlich des Nachweises des Abhängigkeitselements, der kausalen Verknüpfung

495 Vgl. Schön, W., RIW 2003, S. 52.
496 Vgl. Stricker, T. K., Report, 2005, S. 327 ff.
497 Vgl. Geboye Desta, M., Agriculture, 2002, S. 176.
498 So auch die Streitparteien in WTO Panel Report v. 8. Oktober 1999 (US – FSC), Rz. 7.81.

zwischen Subvention und Ausfuhr. Der Ausdruck "tied to" in Fußnote 4 gilt als Synonym für "contingent" in Art. 3 Abs. 1 lit. Da Satz 1 der Fußnote 4 den *de facto*-Standard für die Ausfuhrabhängigkeit bestimmt, muss dieser Standard für *de facto*- und *de jure*-Abhängigkeit identisch sein. Der Ausdruck "tied to" prägt daher auch die *de jure*-Analyse, weshalb das Abhängigkeitselement zwischen Subvention und Ausfuhr in beiden Fällen identisch sein muss.[499] Unterschiede ergeben sich lediglich bei den Beweisanforderungen. So lässt sich rechtliche Abhängigkeit bereits aus dem betreffenden legislativen Instrument ableiten, während tatsächliche Abhängigkeit auf Basis von Fakten zu belegen ist.[500]

Fraglich ist, ob das Bedingtheitselement im Falle einer *de jure*-Ausfuhrsubvention explizit im Gesetz enthalten sein muss oder ob auch aus dem Gesetz indirekt ableitbare Bedingungen ausreichen, um einen solchen Zusammenhang zu konstruieren. So bestimmte der Appellate Body in *Canada – Automotive Leather*, dass eine *de jure*-Ausfuhrsubvention auch dann vorliegt, wenn das zu Grunde liegende legislative Element die Ausfuhrbedingung nicht *expressis verbis* festlegt. Das Bedingtheitselement kann damit auch aus dem Gesetzestext durch entsprechende Schlussfolgerungen abgeleitet werden, ohne dass es dort explizit aufgeführt ist.[501] Der Appellate Body spricht sich damit für einen weiten Anwendungsbereich der rechtlichen Abhängigkeit aus.[502] Diese deckt sich auch mit dem Wortlaut des Art. 3 Abs. 1 lit. a, wo sich der Verweis auf „eine von mehreren anderen Bedingungen" auch auf den Tatbestand rechtlicher Abhängigkeit von der Ausfuhrleistung bezieht.

Nach *Bénitah* führt die weite Auslegung des Konzepts der rechtlichen Abhängigkeit durch den Appellate Body zu Schwierigkeiten bei der Abgrenzung zum Tatbestand der tatsächlichen Abhängigkeit.[503] So gelangt man im Bereich der rechtlichen Abhängigkeit erst mit Hilfe von Schlussfolgerungen zu den im Gesetz aufgeführten impliziten Bedingungen zur Feststellung, dass eine Subvention von der Ausfuhrleistung abhängig ist. Auch *Ohlhoff* weist darauf hin, dass die Bezugnahme des Appellate Body in der Streitsache *Canada – Automotive* auf tatsächliche Gegebenheiten, in denen die Subvention gewährt wird, nun dazu führt, dass die Grenzen zwischen rechtlicher und tatsächlicher Abhängigkeit auf Beweisanforderungsebene verschwimmen.[504] Da jedoch auf der Seite der Rechtsfolge kein Unterschied zwischen *de jure*- und *de facto*-Ausfuhrsubventionen besteht und beide Formen gleichfalls von Art. 3 lit. a erfasst und verboten sind, ist die Abgrenzung zwischen rechtlicher und tatsächlicher Abhängigkeit m. E. von untergeordneter Bedeutung.

---

499 Vgl. WTO Appellate Body Report v. 31. Mai 2000 (Canada – Autos), Rz. 109.
500 Vgl. Ohlhoff, S., EuZW 2000, S. 648.
501 Vgl. WTO Appellate Body Report v. 31. Mai 2000 (Canada – Autos), Rz. 99.
502 Vgl. WTO Panel Report v. 11. Februar 2000 (Canada – Autos), Rz. 10.178.
503 Vgl. Bénitah, M., Subsidies, 2001, S. 197 f.
504 Vgl. Ohlhoff, S., EuZW 2000, S. 648.

Der Tatbestand der „tatsächlichen Abhängigkeit“ stellt keine neuen Anforderungen an das Abhängigkeitselement, sondern dient einer Verhinderung der Umgehung der „rechtlichen Abhängigkeit“.[505] Für den Fall, dass es kein legislatives Instrument gibt, welches auf den ersten Blick darlegt, dass die Gewährung der betreffenden Subvention von der Ausfuhrleistung abhängig ist, muss unter Bewertung und Einschätzung der im Einzelfall zu Grunde liegenden Tatsachen entschieden werden, ob Ausfuhrabhängigkeit vorliegt. Damit stellt sich die Frage, ob sich allgemeine Grundsätze ableiten lassen, welche Fakten im Einzelfall in Betracht zu ziehen und wie sie zu gewichten sind. Ähnliche Leitlinien, wie sie Art. 2 Abs. 1 lit. c für heimische *de facto*-Subventionen bestimmt,[506] sieht das Subventionsübereinkommen für Ausfuhrsubventionen nicht vor.

Überträgt man allerdings die Empfehlungen[507] des Art. 2 Abs. 1 lit. c zu den heranzuziehenden „anderen Faktoren“ auf das Konzept der *de facto*-Abhängigkeit, so wäre diese dann gegeben, wenn das Gesetz zwar objektiv sachliche Kriterien aufstellte, tatsächlich jedoch ein Subventionsprogramm nur durch eine begrenzte Anzahl von Ausfuhrunternehmen oder überwiegend durch Ausfuhrunternehmen in Anspruch genommen würde. Zudem würde Ausfuhrabhängigkeit vermutet, wenn die Gewährung unverhältnismäßig hoher Subventionsbeträge an Ausfuhrunternehmen erfolgte. Fraglich ist, ob eine Übertragung dieser Leitlinien auf Grund der Verschiedenheit der Anknüpfungsmomente möglich ist. So wurde bereits darauf hingewiesen, dass die Spezifität im Sinne des Art. 2 Abs. 1 auf eine Individualisierbarkeit des Empfängerkreises abstellt, hier jedoch das Verhältnis zum Vorgang der Ausfuhr maßgeblich ist.

Dass der Nachweis von *de* facto-Ausfuhrabhängigkeit im Einzelfall besondere Schwierigkeiten bereiten würde, erkannten bereits die Verhandlungsteilnehmer der Uruguay-Runde. Aus diesem Grunde wurden in Fußnote 4 zu Art. 3 Abs. 1 lit. a zwei Sätze eingefügt, die das Konzept der tatsächlichen Abhängigkeit näher bestimmen. Der erste Satz definiert den *de facto*-Tatbestand, der erfüllt ist, wenn – ohne dass im Gesetzestext explizit der Exportvorgang als Bedingung für Subvention herauszulesen ist – die „Fakten zeigen, dass die Gewährung einer Subvention, [...] tatsächlich an die gegenwärtige(n) oder erwartete(n) Ausfuhr oder Ausfuhrerlöse gebunden ist“. Eine Vorgabe, welche Fakten heranzuziehen sind, lässt sich hieraus jedoch nicht ableiten. Daher können sämtliche Tatsachen, welche die Vergabe oder Beibehaltung der Subvention betreffen, insbesondere die Natur der Subvention, ihre Struktur und Funktion sowie die Umstände, nach denen sie gewährt wird, im Einzelfall herangezogen werden. Diese Fakten müs-

505 Vgl. WTO Appellate Body Report v. 2. August 1999 (Canada – Aircraft), Rz. 167.

506 Vgl. oben Punkt 4.3.2.3.

507 So ist in Art. 2 Abs. 1 lit. c davon die Rede, dass andere Faktoren herangezogen werden „können“, nicht aber, dass sie herangezogen werden „sollen“. Vgl. WTO Panel Report v. 29. August 2003 (US – Lumber), Rz. 7.123.

sen beweisen, dass die Gewährung oder Beibehaltung der Subvention von gegenwärtigen oder zukünftig erwarteten Ausfuhrerlösen abhängig ist.[508]

Die Umschreibung des *de facto*-Konzepts durch den ersten Satz der Fußnote 4 erfährt durch den zweiten Satz eine bedeutende Einschränkung. Danach ist allein die Tatsache, dass eine Subvention Ausfuhrunternehmen gewährt wird, nicht ausreichend, um den *de facto*-Tatbestand zu erfüllen. Ein zufälliges Aufeinandertreffen von Subventionierung und Ausfuhr führt somit nicht zum Vorliegen einer Ausfuhrsubvention im Sinne des Art. 3 Abs. 1 lit. a. Vielmehr muss ein kausaler Zusammenhang zwischen Subvention und Ausfuhr nachgewiesen werden. Wird inländischen Unternehmen, die einen großen Teil ihrer Umsätze im Ausland erwirtschaften, ein Zuschuss gewährt, so wird dieser Zuschuss nicht automatisch zur Ausfuhrsubvention, nur weil diese Unternehmen ihre Waren im Ausland anbieten. Erst durch weitere Bedingungen, die für die Inanspruchnahme der Subvention zu erfüllen sind – wie z. B. Umsatzvorgaben – wird diese Subvention zur Ausfuhrsubvention.[509] Für einen solchen Zusammenhang sprechen auch die einzelnen Tatbestände der Beispielliste, die jeweils einen Nachweis der Verbindung zwischen Ausfuhr und Höhe der Subvention fordern.[510]

Diese Einschränkung des *de facto*-Konzepts wurde in das Subventionsübereinkommen integriert, um kleine ausfuhrorientierte Länder mit stark exportabhängiger Wirtschaft vor der Subventionsdisziplin zu schützen.[511] Solche Länder, wie Singapur, sind häufig gezwungen, bestimmte Waren zu exportieren, da die inländischen Märkte für diese Waren zu klein sind, um das Produktionsvolumen aufzunehmen. Die Verhandlungsteilnehmer der Uruguay-Runde waren sich darin einig, dass dieser Umstand für sich nicht ausreichend sein solle, um den *de facto*-Tatbestand zu erfüllen. Auch die für die amerikanischen Ausgleichszollverfahren zuständige Behörde, die ITA, vertrat bereits lange vor Inkrafttreten des Subventionsübereinkommens die Auffassung, dass Subventionen an Exporteure nicht allein schon deshalb Ausfuhrsubventionen darstellen, wenn die Unternehmen keinen richtigen heimischen Markt außer dem Exportmarkt haben.[512]

Auf Grund dieser Einschränkung ist eine Übertragung der Leitlinien zum Nachweis von *de facto*-Spezifität nach Art. 2 Abs. 1 lit. c nicht ohne eine entsprechende Einschränkung möglich. Ein Subventionsprogramm, das nur durch eine begrenzte Anzahl oder überwiegend von Ausfuhrunternehmen in Anspruch genommen wird, erfüllt daher nur den Tatbestand der *de facto*-Ausfuhrabhängigkeit, wenn weitere Vergabebedingungen für einen kausalen Zusammenhang sprechen. So lässt sich die Tatsache, dass die Subventionsempfänger Waren exportieren, zwar als Indiz zur Ausfuhrabhängigkeit heranziehen – die allei-

---

508 Vgl. WTO Panel Report v. 25. Mai 1999 (Australia – Automotive Leather), Rz. 955 ff.
509 Vgl. ebenda, Rz. 9.63.
510 Vgl. WTO Panel Report v. 11. Februar 2000 (Canada – Autos), Rz. 6.527.
511 Vgl. MacKenzie, J. L., International Trade, 1998, S. 689 f.
512 Vgl. ebenda.

nige Heranziehung dieser Tatsache ist jedoch nicht ausreichend.[513] Von besonderer Bedeutung für das Abhängigkeitskonzept ist daher die Frage, welche Fakten für die Ausfuhrabhängigkeit einer Subvention sprechen. Ein Blick auf die zum *de facto*-Standard ergangene Rechtsprechung soll hierüber Aufschluss geben.

4.4.2.2 Im Einzelfall heranzuziehende Fakten

Streitgegenstand der Sache *Australia – Automotive Leather* waren ein Zuschuss- und ein Darlehensvertrag zwischen der australischen Regierung und dem einzigen Produzenten und Exporteur von Lederwaren für die Fahrzeugindustrie. Der Zuschussvertrag enthielt Umsatzvorgaben, die von dem Exporteur zu erfüllen waren, wollte er weitere Zahlungen erhalten. Der Darlehensvertrag wurde zu marktunüblichen Konditionen abgeschlossen, da die australische Regierung in den ersten fünf Jahren auf eine Verzinsung des Darlehens verzichtete. Umsatzvorgaben enthielt der Darlehensvertrag nicht. Bezüglich der Zahlungen im Rahmen des Zuschussvertrages stellte das Panel fest, dass das Tätigen von Ausfuhrumsätzen eine Bedingung für die Gewährung der Zuschüsse sei. Das Panel stützte seine Auffassung auf eine Vielzahl von Fakten und befand z. B., dass der Subventionsempfänger bisher Subventionen aus einem anderen Subventionsprogramm erhalten habe, dass der australische Markt für Automobilleder nicht groß genug sei, um die durch die Umsatzziele vorgegebene Produktion aufzunehmen, und dass der Subventionsempfänger die Exporte erhöhen müsse, um den Fortbestand des Unternehmens zu gewährleisten. Weiter stellte das Panel fest, dass es sich beim Subventionsempfänger um den einzigen Exporteur von Leder für die Automobilindustrie handelte und dass die australische Regierung zum Zeitpunkt des Vertragsabschlusses darauf bedacht war, das Fortbestehen des Unternehmens über das Gewähren finanzieller Mittel sicherzustellen.[514]

Hinsichtlich des Darlehensvertrags kam das Panel zu einem anderen Ergebnis. Da dieser keine entsprechenden Umsatzvorgaben enthielt, fehlte es nach Auffassung des Panels an einer kausalen Verbindung zwischen Subvention und Ausfuhr. Daher konnte nicht der Nachweis erbracht werden, dass das Darlehen tatsächlich an den Export oder die Exportleistung geknüpft war. Zwar sei es, so das Panel, durchaus wahrscheinlich, dass das Darlehen durch Ausfuhrumsätze getilgt werden würde; die Entscheidung, aus welchen Quellen das Darlehen zurückgezahlt werden solle, sei jedoch Sache des Unternehmens. Dieses sei in weiteren Geschäftsfeldern tätig, aus denen die finanziellen Mittel zur Darlehenstilgung stammen könnten, so dass keine spezifische Verbindung zwischen Dar-

513 Vgl. WTO Panel Report v. 25. Mai 1999 (Australia – Automotive Leather), Rz. 9.66.
514 Vgl. ebenda, Rz. 9.62 ff.

lehensrückzahlung und gegenwärtigen oder zukünftigen Umsatzerlösen gegeben sei.[515]

Bezüglich der Reichweite des *de facto*-Tatbestands ist interessant, dass sich beide Verträge lediglich darin unterschieden, dass im Zuschussvertrag (im Gegensatz zum Darlehensvertrag), Umsatzziele vorgegeben waren. Alle anderen vom Panel herangezogenen Fakten stimmten bei beiden Verträgen überein. Die Umsatzvorgaben des Zuschussvertrages bildeten daher das Schlüsselelement in der Argumentation des Panels. Die Vergabe eines marktunüblichen Darlehens an ein von der Ausfuhr abhängiges Unternehmen hielt das Panel jedenfalls nicht für eine hinreichende kausale Verbindung zwischen Subvention und Ausfuhr.[516] Dass das subventionierte Unternehmen nur über das Tätigen von Ausfuhrerlösen das Darlehen hätte zurückzahlen können, sah das Panel nicht als ausreichend an. Dies spricht für eine restriktive Auslegung des Abhängigkeitskonzepts.

Auch in der Streitsache *Canada – Aircraft* wurden das Konzept der tatsächlichen Abhängigkeit und die heranzuziehenden Fakten näher beleuchtet. Streitgegenstand war unter anderem das Technology Partnerships Canada Program (TPC-Programm), ein breit angelegtes Förderprogramm der kanadischen Regierung für Forschungs- und Entwicklungstätigkeiten im Zusammenhang mit Produkten mit Wachstumspotential. Zu den geförderten Bereichen gehörten z. B. Umwelttechnologien, Luft- und Raumfahrt, Verteidigung, Produktionstechnologien, Rohstofftechnologien sowie Informations- und Kommunikationstechnologien. Brasilien ging jedoch nicht gegen das TPC-Programm an sich, sondern nur gegen dessen Wirkung auf die kanadische Luftfahrtindustrie vor. Hier monierte Brasilien das Vorliegen einer verbotenen Ausfuhrsubvention.[517]

Das Panel prüfte, ob die TPC-Förderung nicht gewährt worden wäre, wenn keine zukünftigen Exporte oder Exporterlöse erwartet worden wären.[518] Nach diesem vom Panel angewendeten *but for*-Test sind Subventionen tatsächlich von der Ausfuhrleistung abhängig, wenn die Fakten demonstrieren, dass die Subvention ohne die Erwartung steigender Ausfuhrumsätze nicht gewährt worden wäre.[519] Das Panel erkannte, dass es mit der Anwendung dieses *but for*-Tests eine weite Definition des Abhängigkeitsmaßstabs vorgegeben hatte, und fügte hinzu, dass es einer starken und direkten Verbindung zwischen dem Gewähren der Subvention und dem Entstehen bzw. der Generierung von Ausfuhrumsätzen be-

---

515 Vgl. ebenda, Rz. 9.74 f.

516 Vgl. ebenda, Rz. 9.75.

517 Vgl. WTO Panel Report v. 14. April 1999 (Canada – Aircraft), Rz. 3.1.

518 "The facts demonstrate that [the TPC contributions] would not have been granted to the regional aircraft industry but for anticipated exportation or export earnings." Zitat ebenda, Rz. 9.332.

519 Vgl. ebenda.

dürfe.[520] Zudem verwies es auf folgenden Zusammenhang: Je eher die Subvention den Absatz eines Produktes auf dem Exportmarkt fördere, desto höher sei die Wahrscheinlichkeit, dass die Subvention zur Steigerung zukünftiger Ausfuhrerlöse gewährt würde. Eine tatsächliche Ausfuhrabhängigkeit liege aber eher nicht vor, wenn sich eine Subvention auf den Herstellungsprozess im Inland beziehe.[521] Bezüglich der in die Prüfung aufzunehmenden Tatsachen unterstrich das Panel, dass die Existenz des Abhängigkeitsverhältnisses zwischen Subvention und Ausfuhr aus der Ausgestaltung sämtlicher die Maßnahme konstituierender Faktoren abzuleiten sei, welche die Gewährung der Subvention umgeben. Keine dieser Tatsachen sei für sich allein ausschlaggebend oder automatisch zurückzuweisen. Die Relevanz einzelner Tatsachen könne nicht allgemein, sondern nur im Einzelfall bestimmt werden.[522] Insgesamt betrachtete das Panel bei der Analyse des TPC-Programms 16 verschiedene Vergabekriterien. So wurden z. B. die allgemeinen Zielbestimmungen des TPC-Programms, die Informationen in den Finanzierungsanträgen, die Kriterien für die Anspruchsberechtigung, die Nähe zum Exportmarkt und der Grad der Exportorientierung der Unternehmen berücksichtigt.[523]

Im Revisionsverfahren rügte der Appellate Body zwar in einer Fußnote des Berichts die Anwendung des *but for*-Tests, da dieser sich zu sehr vom Wortlaut der Norm entferne,[524] bestätigte aber, dass dessen Anwendung im vorliegenden Fall zu richtigen Ergebnissen geführt habe.[525] Nach Ansicht des Appellate Body ist zum Nachweis von *de facto*-Ausfuhrbezogenheit eine kausale Verbindung zwischen den beiden Elementen „Gewährung der Subvention“ und „ausfuhrbezogene Tätigkeit des Empfängers“ nachzuweisen. Damit ist das Vorliegen einer Ausfuhrsubvention nicht von der Wahrnehmung oder Kenntnis des Begünstigten, sondern ausschließlich von der Perspektive des subventionierenden Mitgliedsstaates abhängig.[526] Höchstens als Indiz für Ausfuhrabhängigkeit könne der Umstand herangezogen werden, dass der Begünstigte von seiner Subventionierung Kenntnis habe.[527] Um das Bedingtheitselement zu erfüllen, müsse nachgewiesen werden, dass der Empfänger der Subvention im Bereich des Außen-

---

520 “To us, this implies a strong and direct link between the grant of the subsidy and the creation or generation of export sales. That is, we consider that the ‘but for’ test is concerned principally with anticipated export sales.” Zitat ebenda, Rz. 9.339.

521 Vgl. ebenda.

522 Vgl. ebenda, Rn. 9.337.

523 Vgl. ebenda, Rz. 9.340.

524 Vgl. WTO Appellate Body Report v. 2. August 1999 (Canada – Aircraft), Rz. 101 Fn. 102.

525 Vgl. die ähnlichen Vorbehalte des Appellate Body gegen den *but for*-Test des Panels in der Rechtssache FSC. WTO Appellate Body Report v. 24. Februar 2000 (US – FSC), Rz. 91.

526 Vgl. WTO Appellate Body Report v. 2. August 1999 (Canada – Aircraft), Rz. 169.

527 Vgl. ebenda, Rz. 170.

handels tätig und zur Tätigung gegenwärtiger oder zukünftiger Exportumsätze in der Lage sei. Der Aspekt der „erwartete(n) Ausfuhr oder Ausfuhrerlöse“ wurde interpretiert als „die Erwartung, dass Exporte aus der Maßnahme resultieren“[528]. Anhand objektiver Beweise sei zu belegen, dass der subventionierende Staat Exporte zumindest erwartet oder vorhergesehen habe und die Subventionsgewährung hiervon abhinge.[529]

Insgesamt lässt sich festhalten, dass es zum Nachweis der Ausfuhrabhängigkeit immer auf Natur, Struktur, Funktion und Umstände der Subvention im Einzelfall ankommt. Grundsätzlich können keine Fakten ausgeschlossen werden, die auf Ausfuhrabhängigkeit hindeuten. Subventionen an Unternehmen, die sich mit der Ausfuhr von Waren befassen oder überwiegend Ausfuhrumsätze tätigen, sind nicht bereits aus diesem Grunde ausfuhrabhängig und damit verboten. Neben der Ausfuhrtätigkeit des Empfängers sind stets weitere Umstände des Einzelfalls – wie z. B. die Größe eines bestimmten Marktes, die Erwartung zukünftiger Ausfuhrerlöse, das Wissen des Subventionsempfängers, die Nähe zum Auslandsmarkt oder formelle Vergabekriterien – heranzuziehen. Ein Indiz für die Ausfuhrabhängigkeit einer Maßnahme ist zudem, dass die Subvention nicht gewährt worden wäre, wenn nicht eine Steigerung der Exporte der subventionierten Unternehmen erwartet worden wäre. Auf Grund der Einschränkung durch den zweiten Satz von Fußnote 4 ist das *de facto*-Konzept für Ausfuhrsubventionen enger gefasst als das *de facto*-Konzept bei heimischen Subventionen. Bei letzteren reicht es für die Spezifitätsvermutung bereits aus, dass eine begrenzte Anzahl bestimmter Unternehmen zu den Subventionsempfängern gehört.

4.4.2.3 Steuervorschriften mit Bezug zur Ausfuhr(-leistung)

„Ausfuhr“ bezeichnet das physische Verbringen von Waren in fremde Wirtschaftsgebiete.[530] Dieser Vorgang ist mit dem Eintreffen der Waren im fremden Wirtschaftsraum abgeschlossen. Mit der Bezugnahme auf den Vorgang der Ausfuhr wird maßgeblich, dass Waren aus dem Inland in das Ausland *verbracht* werden, und nicht, dass die Waren an einen fremden Dritten im Ausland geliefert werden. Neben direkten Exportgeschäften, bei denen der ausländische Absatzmarkt ohne die Zwischenschaltung einer festen ausländischen Einheit vom inländischen Unternehmen bedient wird, müssen daher auch grenzüberschreitende Lieferungen innerhalb eines Einheitsunternehmens bzw. eines Konzernverbunds den Tatbestand der Ausfuhr erfüllen. Liefert z. B. ein inländisches Stammhaus Waren oder Vorprodukte an seine ausländische Betriebsstätte, ist

528 “The expectation that export will flow thereby”. WTO Panel Report v. 14. April 1999 (Canada – Aircraft), Rz. 9.331.

529 Dies ergebe sich insbesondere aus dem Wortlaut des zweiten Satzes von Fußnote 4. Vgl. WTO Appellate Body Report v. 2. August 1999 (Canada – Aircraft), Rz. 171 ff.

530 Vgl. die Begriffsbestimmungen in § 4 Abs. 2 Nr. 3 AWG.

der Ausfuhrtatbestand erfüllt. Das gilt auch, wenn eine inländische Kapitalgesellschaft an ihre ausländische Tochter Waren liefert. Der Ausfuhrtatbestand ist damit unabhängig von der Verteilung der Wertschöpfungsprozesse, z. B. auf verschiedene Betriebsstätten oder Kapitalgesellschaften.[531]

Ebenso unabhängig ist der Ausfuhrtatbestand vom Fertigungsstadium der gelieferten Waren. Möglich ist z. B. die Lieferung von Produktbestandteilen an eine ausländische Betriebsstätte, die von dieser zusammengesetzt und anschließend als fertige Produkte weiterveräußert werden. Zudem kann das inländische Stammhaus die fertigen Produkte direkt an die Betriebsstätte liefern, die diese dann ohne eine weitere Bearbeitung weiterveräußert. Ähnliche Funktionen lassen sich auch über eine ausländische Tochtergesellschaft innerhalb eines Konzerns erfüllen, die von der Muttergesellschaft einzelne Komponenten kauft und weiterverarbeitet, bevor das Endprodukt veräußert wird. Möglich ist auch der Kauf der fertigen Produkte von der Muttergesellschaft, die von der Tochter anschließend auf eigenes Risiko weiterveräußert werden. Eine weitere Vertriebsalternative besteht in der reinen Vermittlungstätigkeit der ausländischen Tochter, bei der die inländische Muttergesellschaft selbst Eigentümerin der Waren bleibt.

Die aufgezeigten Wertschöpfungs- und Vertriebsstrukturen haben die unterschiedlichsten steuerlichen Konsequenzen. Daher stellen steuerliche Rahmenbedingungen wichtige Determinanten grenzüberschreitender Warenanbieter dar. So ist die Ausfuhr von Waren auch von Vorschriften abhängig, welche die Zurechnung des Gewinns zu den einzelnen in- und ausländischen Einheiten festlegen. Dies sind z. B. Verrechnungspreisvorschriften für internationale Konzerne oder Vorschriften zur Gewinnabgrenzung im internationalen Einheitsunternehmen, etwa zur Betriebsstättenbuchführung. Neben diesen die Bemessungsgrundlage bestimmenden Regelungen sind Vorschriften relevant, die zu einer Minderung der aus diesen Warengeschäften resultierenden Doppelbesteuerung führen. In Frage kommen neben unilateralen Entlastungsnormen auch bilaterale Vorschriften, die zu einer Aufteilung der Besteuerungsansprüche auf die beteiligten Staaten führen. Insbesondere unterschiedliche länderspezifische Vorschriften und Tarife führen zu verschiedenen Belastungssituationen bei grenzüberschreitenden Vertriebsgeschäften.

Manche Länder ermöglichen es ihren Unternehmen, bewusst oder unbewusst, die unterschiedlichen Belastungsfolgen steuerplanerisch zu nutzen. So ergibt sich durch eine uni- oder bilateral festgelegte Freistellung von ausländischen Einkünften die Möglichkeit, Funktionsverlagerungen im Verbund zur Minderung der Gesamtbelastung zu nutzen.[532] Für Unternehmen, die in Hochsteuerländern ansässig sind, lässt sich im ökonomischen Modell nachweisen, dass Wa-

---

531 Vgl. Grave, C., Subventionsbegriff, 2002, S. 167.

532 Vgl. zur Möglichkeit von Funktionsverlagerungen im Konzern bzw. Einheitsunternehmen *Endres, D.*, RIW 2003, S. 729 ff.

ren im Ausland dann zu niedrigeren Produktpreisen auf dem Auslandsmarkt angeboten werden können, wenn die betreffenden Länder als Maßnahme zur Vermeidung der Doppelbesteuerung die Freistellungsmethode anwenden.[533] Eine niedrige Konzernsteuerquote führt zu Kostensenkungen, die sich auch günstig auf die Produktpreise auswirken können und ein aggressives Auftreten auf dem Markt ermöglichen. Entsteht beim Absatz inländischer Waren über eine ausländische Einheit eine niedrigere Gesamtbelastung als im rein inländischen Sachverhalt, ist ein Zusammenhang zwischen der Ausfuhr und der günstigen Belastungssituation gegeben. Fraglich ist jedoch, ob dieser Zusammenhang ausreicht, damit Art. 3 Abs. 1 lit. a einschlägig ist. Die obigen Ausführungen zum *de facto*-Tatbestand haben gezeigt, dass es hierzu einer engen kausalen Beziehung zwischen Subvention und Ausfuhr bedarf. In diesem Sinne scheint die Tatsache, dass sich bei grenzüberschreitenden Tätigkeiten eine günstigere Belastungssituation ergeben *kann*, nicht ausreichend für den Nachweis von Ausfuhrabhängigkeit im Sinne des Art. 3 Abs. 1 lit. a. Dieser Umstand ist eher dem Bereich Wettbewerbsfähigkeit des nationalen Abgabenrechts zuzuschreiben, der durch das WTO-Recht nicht eingeschränkt werden soll.

Nicht mehr diesen nationalen Wettbewerbsüberlegungen zuzurechnen sind speziellere Steuerregime – wie z. B. bestimmte Steuererleichterungen für inländische Vertriebsgesellschaften. Zwar werden ausländische Vertriebsgesellschaften von Steuerpflichtigen in der Regel nicht zur Erzielung von Steuervorteilen, sondern zur effizienten Bearbeitung ausländischer Märkte, vor allem spezieller Kundenwünsche und -beziehungen, eingesetzt,[534] aber manche Länder (z. B. Belgien) bieten Vertriebsgesellschaften auf ihrem Territorium besondere Vorteile, z. B. niedrigere Körperschaftsteuersätze oder vereinfachte Ermittlungen von Fremdvergleichspreisen für Roh,- Hilfs- und Betriebsstoffe sowie für Fertigerzeugnisse und Waren, an.[535]

Betrachtet man Exporte innerhalb eines Verbundes oder eines Einheitsunternehmens, ist für die Höhe der im Ausland steuerbaren Einkünfte in hohem Maße relevant, wie der Gewinn aus dem Ausfuhrgeschäft und damit auch die Ausfuhrumsätze zwischen Stammhaus und Betriebsstätte bzw. Mutter- und Tochtergesellschaft aufgeteilt werden. In der Regel ist dies ein Gewinnanteil, der sich nach dem Fremdvergleichsgrundsatz (‚dealing at arm's length clause') ermittelt.

---

533 So etwa die Feststellung des Panels in den *tax legislation cases*. Vgl. GATT Panel Report v. 12. November 1976 (Belgium – Income Tax Practices), BISD 23S, S. 127 Rz. 39; GATT Panel Report v. 12. November 1976 (The Netherlands – Income Tax Practices), BISD 23S, S. 137 Rz. 39; GATT Panel Report v. 12. November 1976 (France – Income Tax Practices), BISD 23S, S. 114 Rz. 52; GATT Panel Report v. 12. November 1976 (US – DISC), BISD 23S, S. 98 Rz. 73.

534 Vgl. Jacobs, O. H., Unternehmensbesteuerung, 2002, S. 1059.

535 Vgl. die belgischen Vorschriften in Europäische Kommission, Primarolo Bericht, 2000, S. 187 f.

Dieser Grundsatz bereitet jedoch gerade bei Transaktionen zwischen verbundenen Unternehmen erhebliche Probleme, da bei solchen Geschäften häufig keine Marktpreise feststellbar sind.[536] Hierzu gehören Patente und Lizenzen sowie Gesellschafterdarlehen, aber auch die Lieferung von Waren im Verbund. Zwar kann die inländische Spitzeneinheit keine beliebigen Preise festlegen, was in der Regel auch aus betriebswirtschaftlichen Gründen nicht ratsam ist, dennoch besteht eine zum Zweck der Steuerminderung einsetzbare Unschärfe.[537]

Verzichtet ein Staat auf Grund der Abschirmwirkung ausländischer Kapitalgesellschaften oder der Freistellung im Ausland erwirtschafteter Betriebsstättengewinne auf die Besteuerung im Ausland anfallender Unternehmensgewinne, können sich für den Steuerpflichtigen Vorteile ergeben, wenn die ausländische Einheit in einem Land mit niedrigem Steuerniveau ansässig ist.[538] Gewinnverlagerungen führen hier zu einem sofortigen Steuervorteil in Höhe der Steuersatzdifferenz und einer Erhöhung der Nachsteuerrendite der Auslandsinvestition. Im Falle von Betriebsstätten in einem DBA-Staat mit Freistellungsmethode führt die Ausnutzung des Spielraums bei der Gewinnverlagerung zu einer Erhöhung des freigestellten Gewinns. Je mehr Waren eine ausländische Betriebsstätte für das inländische Stammhaus im Ausland absetzt, desto höher ist der ihr wirtschaftlich zuzurechnende Gewinn.[539] Veräußern Betriebsstätten überwiegend originär inländische Waren, ist dieser Gewinn und damit auch die Höhe der geschilderten Steuervorteile vom Ausfuhrumsatz abhängig.

Fraglich ist, ob ein solcher indirekter Zusammenhang zwischen Ausfuhr und Steuerbefreiung ausreichend ist, um den hinsichtlich einer „Ausfuhrabhängigkeit" im Sinne des Art. 3 Abs. 1 lit. a erforderlichen Nachweis eines *engen* Bedingtheitsverhältnisses zu erbringen. Dieser Zusammenhang ist nämlich auf solche Situationen beschränkt, in denen ein inländisches Stammhaus unter Ausnutzung von Gewinnabgrenzungsspielräumen Produkte, Vorprodukte oder Komponenten an seine ausländische Betriebsstätte liefert. In einer ähnlichen Fallkonstellation stellte ein GATT-Panel im Jahr 1976 bei seiner Beurteilung des Territorialitätsprinzips Frankreichs, Belgiens und der Niederlande fest, dass dem Steuerpflichtigen Spielräume verblieben, da die Finanzverwaltungen bei der Anwendung des Fremdvergleichsgrundsatzes flexibel seien und auf Grund der

---

536 Vgl. Feld, L. P., Gutachten, 2001, S. 70. Mit Beispielen Avi-Yonah, R. S., Tex. L. Rev. 1996, S. 1340 ff.

537 Vgl. Wissenschaftlicher Beirat beim Bundesfinanzministerium, Reform, 1999, S. 70 ff.

538 Vgl. ebenda, S. 69.

539 Vgl. Asher, M. G./Rajan, R. S., ASEAN 2001, S. 16 f.

fehlenden Kontrolle die Möglichkeit einer kalkulatorischen Verlagerung von Einkünften auf ausländische Einheiten bestehe.[540]

Gegen einen engen Zusammenhang spricht, dass die ausländische Betriebsstätte sowohl andere aktive Einkünfte als auch bis zu einem gewissen Anteil passive Einkünfte erwirtschaften kann, die ebenfalls im Sitzstaat freizustellen sind. Zudem kann der Geschäftsgegenstand der ausländischen Betriebsstätte in der Ausführung von Serviceleistungen wie z. B. Buchhaltung oder Personalentwicklung liegen, womit es bereits an einem Berührungspunkt mit dem Handel von Waren fehlt. Ein bedeutendes Argument gegen das Vorliegen eines hinreichenden Zusammenhangs ist die Tatsache, dass die Freistellung auch dann zur Anwendung kommt, wenn die ausländische Betriebsstätte selbst im Ausland Waren herstellt. Damit Ausfuhrumsätze im Sinne des Subventionsübereinkommens erzielt werden, bedarf es jedoch der Voraussetzung, dass im Ausland *inländische* Waren abgesetzt werden müssen. Zwar ließe sich argumentieren, dass der Aufbau von Produktionsstätten im Ausland häufig mit einer Steigerung von Exporten von Maschinen und Ausrüstung, insbesondere während der Anfangsphase, einhergeht und auch danach noch weitere Komponenten und Vorprodukte verstärkt exportiert werden,[541] jedoch erscheint es höchst zweifelhaft, ob dieser Zusammenhang vor dem Hintergrund der oben analysierten Rechtsprechung der WTO-Organe als *enge* Verbindung zwischen Freistellung und Ausfuhr zu werten ist. Hinzu kommt, dass dieser Effekt nicht primär der Freistellungsmethode, sondern den Gewinnabgrenzungsvorschriften eines Landes zuzuschreiben ist. Das eigentliche Problem liegt im Zusammenspiel von Freistellungsmethode und Gewinnabgrenzungsvorschriften. So ließe sich durch diese Argumente eher eine Verpflichtung der WTO-Mitglieder zur Kontrolle unternehmerischer Gewinnabgrenzungspraktiken fordern denn ein Verstoß der Freistellungsmethode gegen das Subventionsübereinkommen belegen.

Die Möglichkeit der Ausnutzung des internationalen Steuergefälles durch den Steuerpflichtigen vergrößert sich, wenn das *arm's length*-Prinzip auf Grund lückenhafter oder fehlerhafter Verwaltungsvorschriften nicht konsequent eingehalten wird. Damit werden Gewinnanteile einer ausländischen Betriebsstätte zugerechnet, obwohl eine wirtschaftliche Verbindung dieser Gewinne zum anderen Staat nicht gegeben ist. Da keine Einkünfte aus *ausländischen* Quellen[542] vorliegen, ist eine Rechtfertigung dieser Praktiken durch das im letzten Satz von Fußnote 59 bestimmte Rechtfertigungskonzept nicht möglich. Gewinnabgrenzungs-

---

540 Vgl. GATT Panel Report v. 12. November 1976 (France – Income Tax Practices), BISD 23S, Rz. 41; GATT Panel Report v. 12. November 1976 (Belgium – Income Tax Practices), BISD 23S, Rz. 41; GATT Panel Report v. 12. November 1976 (The Netherlands – Income Tax Practices), BISD 23S, Rz. 54.

541 Vgl. Larkins, E. R., Double Tax Relief, 2001, S. 5.

542 Vgl. zur Reichweite des Konzepts ausländischer Quelleneinkünfte im Sinne der Ausnahmevorschrift der Beispielliste, unten Punkt 5.3.1.2

vorschriften, die nicht dem Fremdvergleichsgrundsatz entsprechen und es dem Steuerpflichtigen ermöglichen, Gewinne in das niedrig besteuerte Ausland zu verlagern, sind daher stets als spezifisch ausfuhrbezogene Steuerfreistellungen im Sinne von lit. e der Beispielliste zu betrachten.[543] Auf Grund dieser Zusammenhänge weist das Übereinkommen im zweiten Satz von Fußnote 59 darauf hin, dass bei Transaktionen im Verbund der Fremdvergleichsgrundsatz einzuhalten ist.

Im Fall der belgischen Vertriebszentren ist jedoch eine differenzierte Betrachtung angebracht, da sich die Steuervergünstigungen lediglich auf die belgische Bemessungsgrundlage beziehen. Betrachtet man den Fall, dass ein französisches Unternehmen seine Produkte an die belgische Vertriebstochter verkauft, so hat die pauschalierte Berechnungsmethode der Bemessungsgrundlage der belgischen Tochter auf die aus der französischen Produktion resultierenden Einkommen- oder Körperschaftsteuerbelastung keinen Einfluss. Dem französischen Staat kann daher nicht zur Last gelegt werden, dass Belgien unilateral zu einer niedrigeren Bemessungsgrundlage gelangt. Fraglich ist, inwiefern Belgien durch das Subventionsübereinkommen verpflichtet werden kann, Vergünstigungen bei der Ermittlung der Bemessungsgrundlage der Vertriebsgesellschaften zu unterlassen.

Um dies zu beurteilen, ist zunächst festzustellen, dass das Verbringen von Waren der französischen Mutter in den territorialen Machtbereich der Vertriebstochter nicht der für die Beurteilung der belgischen Vorschriften relevante Ausfuhrvorgang sein kann. Relevant ist vielmehr die Warenlieferung der Vertriebsgesellschaft an ihre ausländischen Abnehmer. Die durch die günstigen Verrechnungspreisvorschriften niedrigere Bemessungsgrundlage der belgischen Einheit steht mit diesem Ausfuhrvorgang insoweit in einem Zusammenhang, als die Vorteile aus der pauschalierten Gewinnermittlung der belgischen Einheit mit zunehmender Ausfuhr ansteigen. Je mehr Waren diese für die ausländische Mutter im Ausland absetzt, desto höher ist der Steuerverzicht der belgischen Regierung und damit der Vorteil für die Vertriebsgesellschaft als Warenanbieter. Dieser resultiert letztlich daraus, dass die Vertriebsgesellschaft die von ihr gehandelten Produkte steuerbegünstigt einkaufen kann. Zudem ist zu beachten, dass der belgische Markt wohl zu klein ist, um das gesamte Vertriebsvolumen dieser Gesellschaften aufzunehmen. Letzteres ist auch nicht für den belgischen Markt bestimmt, sondern wird dort lediglich durchgeleitet. Es ergibt sich ein proporti-

---

[543] Nach *Hernández Guerrero* äußert sich der selektive Charakter von Verrechnungspreisen in der Tatsache, dass sie nur für verbundene Unternehmen gelten. Hier würden Preise verlangt, die unter der Bedingung des „perfekten Wettbewerbs" nicht zu rechtfertigen seien. Vgl. Hernández Guerrero, V., GLJ 2004, S. 94.

onaler Zusammenhang zwischen begünstigter Einfuhr und Ausfuhr, der für den Nachweis von *de facto*-Ausfuhrabhängigkeit ausreichen dürfte.[544]

Das Ergebnis erscheint in gewisser Weise überraschend, profitieren doch nicht die belgische Industrie, sondern die ausländischen Konzerne von dieser Maßnahme. Belgien verzichtet lediglich auf die Besteuerung eines Teils der Bemessungsgrundlage aus der Warentransaktion zwischen den ausländischen Produktions- und den belgischen Vertriebsunternehmen. Das Ergebnis ist allerdings vor dem Hintergrund plausibel, dass das Subventionsübereinkommen als Subventionsempfänger auf den Warenanbieter und nicht auf den Warenhersteller abstellt. Voraussetzung des Kriteriums des Anbieters ist nicht, dass er die vertriebenen Waren auch selbst herstellt. So können nicht nur produzierende Betriebe, sondern auch reine Handelsgruppen als Subventionsempfänger gelten.[545] Dass ausländische Konzerne letztlich die Profiteure solcher Maßnahmen sind, ist unerheblich, da es für die Anwendung des Subventionsübereinkommens nicht maßgeblich ist, wo sich der Empfänger befindet, solange nur der Subventionsgeber an das Übereinkommen gebunden ist.[546]

Eine ähnliche Wirkung hatten die Vorschriften zu den Vertriebsgesellschaften US-amerikanischer Unternehmen, die FSC-Vorschriften, die Gegenstand der Streitsache *US – FSC* waren. Eine FSC war eine im Ausland ansässige Gesellschaft, deren Einkünfte aus dem Vertrieb originär amerikanischer Waren stammten, die zuvor von der amerikanischen Muttergesellschaft an die FSC verkauft wurden. Bei dieser Transaktion wurden der FSC Teile des Gewinns aus dem Exportgeschäft der amerikanischen Mutter zugewiesen. Die an die FSC verkauften Produkte, sog. *export property*, mussten überwiegend[547] aus amerikanischer Herstellung stammen. Die aus dem Verkauf dieser Waren resultierenden Einkünfte wurden als "exempt foreign trade income" deklariert und von der amerikanischen Bemessungsgrundlage ausgenommen. Als FSC musste ein Büro außerhalb des US-amerikanischen Zollgebiets betrieben werden, von dem aus die Vertriebsgeschäfte im Auftrag der amerikanischen Mutter getätigt wurden.

Im Ergebnis führte diese Konstruktion zu einer Freistellung von Gewinnen aus Liefergeschäften des amerikanischen Unternehmens, da Teile der Vertriebs-

---

544 So auch *Avi-Yonah*, der zwar die belgischen Steuerregime für die Koordinationszentren auf Grund des eingeschränkten Anwendungsbereichs des Übereinkommens als vereinbar mit dem WTO-Recht anerkennt, spezielle Steuerregime für Vertriebsgesellschaften jedoch als Form der Ausfuhrsubventionierung ansieht. Vgl. Slemrod, J. B./Avi-Yonah, R. S., Tax L. Rev. 2002, S. 550; Avi-Yonah, R. S., Interaction, 2003, Rz. 55. Vgl. den ähnlichen Zusammenhang in der Streitsache WTO Panel Report v. 11. Februar 2000 (Canada – Autos), Rz. 2.25. Vgl. zum monoton steigenden Zusammenhang zwischen Subventionierung und Ausfuhr Grave, C., Subventionsbegriff, 2002, S. 84 f.

545 Vgl. mit Verweis auf die Verhandlungsgeschichte Grave, C., Subventionsbegriff, 2002, S. 163.

546 Vgl. ebenda, S. 167.

547 D. h. zu mindestens 50%.

einkünfte als ausländische Quelleneinkünfte deklariert werden konnten und damit von der amerikanischen Bemessungsgrundlage ausgenommen waren. Von seiner Wirkung ist diese Regelung vergleichbar mit Verrechnungspreisvorschriften, die zu einer Verlagerung von Steuersubstrat in das Ausland führen und dort mangels analoger Vorgehensweise nicht der Besteuerung unterliegen. Hinzu kommt, dass die in den USA übliche Hinzurechnungsbesteuerung thesaurierter Gewinne ausländischer Töchter unterblieb und auch Dividenden, die von der FSC an ihre amerikanische Mutter gezahlt wurden, von der Besteuerung ausgenommen waren. Damit wurde die Steuersubstratverlagerung letztlich definitiv. Damit sich entsprechende Steuerspareffekte ergaben, waren die FSC überwiegend in Niedrigsteuerländern bzw. Offshore angesiedelt. Beliebte Firmensitze für FSC waren karibische Länder wie Bermuda.[548] Folgerichtig kam das Panel hinsichtlich des Tatbestands der Ausfuhrabhängigkeit zu dem Ergebnis, dass die Freistellung der Einkünfte aus dem Exportgeschäft der amerikanischen Mutter die fehlende Hinzurechnungsbesteuerung der thesaurierten Gewinne der FSC und die partielle Nichtbesteuerung der Dividenden dazu führe, dass Existenz und Höhe der Subvention von der Ausfuhr amerikanischer Waren oder Leistungen im Zusammenhang mit diesen Waren abhängig seien.[549] Ausschlaggebend war, dass diese Sonderregelungen nur für Einkünfte galten, die aus dem Verkauf amerikanischer Waren im Ausland resultierten. Damit wurde die Ausfuhr dieser Waren zur Bedingung für die Subvention.[550]

4.4.2.4 Rechtlicher Status der Beispielliste von Ausfuhrsubventionen

Nach Art. 3 Abs. 1 lit. a sind Subventionen in Abhängigkeit von der Ausfuhrleistung „einschließlich der in der Beispielliste genannten Maßnahmen“ verboten. Fraglich ist, ob der Tatbestand des Art. 3 Abs. 1 lit. a durch den Verweis auf die Beispielliste erweitert wird, oder ob diese, entsprechend ihrer Überschrift, lediglich beispielhaften Charakter hat. Aus historischer Sicht ist anzumerken, dass die Beispielliste als Ergänzung zu Art. XVI Abs. 4 GATT 1947, wie auch im Subventionskodex von 1979, mehr als nur beispielhaften Charakter hatte, da sie mangels Definition des (Ausfuhr-)Subventionsbegriffs als einziger Anhaltspunkt der materiellen GATT-Vorschriften galt. Die Maßnahmen der Liste sollten von den Vertragspartnern unstreitig als Ausfuhrsubventionen anerkannt werden.[551] Mit Art. 3 Abs. 1 lit. a wurde jedoch in der Uruguay-Runde eine Definition der Ausfuhrsubventionierung vorgenommen. Daher kann der Sinn der Bei-

---

548 Die Jungferninsel, Guam, Barbados und die Cayman Islands waren ebenso beliebt. Vgl. Bhala, R./Gantz, D., Ariz. J. Int'l & Comp. Law 2000, S. 54.

549 Vgl. WTO Panel Report v. 8. Oktober 1999 (US – FSC), Rz. 7.108.

550 Das Panel stützte seine Auffassung zudem auf lit. e der Beispielliste, die von einer „spezifisch ausfuhrbezogenen Stundung oder Freistellung von direkten Steuern“ spricht. Vgl. ebenda, Rz. 7.118.

551 Vgl. oben Punkt 2.1.2.

spielliste lediglich in der Möglichkeit einer vereinfachten Beweisführung bzw. der Bekräftigung eines bereits nach Art. 3 Abs. 1 lit. a Subventionsübereinkommen hergeleiteten Ergebnisses liegen.[552] Damit können zur Feststellung, ob eine verbotene Ausfuhrsubvention vorliegt, direkt die Tatbestände der Beispielliste geprüft werden, ohne dass zuvor eine Prüfung der Ausfuhrabhängigkeit nach Art. 3 Abs. 1 lit. a Subventionsübereinkommen vorzunehmen ist.[553] Allerdings ist zu beachten, dass die vereinfachte Beweisführung nicht auch für Art. 1 Abs. 1 und damit den Subventionstatbestand gilt. So stellte das Panel in der Streitsache *Canada – Aircraft* fest, dass eine Maßnahme der Beispielliste[554] nicht das Vorliegen einer Subvention im Sinne des Art. 1 bestimme, sondern nur, ob eine verbotene Subvention vorliege.[555] Vor Prüfung eines Tatbestands der Beispielliste müssen daher zunächst die Tatbestandselemente „finanzielle Beihilfe" und „Vorteil" einschlägig sein.

4.4.2.5 Ausnahmetatbestände vom Subventionsverbot

Auch wenn die Beispielliste den materiellen Anwendungsbereich des Verbots von Ausfuhrsubventionen nicht erweitert, hat sie insofern Einfluss auf das Subventionsverbot, als durch Fußnote 5 zu Art. 3 Abs. 1 lit. a. bestimmt wird, dass Maßnahmen, die nach Anhang I keine Ausfuhrsubventionen darstellen, durch das Subventionsübereinkommen nicht verboten sind. Damit unterliegen solche Maßnahmen nicht dem Subventionsverbot des Art. 3 Abs. 1 lit. a, die auf Grund einer „klaren Aussage der Beispielliste"[556] erlaubt sind. Bezüglich dieser Ausnahmeregelungen ist der Beispielliste mehr als nur interpretativer Charakter zuzusprechen.[557] Eine eindeutige Aussage trifft jedoch nur lit. k der Beispielliste.[558] Danach gelten bestimmte Maßnahmen im Bereich öffentlicher Ausfuhrkredite „nicht als durch dieses Übereinkommen verbotene Ausfuhrsubvention".

---

552 Vgl. WTO Panel Report v. 8. Oktober 1999 (US – FSC), Rz. 4.307.

553 "A measure that falls within the scope of the Illustrative List is deemed to be a prohibited export subsidy. In other words, a Member may establish that a measure is a prohibited export subsidy by going directly to the Illustrative List, without first demonstrating that a measure falls within the scope of Article 3.1(a)." WTO Panel Report v. 9. Mai 2000 (Brazil – Aircraft 21.5), Rz. 6.31.

554 In diesem Falle lit. k der Beispielliste.

555 "Item (k) of the Illustrative List applies – in the opinion of the Panel – only in determining whether or not a prohibited export subsidy exists." WTO Panel Report v. 14. April 1999 (Canada – Aircraft), Rz. 9.117. Vgl. Slotboom, M. M., JWT 2002, S. 537.

556 Vgl. die Argumentation der Europäischen Union in *USA – FSC*, die "a clear statement in Annex I" forderte. Vgl. WTO Panel Report v. 8. Oktober 1999 (US – FSC), Rz. 7.114.

557 Vgl. das Panel in *US – FSC* bei der Beurteilung der U.S.-amerikanischen Verrechnungspreisvorschriften. Vgl. ebenda, Rz. 4.488. Entgegen der Ansicht der USA. Vgl. WTO Panel Report v. 8. Oktober 1999 (US – FSC), Rz. 4.638.

558 Vgl. McGovern, E., WTO-Kommentar, 1995, § 11.322; Avi-Yonah, R. S./Tittle, M. B., Direct Investment, 2002, S. 14.

Ob auch andere Maßnahmen, wie z. B. Steuerstundungen, bei Zahlung angemessener Zinsen (Fußnote 58) Methoden zur Vermeidung von Doppelbesteuerung von Einkommen aus ausländischen Quellen (Fußnote 59) oder der Grenzausgleich von indirekten Steuern bei Mehrwertsteuersystemen (Fußnote 60) von Fußnote 5 als Ausnahmen gelten und damit auf Grund expliziter „Genehmigung“ vom Subventionsverbot ausgenommen sind, ist unklar.

Betrachtet man Fußnote 59 zu lit. e der Beispielliste aus historischer Perspektive, ist anzumerken, dass sie ursprünglich dazu gedacht war, Subventionen zu umschreiben, die nach Art. XVI Abs. 4 GATT 1947 zu niedrigeren Preisen auf dem Exportmarkt als auf dem inländischen Markt führten.[559] Im Rahmen der *tax legislation cases*[560] führte diese sog. *bilevel pricing*-Vorschrift in Verbindung mit den Freistellungssystemen einiger europäischer Staaten zu erheblichen Problemen. Hier stellte das Panel auf die ökonomische Wirkung der Freistellungssysteme Belgiens, Frankreichs und der Niederlande ab. So gelangte es zu dem Ergebnis, dass Steuerfreistellungen in Verbindung mit niedrigeren ausländischen Belastungsniveaus zu niedrigeren Preisen von gleichartigen Waren auf dem Exportmarkt als auf dem inländischen Markt führen würden, was mit Art. XVI Abs. 4 GATT 1947 nicht vereinbar sei.[561] Um den steuerlichen Anwendungsbereich der GATT-Subventionsvorschriften zu korrigieren, wurden in die Bespielliste des Subventionskodex von 1979, also vor der Einführung der Definition von (Ausfuhr-)Subventionen in der Uruguay-Runde, zwei Fußnoten integriert, die als Ausnahmen von der Exportsubventionierung konzipiert waren. In einer ersten Fußnote erkannten die Unterzeichner an, dass eine Steuerstundung dann

---

559 Vgl. ausführlich Hudec, R. E., Minn. L. Rev. 1988, S. 1443 ff.

560 Vgl. GATT Panel Report v. 12. November 1976 (Belgium – Income Tax Practices), BISD 23S; GATT Panel Report v. 12. November 1976 (US – DISC), BISD 23S; GATT Panel Report v. 12. November 1976 (The Netherlands – Income Tax Practices), BISD 23S; GATT Panel Report v. 12. November 1976 (France – Income Tax Practices), BISD 23S.

561 Diese heftig umstrittenen Ergebnisse wurden erst fünf Jahre später, zusammen mit einem begleitenden "Understanding", von den Vertragsparteien angenommen. In einer Erklärung des Ratsvorsitzenden wurde darauf hingewiesen wurde, dass das Understanding die bestehenden Regeln von Art. XVI Abs. 4 GATT 1947 nicht ändere, nur für die beiden Streitparteien gelte und auf die Rechte und Pflichten der Vertragsparteien keinen Einfluss habe. In der Rechtssache *US – FSC* wurde diesem Understanding daher keine rechtliche Bindungswirkung und kein Einfluss auf die Vorschriften des Subventionsübereinkommens zuerkannt. Vgl. WTO Panel Report v. 8. Oktober 1999 (US – FSC), Rz. 7.49 ff. Bestätigt durch WTO Appellate Body Report v. 24. Februar 2000 (US – FSC), Rz. 118 ff. Zudem berief sich das Panel auf die Tatsache, dass es sich nicht um eine Entscheidung eines WTO-Organs handelte. Auch in der Rechtssache *Japan – Alcoholic Beverages* hat der Appellate Body darauf verwiesen, dass Entscheidungen, die vor Inkrafttreten des Subventionsübereinkommens getroffen wurden, nur zwischen den betreffenden Streitparteien Bindungswirkung hätten. WTO Appellate Body Report v. 4. Oktober 1996 (Japan – Taxes on Alcoholic Beverages), S. 14. Kritisch Bhala, R., Am. U. Int'l L. Rev. 1999, S. 845 ff.

keine Ausfuhrsubvention darstelle, wenn angemessene Zinsen gezahlt würden. In Fußnote 2 wurde aufgeführt, dass Methoden zur Vermeidung von Doppelbesteuerung von Einkommen aus ausländischen Quellen nicht durch die Beispielliste erfasst seien.[562]

Nach Übernahme der Beispielliste des Subventionskodex von 1979 in das Subventionsübereinkommen hat sich die rechtliche Stellung dieser Fußnoten jedoch geändert. So ist zum einen die alleinige Erfüllung eines der Tatbestände der Beispielliste nicht ausreichend, damit eine verbotene Subvention vorliegt, da zunächst der Subventionstatbestand des Art. 1 erfüllt sein muss. So könnte eine Maßnahme zur Vermeidung von Doppelbesteuerung bereits an diesem Eingangstatbestandsmerkmal scheitern. Zum anderen weist das Konzept der Ausfuhrabhängigkeit des Art. 3 Abs. 1 lit. a eine andere Wirkungsweise auf als das *bilevel pricing*-Konzept des Art. XVI Abs. 4 S. 1 GATT. Während Art. 3 Abs. 1 einen engen kausalen Zusammenhang zwischen Subvention und Ausfuhr fordert, war für Art. XVI Abs. 4 S. 1 GATT 1947 entscheidend, dass die Subventionierung zu niedrigeren Preisen auf dem Auslandsmarkt als auf dem Inlandsmarkt führt. Niedrigere Preise auf dem Auslandsmarkt erscheinen bei der Freistellungsmethode grundsätzlich möglich, da das hinter der Freistellungsmethode stehende Konzept der Kapitalimportneutralität eben nicht für gleiche Wettbewerbsbedingungen auf dem Inlands-, sondern auf dem Auslandsmarkt sorgen soll. Geht man, wie oben beschrieben, davon aus, dass sich die Steuerbelastung auch auf die Produktpreise auswirkt, führt die Anwendung der Freistellungsmethode zu einem gleichen oder niedrigeren Belastungsniveau und entsprechenden Produktpreisen als auf dem Inlandsmarkt.

Trotz der unterschiedlichen rechtlichen Stellung ist jedoch fraglich, ob der letzte Satz von Fußnote 59 tatsächlich keinen das Ausfuhrsubventionsverbot einschränkenden Charakter hat. So gibt es hinsichtlich der Methoden zur Vermeidung der Doppelbesteuerung zwar einen recht breiten internationalen Konsens, der sich z. B. in den Vorschriften des OECD-Musterabkommens widerspiegelt, dennoch werden die einzelnen Methoden in ihrer tatsächlichen Anwendung und Ausgestaltung keineswegs international einheitlich praktiziert.[563] Gerade vor dem Hintergrund, dass der Subventionstatbestand des Art. 1 Abs. 1 lit. a Nr. 1 ii als Eingangstatbestand zur Subventionsdisziplin sehr weit gefasst ist, erscheint es nicht ausgeschlossen, dass steuerliche Maßnahmen den Subventionstatbestand des Art. 1 Abs. 1 lit. a Nr. 1 ii erfüllen, die – zumindest auch – der Vermeidung der Doppelbesteuerung dienen.[564] Zudem ist fraglich, ob allein die geänderte Stellung der Beispielliste dazu führen kann, dass Maßnahmen nicht hierunter subsumiert werden können, die als Bestandteil des GATT 1947 unter

---

562 Zudem wurde der Fremdvergleichsgrundsatz bei Verrechnungspreisen festgelegt.

563 Vgl. WTO Appellate Body Report v. 14. Januar 2002 (US – FSC 21.5), Rz. 148.

564 Vgl. ausführlich zur Reichweite des Ausnahmetatbestands Punkt 5.3.

sie subsumiert wurden. Schließlich hat sich der Wortlaut der Beispielliste nicht geändert. Insgesamt kann jedenfalls nicht ausgeschlossen werden, dass sich Methoden zur Vermeidung von Doppelbesteuerung finden lassen, die ausfuhrabhängig sind und vom letzten Satz der Fußnote 59 adressiert und vom Subventionsverbot ausgenommen werden.

Daraus ist zu schließen, dass Fußnote 59 noch Bestandteil der Beispielliste ist, weil sie verhindern soll, dass Maßnahmen von WTO-Mitgliedern als verbotene Subventionen beurteilt werden, deren objektiver Sinn in der Vermeidung der Doppelbesteuerung von Einkünften aus ausländischen Quellen liegt. Der letzte Satz von Fußnote 59 muss daher als eine Einredemöglichkeit durch den Beschwerdegegner verstanden werden, die eine verbotene Ausfuhrsubvention rechtfertigt, wenn diese Maßnahme der Vermeidung von Doppelbesteuerung von Einkünften aus ausländischen Quellen dient. Dem subventionierenden Staat verbleibt insoweit eine Rechtfertigungsmöglichkeit[565] für die Subventionierung von Ausfuhren. Dieser trägt allerdings auch die Beweislast dafür, dass die von ihm gewährte Ausfuhrsubvention in den Anwendungsbereich der Ausnahmevorschrift fällt.[566]

In diese Richtung gehen auch die Ausführungen des Appellate Body in der Streitsache *US – FSC 21.5*. Er stellte fest, dass der fünfte Satz von Fußnote 59 die Mitglieder berechtige, Methoden zur Vermeidung der Doppelbesteuerung unabhängig davon zu praktizieren, ob sie Ausfuhrsubventionen im Sinne des Artikels 3 Abs. 1 lit. a darstellen: "The fifth sentence of footnote 59, therefore, constitutes an exception to the legal regime applicable to export subsidies under Article 3.1(a) by explicitly providing that when a measure is taken to avoid the double taxation of foreign-source income, a Member is entitled to adopt it."[567]

---

[565] Der Appellate Body spricht auch von "justification available under the fifth sentence of footnote 59 of the SCM Agreement." Zitat WTO Appellate Body Report v. 14. Januar 2002 (US – FSC 21.5), Rz. 186. Ähnlich WTO Panel Report v. 20. August 2001 (US – FSC 21.5), Rz. 8.92.

[566] Vgl. WTO Appellate Body Report v. 14. Januar 2002 (US – FSC 21.5), Rz. 134.

[567] Zitat ebenda, Rz. 132.

4.5 Zusammenfassung des Prüfungsmaßstabs

4.5.1 Finanzielle Beihilfe

1. Das Subventionsübereinkommen stellt mit Art. 1 Abs. 1 lit. a eine eigenständige Definition finanzieller Beilhilfen zur Verfügung. Diese richtet sich – trotz der bedeutenden Verhandlungsmacht der EG in den multilateralen Verhandlungen der Uruguay-Runde – nicht nach den Beihilfenvorschriften des EG-Vertrags.
2. Das Element der finanziellen Beihilfe orientiert sich an der Wirkung einer Maßnahme. Entscheidend ist, dass das Handeln der Regierung bei dem Empfänger der finanziellen Beihilfe zu einem direkten oder indirekten, monetär quantifizierbaren Vermögenszuwachs führt. Die vom Subventionsgeber verfolgte Zielsetzung ist von untergeordneter Bedeutung. Eine Subvention kann „Nebenprodukt" zunächst allgemein verstandener Regelungen sein.
3. Durch die Betonung des Vermögenszuwachses tritt die Form der Maßnahme in den Hintergrund. Für den Subventionstatbestand ist unerheblich, ob die Begebung einer Subvention aus einer vertraglichen Vereinbarung zwischen Regierung und Subventionsempfänger, einem sachverhaltsbezogenen Verwaltungsakt oder einem gesetzlich normiertem Anspruch resultiert.
4. Das Kriterium der Spezifität ist nicht Bestandteil des Subventionsbegriffs, weshalb prinzipiell auch allgemeine wirtschaftspolitische Maßnahmen einer Regierung hierunter zu subsumieren sind. Eine direkte Rechtsfolge knüpft das Übereinkommen an den Subventionsbegriff nicht. Als Eingangsvorschrift legt er die groben Grenzen der Subventionsautonomie und damit den wirtschaftspolitischen Gestaltungsfreiraum der Mitgliedstaaten fest.
5. Die Frage nach einer „normalerweise zu entrichtenden Abgabe" ist anhand einer von der Fiktion eines allgemein übergreifenden steuerlichen Regelfalls losgelösten Vergleichspaarbildung, auf Basis alternativ anwendbarer nationaler Steuervorschriften durchzuführen. Die Suche nach Vergleichspaaren eröffnet dem Rechtsanwender erheblichen Wertungsspielraum, wobei die Grenze zur Willkür kaum noch zu definieren ist.
6. Durch Flexibilität bei der Suche nach Vergleichspaaren ordnet sich der Tatbestand steuerlicher finanzieller Beihilfen in den weiten Anwendungsbereich des Konzepts der finanziellen Beihilfe ein. Lassen sich in der mitgliedstaatlichen Besteuerungspraxis logische Inkonsistenzen aufdecken, ist der Tatbestand der finanziellen Beihilfe bereits einschlägig.

7. Die Frage nach der sachlichen Rechtfertigung einer steuerlichen Beihilfe ist gleichbedeutend mit einer feineren Abgrenzung des Regelsteuertatbestands. Argumente, die in die Vergleichbarkeits- und Rechtfertigungsebene eingehen, sind weitgehend austauschbar.
8. Die Prüfung der Verhältnismäßigkeit und damit eine Abwägung der Zielsetzungen von Steuerrecht und WTO-Recht ist nicht vorgesehen, da das Subventionskonzept, wie das WTO-Recht insgesamt, nicht nach der mit einer Maßnahme verfolgten Zielsetzung fragt.

4.5.2 Vorteil

1. Das Tatbestandselement des Vorteils korrigiert den weiten Anwendungsbereich der finanziellen Beihilfe, indem er eine weitere Betrachtungsebene einführt, die sich direkt an den Empfänger der finanziellen Beihilfe richtet. Durch das Vorteilselement wird ein zusätzlicher Vergleichsmaßstab aufgestellt, der im Konzept des finanziellen Beitrags nicht enthalten ist. „Vorteil" ist der budgetwirksame Zuwachs an finanziellen Mitteln *gegenüber* dem Wirtschaftssubjekt, das die finanzielle Beihilfe nicht erhält.
2. Der Vorteil einer steuerlichen Maßnahme ist anhand eines Belastungsvergleichs zwischen Ausnahme- und Referenzsituation nachzuweisen. Bei der Besteuerung grenzüberschreitender Sachverhalte ist dabei auch auf das ausländische Belastungsniveau abzustellen.
3. Für das Vorteilselement genügt es nicht, dass finanzielle Beihilfe und Vorteil lediglich zusammentreffen. Es ist ein kausaler Zusammenhang zwischen beiden Elementen nachzuweisen. Beim Zusammenspiel von Vorschriften mehrerer Steuerjurisdiktionen ist zu fragen, ob der Staat, der auf die Erhebung einer Abgabe verzichtet, auch für die niedrige Gesamtbelastung verantwortlich ist bzw. verantwortlich gemacht werden kann.

4.5.3 Spezifität heimischer Subventionen

1. Subventionen unterliegen nur der Subventionsdisziplin (Teile II bis V und VII), wenn sie spezifisch sind. Das Übereinkommen kennt zwei Formen der Spezifität. Während heimische Subventionen auf eine Eingrenzung des Empfängerkreises abstellen, sind Ausfuhrsubventionen und importersetzende Subventionen per Fiktion spezifisch, auch wenn sie allgemein erhältlich sind.
2. Heimische Subventionen sind Subventionen, die keine Ausfuhrsubventionen oder importersetzenden Subventionen sind. Sie sind spezifisch, wenn sie zu inter- oder intrasektoralen Differenzierungen führen. Dies ist in der Regel der Fall, wenn zu den Begünstigten (überwiegend) Hersteller oder Anbieter ähnlicher Endprodukte gehören.
3. Für die Ausweitung des Selektivitätskonzepts des EG-Beihilfenrechts auf nicht sektoral begrenzte steuerliche Maßnahmen gibt es gewichtige sys-

tematische und teleologische Gründe, die sich auf das Spezifitätskonzept des Subventionsübereinkommens nicht übertragen lassen. Bei letzteren bleibt es bei der Maßgabe des Nachweises sektoraler Anknüpfungsmomente im Steuertatbestand.

4. Heimische Subventionen sind nicht deshalb WTO-widrig, weil sie spezifisch sind. Es bedarf zudem des Nachweises einer ernsthaften Schädigung der Interessen des Beschwerdeführers. Aus Steuervergünstigungen können sich für Unternehmen Kosteneinsparungspotentiale ergeben, die diese in einem aggressiven Auftreten auf dem inländischen Markt nutzen können. Vor dem Hintergrund dieser ökonomischen Zusammenhänge sind nachteilige Auswirkungen ausländischer Warenanbieter auf den jeweiligen Inlandsmärkten und damit eine ernsthafte Schädigung der Interessen anderer WTO-Mitglieder möglich.

4.5.4 Importsubstitution

1. Obwohl nicht explizit normiert, ist auch der Nachweis von importersetzenden Subventionen durch Rückgriff auf die tatsächlichen Gegebenheiten des Einzelfalls möglich. Damit verschwimmen die Unterschiede zwischen Art. III: 4 GATT und Art. 3 Abs. 1 lit. b Subventionsübereinkommen, da neben direkter Produktsubventionierung auch Produktionsfaktor-Subventionierungen als indirekte Formen der Subventionierung inländischer Warenanbieter durch Art. 3 Abs. 1 lit. b erfasst werden.
2. Da die Frage nach der Herkunft der Waren bzw. des Anbieters losgelöst von der Frage nach der Ansässigkeit zu betrachten ist, sind die produktbezogenen Diskriminierungsverbote des GATT 1994 und damit auch das Verbot der Importsubstitution im Internationalen Steuerrecht ohne Anknüpfungsmoment. Lediglich in dem schmalen Überschneidungsbereich, in dem sich steuerliche Vorschriften direkt auf die Warenebene auswirken, sind die Inländergleichbehandlung des Art. III: 4 GATT 1994 und das Verbot importersetzender Subventionierung von Bedeutung.
3. Für den Bereich Dienstleistungen würden sich auf Grund der Untrennbarkeit von Produkt und Anbieter erhebliche Überschneidungen zwischen dem Verbot der Importsubstitution und steuerlichen Vorschriften ergeben. Das GATS beinhaltet jedoch keine subventionsrechtlich bedeutsamen Vorschriften und nimmt durch ein lückenloses Konzept von Ausnahmevorschriften direkte Steuern vom Anwendungsbereich der Diskriminierungsverbote aus. Aus diesem Grund kann eine Diskriminierung ausländischer Dienstleister über nationale Ertragsteuersysteme WTO-rechtlich nicht sanktioniert werden.

4.5.5 Ausfuhrsubventionen

1. Durch den zweiten Satz von Fußnote 4 wird das *de facto*-Konzept für Ausfuhrsubventionen gegenüber dem *de facto*-Konzept bei heimischen Subventionen deutlich eingegrenzt. Die überwiegende Inanspruchnahme eines Subventionsprogramms durch Exportunternehmen reicht nicht für die tatbestandliche Erfüllung des Abhängigkeitselements aus.
2. Die WTO-Organe fordern das Vorliegen eines engen kausalen Zusammenhangs zwischen Gewährung einer Subvention und dem Verbringen inländischer Waren in fremde Wirtschaftsgebiete durch das subventionierte Unternehmen. Dabei ist auf Natur, Struktur, Funktion und Umstände der Subvention im Einzelfall abzustellen. Es können keine Fakten grundsätzlich ausgeschlossen werden.
3. Neben der Ausfuhrtätigkeit des Empfängers sind stets weitere Umstände des Einzelfalls, wie z. B. die Größe eines bestimmten Marktes, die Erwartung zukünftiger Ausfuhrerlöse, das Wissen des Subventionsempfängers, die Nähe zum Auslandsmarkt oder formelle Vergabekriterien, heranzuziehen.
4. Die Beispielliste in Anhang I des Übereinkommens führt nicht zu einer Erweiterung des materiellen Anwendungsbereichs des Subventionsverbots für Ausfuhrsubventionen, schränkt diesen jedoch in mehreren Punkten deutlich ein. Auf Grund expliziter „Genehmigung“ sind vom Subventionsverbot Steuerstundungen bei Zahlung angemessener Zinsen, Methoden zur Vermeidung von Doppelbesteuerung von Einkommen aus ausländischen Quellen und der Grenzausgleich von indirekten Steuern bei Mehrwertsteuersystemen ausgenommen.
5. Die Ausnahmen gelten als eine Einredemöglichkeit durch den Beschwerdegegner, durch die eine verbotene Ausfuhrsubvention gerechtfertigt werden kann. Das subventionierende Mitglied trägt die Beweislast dafür, dass die von ihm gewährte Ausfuhrsubvention in den Anwendungsbereich der Ausnahmevorschrift fällt.

5 Regelungen des Internationalen Steuerrechts und WTO-Subventionsrecht

5.1 Subventionen im Abkommensrecht

Dem wirkungsbezogenen Subventionskonzept entsprechend kann eine finanzielle Beihilfe im Sinne des Art. 1 Abs. 1 lit. a Nr. 1 ii auf jeder Ebene steuerrechtlicher Vorschriften vorliegen. Bei der Ableitung der Tatbestandsmerkmale steuerlicher Subventionen wurde bereits auf potentielle Subventionen im originär innerstaatlichen Recht eingegangen. Im Vordergrund der folgenden Ausführungen steht die Frage, ob sich auch auf Abkommensebene Subventionstatbestände finden lassen.

Berücksichtigt man, dass DBA-Normen regelmäßig zu einer Besserstellung des Steuerpflichtigen führen,[568] so gerät bereits die DBA-Anwendung unter Verdacht, eine finanzielle Beihilfe zu sein.[569] Folgt man der Auffassung des österreichischen VwGH, vermögen DBA zwar den aus dem innerstaatlichen Steuerrecht resultierenden Besteuerungsanspruch einzuschränken, jedoch nicht zu einer erweiterten Steuerpflicht zu führen oder gar einen innerstaatlich nicht gegebenen Steueranspruch zu begründen.[570] Diese nicht unumstrittene Auffassung[571] würde jedenfalls dazu führen, dass sich der Steuerpflichtige durch die DBA-Anwendung zumindest nicht schlechter stellen könnte als im Vergleich zu unilateralen Entlastungsnormen.[572]

5.1.1 Mögliche Referenzfälle

5.1.1.1 Der inländische Sachverhalt als Referenzfall

Im Rahmen der Analyse der einzelnen Tatbestandsmerkmale steuerlicher Subventionen wurde festgestellt, dass es für den Nachweis einer finanziellen Beihilfe im Sinne des Art. 1 Abs. 1 lit. a Nr. 1 ii der Suche nach Vergleichspaaren und einer an diesen festgemachten Ungleichbehandlung bedarf. Der weite Anwendungsbereich des Konzepts der finanziellen Beihilfe, wie er auch im Bereich der direkten Kapitaltransfers zur Anwendung kommt, führt dazu, dass nur Referenzfälle auszuschließen sind, bei denen zwingende objektive Gründe für ihren Ausschluss sprechen. Entsprechend der Judikatur des Appellate Body ist bei der Suche nach dem Referenzfall ausreichend Flexibilität an den Tag zu legen. Vor diesem Hintergrund könnte einem grenzüberschreitenden Sachverhalt durchaus

---

568 Vgl. Vogel, K./Lehner, M./Eigelshoven, A., DBA-Kommentar, 2003, Einl. Rz. 56.
569 Vgl. Sutter, F. P., Verteilung, 2005, S. 89.
570 Vgl. VwGH v. 25. September 2001, AnwBl 2002, S. 285 ff.
571 Vgl. Lang, M., SWI 2002, S. 86 ff; Lang, M., IStR 2002, S. 610 f.
572 Vgl. Sutter, F. P., Verteilung, 2005, S. 89.

auch ein analoger, rein inländischer Sachverhalt gegenübergestellt werden. So ließe sich z. B. die ausländische Betriebsstätte eines inländischen Stammhauses in einem DBA-Staat mit einem inländischen Gewerbebetrieb mit analogen, im Inland erwirtschafteten Einkünften vergleichen.

Gegen die Gegenüberstellung eines reinen Inlandsfalls als Referenzfall spricht, dass grenzüberschreitende Tätigkeiten immer mit unterschiedlichen steuerlichen Konsequenzen verbunden sind, da mehrere Steuerjurisdiktionen auf dieselben Einkünfte zugreifen. Naturgemäß wird sich aus einer grenzüberschreitenden Transaktion daher immer eine andere Belastungssituation ergeben. Fraglich ist allerdings, ob allein die „Natur der Einkünfte" als ausreichender Grund für eine Nichtbesteuerung durch den Ansässigkeitsstaat und damit für eine Durchbrechung des von diesem verfolgten Prinzips der Besteuerung des Welteinkommens angeführt werden kann. Würde man dies anerkennen, könnten WTO-Mitglieder nach Belieben grenzüberschreitende Vorgänge subventionieren. Damit würde insbesondere dem Verbot der Ausfuhrsubventionierung der Sinn genommen.

Zudem wird häufig argumentiert, dass die Intention der DBA-Vorschriften nicht in der Behinderung des grenzüberschreitenden Wettbewerbs, sondern im Abbau steuerlicher Hindernisse liegt. Dies sollte mit der Zielsetzung des WTO-Übereinkommens grundsätzlich vereinbar sein.[573] So liegt der erklärte Zweck von DBA im Abbau von steuerlich bedingten Restriktionen für grenzüberschreitende Tätigkeiten, was grundsätzlich mit dem Konzept eines ungehinderten Warenhandels harmoniert. Dem ist allerdings entgegenzuhalten, dass mit den Vorschriften des Internationalen Steuerrechts auch ein weiteres politisches Konzept verfolgt wird, das nach *Homburg* darin liegt, Tätigkeiten mit Auslandsbezug auf Kosten der Inlandssachverhalte bewusst niedrig zu besteuern.[574] Eine Privilegierung ausländischer Aktivitäten inländischer Steuerpflichtiger erscheint mit dem Gedanken des freien Welthandels jedenfalls nicht unbedingt vereinbar.

Gegen die Rechtfertigung möglicher Ungleichbehandlungen grenzüberschreitender und rein inländischer Sachverhalte anhand der Zielsetzung steuerlicher Entlastungsnormen spricht, dass der erklärte Gesetzeszweck für eine subventionsrechtliche Beurteilung von untergeordneter Bedeutung ist. Maßgeblich ist vielmehr, dass eine Regierung auf die Erhebung von Einnahmen verzichtet, was beim Empfänger der finanziellen Beihilfe zu einem monetär quantifizierbaren Vermögenszuwachs führt.[575] Betrachtet man lediglich den auf die Besteuerung

---

573 Nach *Schön* betont Fußnote 59 daher ausdrücklich, dass Methoden zur Vermeidung der Doppelbesteuerung nicht der Subventionsdisziplin unterliegen. Vgl. Schön, W., RIW 2003, S. 52.

574 Vgl. zum deutschen Unternehmenssteuerrecht Homburg, S., Perspektiven, 2000, S. 37.

575 Vgl. oben Punkt 4.1.3.2.

verzichtenden Staat, der letztlich Adressat der Vorschriften des Subventionsübereinkommens ist,[576] scheint diese Voraussetzung jedenfalls gegeben zu sein.

Gegen den Inlandssachverhalt als Referenzmaßstab lässt sich zudem anführen, dass auf Grund des mit der Freistellungsmethode verfolgten Wettbewerbskonzepts kein Vergleich mehr mit dem inländischen Belastungsniveau möglich ist. So müssen international ausgerichtete Unternehmen im Ausland unter den dort gegebenen Wettbewerbsbedingungen mit den dortigen Wettbewerbern konkurrieren.[577] Es ließe sich argumentieren, dass das Vergleichspaar „Inlandssachverhalt und grenzüberschreitender Sachverhalt" die Tatsache ignoriert, dass international tätige Unternehmen auf ausländischen Märkten andere Rahmenbedingungen vorfinden als im Inland. Dieses von den Methoden zur Vermeidung von Doppelbesteuerung verfolgte Wettbewerbskonzept sieht *Sutter* als ausreichend an und würdigt die Freistellungsmethode pauschal als „eine aus der Logik des Steuersystems heraus noch gerechtfertigte Begünstigung für die international tätige Unternehmerschaft"[578].

Dieser Auffassung ist m. E. zumindest teilweise zu widersprechen. Es ist festzustellen, dass das jeweilige Neutralitätskonzept – Kapitalimport- oder Kapitalexportneutralität – in der internationalen Staatenpraxis und auch vom OECD-Musterabkommen nicht konsequent praktiziert, sondern in der Regel auf einen Kompromiss zwischen beiden Ausprägungen abstellt wird. So haben Studien bezüglich der Unternehmensbesteuerung in den EU-Mitgliedstaaten ergeben, dass kein Mitgliedstaat sein Internationales Steuerrecht konsequent nach einer der beiden Methoden ausrichtet.[579] Der Methodenartikel 23A des OECD-Modells steht zwar unter der Überschrift „Befreiungsmethode", ausgenommen von der Besteuerung im Ansässigkeitsstaat werden jedoch nur bestimmte Einkünfte, wie z. B. Betriebsstättengewinne oder Schachteldividenden. Hingegen unterliegen Portfoliodividenden und Zinseinkünfte einer Besteuerung im Quellenstaat, die der Ansässigkeitsstaat durch Steueranrechnung berücksichtigt.

Außerdem darf nicht übersehen werden, dass das Vorliegen der Voraussetzungen dieser Wettbewerbsneutralitäten, die *Sutter* als pauschale Rechtfertigung heranzieht, in einem globalisierten Umfeld zunehmend in Frage gestellt wird. So werden an der Sinnhaftigkeit der Begriffe von Kapitalimport- und Kapitalexportneutralität, die jeweils ein ökonomisches Wettbewerbskonzept verkörpern, verstärkt Zweifel laut. Kapitalimportneutralität ist nämlich nur gegeben, wenn die steuerlichen Wettbewerbsverhältnisse zwischen inländischen und ausländischen Investoren, die im Ausland produzieren und mit den dort ansässigen Unternehmen konkurrieren, tatsächlich identisch sind. Im ökonomischen Modell, das den Wettbewerbsneutralitäten zu Grunde liegt, fallen zwar Produktions-

576 Vgl. WTO Appellate Body Report v. 2. August 1999 (Canada – Aircraft), Rz. 69.
577 Vgl. Sutter, F. P., Verteilung, 2005, S. 101.
578 Zitat ebenda, S. 102.
579 Vgl. Commission of the European Communities, Market, 2001, S. 138.

standort und Absatzmarkt stets zusammen, übersehen wird jedoch die Tatsache, dass die produzierten oder gehandelten Güter aus dem Quellenstaat sowohl in Drittländer als auch in den Ansässigkeitsstaat zurückfließen können. Dies führt dazu, dass die tatsächliche Konkurrenzsituation in einem globalisierten Umfeld durch die Freistellungsmethode nicht mehr zutreffend wiedergegeben wird. Gerade bei international tätigen Großunternehmungen hat eine prozessorientierte Geschäfts- oder Organisationsstruktur zur Folge, dass bestimmte Funktionen, wie Marketing und Vertrieb, nur in einzelnen Ländern zu finden sind, während in anderen Ländern die Waren hergestellt werden.[580] Die internationalen Absatzmärkte werden mit aus dem Konzernverbund exportierten Waren bedient. Insbesondere die im Bereich der Steuerplanung eingesetzten Instrumente der Funktionsverlagerung[581] führen dazu, dass mit einer Zunahme des Exports zwischen verbundenen Gesellschaften innerhalb der einzelnen Märkte eine saubere Trennung dieser Märkte nicht mehr möglich ist.[582]

Auf Grund dieser aus der Globalisierung resultierenden Angleichung der Wettbewerbsbedingungen für grenzüberschreitend tätige Unternehmen kann auch eine territoriale Anbindung dieser Unternehmungen an bestimmte Steuerjurisdiktionen nicht mehr eindeutig nachgewiesen werden. Damit gerät das durch die Freistellungsmethode verkörperte Wettbewerbskonzept ins Wanken.[583] Da die generelle wettbewerbspolitische und wettbewerbsgerechte Begründung der Freistellungsmethode vor dem Hintergrund dieser Ausführungen höchst fraglich erscheint, ist auch eine Rechtfertigung der Ungleichbehandlung zu rein inländischen Sachverhalten bzw. ein grundsätzliches Ausscheiden dieses Vergleichspaares, wie sie *Sutter* vornimmt,[584] nicht vorbehaltlos zu akzeptieren. Höchstens für standortgebundene Projekte wie Bauausführungen, keinesfalls jedoch im Zusammenhang mit dem hier relevanten internationalen Warenhandel, erscheint eine solche Begründung ausreichend.

5.1.1.2 Unilaterale Maßnahmen und andere DBA als Maßstab

Neben dem reinen Inlandsfall als Referenzfall erscheint auch ein Abstellen auf unilaterale Entlastungsnormen möglich, um den Tatbestand der finanziellen Beihilfe im Sinne des Art. 1 Abs. 1 lit. a Nr. 1 ii zu belegen. Es gilt als allgemein anerkannt, dass DBA im Regelfall nur bestehende innerstaatliche Besteuerungstatbestände einschränken und häufig dazu führen, dass die in den persönli-

---

580 Vgl. Jacobs, O. H., Unternehmensbesteuerung, 2002, S. 31.

581 Vgl. die verschiedenen Modelle bei Endres, D., RIW 2003, S. 729 ff.

582 Vgl. Jacobs, O. H., Unternehmensbesteuerung, 2002, S. 31.

583 Vgl. ebenda, S. 32. Ähnlich Wissenschaftlicher Beirat beim Bundesfinanzministerium, Reform, 1999, S. 73.

584 *Sutter* sieht sehr wohl die Möglichkeit, dass die grenzüberschreitend tätigen Unternehmen mit den heimischen Unternehmen im Wettbewerb stehen. Vgl. Sutter, F. P., Verteilung, 2005, S. 101.

chen Geltungsbereich fallenden Steuerpflichtigen bessergestellt sind als andere Steuerpflichtige, die nicht in den persönlichen Anwendungsbereich eines Abkommens fallen.[585] Bezieht sich die Prüfung auf ein DBA mit besonders günstigen Vorschriften,[586] sind als Vergleichspaar zum einen Steuerpflichtige denkbar, die grenzüberschreitend in einem Nicht-DBA-Staat tätig werden, und zum anderen Steuerpflichtige, die in einem anderen DBA-Land tätig werden. In beiden Situationen sind Steuerpflichtige von potentiell begünstigenden DBA-Vorschriften ausgenommen, da sie nicht in dessen Geltungsbereich fallen.

Hinsichtlich des Vergleichs eines DBA-Falls mit einem Nicht-DBA-Fall und damit der Gegenüberstellung bilateraler und unilateraler Entlastungsnormen ist festzustellen, dass eine Freistellung bestimmter Einkünfte in der Regel erst bilateral zur Anwendung kommt, da einzelne Länder erst auf gegenseitiger Basis bereit sind, auf die Besteuerung dieser Einkünfte zu verzichten. Im unilateralen Fall würden die hiermit verbundenen Steueraufkommensverluste stets zu Lasten des verzichtenden Staates gehen.[587] Diese als Reziprozität bezeichnete Eigenschaft von Doppelbesteuerungsabkommen könnte herangezogen werden, um den Vergleichsfall von bilateralen mit unilateralen Entlastungsmaßnahmen abzulehnen bzw. potentielle Ungleichbehandlungen zu rechtfertigen.[588] In diese Richtung geht auch der häufig im Zusammenhang mit den EG-vertraglichen Diskriminierungsverboten genannte Rechtfertigungsgrund, ein völkerrechtlicher Vertrag wäre nicht zustande gekommen, wenn die Verhandlungspartner nicht in bestimmten Bereichen zu Kompromissen gelangt wären.[589]

Gegen den Nicht-DBA-Fall als Referenzfall spricht die Möglichkeit, dass sich Steuerpflichtige durch die DBA-Anwendung im Vergleich zu den unilateralen Vorschriften nicht immer verbessern müssen. So erscheint auch eine Verschlechterung im Bereich des Möglichen. *Sutter* führt als Beispiel § 48 BAO an, der dem österreichischen Bundesminister für Finanzen einen weiten Ermessensspielraum zur Freistellung und Anrechnung ausländischer Steuern überträgt. Auf Grund internationaler Kritik, insbesondere durch die Europäische Kommission[590], wurde dieser Spielraum zwar durch die Einführung einer speziellen Verwaltungsanweisung weitgehend begrenzt,[591] jedoch nicht vollumfänglich besei-

---

585 Vgl. zu den Diskriminierungsverboten des EG-Vertrags Lang, M., IWB 1996, S. 255 ff.

586 Man denke etwa an niedrige Quellensteuersätze, niedrige oder keine Vorgaben für die Beteiligungshöhe beim Schachtelprivileg oder schwächere Missbrauchsvorschriften.

587 Vgl. Jacobs, O. H., Unternehmensbesteuerung, 2002, S. 38.

588 Vgl. zur Austauschbarkeit von Vergleichs- und Rechtfertigungsebene die Ausführungen unter Punkt 4.1.4.2.3.

589 Vgl. Aigner, H.-J., Gleichheitsgrundsatz, 2005, S. 174.

590 Vgl. Europäische Kommission, Primarolo Bericht, 2000, S. 47.

591 Vgl. Bundesminister für Finanzen (Österreich) v. 17. Dezember 2002, BGBl. II Nr. 474/2002.

tigt.[592] Dennoch dürften ähnliche Situationen, in denen sich alternativ anwendbare unilaterale Maßnahmen günstiger auswirken als die abkommensrechtliche Behandlung, eher die Ausnahme sein. In der Regel wird sich die Situation für den Steuerpflichtigen im DBA-Fall verbessern oder zumindest gleichbleiben. Lediglich bei negativen Einkünften, sofern eine DBA-Freistellung auch auf Verluste übertragen wird, ist eine Schlechterstellung gegenüber einer unilateral zur Anwendung kommenden Anrechnungsmethode möglich. Entsprechend der Judikatur des österreichischen Verwaltungsgerichtshofs zur DBA-Auslegung ist allerdings auch diese Schlechterstellung ausgeschlossen.[593]

Häufig finden sich im Abkommensnetz eines Landes Differenzierungen je nach Abkommenspartner. Während in einem DBA für Betriebsstätteneinkünfte die Freistellung vorgesehen ist, ist in DBA mit anderen Ländern dafür eine Anrechnung der auf die im Ausland gezahlten Steuer auf die dort erwirtschafteten Betriebsstättengewinne vorgesehen. Unterschiede zwischen einzelnen DBA, die vom Steuerpflichtigen durchaus als Vorteil interpretiert werden, liegen in fehlenden Rückfallklauseln. Erfolgt nach dem einen DBA die Freistellung nur, wenn die tatsächliche Besteuerung im Quellenstaat nachgewiesen wird, sieht ein anderes DBA diesbezüglich keinerlei Einschränkungen vor. Denkbar sind auch unterschiedlich gefasste Betriebsstättentatbestände – die unter Ausblendung einer im Quellenstaat anfallenden Besteuerung – die inländische Steuerschuld eines Steuerpflichtigen vermindern. Für diesen ist es aus dieser Perspektive z. B. vorteilhaft, wenn bereits ein Warenumschlagslager, ohne eigenes oder weisungsgebundenes Personal, den Betriebsstättentatbestand eines DBA erfüllt, da die dem Lager zuzuordnenden Einkünfte nicht der inländischen Besteuerung unterliegen.[594]

Petritz und *Schuch*[595] verweisen darauf, dass auch unterschiedliche Quellensteuersätze zu diskriminierungsverdächtigen Situationen führen können. Vereinbart ein EU-Mitgliedstaat (A) mit einem anderen Mitgliedstaat (B) ein Besteuerungsrecht des Quellenstaates auf Zinseinkünfte in Höhe von 15%, mit einem dritten Mitgliedstaat (C) jedoch eine Quellensteuer von nur 10%, so stellt sich die Frage, ob Mitgliedstaat A vor dem Hintergrund einer Meistbegünsti-

---

592 So kann der Bundesminister der Finanzen weiterhin dort intervenieren, wo DBA oder die Verordnung keinen ausreichenden Schutz bieten. Vgl. Lang, M., Kompetenz, 2004, S. 223.

593 Vgl. die Ausführungen oben unter Punkt 4.1.5.

594 Eine weite Betriebsstättendefinition findet sich häufig in DBA mit Entwicklungsländern, die dem UN-Modell folgen. Vgl. Jacobs, O. H., Unternehmensbesteuerung, 2002, S. 378.

595 Vgl. Petritz, M./Schuch, J., Grundfreiheiten, 2005, S. 136.

gungsverpflichtung[596] gehalten ist, auch auf die Zinseinkünfte von Ansässigen aus Mitgliedstaat B die niedrigere Quellensteuer von 10% zu erheben, wie er sie im DBA mit C vereinbart hat. *Sutter*[597] überträgt diese Diskussion auf den Beihilfenkontext und sieht in umgekehrter Weise die Möglichkeit einer Subventionierung von Steuerpflichtigen aus Staaten, mit denen niedrigere Quellensteuersätze vereinbart wurden. In diesem Sinne könnte der niedrigere Quellensteuersatz im DBA mit Mitgliedsstaat C im Vergleich zum höheren Satz im DBA mit Mitgliedstaat B als Begünstigungstatbestand aufgefasst werden. Es stellte sich dabei die wohl schwer zu beantwortende Frage, welcher der beiden Quellensteuersätze nun als Referenzsatz zu betrachten sei. Diesem Problem könnte man nach Auffassung von *Sutter* durch den Rückgriff auf die Abkommenspraxis eines Landes begegnen.

Vor dem Hintergrund der vom Appellate Body in der Streitsache *US – FSC 21.5* geforderten „ausreichenden Flexibilität"[598] bei der Suche nach Referenzfällen und der Tatsache, dass das Panel in dieser Streitsache seine Bereitschaft hat erkennen lassen, die Abkommenspraxis eines Landes bei der Prüfung steuerlicher Maßnahmen heranzuziehen,[599] kann m. E. nicht völlig ausgeschlossen werden, dass in einem Streitbeilegungsverfahren vor der WTO auch auf die unterschiedliche Ausgestaltung von Doppelbesteuerungsabkommen eines Landes, je nach Abkommenspartner, abgestellt wird. Dennoch finden sich auch Argumente gegen dieses Vergleichspaar. So sind einzelne länderspezifische DBA-Vorschriften regelmäßig auf unterschiedliche lokale Rahmenbedingungen, wie Infrastruktur oder die staatliche Bereitstellung öffentlicher Güter, zurückzuführen. Doppelbesteuerungsabkommen sind häufig auf einzelne Länder zugeschnitten und auf Grund des unterschiedlichen Steuerrechts des Gegenübers nicht unbedingt mit Abkommen mit anderen Ländern zu vergleichen. So ist ein Investor in einem Entwicklungsland nicht mit einem Investor in einem industrialisierten Land zu vergleichen. Auch hier lässt sich das Prinzip der Gegenseitigkeit bei Abkommensverhandlungen anführen. Die Verteilung der Besteuerungsrechte und die Art der Vermeidung der Doppelbesteuerung wird mit dem jeweiligen Abkommenspartner in einem Verhandlungsprozess auf Basis gegenseitiger Zugeständnisse vereinbart. Das lässt eine Gegenüberstellung verschiedener Abkommen ebenso willkürlich wie zufällig erscheinen.

---

596 Vgl. zur Forderung einer Meistbegünstigung und Übertragung abkommensrechtlicher Vorteile auf Personen aus Drittstaaten Schuch, J., ECTR 1996, S. 161 ff; Rädler, A. J., Concept, 1998, S. 1 ff. Dagegen Hinnekens, L., ECTR 1995, S. 202 ff; Wattel, P. J., CMLR 1996, S. 223 ff; Kemmeren, E., ECTR 1997, S. 146; Avery-Jones, J. F., ECTR 1998, S. 95 ff.

597 Vgl. Sutter, F. P., Verteilung, 2005, S. 105 ff.

598 WTO Appellate Body Report v. 14. Januar 2002 (US – FSC 21.5), Rz. 91 Fn. 66.

599 Vgl. WTO Panel Report v. 20. August 2001 (US – FSC 21.5), Rz. 8.93 Fn. 189.

Fraglich ist, inwieweit Abkommensmodelle als Referenzmaßstab für strittige Steuerpraktiken eines Landes heranziehbar sind. So könnte man sich auf den Standpunkt stellen, dass im Falle eines DBA mit einem Industrieland das OECD-Modell und im Falle eines DBA mit einem Entwicklungsland das Modell der UN heranzuziehen seien. Das Abstellen auf ein Musterabkommen als Referenzmaßstab hätte zur Folge, dass die darin enthaltenen Vorschriften nicht als finanzielle Beihilfen gewertet werden könnten, da sie als Referenzfall subventionsrechtlich nicht anfechtbar wären. Das Panel hat in der Streitsache *US – FSC 21.5* jedenfalls seine Bereitschaft erkennen lassen, das OECD-Modell zur Überprüfung steuerlicher Maßnahmen von WTO-Mitgliedern heranzuziehen: „[W]e consider that the OECD Model Tax Convention can be relevant to the extent it is reflective of tax practices of certain WTO Members."[600]

Die Frage, welche Fassung des betreffenden Abkommensmodells heranzuziehen ist, führt jedoch zu erheblichen Problemen. Stellt man z. B. auf eine bestimmte Fassung des Abkommensmodells als Referenzfall ab, könnten Weiterentwicklungen des Modells als Abweichungen von diesem Referenzfall eingestuft werden. Würde die jeweils aktuelle Fassung des Modells als Referenzfall gelten, würden ältere DBA unter Subventionsverdacht geraten, sofern sie in bestimmten Situationen zu günstigeren Steuerkonsequenzen führten. Auch eigene Abkommenswege bzw. Neuausrichtungen der Abkommenspolitik könnten als Abweichungen vom Regelfall unter besonderen Rechtfertigungsdruck geraten.[601] So wird z. B. in den gegenwärtigen DBA-Verhandlungen Österreichs[602] trotz „gefährlicher Risiken"[603] die Befreiungsmethode auch dann vorgezogen, wenn der DBA-Partner auf dem Anrechnungssystem beharrt. Ältere DBA[604] sind hingegen noch vom Prinzip der Methodenreziprozität geprägt.[605] Diese neue österreichische Praxis könnte vor dem Hintergrund obiger Ausführungen leicht in den Verdacht geraten, einen Ausnahmetatbestand darzustellen.

Gegen die Abkommensmodelle als Referenzfall spricht, dass sie nicht rechtskräftig sind, eine tatsächliche Ungleichbehandlung im Sinne der Judikatur des Appellate Body jedoch rechtskräftiger Regelungen bedarf, die auf den Vergleichsfall anwendbar wären.[606] *Sutter*[607] schlägt vor, sich hier mit einem deduktiven Schluss aus der Abkommenspraxis dogmatisch zu behelfen. In dieser Be-

---

600 Zitat ebenda, Rz. 8.95 Fn. 195.

601 Vgl. Sutter, F. P., Verteilung, 2005, S. 106.

602 Vgl. z. B. die neueren bzw. revidierten Abkommen Österreichs mit Spanien, Norwegen, Slowenien, Russland oder Weißrussland.

603 *Loukota* nennt hier die „potenzielle Stimulierung unerwünschter Gestaltungen". Loukota, H., Abkommensziele, 2001, S. 33.

604 Z. B. USA, Großbritannien oder Kanada.

605 Vgl. Loukota, H., Abkommensziele, 2001, S. 33.

606 Vgl. WTO Appellate Body Report v. 14. Januar 2002 (US – FSC 21.5), Rz. 91.

607 Vgl. Sutter, F. P., Verteilung, 2005, S. 104 f.

trachtung wären die „Steuerpflichtigen in vergleichbaren Situationen" der „überwiegende Teil der von der Abkommenspraxis betroffenen Steuerpflichtigen". Zwar spricht für dieses Vergleichspaar, dass auch der Prüfungsmaßstab des Gleichheitsgrundsatzes die Heranziehung einer nicht existenten Norm als Vergleichsmaßstab grundsätzlich ermöglicht.[608] Da es sich bei den Abkommensmodellen jedoch lediglich um „Vertragsschablonen"[609] und nicht um einen völkerrechtlichen Vertrag handelt und mit der Heranziehung von Abkommensmustern als normative Maßstäbe erhebliche praktische Probleme verbunden sind, sollte den Abkommensmodellen nicht der Status eines „Maßstabs für Normalbelastungen" eingeräumt, sondern eventuellen Abweichungen hiervon lediglich indizieller Charakter für das Vorliegen einer finanziellen Beihilfe im Sinne des Art. 1 Abs. 1 lit. a Nr. 1 ii Subventionsübereinkommen zugesprochen werden.

5.1.1.3 Verhältnis der DBA-Normen zueinander

Neben dem Vergleich auf Abkommensebene ist auch das Abstellen auf das Verhältnis einzelner DBA-Normen untereinander nicht auszuschließen.[610] Unterschiedliche Verteilungsnormen[611] führen zu einer unterschiedlichen Behandlung grenzüberschreitender Tätigkeiten. Je nach Art der relevanten Einkünfte führt die Anwendung des OECD-Modells zu einer Aufrechterhaltung der Quellenbesteuerung (z. B. bei Einkünften aus unbeweglichem Vermögen),[612] einer Begrenzung der Besteuerungsgrundlage des Quellenstaates (z. B. Unternehmensgewinne bei Vorliegen einer Betriebsstätte),[613] einer Begrenzung des Steuersatzes (Dividenden und Zinsen) oder einer Aufhebung der Quellenbesteuerung (z. B. Veräußerungsgewinne bei beweglichem Vermögen).[614]

Ein Vergleich einzelner Verteilungsnormen bzw. der steuerlichen Behandlung hierunter subsumierbarer Einkünfte würde allerdings der unterschiedlichen Natur der einzelnen Einkünftetatbestände nicht Rechnung tragen. Hieraus resultie-

---

608 So kann die als Vergleich herangezogene Regelung auch in einer fehlenden Regelung bestehen. Vgl. Holoubek, M., ÖZW 1991, S. 84.

609 Vgl. Lang, M., SWI 2005, S. 18.

610 Vgl. Sutter, F. P., Verteilung, 2005, S. 106.

611 Art. 6 bis 21 OECD-Modell.

612 Art. 6 (Belegenheitsprinzip). So auch bei Einkünften aus See-, Binnenschifffahrt und Luftfahrt (Art. 8), Aufsichtsrats- und Verwaltungsratsvergütungen (Art. 16), Einkünfte von Künstlern und Sportlern (Art. 17), Vergütungen für Tätigkeiten im öffentlichen Dienst (Art. 19, Kassenstaatsprinzip) und Zahlungen an Studenten (Art. 20).

613 Art. 7 (Betriebsstättenprinzip). Zudem bei Veräußerungsgewinnen bei unbeweglichem Vermögen, Betriebsstättenvermögen, Vermögen einer festen Einrichtung sowie Schiffen, Luftfahrzeugen und deren Betrieb dienendes bewegliches Vermögen (Art. 13 Abs. 1 bis 3) oder bei Einkünften aus selbstständiger Tätigkeit im Quellenstaat (Art. 15, Arbeitsortprinzip, 183-Tage-Regel).

614 Art. 13 Abs. 4. So auch bei Einkünften aus Lizenzgebühren (Art. 12), Ruhegehältern (Art. 18) und Andere Einkünfte (Art. 21).

rende Differenzierungen müssen daher nicht unbedingt sachlich ungerechtfertigt sein.[615] Zu vergleichen sind nämlich Situationen, in denen *ähnliche Einkünfte* unterschiedlich behandelt werden.[616] Daher kann nicht auf jegliche Differenzierungen zwischen den einzelnen DBA-Verteilungsnormen abgestellt werden. So darf die Tatsache, dass die Besteuerungsrechte bei grenzüberschreitenden Lizenzeinkünften und Einkünften aus Dienstnehmertätigkeit unterschiedlich verteilt werden, auf Grund der unterschiedlichen Natur dieser Tätigkeiten keine Auswirkung auf die Vergleichsprüfung haben.[617]

Vor diesem Hintergrund erscheint eine Systematisierung der Verteilungsnormen nötig, um auf dieser Ebene eine Bildung von Vergleichspaaren vorzunehmen. Ließen sich die Verteilungsnormen für die Zwecke des Subventionsübereinkommens systematisieren, so würde sich hieraus eine Verpflichtung zur Gleichbehandlung bestimmter Einkunftsarten ableiten. Abweichungen wären sachlich nicht zu rechtfertigen und als finanzielle Beihilfen zu beurteilen. Betrachtet man die Verteilung der Besteuerungsrechte durch das OECD-Modell, zeigt sich, dass diese keiner logischen Ordnung oder systematischen Konzeption folgen, sondern sich zum Teil aus Gewohnheit und zum Teil aus konfligierenden Interessen der Völkergemeinschaft gebildet haben.[618] Aus historischer Sicht sind die Verteilungsnormen zum Zeitpunkt ihrer Entstehung im Rahmen der Arbeit der *League of Nations* in den 1920er Jahren maßgeblich durch das damals in Europa vorherrschende System der schedulenartigen Besteuerung beeinflusst worden.[619]

Um eine konsequente Verteilung der Besteuerungsrechte zu definieren, nimmt *Vogel* eine Unterteilung der Einkünftetatbestände in vier Gruppen vor. Die erste Gruppe bilden die Einkünfte aus bestimmten Tätigkeiten wie unternehmerische Tätigkeiten, unselbständige Arbeit sowie Land- und Forstwirtschaft. Zur zweiten Gruppe, den Einkünften aus bestimmten Vermögenswerten, zählen Dividenden, Zinsen und Lizenzen. Die dritte Gruppe umfasst Gewinne aus der Veräußerung von Vermögen. Die vierte Gruppe dient im Wesentlichen

---

615 Vgl. zur Austauschbarkeit von Rechtfertigungs- und Vergleichspaarebene oben Punkt 4.1.4.2.3.

616 Vgl. WTO Appellate Body Report v. 14. Januar 2002 (US – FSC 21.5), Rz. 90.

617 Vgl. das Beispiel des Appellate Body zum Vergleich von "income earned in sales transactions" und "employment income" ebenda.

618 Nach *Michael Lang* sind zahlreiche Differenzierungen in den Verteilungsnormen rechtspolitisch problematisch und nur historisch zu erklären. Vgl. ausführlich zu Art. 19 OECD-Modell Lang, M., IStR 2005, S. 294 f.

619 *Vogel* weist darauf hin, dass Logik und Systematik nicht nur aus Gründen der Ästhetik, sondern insbesondere auch der Abkommensinterpretation und der Verhinderung von Missbrauch dienlich wären. Vgl. den Beitrag von *Vogel* in Arnold, B. J./Sasseville, J./Zolt, E., CTJ 2002, S. 119 ff. Kritisch auch die Beiträge von *Rosenbloom* und *Arnold*, ebenda (121 ff. bzw. 126 ff).

als Auffangvorschrift für die nicht erfassten Einkünfte.[620] Fänden sich unterschiedliche Regelungen zwischen diesen Gruppen, wäre dies auf Grund der unterschiedlichen Natur dieser Tätigkeiten nicht zu beanstanden. Differenzierungen innerhalb dieser Gruppen scheinen jedoch heikler zu sein.

Da sich der Anwendungsbereich des Subventionsübereinkommens auf finanzielle Beihilfen an Unternehmen beschränkt,[621] sind hinsichtlich der DBA-Verteilungsnormen logische Inkonsistenzen bei der Behandlung unternehmerischer Einkünfte interessant. *Arnold*[622] stellt fest, dass das OECD-Modell gerade in diesem Bereich unterschiedliche Regelungen bereitstellt. Hinsichtlich unternehmerischer Einkünfte wird vom OECD-Modell nicht konsequent geklärt, wann zwischen unternehmerischen und Investmenteinkünften zu unterscheiden ist, wann eine zur Erhebung von Quellensteuer hinreichende territoriale Anknüpfung existiert, wie bei hinreichender Anknüpfung die Verteilung der Besteuerungsrechte vorzunehmen und wie die Bemessungsgrundlage zu ermitteln ist.

Die unternehmerischen Einkünfte untergliedert *Vogel*[623] in weitere Subebenen. Da diese Subebenen Tätigkeiten umfassen, die weitgehend vergleichbar sind, sollen auf diesen Ebenen keine unterschiedlichen Quellenregeln zur Anwendung kommen. Es handelt sich insofern um den „kleinsten gemeinsamen Nenner gebotener Gleichbehandlung in Doppelbesteuerungsabkommen". Die erste Subebene enthält Einkünfte aus dem Handel, dem Verkauf und dem Leasing von körperlichen Waren. Eine weitere Ebene umfasst unabhängige Dienstleistungen (ehemals Art. 14 OECD-Modell), die von der OECD kürzlich den gewerblichen Einkünften hinzugefügt wurden. Eine dritte Kategorie beinhaltet sämtliche Finanztransaktionen. Die vierte Kategorie umfasst im Wesentlichen die Einkünfte aus Lizenzen oder Know how.

Um die Frage nach dem Vorliegen finanzieller Beihilfen im Bereich der DBA-Verteilungsnormen zu beantworten, können diese Kategorien gebotener Gleichbehandlung durchaus eine Orientierungshilfe darstellen. Da das Tatbestandsmerkmal der finanziellen Beihilfe lediglich als Vorselektion für den Subventionstatbestand bzw. die Subventionsdisziplin gilt und das Subventionsüber-

---

620 Vgl. Vogel, K./Lehner, M./Eigelshoven, A., DBA-Kommentar, 2003, Einleitung Rz. 87. Eine Einteilung am Maßstab der Grundfreiheiten des EG-Vertrags nehmen *Petritz* und *Schuch* vor. Vgl. Petritz, M./Schuch, J., Grundfreiheiten, 2005, S. 137 f.

621 Vgl. zum Anwendungsbereich die Ausführungen unter Punkt 2.4.1 und 4.1.1.

622 Seiner Auffassung nach enthalten Einkünfte aus unbeweglichem Vermögen (Art. 6), See- und Binnenschifffahrt und Luftfahrt (Art. 8), Unterhaltungsdienstleistungen (Entertainment, Art. 17 Abs. 1), Aufsichtsratsvergütungen (Art. 16), Einkünfte aus unselbständiger Arbeit (Art. 15), gewerbliche Einkünfte ohne Betriebsstättenqualifikation (Art. 7 Abs. 1) und andere unternehmerische Tätigkeiten inklusive selbständiger Arbeit (vormals Art. 14) Anteile, die unternehmerischen Tätigkeiten zuzuordnen sind. Vgl. den Beitrag von *Arnold* in Arnold, B. J./Sasseville, J./Zolt, E., CTJ 2002, S. 126.

623 Vgl. den Beitrag von *Vogel* ebenda, S. 121.

einkommen die rechtlich relevante Grenzziehung erst auf Ebene der Spezifität vollzieht, bietet es sich an, den Tatbestand der finanziellen Beihilfe weit zu fassen und diesen zumindest bei Ungleichbehandlungen innerhalb der Subebenen als erfüllt anzunehmen. Zu ähnlich sind die dort aufgeführten Einkünftetatbestände, als dass eine Ungleichbehandlung zu rechtfertigen wäre.

5.1.2 Besteuerung im Quellenstaat

Neben der Frage nach möglichen Vergleichsfällen ist zu klären, inwieweit das ausländische Steuerniveau bei der Frage nach dem Vorliegen einer finanziellen Beihilfe im Sinne des Art. 1 Abs. 1 lit. a Nr. 1 ii einzubeziehen ist. Betrachtet man z. B. den Inlandssachverhalt als Referenzfall, so lässt sich argumentieren, dass auf die Einkünfte eines inländischen Gewerbebetriebs die volle inländische Steuerbelastung zum Tragen kommt. Im DBA-Fall hingegen werden, je nach Methodenartikel, im Ansässigkeitsstaat bestimmte ausländische Einkünfte freigestellt oder die inländische Steuerschuld durch Anrechnung einer ausländischen Steuer gemindert. Betrachtet man lediglich die inländische Steuerpflicht und sieht den Einnahmeverzicht des Ansässigkeitsstaates als maßgeblich für den Tatbestand der finanziellen Beihilfe an, so muss man zu dem Ergebnis kommen, dass der Ansässigkeitsstaat in beiden Fällen auf die Erhebung von Abgaben verzichtet. Eine Ausblendung der Belastungssituation im anderen Vertragstaat hätte demnach zur Folge, dass sämtliche Entlastungsnormen eines DBA als finanzielle Beihilfe qualifiziert werden könnten.[624]

Für eine Feststellung des Tatbestands der finanziellen Beihilfe ausschließlich an der Ersparnis *inländischer* Steuern spricht, dass das allgemeine Völkerrecht kein Verbot der Doppelbesteuerung kennt. Daher ist auch die steuerliche Vorbelastung nicht grundsätzlich zu beseitigen und damit zwingend zu berücksichtigen.[625] Hinzu kommt, dass bei Fehlen von Maßnahmen, die Doppelbesteuerung zu vermeiden, kein einfacher, sondern ein doppelter Besteuerungsanspruch vorliegt. Das spricht dafür, die oben abgeleiteten Vergleichspaare losgelöst von der Besteuerungssituation im anderen Staat und ausschließlich an den innerstaatlichen Besteuerungsgegebenheiten zu messen.[626] Im Subventionsübereinkommen spricht für das alleinige Abstellen auf die inländische Steuerbelastung beim Tatbestand der finanziellen Beihilfe, dass sich die Feststellung einer finanziellen Beihilfe nach Art. 1 Abs. 1 lit. a auf das Handeln des Subventionsgebers bezieht und nicht primär auf die Budgetwirkung beim Subventionsempfänger abstellt. Maßgeblich ist der staatliche Einnahmeverzicht und damit die Perspektive des

---

624 Vgl. Sutter, F. P., Verteilung, 2005, S. 101.

625 *Sutter* sieht die fehlende Verpflichtung zur Beseitigung von Doppelbesteuerung dadurch bestätigt, dass kein Staat der Welt mit allen anderen Staaten ein DBA abgeschlossen hat. Vgl. ebenda, S. 100 f.

626 Vgl. ebenda, S. 90.

verzichtenden Staates.[627] Ein Budgetzuwachs im Verhältnis zur Referenzsituation ist erst Bestandteil der Prüfung des Tatbestandselements des „Vorteils" (Art. 1 Abs. 1 lit. b) einer Subvention, die sich an die Prüfung des Vorliegens einer finanziellen Beihilfe anschließt.[628] Somit spricht auch das Konzept der „finanziellen Beihilfe" für das alleinige Abstellen auf die innerstaatliche Steuerpflicht.[629]

Das Tatbestandselement der finanziellen Beihilfe betrachtet die potentiell subventiven Elemente einer steuerlichen Maßnahme aus Sicht des die Subvention gewährenden Staates. Maßgeblich ist das *Handeln* der Regierung, deren indirekter Kapitaltransfer zu Steuermindereinnahmen führt. Rein theoretisch besteht daher die Möglichkeit bei der Untersuchung des Vergleichspaars, allein auf den Steuerverzicht des inländischen Fiskus abzustellen. So geraten sämtliche uni- und bilateralen Entlastungsnormen unter Subventionsverdacht. Das Element des Vorteils „korrigiert" allerdings diese einseitige Betrachtungsweise, indem es auf einen Vergleich zwischen der Wirkung einer Maßnahme auf den Empfänger sowie den Referenzfall abstellt.[630] Spätestens bei der Betrachtung des Vorteilselements des Subventionstatbestands kommt man daher nicht umhin zu berücksichtigen, dass für befreite Einkünfte oder angerechnete Steuern im Ausland vorab eine Steuer anfällt. Ein *Wettbewerbsvorteil*[631] gegenüber der Referenzsituation liegt daher nur vor, wenn sich die Belastungssituation des Subventionsempfängers gegenüber der Referenzsituation insgesamt günstiger darstellt.

Die Berücksichtigung der im Quellenstaat anfallenden Steuerbelastung auf Ebene des Vorteilselements lässt jedenfalls die Anrechnungsmethode unproblematisch erscheinen, da die Gesamtbelastung in der Regel nicht niedriger ist als im reinen Inlandsfall.[632] Die Anwendung der Freistellungsmethode bleibt jedoch weiterhin subventionsverdächtig, da sich aus ihr eine Reihe von Vorteilen ableiten lässt.[633] So ermöglichen Freistellungssysteme eine Durchschleusung von Steuervergünstigungen des Quellenstaates – wie die Gewährung von temporären

---

627 Vgl. oben Punkt 4.2.2.

628 So wurde festgestellt, dass auch finanzielle Beihilfen möglich sind, die zu keinem Vorteil führen. Vgl. oben Punkt 4.2.3.

629 Wenngleich eine saubere Trennung der Elemente „finanzielle Beihilfe" und „Vorteil" nicht immer möglich ist, empfiehlt es sich aus den unter Punkt 4.1.3.1.3 beschriebenen Gründen, die beiden Tatbestandsmerkmale abfolgend zu prüfen.

630 Vgl. oben Punkt 4.2.2.

631 Dies bedeutet nicht, dass die Steuerpflichtigen in den verglichenen Situationen Wettbewerber auf einem bestimmten Markt sein müssen, sondern lediglich, dass sich ihre Wettbewerbsbedingungen auf Grund einer besseren Kostensituation verbessert haben. Vgl. zur analogen Auffassung der Kommission Sutter, F. P., EG-Beihilfenverbot II, 2005, S. 98 f.

632 Vgl. Sutter, F. P., Verteilung, 2005, S. 101.

633 Vgl. Carmichael, C., Vand. J. Transnat'l L. 2002, S. 151 ff; Chorvat, T. R., Expatriations, 2003, S. 9.

Steuerbefreiungen (sog. *tax holidays*) und ähnlichen Vergünstigungen.[634] Für Steuerpflichtige besteht ein enormer Anreiz, in Ländern tätig zu werden, deren steuerliche Rahmenbedingungen attraktiver sind.[635]

Insbesondere Unternehmen, die in Hochsteuerländern ansässig sind, treffen ihre Standortwahl im Rahmen der Steuerplanung[636] unter Berücksichtigung des internationalen Steuergefälles.[637] Bei ausländischen Betriebsstätten oder Kapitalgesellschaften mit Vertriebsfunktion lassen sich Erträge aus Warenumsätzen in das niedrig besteuerte Ausland verlagern. Dafür bieten sich unterschiedliche Vertriebsalternativen in Abhängigkeit von der Ertragskraft des Exportgeschäfts an.[638] Entscheidende Bedeutung für die Verlagerung von Steuersubstrat in das Ausland hat die Gewinnabgrenzungspolitik. Über die Verlagerung von Wertschöpfungsfaktoren – wie Funktionen, Chancen und Risiken sowie Vermögen – in das Ausland wird der Lieferungs- und Leistungsverkehr im Rahmen des Angemessenen so eingerichtet, dass das steuerliche Ergebnis überwiegend an steuergünstigen Standorten realisiert wird.[639] Der Steuerpflichtige findet eine Reihe zulässiger Gestaltungsinstrumente vor – wie z. B. Konzernumlagen, Lizenzmodelle, Ausschöpfung der Bandbreiten fremdüblicher Verrechnungspreise. Empirische Untersuchungen haben gezeigt, dass im internationalen Umfeld gerade Unternehmen mit vielen ausländischen Tochtergesellschaften und Betriebsstätten ihre Transferpreise für Leistungen innerhalb des (Konzern-)Verbunds nach steuerlichen Gesichtspunkten verändern.[640]

Trotz der verstärkten Möglichkeit, über Freistellungssysteme am internationalen Steuergefälle zu partizipieren, ist zu bezweifeln, ob dies allein für das Vorteilselement des Subventionsübereinkommens ausreichend ist. Es bleibt fraglich, ob die beschriebenen Möglichkeiten der Funktionsverlagerung überhaupt zum Vorliegen objektiver Ungleichbehandlungen führen können. So ist ein Unternehmen, das seine Patentrechte an eine ausländische Konzerngesellschaft verkauft hat, eben nicht mehr mit einem Unternehmen vergleichbar, das diese Rechte weiterhin selbst hält. Mit anderen Worten: Unterschiedliche Strukturen grenzüberschreitender Sachverhalte müssen auch unterschiedliche steuerliche Konsequenzen zur Folge haben können. In diesem Sinne handelt es sich m. E. nicht um eine unterschiedliche steuerliche Behandlung *gleichartiger* Sachver-

---

634 Vgl. Goodspeed, T. J., NTL 1998, S. 584.

635 Vgl. Endres, D., RIW 2003, S. 729 ff.

636 Vgl. zur Grenzziehung des österreichischen BMF zwischen der lauteren internationalen Steuerplanung und der internationalen Steuerumgehung Loukota, H., Abkommensziele, 2001, S. 16 f.

637 Vgl. Spengel, C., ZfbF 2002, S. 710 ff.

638 Vgl. zum steuerplanerischem Potential Endres, D., RIW 2003, S. 731 ff.

639 Vgl ebenda, S. 731.

640 Vgl. Feld, L. P., Gutachten, 2001, S. 64.

halte, wie sie die Vergleichsformel zu Art. 1 Abs. 1 lit. a Subventionsübereinkommen verlangt.

Gegen das grundsätzliche Vorliegen des Vorteilselements des Art. 1 Abs. 1 lit. a Subventionsübereinkommen im Zusammenhang mit der Freistellungsmethode spricht, dass die Verlagerung von Steuersubstrat in Niedrigsteuerländer nicht das primäre Ziel betriebswirtschaftlicher Standortplanung ist. Diese ist in hohem Maße von außersteuerlichen Faktoren abhängig.[641] Von einem allgemeinen, aus der DBA-Freistellungsmethode resultierenden Vorteil kann m. E. jedoch nur gesprochen werden, wenn dieser generell besteht und von Unternehmen auch tatsächlich in Anspruch genommen wird. Dagegen sprechen allerdings empirische Untersuchungen, die gezeigt haben, dass gerade im Bereich des Warenhandels der Export, ohne Zwischenschaltung ausländischer Einheiten, die häufigste Form der Internationalisierungsstrategie darstellt.[642] Für Unternehmen scheint somit die Einschaltung einer ausländischen Betriebsstätte nicht grundsätzlich vorteilhaft zu sein. Daher kann von einem allgemeinen, aus der Freistellungsmethode resultierenden Wettbewerbsvorteil nicht die Rede sein.

Stellt man, wie es das Vorteilselement verlangt, auf die Gesamtbelastung eines grenzüberschreitend tätigen Steuerpflichtigen ab, dessen Einkünfte im Ansässigkeitsstaat über die Anwendung der Befreiungsmethode von der Besteuerung ausgenommen sind, so fehlt es jedenfalls dann an einem Budgetzuwachs gegenüber dem Referenzfall, wenn die im Ausland zu entrichtende Steuer mindestens dem inländischen Steuerniveau entspricht. Damit wird das Steuerniveau des Quellenstaats zum Schlüsselelement einer subventiven Wirkung der Freistellung ausländischer Einkünfte. Die Belastungsentscheidung des Quellenstaates kann jedoch nicht dem Ansässigkeitsstaat angelastet werden, da er die Freistellungsmethode grundsätzlich unabhängig davon anwendet, ob im Ausland tatsächlich oder in entsprechender Höhe besteuert wird.[643] Der Ansässigkeitsstaat verzichtet zwar auf die Besteuerung dieser Einkünfte, weshalb ihm auch die Vergabe der finanziellen Beihilfe im Sinne des Art. 1 Abs. 1 lit. a zugeschrieben wird, der budgetwirksame Vorteil geht jedoch zunächst auf die Entscheidung des Quellenstaates zurück, keine oder eine niedrige Quellensteuer zu erheben.[644]

Zudem fordert Art. 1 Abs. 1 lit. b Subventionsübereinkommen nicht nur ein bloßes Zusammentreffen der Tatbestände „finanzielle Beihilfe“ und „Vorteil“, sondern auch einen kausalen Zusammenhang zwischen beiden Subventionselementen. Um einen solchen Zusammenhang zwischen Steuerfreistellung und

641 Vgl. Jacobs, O. H., Unternehmensbesteuerung, 2002, S. 841.

642 Vgl. Europäische Kommission, Internationalisierung, 2004, S. 7.

643 Vgl. Vogel, K., StuW 1993, S. 380 ff. Ähnlich die Meinungsäußerungen des OECD-Steuerausschusses (OECD-Kommentar) zu Art. 23 OECD-Musterabkommen in Organisation for Economic Co-operation and Development, OECD-Kommentar, 2003, Art. 23, Rz. 34.

644 Vgl. zur fiktiven Steueranrechnung Schnetgöke, M., FR 1988, S. 579.

niedriger Gesamtbelastung für den Steuerpflichtigen zu konstruieren, muss dem Ansässigkeitsstaat zumindest eine gewisse „Mitverantwortung“ für Fälle oder Fallkonstellationen zugewiesen werden können, in denen die DBA-Anwendung zu Doppelter-Nichtbesteuerung oder Minderbesteuerung führt. Dies wäre in Situationen denkbar, in denen in Doppelbesteuerungsabkommen Vorschriften vereinbart werden, die nicht nur der Vermeidung der Doppelbesteuerung dienen, sondern bewusst von den Abkommenspartnern aus politischen Überlegungen implementiert wurden, um Doppelte-Nichtbesteuerung herbeizuführen.[645]

Eine verstärkte Form einer solchen Mitverantwortung liegt bei der fiktiven Anrechnung von Quellensteuern vor. Diese wird bewusst in DBA mit Entwicklungsländern vereinbart, um die dort üblichen Quellensteuervorteile aufrechtzuerhalten. Wenngleich auch die Freistellungsmethode – aus rein technischer Sicht – zu einer Aufrechterhaltung der Steuervergünstigungen des Quellenstaats führt, so muss doch der Ansässigkeitsstaat gerade bei der fiktiven Anrechnung in besonderem Maße davon ausgehen, dass der Quellenstaat Unternehmen, die in seinem Territorium investieren, gezielt Vorteile zukommen lassen will. Da der Ansässigkeitsstaat die gezielte Begünstigung bestimmter Unternehmen im Quellenstaat duldet, ließe sich argumentieren, dass sich der Ansässigkeitsstaat auch die Vorteilsvergabe im Sinne des Art. 1 Abs. 1 lit. a zueigen macht.

Die gleiche Argumentation trifft auch auf die Befreiungsmethode zu, wenn diese in einem Abkommen mit einem Land vereinbart ist, dessen Steuerniveau deutlich unter demjenigen des Inlands liegt, oder es sich gar um ein Land handelt, das für die Vergabe von Investitionsanreizen, z. B. in Form spezifischer Quellensteueranreize, bekannt ist.[646] Denkbar wären z. B. die von der OECD oder der EU aufgestellten Abgrenzungskriterien. Den Finanzministerien als Abkommensverhandelnden ist jedenfalls bestens bekannt, „welche Länder es mit ihren Steuerbegünstigungen darauf anlegen, die Besteuerungsgrundlagen anderer Staaten zum eigenen Vorteil auszuhöhlen, also andere Staaten durch ihre Besteuerungspraktiken zu schädigen“.[647] Hier könnte sich, sofern auch das Kriterium der Spezifität einschlägig ist, eine Verpflichtung für den Ansässigkeitsstaat ergeben, zur Anwendung der Anrechnungsmethode in den DBA mit diesen Staaten überzugehen.

Unterstützung erfährt diese Argumentation auch durch die Ausführungen des GATT-Panels in den *tax legislation cases.* Zur Frage, welcher Staat für die Gewährung des Vorteils der Freistellungsmethode verantwortlich sei, stellte das Panel fest, dass Belgien, Frankreich und die Niederlande dann auf Steuereinnahmen verzichteten und inländischen Exporteuren finanzielle Vorteile böten,

---

645 Dass es diese Zielsetzung durchaus im Abkommensrecht gibt, belegt Schilcher, M., Subject-to-tax-Klauseln, 2004, S. 25 f.

646 Ähnlich Panayi, C. H., ET 2004, S. 90.

647 Loukota, H., Abkommensziele, 2001, S. 17.

wenn die ausländischen Steuervorschriften „wesentlich liberaler" seien.[648] So sei den einzelnen Regierungen bestens bekannt, wo „tax havens" existierten. In jenen Fällen, in denen verschiedene Steuervorschriften in unterschiedlichen Ländern dazu führten, dass die Gesamtsteuerschuld, die auf Exportgeschäfte gezahlt würde, niedriger sei als die auf inländische Einkünfte zu zahlenden Steuern, schlussfolgerte das Panel, es handle sich um eine partielle Freistellung von direkten Steuern.[649]

Wenngleich das Ziel der Durchleitung von Steuervergünstigungen des Quellenstaats und damit auch das Ziel Doppelter-Nichtbesteuerung bei der DBA-Verhandlung insbesondere mit Entwicklungsländern nicht völlig von der Hand zu weisen ist, bleibt doch gerade vor dem Hintergrund der allgemeinen Subventionseigenschaften und insbesondere der untergeordneten Bedeutung der legislativen Zielsetzung subventiver Maßnahmen höchst fraglich, inwiefern auf ein subjektives Tatbestandsmerkmal wie die *gesetzgeberische Absicht* zum Nachweis des Vorteils zurückgegriffen werden kann. Da der Zielsetzung bei der Subventionsvergabe zur Identifikation einer finanziellen Beihilfe im Sinne des Absatzes 1 Abs. 1 lit. a lediglich der Charakter eines Indiz zugesprochen wurde, darf diese bei der Isolation des Vorteilselements nicht zum entscheidenden Kriterium werden. Auch hier muss der subjektive Zweck vor der Wirkung einer Maßnahme in den Hintergrund treten.

Es bleibt daher festzuhalten, dass zwar die DBA-Anwendung und insbesondere die Befreiungsmethode den Unternehmen die Möglichkeit der Partizipation am internationalen Steuergefälle erweitert, diese jedoch nur in bestimmten Fällen davon Gebrauch machen können. Die hierfür ausschlaggebenden Determinanten sind nicht in erster Linie der Freistellungsmethode anzulasten, sondern sind zum einen unternehmensindividuell von Faktoren wie Ertragssituation oder Standortpolitik und zum anderen von den lokalen steuerlichen und außersteuerlichen Rahmenbedingungen auf den jeweiligen Auslandsmärkten abhängig. Von einer generellen subventiven Eigenschaft der Befreiungsmethode bzw. der DBA-Anwendung allgemein kann daher nicht gesprochen werden. Lediglich in bestimmten Fällen spricht die Tatsache, dass die Abkommensverhandelnden

---

648 "In this way Belgium has foregone revenue from this source and created a possibility of a pecuniary benefit to exports in those cases where income and corporation tax provisions were significantly more liberal in foreign countries." GATT Panel Report v. 12. November 1976 (Belgium – Income Tax Practices), BISD 23S, Rz. 34. Ebenso GATT Panel Report v. 12. November 1976 (The Netherlands – Income Tax Practices), BISD 23S, Rz. 34; GATT Panel Report v. 12. November 1976 (France – Income Tax Practices), BISD 23S, Rz. 47.

649 Vgl. GATT Panel Report v. 12. November 1976 (Belgium – Income Tax Practices), BISD 23S, Rz. 34; GATT Panel Report v. 12. November 1976 (The Netherlands – Income Tax Practices), BISD 23S, Rz. 34; GATT Panel Report v. 12. November 1976 (France – Income Tax Practices), BISD 23S, Rz. 47.

Doppelte-Nichtbesteuerung zumindest billigend in Kauf nehmen, als Indiz für das Vorliegen eines Vorteils im Sinne des Art. 1 Abs. 1 lit. b.

5.1.3 Subventionsprogramm oder Einzelbeihilfe

Die obigen Ausführungen haben gezeigt, dass von einer generell subventiven Wirkung abkommensrechtlicher Maßnahmen nicht ausgegangen werden kann. Wenngleich sich zahlreiche Vergleichsmomente finden lassen, in denen eine Ungleichbehandlung Steuerpflichtiger in vergleichbaren Situationen möglich scheint, führt insbesondere die Aufteilung der Besteuerungsrechte dazu, dass sich der Ansässigkeitsstaat bezüglich der Vorteilsgewährung darauf berufen kann, dass diese letztlich auf die Belastungsentscheidung des Quellenstaates zurückzuführen ist. Lediglich in konkreten Einzelfällen bzw. Fallkonstellationen sind Steuerpflichtige, die in den Geltungsbereich eines bestimmten DBA fallen, in ihrer Gesamtbelastung gegenüber den oben abgeleiteten Referenzfällen bessergestellt. Vor diesem Hintergrund stellt sich die Frage, ob auch solche Einzelfälle gegen das Subventionsübereinkommen verstoßen können, oder ob Maßnahmen, wie z. B. abkommensrechtliche Verteilungsnormen[650], lediglich in ihrer Gesamtheit WTO-widrig sind. Sofern die Betrachtung einer DBA-Maßnahme in ihrer Gesamtheit geboten wäre, wäre der Subventionstatbestand auf Grund des nicht generell zu bejahenden Vorliegens des Vorteilselements nicht einschlägig.

Die WTO-Organe haben eine Einzelbetrachtung von Maßnahmen als Subventionsprogramm bisher dann als geboten angesehen, wenn die Gewährung der Subvention durch eine unmittelbar wirkende und deswegen einheitlich zu betrachtende gesetzliche Gesamtregelung bestimmt wurde. In diesem Fall kann der Beschwerdeführer direkt die Rechtsgrundlage, z. B. ein Gesetz oder eine Verwaltungsanweisung anfechten. Einzel- oder *ad hoc*-Subventionen werden hingegen angenommen, wenn der gewährenden Behörde hinsichtlich der Subventionsvergabe ein erheblicher Ermessensspielraum verbleibt. Doch auch bei einheitlich zu betrachtenden Gesamtregelungen kann der Beschwerdeführer gegen Teile dieser Maßnahme vorgehen – jedoch nur, wenn ihr wiederum behördliche Einzelentscheidungen zu Grunde liegen. Auch innerhalb einer breit angelegten Fördermaßnahme ist eine Würdigung jeder dieser Einzelbeihilfen (*ad hoc*-Beihilfen) jeweils für sich möglich.[651] Dabei wird auf die tatsächliche Anwendung bzw. Umsetzung des Subventionsprogramms der mit der Subventionsvergabe betrauten Behörde abgestellt. Jede dieser Einzelbeihilfen kann der Beschwerdeführer direkt anfechten, unabhängig davon, ob sie im Rahmen eines Subventionsprogramms erfolgt oder aus einer administrativen Einzelentscheidung resultiert. Gegenstand eines Streitbeilegungsverfahrens ist dann jedoch

---

650 Ggf. in ihrem Zusammenspiel mit dem Methodenartikel.

651 Vgl. WTO Panel Report v. 28. Januar 2002 (Canada – Aircraft II 21.5), Rz. 7.58 ff.

nicht die Ermessensnorm an sich, sondern die tatsächliche administrative Vergabepraxis im Einzelfall.[652]

Zu einer ähnlichen Abgrenzung zwischen Einzelbeihilfen und Subventionsprogrammen gelangt *Sutter* beim Beihilfentatbestand des EG-Vertrags. Dort liegt ein Beihilfenprogramm vor, wenn „die wesentlichen Voraussetzungen der Förderungsvergabe in diesem schon im Vorhinein festgelegt [sind] [Hervorhebung im Original entfernt]".[653] Ein breiter behördlicher Ermessensspielraum oder ein weiter Auslegungsspielraum durch unbestimmte Rechtsbegriffe sprechen danach gegen das Vorliegen eines Beihilfenprogramms und für das Vorliegen einer Einzelbeihilfe. Ist eine steuerliche Vorschrift lediglich vage umschrieben, sind die auf ihrer Basis erlassenen Einzelbescheide als mögliche Einzelbeihilfen zu prüfen.[654]

Ermessens- und Auslegungsspielräume als Formen der Tatbestandsergänzung unterscheiden sich darin, dass Ermessensvorschriften dort bestehen, wo der Gesetzgeber durch den Tatbestand der Ermessensnorm bereits notwendige Bedingungen staatlichen Handelns festgelegt hat. Eine Behörde *darf*, *kann* oder *soll* unter Vorliegen bestimmter Voraussetzungen etwas tun oder unterlassen. Unbestimmte Rechtsbegriffe sind hingegen vage Begriffsdefinitionen, die dem Rechtsanwender einen Spielraum bei der Einschränkung des Anwendungsbereichs der Norm im Wege der Auslegung gewähren.[655] Im Steuerrecht finden sich zahlreiche Ermessensvorschriften und eine unüberschaubare Anzahl unbestimmter Rechtsbegriffe, da sich die Vielzahl der Verwaltungsaufgaben nicht immer in klar umrissenen Begriffen einfangen lässt. Um die Verwaltungsbehörden in die Lage zu versetzen, ihren Aufgaben, den besonderen Umständen des Einzelfalls und den schnell wechselnden Situationen des wirtschaftlichen Lebens gerecht zu werden, bedient sich der Gesetzgeber häufig abstrakter und unbestimmter Formulierungen.[656]

Mitunter sind unbestimmte Rechtsbegriffe von Generalklauseln schwer zu trennen. So gelten neben Begriffen, die sich aus einzelnen Wörtern zusammensetzen – wie „Luxusgegenstände"[657], „unbefugt"[658] oder „Dauerschuldzinsen"[659] –, auch Wortkombinationen – wie „mittelbaren Beteiligung"[660], „einzelner Be-

---

[652] Vgl. WTO Panel Report v. 14. April 1999 (Canada – Aircraft), Rz. 9.124.

[653] Sutter, F. P., EG-Beihilfenverbot I, 2004, S. 30.

[654] Vgl. ebenda, S. 31.

[655] Vgl. Körner, S./Bubser, E., Theorie, 1970, S. 44 ff.

[656] § 110 Abs.1 Nr. 11 u. 12 BewG 1965. BVerfG v. 10. Oktober 1961, BStBl I 1961, S. 716 f.

[657] Vgl. BFH v. 17. Mai 1990, BStBl 1990 II, S. 710 f.

[658] § 22 AO. BFH v. 5. August 1969, BStBl 1969 II, S. 676 ff.

[659] So zu § 8 Nr.1 GewStG BFH v. 5. Februar 1987, BStBl 1987 II, S. 448.

[660] § 17 Abs. 1 S. 3 EStG. BFH v. 10. Februar 1982, BStBl 1982 II, S. 392.

trieb"[661] oder „verdeckte Gewinnausschüttung"[662] – als unbestimmte Rechtsbegriffe. Möglich sind zudem aus mehreren Wörtern zusammengesetzte Begriffe – wie der Begriff der „durch die Sachlage gebotenen Kapitalzuführung"[663] oder der Begriff der „schwerwiegenden Bedenken gegen die steuerliche Zuverlässigkeit"[664] oder „aus volkswirtschaftlichen Gründen zweckmäßig"[665]. Hinzu kommt, dass auch „bestimmte" Begriffe bis zu einem gewissen Grade unbestimmt sind. Deshalb ist der Begriff des unbestimmten Rechtsbegriffs insgesamt selbst in hohem Maße als unbestimmt anzusehen.[666]

Auch in DBA finden sich unzählige vage Formulierungen, so z. B. in Art. 2 Abs. 4 „im Wesentlichen ähnlicher Art", „bedeutsame Änderungen" oder „persönliche und wirtschaftliche Beziehungen" in Art. 4 Abs. 2 lit. a. Ein prominentes Beispiel eines nur im Wege der Auslegung zu klärenden DBA-Begriffs, der von erheblicher Relevanz ist für die aus der DBA-Anwendung resultierenden Belastungskonsequenzen, ist der Begriff des „Zusammenhangs" in Art. 3 Abs. 2 OECD-MA. Bei weiter Auslegung dieses Begriffes und damit restriktiven Rückgriffen auf das innerstaatliche Recht hat dieses nur dann Bedeutung, wenn unter Heranziehung aller denkbaren Auslegungsmethoden[667] aus dem Abkommen selbst kein Interpretationsergebnis gewonnen werden kann.[668] Eine enge Auslegung hingegen würde dazu führen, dass das häufigere Zurückgreifen auf das Recht des jeweiligen Anwenderstaates die Entstehung von Qualifikationskonflikten begünstigt und sich Fälle häufen, in denen es zu Doppelbesteuerung oder Doppelter-Nichtbesteuerung kommt.

Im Falle von Ermessensnormen und Vorschriften mit unbestimmten Rechtsbegriffen verbleibt dem Rechtsanwender und damit in erster Linie der Finanzverwaltung ein Rechtsauslegungsspielraum, der grundsätzlich auch zu einer Besserstellung einzelner Steuerpflichtiger führen kann. *Sutter*[669] sieht in diesem Falle die Möglichkeit, auf diese administrativen Spielräume zurückzuführende

---

661 § 141 Abs.1 AO 1977. BFH v. 13. Oktober 1988, BFHE 154, S. 442 ff.

662 § 6 Abs.1 S. 2 KStG 1968. BFH v. 10. Juni 1987, BStBl 1988 II, S. 25.

663 § 3 Abs. 1 KVStG. BFH v. 3. Dezember 1969, BStBl 1970 II, S. 279 f.

664 § 235 Nr. 5 AO a.F. BFH v. 11. November 1969, BFHE 97, S. 400 ff.

665 § 34 c Abs. 3 EStG. Hier war allerdings der BFH der Auffassung, es handle sich nicht um einen unbestimmten Rechtsbegriff, sondern um eine vage Generalklausel. BFH v. 13. Januar 1966, BStBl 1966 III, S. 556 ff. Das BVerfG vertrat allerdings die Auffassung, dass doch ein unbestimmter Rechtsbegriff vorliege. BVerfG v. 19. April 1978, BStBl II 1978, S. 548.

666 Nach *Ehmke* ist „das wesentliche Merkmal des Begriffs des ‚unbestimmten Begriffs' [...], dass er in seine eigene Kategorie fällt". Ehmke, H., Verwaltungsrecht, 1960, S. 29.

667 Insbesondere unter Heranziehung der völkergewohnheitsrechtlichen Methoden zur Vertragsauslegung, wie sie in Art. 31 und Art. 32 Wiener Übereinkommen über das Recht der Verträge (WVRK) aufgeführt sind. Vgl. Lang, M., Einführung, 2002, Rz. 91 ff.

668 Vgl. zur abkommensautonomen Interpretation ebenda.

669 Vgl. Sutter, F. P., EG-Beihilfenverbot I, 2004, S. 31.

Verwaltungsakte beihilfenrechtlich anzufechten. Es steht m. E. außer Frage, dass auch Ermessensverwaltungsakte subventiver Natur und damit WTO-widrig sein können. Probleme ergeben sich jedoch eher in praktischer Hinsicht, wenn in einem WTO-Streitbeilegungsverfahren die tatsächliche administrative Vergabepraxis und damit unmittelbar das Handeln der Finanzverwaltung im Einzelfall angefochten werden soll.

Streitgegenstand wäre in diesem Falle keine generell und abstrakt wirkende Rechtsnorm, sondern ein nur für den betreffenden Steuerpflichtigen geltender Verwaltungsakt, der sich in der Regel einer vernünftigen subventionsrechtlichen Kontrolle entzieht. So wird der Inhalt eines Steuerbescheids nicht außerhalb des speziellen Steuerrechtsverhältnisses bekannt. Aus praktischer Sicht stellt sich die berechtigte Frage, wie ein WTO-Mitglied davon erfahren soll, dass bestimmte Einkommensbestandteile, z. B. eines nationalen Flugzeugherstellers, auf Grund einer engen[670] Auslegung des „Zusammenhangs" in Art. 3 Abs. 2 OECD-Modell in keinem Vertragstaat der Besteuerung unterliegen.

5.2 Spezifität von DBA-Vorschriften

5.2.1 Ausnahmevorschrift gilt nicht für anfechtbare Subventionen

Fußnote 5 zu Art. 3 Abs. 1 bestimmt, dass Maßnahmen, die nach der Beispielliste in Anhang I vom Subventionsverbot ausgenommen sind, auch nicht durch andere Bestimmungen des Subventionsübereinkommens verboten sind. Vom Subventionsverbot ausgenommen sind durch den letzten Satz von Fußnote 59 Maßnahmen, die der Vermeidung von Doppelbesteuerung von Einkünften aus ausländischen Quellen dienen.

Nun könnte die Ausnahmevorschrift von Fußnote 5 zu Art. 3 Abs. 1 lit. a, die mit dem Zusatz „noch durch *andere* Bestimmungen des Übereinkommens verboten [Hervorhebung durch den Verfasser]" einen weiten Ausnahmebereich festzulegen scheint, so interpretiert werden, dass sie auch für anfechtbare Subventionen gilt. Dies hätte zur Folge, dass sektoral beschränkte steuerliche Entlastungsnormen nicht unter die Subventionsdisziplin des Teils III (anfechtbare Subventionen) sowie der Teile V (Ausgleichsmaßnahmen) und VII (Notifikationspflichten) fallen könnten. Eine andere Auffassung wäre, dass sich Fußnote 5 lediglich auf Teil II (verbotene Subventionen) bezieht. Betrachtet man den Wortlaut der Norm genauer, so ist gegen eine Übertragung der Ausnahmevorschrift auf anfechtbare Subventionen anzuführen, dass diese nicht, wie Fußnote 5 verlangt, zu einem *Verbot*, sondern lediglich zur Anfechtbarkeit führen. Hätten die Verhandelnden des Subventionsübereinkommens eine Anwendung des Ver-

[670] Eng, da er z. B. nicht das in Art. 31 und 32 WVRK maßgebende Auslegungsmaterial erfasst.

bots auch auf anfechtbare Subventionen gewollt, hätten sie dies wohl in Fußnote 5 explizit erwähnt.

Fußnote 5 bezieht sich auf verbotene *Maßnahmen*. Im Falle der anfechtbaren Subventionen gemäß Art. 5 ist jedoch nicht die Maßnahme an sich, sondern deren schädigende Wirkung auf die Interessen anderer Mitglieder verboten. Im Falle der Feststellung einer solchen Wirkung hat der subventionierende Staat lediglich diese Wirkung und nicht die gesamte Maßnahme zu beseitigen. Die Maßnahme an sich darf bestehen bleiben, auch wenn sie spezifisch im Sinne des Art. 2 Abs. 1 ist.[671] Da sich Fußnote 5 ausdrücklich auf „Maßnahmen" bezieht und nicht auf deren Wirkung, kann davon ausgegangen werden, dass der Ausnahmetatbestand lediglich für durch Art. 3 verbotene Maßnahmen gilt. Diese Auffassung vertrat auch die EG in der Streitsache *Korea – Vessels*. Sie sah Parallelen im Wortlaut von Fußnote 5 zu Art. 8 Abs. 1 Subventionsübereinkommen, die mit dem Wortlaut "shall be considered as non-actionable" bestimmte spezifische Subventionen von der Anfechtbarkeit ausnimmt. Nach Auffassung der EG kann sich die Vorschrift "shall not be prohibited" daher nur auf verbotene Subventionen beziehen. Fußnote 5 gilt damit als "safe harbor with respect to Part II alone."[672] Diese Interpretation von Fußnote 5 wurde auch durch das Panel bestätigt: "Footnote 5 provides that excepted measures under Annex I are not 'prohibited subsides'; it does not use the broader term 'non-actionable subsidies' as is found in Article 8.1. Therefore, such subsidies could still be considered under Part III or Part V."[673].

Es bleibt daher festzuhalten, dass die Ausnahmevorschrift des fünften Satzes von Fußnote 59 der Beispielliste lediglich für verbotene Subventionen gilt und damit spezifische DBA-Vorschriften immer noch gegen das Übereinkommen verstoßen können, sofern sich nachteilige Auswirkungen auf die Interessen anderer WTO-Mitglieder im Sinne des Art. 5 hinsichtlich dieser Maßnahmen nachweisen lassen.

5.2.2 Sektorale Spezifität von Regelungen des Internationalen Steuerrechts

Um einen Zusammenhang zwischen Vorschriften zur grenzüberschreitenden Unternehmensbesteuerung und heimischen Subventionen, sog. *domestic subsidies*, zu konstruieren, muss man unterstellen, dass Unternehmen, die sowohl auf niedrig besteuerten Auslandsmärkten als auch auf dem Inlandsmarkt agieren, durch Vorschriften im Internationalen Steuerrecht auch im Inland ihre Produkte günstiger anbieten können. In diesem Sinne weist auch die Kommission in ihrer Beurteilung der irischen IFSC in den Dublin Docks darauf hin, dass „steuerlich begünstigte Unternehmen [...] außerdem eine bestimmte Investitionsrendite be-

671 Vgl. oben Punkt 2.2.3.
672 WTO Panel Report v. 7. März 2005 (Korea – Vessels), D-88 f. Rz. 96.
673 Zitat ebenda, E-12 Rz. 21.

reits mit geringeren Bruttogewinnen [erreichen]. Dadurch können sie ihre Produkte zu niedrigeren Preisen anbieten, was ihnen wiederum einen Wettbewerbsvorteil im Handel zwischen Mitgliedstaaten verschafft."[674] Im Zusammenhang mit der Freistellung von Einkünften aus ausländischen Quellen ließe sich daher argumentieren, dass Unternehmen aus grenzüberschreitenden Transaktionen höhere Renditen verbleiben, die auch für Investitionen auf dem Inlandsmarkt vorteilhaft sind.[675]

Entscheidend für ein WTO-rechtliches Verbot einer steuerlichen Maßnahme bzw. ihrer Wirkung[676] ist das Spezifitätskriterium. Spezifität liegt vor, wenn eine Subvention im Sinne des Art. 1 Abs. 1 rechtlich oder tatsächlich auf *bestimmte Unternehmen* beschränkt ist (heimische Subvention Art. 2 Abs. 1) oder ihre Gewährung von der Ausfuhr oder der Einfuhr von Waren *abhängig* gemacht wird (Art. 3 Abs. 1).[677] „Bestimmte Unternehmen" im Sinne des Art. 2 Abs. 1 sind eine Gruppe von Unternehmen, die ähnliche Produkte herstellen, dasselbe Herstellungsverfahren (Baugewerbe) verwenden oder dieselben Ausgangsprodukte (Mineralölverarbeitung) benutzen.[678]

Betrachtet man vor dem Hintergrund dieses Spezifitätskonzepts den DBA-Anwendungsbereich, so ist festzustellen, dass potentiell hieraus resultierende Begünstigungen sämtlichen Steuerpflichtigen offenstehen, die in den Geltungsbereich des betreffenden Abkommens fallen. In der Regel sind dies Personen, die in einem Vertragsstaat oder in beiden Vertragsstaaten ansässig sind und deren Einkünfte zu einer der im DBA angesprochenen Steuern führen. Eine spezifische Eingrenzung im Sinne der oben genannten Maßstäbe lässt sich zumindest aus dem allgemeinen Geltungsbereich von Doppelbesteuerungsabkommen nicht ableiten.

Sutter spricht sich bei der EG-beihilfenrechtlichen Prüfung der DBA-Normen dafür aus, dass diese das Selektivitätskriterium erfüllen, „da der Adressatenkreis ausschließlich die Gruppe der grenzüberschreitend tätigen Abgabepflichtigen und hier im Falle vieler DBA-Normen sogar exklusiv der grenzüberschreitend tätigen *Unternehmer* ist"[679]. Diese Interpretation des Selektivitätskriteriums und damit die Subsumption einer Industriesektor-übergreifenden Maßnahme hierun-

---

674 Europäische Kommission v. 18. Dezember 1998, Abl. EG 1998, C 395/09, S. 19-23 (Zitat S. 20).

675 Vgl. Sutter, F. P., SWI 2004, S. 11. Unter Berufung auf EuGH v. 19. Mai 1999 (Italien/Kommission), EuGHE 1999, S. I-2981 Rz. 20.

676 Bei WTO-widrigen heimischen Subventionen ist ein Staat lediglich zur Beseitigung der schädigenden Wirkung, nicht jedoch zur Abschaffung der Maßnahme an sich verpflichtet. Vgl. oben Punkt 2.2.3.

677 Auch die Beschränkung auf bestimmte Unternehmen auf subnationaler Ebene (regionale Subventionen) führt gemäß Art. 2 Abs. 2 zur Spezifität.

678 Vgl. oben Punkt 4.3.2.1. Vgl. zur Einschränkung des Anwendungsbereichs auf Anbieter körperlicher Waren oben Punkte 2.4.1 und 4.1.1.

679 Sutter, F. P., Verteilung, 2005, S. 90.

ter, wie sie auch die Kommission trifft, ist mit dem Wortlaut des Art. 87 Abs. 1 EGV nicht vereinbar.[680] Es wurde allerdings oben abgeleitet, dass sich die beihilfenrechtliche Prüfung steuerlicher Maßnahmen aus gewichtigen systematischen und teleologischen Gründen von einer strengen Ausrichtung am Wortlaut des Art. 87 Abs. 1 EGV distanziert hat.[681] So sieht die Kommission, trotz deutlicher Kritik im Schrifttum,[682] Selektivität bei steuerlichen Ausnahmetatbeständen bereits auf Grund des begrenzten Kreises derer, die den jeweiligen Ausnahmetatbestand erfüllen, als gegeben an, ohne nochmals gesondert auf die sektoralen Anknüpfungsmomente dieser Maßnahmen einzugehen.[683] Da sich hinsichtlich des Spezifitätskonzepts des Subventionsübereinkommens keine Argumente für ein Abweichen vom Wortlaut des Art. 2 Abs. 1 finden, wurde eine ähnlich weite Auslegung des Spezifitätskonzepts abgelehnt. Damit sind nur solche Maßnahmen gemäß Art. 2 Abs. 1 als spezifisch anzusehen, die in rechtlicher oder tatsächlicher Hinsicht zu sektoralen Differenzierungen führen.[684] Die von *Sutter* definierte Gruppe der „grenzüberschreitend tätigen Unternehmen" erfüllt dieses Anknüpfungsmoment nicht, da die DBA-Anwendung sämtlichen Unternehmen offensteht, die in den persönlichen und sachlichen Geltungsbereich eines Doppelbesteuerungsabkommens fallen.

Abkommensnormen stellen häufig auf bestimmte, vom Steuerpflichtigen praktizierte Tätigkeiten ab. So führen z. B. Aktivitätsklauseln in Verbindung mit der Freistellungsmethode dazu, dass nur bestimmte Einkünfte, z. B. aus Herstellung, Bearbeitung, Verarbeitung oder Montage von Gegenständen, Aufsuchen und Gewinnung von Bodenschätzen, Bank- und Versicherungsgeschäften, Handel oder Erbringung von Dienstleistungen freistellungswürdig sind.[685] Fraglich ist, ob eine Differenzierung nach Tätigkeiten als horizontales und damit erlaubtes Differenzierungskriterium im Sinne des Art. 2 Abs. 1 lit. b zu werten ist. Zumindest Warenverkäufe und technische Dienstleistungen sind in dieser Hinsicht neutral, da sie nicht sektoral gebunden und wirtschaftszweigübergreifend in Anspruch genommen werden können. Bank- und Versicherungsgeschäfte hingegen betreffen das Kredit- und Versicherungsgewerbe und damit einen fest eingrenzbaren Wirtschaftszweig.[686] Diese Abgrenzung lässt sich also als Beispiel dafür heranziehen, dass DBA zumindest sektorale Anknüpfungsmomente enthalten. Vernachlässigt man die Tatsache, dass mögliche Subventionierungen

---

680 Vgl. Schön, W., CMLR 1999, S. 935; Helios, M., EWS 2005, S. 210.

681 Vgl. oben Punkt 4.3.2.4.

682 Vgl. Schön, W., CMLR 1999, S. 935; Helios, M., EWS 2005, S. 210.

683 Gegen die Zusammenführung der Tatbestandsmerkmale der Begünstigung und der Bestimmtheit im EG-Beihilfenrecht Helios, M., EWS 2005, S. 210.

684 Vgl. oben Punkt 4.3.2.1.

685 Vgl. etwa Art. 24 lit. a des DBA Deutschland – Schweiz.

686 Vgl. Rat der Europäischen Union v. 9. Oktober 1990, Abl. EG 1990, L 293, S. 1-26 Abschnitt J.

im Bereich des Bank- oder Versicherungsgewerbes nicht in den Anwendungsbereich des Subventionsübereinkommens fallen, ist fraglich, ob die tatbestandliche Anknüpfung eines Abkommens an das Bank- oder Versicherungsgewerbe und damit die Einbeziehung dieser Tätigkeiten in den Katalog „weißer" Einkünfte das Spezifitätselement erfüllen kann. So wird doch neben diesen Tätigkeiten eine Reihe weiterer Tätigkeiten von der Aktivitätsklausel erfasst, so dass von einer Begünstigung eines *bestimmten* Sektors nicht gesprochen werden kann. Damit erscheint höchst fraglich, ob diese Abgrenzung, trotz weiter Auslegung des Selektivitätskriteriums im EG-Recht, aus WTO-rechtlicher Sicht hinreichend bestimmt ist.

Um in den Anwendungsbereich des Subventionsübereinkommens zu fallen, sind Einschränkungen auf Unternehmen nachzuweisen, die einem Sektor des verarbeitenden Gewerbes, wie z. B. der Holz- oder Druckindustrie, angehören. Vor diesem Hintergrund interessant erscheint die Einschränkung der Freistellungsgewährung hinsichtlich der Gewinnung von Bodenschätzen. Bodenschätze wie Öl, Gas, Kohle, Erze, Sand oder Kies betreffen den Sektor „Bergbau und Gewinnung von Steinen und Erden" bzw. entsprechende Untersektoren.[687] Vernachlässigt man die Frage nach dem Subventionstatbestand des Art. 1, der möglicherweise bereits an der Frage nach einer sachlich objektiven Ungleichbehandlung scheitert,[688] so bleibt fraglich, inwiefern der Anwendungsbereich der Freistellungsmethode in tatsächlicher Hinsicht auf diesen Sektor eingegrenzt wird. Sind es doch nicht die Bergwerke allein, die im Ansässigkeitsstaat von der Besteuerung ausgenommen werden, sondern zahlreiche andere Tätigkeiten, die in den unterschiedlichsten Industriesektoren anfallen. Der Bergbau ist nur einer von vielen Wirtschaftszweigen, der von der Anwendung der Freistellungsmethode profitieren könnte. Erfasst sind auch sämtliche Wirtschaftszweige, welche die Herstellung, Bearbeitung, Verarbeitung oder Montage von Gegenständen übernehmen. Daher kann im Zusammenhang mit Aktivitätsklauseln nicht von einer spezifischen Begünstigung gesprochen werden. Auf Grund dieses übergreifenden Anwendungsbereichs scheint diese Vorschrift auch nicht in die Randbereiche des Spezifitätsbegriffs zu fallen, wie sie oben unter Punkt 4.3.2 skizziert wurden.

In Verbindung mit der Frage der Spezifität der fiktiven Anrechnung von Quellensteuern ist zu klären, inwiefern das *de facto*-Konzept des Art. 2 Abs. 1 lit. c einschlägig ist. So ist durchaus denkbar, dass die fiktive Anrechnung von

---

[687] Vgl. ebenda Abschnitt C.

[688] So gibt es gute Gründe, die gegen den Vergleich eines Bergwerk mit einer anderen Betriebsstätte sprechen, da die territoriale Anknüpfung eines Bergwerks zum anderen Staat besonders ausgeprägt ist. Hinzu kommen die grundsätzlichen Bedenken, die allgemeinen DBA-Normen den Subventionstatbestand mangels kausalen Zusammenhangs zwischen Begünstigung und Belastungsentscheidung des Ansässigkeitsstaates grundsätzlich absprechen. Vgl. oben Punkt 5.1.2.

Quellensteuern zwar nicht durch den Ansässigkeitsstaat auf einen bestimmten Empfängerkreis begrenzt wird, jedoch dazu führt, dass spezifisch gewährte Steuervergünstigungen des Quellenstaats aufrechterhalten bleiben. So wird im Kommentar zum UN-Musterabkommen durchaus die Gefahr gesehen, dass Entwicklungsländer zunehmend Steuervergünstigungen auf bestimmte Aktivitäten oder Regionen begrenzen.[689] In solch einem Falle wäre zwar die Subvention des Entwicklungslandes spezifisch im Sinne des Art. 2 Abs. 1 des Subventionsübereinkommens – die (potentielle) Subventionierung durch die fiktive Anrechnung wäre jedoch nicht sektoral begrenzt. Hier stellt sich die Frage, ob sich der Ansässigkeitsstaat die spezifische Gewährung von Quellensteuerbefreiungen durch den Quellenstaat im Sinne einer „mittelbaren Spezifität" zu eigen machen kann.

In dieser Betrachtungsweise würde Spezifität im Sitzstaat *de facto* vorliegen, wenn die mit fiktiver Quellensteuer anzurechnende Dividende nachweislich nicht jedem Steuerpflichtigen offensteht. Dies wäre z. B. dann der Fall, wenn die Anteile am Kapital der im Entwicklungsland subventionierten Gesellschaften von nur einem oder einer Gruppe von Unternehmen oder nur einem oder einer Gruppe von Herstellern gleichartiger Waren (Wirtschaftszweig) gehalten würden. In diesem Fall wäre die Übertragung des Spezifitätscharakters der Subvention im Entwicklungsland auf den Sitzstaat denkbar. In Analogie zu den obigen Ausführungen zum Tatbestandselement des Vorteils würde sich der Sitzstaat in diesem Falle auch die Spezifität der Steuervergünstigung im Entwicklungsland zu eigen machen. Da in solch einem Falle nachgewiesen werden kann, dass die Anrechnung fiktiver Quellensteuern *tatsächlich* nur bestimmten Unternehmen offensteht, lässt sich argumentieren, dass der *de facto*-Tatbestand des Art. 2 Abs. 1 lit. c Subventionsübereinkommen einschlägig ist.

Hinsichtlich der Übertragung der Spezifität auf den Quellenstaat ergeben sich die gleichen Probleme, die bereits bei der Analyse der Vorteilselements angeführt wurden. So ist festzustellen, dass der Ansässigkeitsstaat die fiktive Anrechnung von Quellensteuern grundsätzlich unabhängig davon gewährt, ob der Quellenstaat tatsächlich oder in entsprechender Höhe besteuert. Die für einen Steuerpflichtigen möglichen Situationen, in denen Einkünfte nicht oder niedriger besteuert werden, hängen damit in erster Linie von der Belastungsentscheidung des Quellenstaates ab. Diese kann jedoch nicht dem Ansässigkeitsstaat angelastet werden, da er darauf keinen Einfluss hat. Sicherlich lässt sich dem Ansässigkeitsstaat in bestimmten Fällen eine gewisse „Mitverantwortung" für aus der Anwendung der fiktiven Steueranrechnung resultierende Fälle von Doppelter-Nichtbesteuerung oder Minderbesteuerung zuschreiben. Für die Erfüllung des Tatbestandselement des Vorteils im Sinne des Art. 1 Abs. 1 lit. b wurde es jedoch als nicht ausreichend erachtet, dass der Ansässigkeitsstaat in bestimmten

[689] Vgl. United Nations, UN-Kommentar, 2001, Art. 23 Rz. 12.

Fällen eine Niedrigbesteuerung billigend in Kauf nimmt. Übertragen auf das Spezifitätskriterium müssen diese Überlegungen zu der Konsequenz führen, dass, wenn eine Übertragung des Vorteilselements auf den Ansässigkeitsstaat für den Subventionstatbestand nicht hinreichend ist, dies für das Spezifitätskriterium ebenfalls gelten muss. Dem Ansässigkeitsstaat, der unabhängig von der (Nicht-)Besteuerung im Quellenstaat fiktiv anrechnet, können hieraus resultierende Fälle Doppelter-Nichtbesteuerung nicht angelastet werden. Er macht sich daher auch spezifische Vergünstigungen des Quellenstaates nicht zu eigen.

5.3 Ausfuhrsubventionen

5.3.1 Reichweite der Ausnahmevorschrift

Um die Auswirkungen des Subventionsverbots des Art. 3 Abs.1 lit. a auf Vorschriften des Internationalen Steuerrechts, insbesondere des DBA-Rechts, aufzuzeigen, empfiehlt es sich, von der Reichweite des Ausnahmetatbestands des fünften Satzes von Fußnote 59 auszugehen. Nur solche DBA-Maßnahmen können als verbotene Ausfuhrsubventionen gelten, die nicht unter den Tatbestand der Ausnahmevorschrift fallen. Dieser Tatbestand wird durch den fünften Satz von Fußnote 59 definiert, nach dem mit dem Verbot einer spezifischen Freistellung, der Stundung oder dem Erlass ausfuhrabhängiger direkter Steuern nicht beabsichtigt wird, „ein Mitglied an Maßnahmen zu hindern, durch welche die Doppelbesteuerung von Einkommen aus ausländischen Quellen, die von seinen Unternehmen oder den Unternehmen eines anderen Mitglieds erzielt werden, vermieden werden soll". Aus dem Wortlaut dieser Vorschrift lassen sich drei Elemente isolieren: „Doppelbesteuerung", „Einkünfte aus ausländischen Quellen" und „vermeiden". Um unter diese Ausnahmevorschrift zu fallen, muss der subventionierende Staat hinsichtlich der strittigen Maßnahme das Vorliegen jedes dieser Elemente nachweisen.[690]

5.3.1.1 „Doppelbesteuerung"

Doppelbesteuerung im Sinne des letzten Satzes von Fußnote 59 liegt vor, wenn Einkünfte in mehreren Jurisdiktionen der Besteuerung unterliegen.[691] Fraglich ist, ob mit der Bezugnahme auf Doppelbesteuerung lediglich die juristische Doppelbesteuerung, also die mehrfache Belastung derselben Einkünfte mit einer gleichen oder vergleichbaren Steuer bei demselben Steuersubjekt, angesprochen ist, oder ob unter Aufgabe der strengen Subjektidentität auch Fälle wirtschaftlicher Doppelbesteuerung angesprochen sind. Da der authentische englische Text hierüber jedenfalls keinen Aufschluss gibt, kann die Bezugnahme auf Fälle wirtschaftlicher Doppelbesteuerung nicht grundsätzlich ausgeschlossen werden.

---

690 Vgl. WTO Panel Report v. 20. August 2001 (US – FSC 21.5), Rz. 8.90 f.

691 Hierin waren sich die Streitparteien einig. Vgl. ebenda, Rz. 8.92.

Hätten die Verhandlungsteilnehmer der Uruguay-Runde lediglich auf die juristische Doppelbesteuerung abstellen wollen, hätten sie dies wohl explizit normiert. Mit der Hervorhebung des Begriffs "foreign-source income" scheint jedenfalls die doppelte Besteuerung von *Einkünften* maßgeblich zu sein. Dies eröffnet hinsichtlich des Steuersubjekts einen weiten Anwendungsspielraum. Doppelbesteuerung im Sinne der Ausnahmevorschrift liegt daher auch in den Fällen vor, in denen der in einer ausländischen Kapitalgesellschaft erzielte und ausgeschüttete Gewinn sowohl bei der ausländischen Gesellschaft als auch beim inländischen Aktionär besteuert wird, womit insbesondere Entlastungen in mehrstufigen Konzernstrukturen als Maßnahmen zur Vermeidung von Doppelbesteuerung im Sinne der Ausnahmevorschrift gelten.

5.3.1.2 „Einkünfte aus ausländischen Quellen"

Bei dem Begriff "foreign-source income" handelt es sich um ein steuerliches Konzept, für das es keine allgemein akzeptierte Definition oder Bedeutung gibt. Unterschiede ergeben sich zwischen Quellenkonzepten einzelner Länder, zwischen unilateralen und bilateralen Vorschriften und innerhalb des Abkommensnetzes. So ist etwa der Betriebsstättentatbestand, der bei unternehmerischen Einkünften die juristische Grenzziehung zwischen in- und ausländischen Einkünften definiert, im originär innerstaatlichen Recht regelmäßig weiter gefasst als im Abkommensrecht. Dies hat zur Folge, dass Einkünfte nach nationalem Recht eher als inländische Einkünfte denn als Einkünfte „aus ausländischen Quellen" gelten.[692] Auch hinsichtlich der beiden in der internationalen Abkommenspraxis bedeutenden Vertragsmuster, dem DBA-Modell der OECD und der UN, ergeben sich erhebliche Unterschiede hinsichtlich der Definition ausländischer Quelleneinkünfte und damit hinreichender territorialer Anknüpfungsmomente für den Betriebsstättentatbestand. So besteht z. B. die Grundtendenz des UN-Modells darin, die Quellenbesteuerung in einem größeren Ausmaß aufrechtzuerhalten als im OECD-Modell. Im Bereich des Betriebsstättentatbestands geschieht dies durch eine Verkürzung des Negativkatalogs der nicht als Betriebsstätten anzusehenden Tatbestände.[693]

Das Abstellen auf das OECD-Musterabkommen kann daher nicht in jedem Falle als Auslegungshilfsmittel herangezogen werden. In diesem Sinne hat auch das Panel in der Streitsache *US – FSC 21.5* betont, dass die Konzepte des OECD-Modells die Interpretation der Vorschriften des Subventionsübereinkommens in keiner Weise beherrschten. Es sei nur insoweit als Maßstab dienlich, als es die Steuerpraktiken einiger WTO-Mitglieder reflektiere.[694] Dieser Auffassung ist zuzustimmen, ist doch zu bedenken, dass nicht alle der 149

---

692 Vgl. Jacobs, O. H., Unternehmensbesteuerung, 2002, S. 421.

693 Vgl. Endres, D., Direktinvestitionen, 1986, S. 112 ff.

694 Vgl. WTO Panel Report v. 20. August 2001 (US – FSC 21.5), 8.93 Fn. 189.

WTO-Mitglieder ihre Besteuerungspraxis nach einem bestimmten Modell richten und dass hinsichtlich hinreichender territorialer Anknüpfungsmomente mitunter erhebliche Unterschiede von Land zu Land existieren. Eine an dem jeweiligen Modell ausgerichtete „starre“ Definition oder Interpretation des Begriffs “foreign-source income” würde diesem Umstand nicht Rechnung tragen. Lediglich bei der Untersuchung von Steuerpraktiken solcher Länder, die sich nach einem bestimmten DBA-Modell richten, kann das dort aufgeführte Konzept Anhaltspunkte zur Abgrenzung des Begriffs “foreign-source income” bieten.[695]

Bei der Besteuerung beschränkt Steuerpflichtiger kommen in den einzelnen Ländern die unterschiedlichsten Regelungen zur Anwendung. Somit gibt es viele Situationen, in denen manche Staaten von beschränkter Steuerpflicht ausgehen, während andere Länder diese Einkünfte als nicht hinreichend mit dem eigenen Territorium verknüpft ansehen.[696] Ob ausländische Quelleneinkünfte im Sinne des Subventionsübereinkommens vorliegen, richtet sich nicht nach der Rechtsauffassung des subventionierenden Mitgliedsstaats,[697] da dies dazu führen würde, dass Ausfuhrsubventionen praktisch immer vom Beschwerdegegner gerechtfertigt werden könnten. In diesem Falle hätte letzterer die Reichweite der Ausnahmevorschrift gewissermaßen selbst in der Hand.

Interpretiert man den Begriff “foreign-source income” ohne Bezugnahme auf DBA-Modelle oder nationale Auffassungen, so muss sich dieser auf Einkünfte beziehen, die von einem nicht-ansässigen Steuerpflichtigen im anderen Staat erzielt werden und eine hinreichend sachliche Verbindung zum ausländischen Territorium aufweisen.[698] In dieser Betrachtung können zumindest Einkünfte, die keine Verbindung zum ausländischen Territorium aufweisen, keine ausländischen Quelleneinkünfte darstellen.[699] Fraglich ist jedoch, wann eine Anknüpfung als ausreichend zu betrachten ist. Wie der Appellate Body richtigerweise feststellte, besteht hinsichtlich des Konzepts der sachlichen Anknüpfung eine erhebliche Unschärfe.[700] Weder das Panel noch der Appellate Body konnten daher konkrete Leitlinien anführen, wie präzise die Verbindung der Einkünfte mit dem ausländischen Territorium zu sein habe, damit der Ausnahmetatbestand von

---

695 In *US – FSC* stellte das Panel daher fest, dass sich die USA im Internationalen Steuerrecht auf das Musterabkommen stützten. Daher könnten die streitigen Maßnahmen auch an diesem gemessen werden. Vgl. ebenda, 8.95 Fn. 195, mündlicher Beitrag der USA in Annex D-3, para. 117.

696 Vgl. WTO Appellate Body Report v. 14. Januar 2002 (US – FSC 21.5), Rz. 146.

697 Vgl. ohne nähere Begründung WTO Panel Report v. 20. August 2001 (US – FSC 21.5), Rz. 8.93.

698 Der Appellate Body bezeichnet diese als “link with the foreign state” WTO Appellate Body Report v. 14. Januar 2002 (US – FSC 21.5), Rz. 165.

699 Vgl. ebenda.

700 Vgl. ebenda, Rz. 146.

Fußnote 59 greife.[701] Sie scheinen aber zu einer sehr weiten Auffassung zu tendieren, wenn sie es als maßgeblich erachten, dass die Einkünfte dann als „aus ausländischen Quellen" anzusehen sind, wenn sie auch im Ausland besteuert werden *könnten*.[702]

Geklärt ist, dass reine Exportgeschäfte, ohne jegliche Verbindung zum ausländischen Territorium, keine ausländischen Quelleneinkünfte im Sinne der Fußnote 59 darstellen.[703] So ist allein die Tatsache, dass Waren an ausländische Abnehmer verkauft werden, nicht ausreichend für eine Deklaration der hieraus resultierenden Einkünfte als "foreign source income". Solch eine Auslegung von Fußnote 59 würde den Mitgliedstaaten erlauben, Steuerfreistellungen für exportbezogene Einkünfte mit der Begründung zu gewähren, dass bereits der Export von Waren an sich die hieraus resultierenden Einkünfte zu Einkünften aus ausländischen Quellen macht. Hierdurch würde der Sinn des Verbots für Ausfuhrsubventionen nach Art. 3 Abs. 1 lit. a unterlaufen.[704]

Vor diesem Hintergrund ist fraglich, inwiefern ein weit gefasstes Betriebsstättenkonzept in einem DBA durch das Subventionsübereinkommen verboten sein kann: z. B. wenn Einkünfte auf Grund eines DBA als Betriebsstätte gelten, die – wie die bloße Unterhaltung eines reinen Auslieferungslagers – eine nur geringfügige sachliche Verknüpfung zum „Quellenstaat" aufweisen. Da diese Einkünfte zumindest nach dem OECD-Modell nicht betriebsstättenbegründend sind, könnte den Einkünften eine hinreichend sachliche Verbindung zum anderen Staat abgesprochen werden. Dagegen spricht allerdings die Tatsache, dass durch diese Vorschrift nur die Zuteilung der Besteuerungsrechte geregelt wird und der andere Staat durch das DBA das Besteuerungsrecht für das Auslieferungslager zugewiesen bekommt. Die aus dem Auslieferungslager resultierenden Einkünfte *können*[705] daher grundsätzlich im anderen Vertragsstaat besteuert werden. Da nach Auffassung der WTO-Organe nur die Einkünfte nicht unter die Ausnahme-

701 *Chou* sieht innerhalb der Bandbreiten des Musterabkommens einen erheblichen Spielraum für die WTO-Mitglieder. Vgl. Chou, W., NW. J. INT'L L. & BUS. 2005, S. 447.

702 "We understand the term 'foreign-source income' as used in footnote 59 to refer to certain income susceptible to 'double taxation'" WTO Panel Report v. 20. August 2001 (US – FSC 21.5), Rz. 8.93. "Accordingly, in our view, 'foreign-source income', in footnote 59 to the SCM Agreement, refers to income generated by activities of a non-resident taxpayer in a 'foreign' State which have such links with that State so that the income could properly be subject to tax in that State." WTO Appellate Body Report v. 14. Januar 2002 (US – FSC 21.5), Rz. 145. Zustimmend Qureshi, A. H./Grynberg, R., JWT 2002, S. 988.

703 "In our view, however, sales income cannot be regarded as 'foreign-source income', under footnote 59, for the sole reason that the property, subject-matter of the sale, is exported to another State, for use there." WTO Appellate Body Report v. 14. Januar 2002 (US – FSC 21.5), Rz. 176.

704 Vgl. ebenda.

705 Die österreichische Fassung des OECD-Modells verwendet statt „können" oder „kann" die Worte „dürfen" oder „darf".

vorschrift fallen, "that could not, in any event, be taxed in the foreign jurisdiction in question"[706], wäre auch eine noch so weit gefasste Betriebsstättendefinition als unproblematisch anzusehen. Da auch bei einer weiten Definition des Betriebsstättentatbestands immer eine Besteuerung im anderen Vertragsstaat möglich ist, sind sämtliche Verteilungsnormen in DBA – unabhängig von der Reichweite des jeweils zu Grunde liegenden Quellenkonzepts – immer von der Ausnahmevorschrift des fünften Satzes von Fußnote 59 gedeckt, solange nur einem der beiden Vertragsstaaten das Besteuerungsrecht zugewiesen wird.

Ein anderes Ergebnis, das allerdings nicht dem Abkommensrecht zuzuschreiben ist, ist zu fordern, wenn der Ansässigkeitsstaat mangels Betriebsstättentatbestands durch eine Vorschrift wie Art. 7 Abs. 1 OECD-Musterabkommen zwar das Besteuerungsrecht für die Ausfuhrerlöse zugewiesen bekommt, jedoch im Sinne eines positiven *"treaty override"* unilateral vom Vorliegen einer Betriebsstätte ausgeht. Im Ergebnis könnten hierdurch Einkünfte aus Export von Waren, ohne die Zwischenschaltung einer DBA-gerechten ausländischen Einheit im Ausland, freigestellt werden.[707] Gilt auf Grund der nationalen Steuervorschriften bereits ein Warenlager als Betriebsstätte, obwohl die DBA dieses Landes nicht von einer für den Betriebsstättentatbestand hinreichenden Verknüpfung ausgehen, so liegt eine spezifische Freistellung von Steuern auf Ausfuhrerlöse im Sinne von lit. e der Beispielliste in Anhang I des Subventionsübereinkommens vor, da Einkünfte freigestellt werden, die im anderen Staat nicht besteuert werden *könnten.*[708] Finden sich im originär innerstaatlichen Recht eines Landes engere Definitionen des Betriebsstättentatbestands als in seiner Abkommenspraxis[709], ist dies aus WTO-subventionsrechtlicher Perspektive grundsätzlich problematisch.

5.3.1.3 Die „Vermeidung" von Doppelbesteuerung

Der Gebrauch des Begriffs "to avoid" im fünften Satz von Fußnote 59 indiziert im Gegensatz zur Formulierung "that avoid", dass damit Maßnahmen unter die Ausnahmevorschrift subsumiert werden können, deren objektiver Zweck – zumindest auch – in der Vermeidung von Doppelbesteuerung liegt. Nicht hinreichend konkret sind vor diesem Hintergrund Maßnahmen, die gewissermaßen „zufällig" in einer bestimmten Konstellation von Umständen die Doppelbesteue-

---

706 WTO Panel Report v. 20. August 2001 (US – FSC 21.5), Rz. 8.100.

707 In diese Richtung wirkten sowohl die amerikanischen FSC- als auch die ETI-Vorschriften. Vgl. ausführlich zur Wirkung dieser Regime Brumbaugh, D. L., Benefits, 2001, S. 4 ff.

708 Unter der Annahme, dass auch der Subventionstatbestand einschlägig ist. Erhebt der Ansässigkeitsstaat auch auf inländische Warenlieferungen keine Steuer, fehlt es an einem Vergleichspaar. Dies ist allerdings kaum vorstellbar.

709 Je nach Referenzfall wären auch Art. 5 OECD-Modell bzw. Art. 5 UN-Modell als Maßstab denkbar.

rung von Einkünften verhindern. Ohne diese Eingrenzung könnte rein theoretisch jeder Steuerbefreiung im Ertragsteuerrecht ein solch beiläufiger Effekt zugesprochen werden. So ist etwa im weitesten Sinne auch einer Vorschrift, nach der Einkünfte aus Exporten nicht der Belastung mit inländischer Einkommenssteuer unterliegen, der objektive Zweck der Vermeidung von Doppelbesteuerung nicht völlig abzusprechen, gibt es doch insbesondere in Entwicklungsländern die umstrittene Praxis, Liefergewinne zu besteuern.[710] Aus systematisch-logischen Gründen ist eine so weite Auslegung von "to avoid" im fünften Satz von Fußnote 59 jedoch abzulehnen, würde sie doch lit. e der Beispielliste und eventuell sogar den gesamten Anwendungsbereich von Art. 3 Abs. 1 lit. a des Übereinkommens unanwendbar oder zweck- und funktionslos machen, was nicht Auslegungsergebnis sein kein.[711] Zudem ist der Wortlaut des Übereinkommens mit "to avoid" wesentlich bestimmter und bezieht sich nicht auf Maßnahmen "that happen to avoid", "in relation to avoiding", "in respect of avoiding" oder "in regard to avoiding" *double taxation.*[712]

Allerdings ist es in Anbetracht der Verschiedenheit der Steuersysteme der Mitgliedstaaten und der unterschiedlichen Wege, internationale Vertriebsgeschäfte zu strukturieren, weder möglich, die internationale Doppelbesteuerung noch Fälle Doppelter-Nichtbesteuerung mit absoluter Präzision zu vermeiden.[713] Selbst die Anwendung eines Doppelbesteuerungsabkommens führt nicht unbedingt zu diesem Ergebnis.[714] Auch stellte der Appellate Body fest, dass, selbst wenn der Ansässigkeitsstaat nicht mit Sicherheit voraussehen könne, ob bestimmte Einkünfte im anderen Staat auch besteuert würden, die Freistellungsmethode eine allgemein anerkannte Methode zur Vermeidung von Doppelbesteuerung darstelle. Die Tatsache, dass der Ansässigkeitsstaat nicht sicher sein könne, dass die von ihm freigestellten Einkünfte im Quellenstaat keiner ähnlichen oder überhaupt keiner Steuer unterliegen, ändere nichts daran, dass es sich bei der Freistellungsmethode um eine von der Ausnahmevorschrift von Fußnote 59 erfasste Methode zur Vermeidung der Doppelbesteuerung handle.[715] Das Risiko, dass aus der DBA-Anwendung Fälle Doppelter-Nicht- oder Minderbesteuerung

---

710 So versuchen solche Länder unzweifelhaft, inländische Leistungsanteile in die dortige Bemessungsgrundlage einzubeziehen. Ablehnend Jacobs, O. H., Unternehmensbesteuerung, 2002, S. 617.

711 Diese Auslegung ist systematisch nicht anzunehmen, da es höchst unwahrscheinlich ist, dass die Verhandelnden des Subventionsübereinkommens eine zwecklose Bestimmung verabschieden wollten. Vgl. zur systematisch-logischen Auslegung Bydlinski, F., Methodenlehre, 1991, S. 444.

712 Mindestens einer der verfolgten Zwecke muss der Doppelbesteuerung dienen. Vgl. WTO Panel Report v. 20. August 2001 (US – FSC 21.5), Rz. 8.93.

713 Vgl. ebenda, Rz. 8.95.

714 So vermeiden DBA die Doppelbesteuerung eben nur, soweit ihr Anwendungsbereich reicht. Vgl. Lang, M., SWI 2002, S. 91; Lang, M., IStR 2002, S. 610.

715 Vgl. WTO Appellate Body Report v. 14. Januar 2002 (US – FSC 21.5), Rz. 146 Fn. 127.

resultieren, muss von den DBA-Partnern daher in Kauf genommen werden und ist WTO-rechtlich nicht zu beanstanden.

Die WTO-Organe haben allerdings deutlichgemacht, dass das Verhältnis zwischen einer Maßnahme und ihrem objektiven Zweck, Doppelbesteuerung zu vermeiden, in vernünftiger Weise erkennbar sein muss.[716] Bei dieser Abwägung ist jedoch die gesetzgeberische Absicht, die mit einer Maßnahme verfolgt wird, nicht von Bedeutung. Der objektive Zweck ist nach Auffassung des Panels vielmehr anhand der gesamten Struktur, des Designs und der Handhabung der Maßnahme im Zusammenhang mit dem allgemeinen Steuersystem, in dem die Maßnahme Anwendung findet, abzuleiten. Bei dieser Untersuchung ist zu berücksichtigen, ob einzelne Parameter der betreffenden Maßnahme mit denen einer Maßnahme zur Vermeidung von Doppelbesteuerung übereinstimmen.

5.3.2 Virtuelle Doppelbesteuerung und *subject to tax*-Klauseln

Im Zusammenhang mit dem Begriff der Doppelbesteuerung im Sinne des Ausnahmetatbestands der Beispielliste stellt sich die Frage, inwieweit Situationen hierunter subsumiert werden können, in denen aus der DBA-Anwendung eine Steuerbefreiung resultiert, die unabhängig davon in Anspruch genommen werden kann, ob der andere Staat von seinem Besteuerungsrecht Gebrauch macht oder nicht. Dieser in seiner landläufigen Formulierung als Prinzip der sog. virtuellen Doppelbesteuerung bekannte Grundsatz bedeutet, dass z. B. Situationen eintreten können, in denen eine Steuerbefreiung in Österreich geltend gemacht wird, obwohl im Ausland keine Besteuerung eingreift. Das Abkommen zur Vermeidung der Doppelbesteuerung resultiert in diesem Fall in einer Verpflichtung zur Doppelten-Nichtbesteuerung. In der Mehrheit der Doppelbesteuerungsabkommen führt bereits die Steuerbarkeit der betreffenden Einkünfte im anderen Staat dazu, dass die Befreiungsvorschrift greift. Dies ist grundsätzlich unabhängig davon, ob die Einkünfte auch *tatsächlich* im anderen Vertragstaat besteuert werden. Fraglich ist, ob auch diese Fälle durch die Ausnahmevorschrift erfasst werden oder ob eine Verpflichtung für die WTO-Mitgliedstaaten besteht, Vorkehrungen zu treffen, die eine Einmalbesteuerung gewährleisten.

Betrachtet man die Ausführungen zu den einzelnen Elementen der Ausnahmevorschrift, so ist festzustellen, dass es für das Element der *Vermeidung* der Doppelbesteuerung ausreicht, dass die Einkünfte zumindest auch im anderen Vertragstaat besteuert werden *könnten*. Demnach hat eine tatsächliche Besteuerung dieser Einkünfte im anderen Vertragstaat nicht unbedingt zu erfolgen, da-

---

[716] "However, we consider that the relationship between the measure and its asserted purpose – i.e. 'to avoid the double taxation of foreign-source income ...' – must be reasonably discernable". WTO Panel Report v. 20. August 2001 (US – FSC 21.5), Rz. 8.95. So auch der Appellate Body "Thus, we agree with the Panel, and the United States, that measures falling under footnote 59 are not required to be perfectly tailored to the actual double tax burden." WTO Appellate Body Report v. 14. Januar 2002 (US – FSC 21.5), Rz. 146.

mit Doppelbesteuerung im Sinne der Ausnahmevorschrift *vermieden* wird. Nach Auffassung der WTO-Organe ist es vor dem Hintergrund der Verschiedenheit der Steuersysteme der einzelnen WTO-Mitglieder daher hinzunehmen, wenn aus der Anwendung von Entlastungsnormen Fälle Doppelter-Nichtbesteuerung resultieren.[717]

Es bleibt daher festzuhalten, dass den WTO-Mitgliedern insbesondere bei der Ausgestaltung von Verteilungs- und Entlastungsnormen in Doppelbesteuerungsabkommen, aber auch hinsichtlich unilateraler Entlastungsmechanismen, ein erheblicher Gestaltungsspielraum verbleibt, der von der Ausnahmevorschrift gedeckt ist. Daraus lässt sich ableiten, dass für die WTO-Mitgliedstaaten keine Verpflichtung besteht, Fälle von Minderbesteuerung oder Doppelter-Nichtbesteuerung durch geeignete Maßnahmen, wie *subject to tax*- oder *switch over*-Klauseln, zu vermeiden.

5.3.3 Fiktive Steueranrechnung

Vor dem Hintergrund obiger Ausführungen zur den drei Elementen der Ausnahmeregelung der Beispielliste ist festzustellen, dass sowohl im Fall der *matching credit*- als auch der *tax sparing credit*-Methode „Doppelbesteuerung" im Sinne der Ausnahmevorschrift vorliegt, da von beiden Formen der fiktiven Steueranrechnung Einkünfte adressiert werden, die mehreren Steuerjurisdiktionen unterliegen. Auch das zweite Element ist gegeben, da es sich bei den Einkünften, auf die die fiktive Steueranrechnung zur Anwendung kommt, um Einkünfte aus ausländischen Quellen handelt. Entsprechend der obigen Ausführungen *könnten* diese Einkünfte auch im Quellenstaat besteuert werden. Ob dieser tatsächlich besteuert, ist – wie oben abgeleitet – unerheblich, um das zweite Element des Ausnahmetatbestands zu erfüllen. Problematisch ist allerdings das dritte Element der Ausnahmevorschrift und damit die Frage, ob beide Formen der fiktiven Steueranrechnung der *Vermeidung* der Doppelbesteuerung dienen.

Bei der *tax sparing credit*-Methode rechnet der Wohnsitzstaat eine ausländische Quellensteuer an, wie sie sich ohne die Sonderermäßigung der Quellensteuer ergeben hätte. Die Anrechnungshöhe ist dabei begrenzt auf die im DBA vereinbarten Quellensteuersätze bzw. die üblichen nationalen Steuersätze. Beim *matching credit* rechnet der Wohnsitzstaat hingegen auch eine höhere Steuer auf die betreffenden Einkünfte an, als sie der Quellenstaat nach nationalem Recht erhebt oder nach dem DBA erheben dürfte. Es wird keine spezielle Subvention des Quellenstaates respektiert. Vielmehr gibt der Wohnsitzstaat für die betreffenden Einkünfte generell seinen Anspruch auf Besteuerung des Welteinkommens auf und überlässt es dem Quellenstaat, ob dieser in Höhe des frei-

---

[717] Vgl. WTO Appellate Body Report v. 14. Januar 2002 (US – FSC 21.5), Rz. 137 ff; WTO Panel Report v. 20. August 2001 (US – FSC 21.5), Rz. 8.91 ff.

gestellten Prozentsatzes besteuern will. In diesem Sinne handelt es sich bei der matching credit-Methode um eine „modifizierte Freistellung".[718]

Bei der Frage, ob die Doppelbesteuerung der Einkünfte[719], auf die die beiden Formen der fiktiven Anrechnung zur Anwendung kommen, *vermieden* wird, ist festzustellen, dass sich sowohl bei der *tax sparing credit-* als auch der *maching credit*-Methode Situationen ergeben, in denen die tatsächlich im Ausland gezahlte Steuer nicht der Steuer entspricht, die im Ansässigkeitsstaat angerechnet wird. Soweit im Ausland keine Steuer in entsprechender Höhe anfällt, wird die Doppelbesteuerung auch nicht tatsächlich *vermieden*. Dabei macht es m. E. keinen Unterschied, ob es sich, wie beim *tax sparing credit*, um lediglich punktuelle Freistellungen – bis zur vereinbarten Höhe oder der im Quellenstaat üblichen Höhe – handelt oder ob sich die fiktive Anrechnung von der Besteuerung im Quellenstaat völlig gelöst hat.

Bei der Frage, ob die beiden Formen der fiktiven Anrechnung unter die Ausnahmevorschrift der Beispielliste fallen, ist zu beachten, dass sie sich in ihrer Technik zwar an der Anrechnungsmethode orientieren, sich in ihrer Wirkung jedoch der Freistellungsmethode annähern. Gegenüber einem Anrechnungssystem ergeben sich dann keine unterschiedlichen Ergebnisse, wenn der Quellenstaat sein Besteuerungsrecht in Höhe des *tax sparing-* oder *matching credit* ausübt. Zu einer Freistellung von Einkünften und damit einer Besserstellung gegenüber einer einfachen Steueranrechnung kommt es dann, wenn der Anrechnungsbetrag die tatsächlich gezahlten Quellensteuern übersteigt. Bei der Analyse der Wirkung der fiktiven Steueranrechnung ist jedoch festzustellen, dass *tax sparing-* und *matching credit* nicht über die Grenzen von Anrechnungs- und Freistellungsmethode hinausgehen. Einziger Unterschied zur Freistellungsmethode ist m. E., dass sich dieses Ergebnis nicht zufällig – wie im Falle der virtuellen Doppelbesteuerung – ergibt, sondern diese Wirkung vom Wohnsitzstaat gewollt ist. Hier stellt sich die im Zusammenhang mit den Subventionstatbestandselementen „Vorteil"[720] und „Spezifität"[721] analysierte Frage, inwieweit die Zielsetzung in die Betrachtung einzugehen hat, die mit den Formen der fiktiven Steueranrechnung verbunden ist.

In diesem Zusammenhang wurde jedoch bereits ausgeführt, dass die mit einer Maßnahme verbundene Zielsetzung von untergeordneter Bedeutung ist und das WTO-Subventionsübereinkommen primär auf die Wirkung einer Maßnahme abstellt. Hinsichtlich der Wirkung der beiden Formen der fiktiven Steueranrechnung wurde festgestellt, dass diese die von der Anrechnungs- und Freistellungsmethode gesteckten Grenzen nicht verlassen. Da Anrechnungs- und Freistellungsmethode als Methoden zur Vermeidung der Doppelbesteuerung vom

---

718 Vgl. Vogel, K./Lehner, M./Eigelshoven, A., DBA-Kommentar, 2003, Art. 23 Rz. 192 ff.

719 I. d. R. Zins und Dividendeneinkünfte. Vgl. oben Punkt 3.3.4.

720 Vgl. oben Punkt 5.1.2.

721 Vgl. oben Punkt 5.2.2.

Ausnahmetatbestand erfasst werden,[722] darf für die beiden Formen der fiktiven Anrechnung als „Teil-Freistellungen“[723] nichts anderes gelten. Auch sie fallen daher unter die Ausnahmevorschrift der Beispielliste des Subventionsübereinkommens.

Gestützt wird dieses Ergebnis dadurch, dass hinsichtlich der *Vermeidung* der Doppelbesteuerung festgestellt wurde, dass der objektive Zweck einer Maßnahme *zumindest auch* in der Vermeidung von Doppelbesteuerung zu liegen hat und Doppelbesteuerung nicht tatsächlich und vollumfänglich vermieden werden muss, damit das dritte Element des Ausnahmetatbestands einschlägig ist. Bereits bei der Analyse der Freistellungsmethode wurde darauf hingewiesen, dass der Ansässigkeitsstaat nie sicher sein kann, dass von ihm auf Grund eines DBA freigestellte Einkünfte im Quellenstaat nicht oder niedriger besteuert werden. Mit Ausnahme der mit der fiktiven Anrechnung verfolgten Zielsetzung, Steuervorteile an den inländischen Investor durchzuleiten, ergeben sich bei den beiden Formen der fiktiven Steueranrechnung m. E. keine Unterschiede zur obigen Argumentation.

---

[722] Vgl. WTO Appellate Body Report v. 14. Januar 2002 (US – FSC 21.5), Rz. 146 ff.

[723] Vgl. Vogel, K./Lehner, M./Eigelshoven, A., DBA-Kommentar, 2003, Art. 23 Rz. 195.

6 Zusammenfassung der Ergebnisse

6.1 Anwendbarkeit

1. Das WTO-Recht ist im Europäischen Gemeinschaftsrecht nicht unmittelbar anwendbar. Ein Individuum, ein Mitglied- oder Drittstaat können sich nicht auf WTO-Recht berufen, um einen Gemeinschaftsakt oder den Rechtsakt eines Mitgliedstaates anzufechten. Es besteht weder für die nationalen oder Gemeinschaftsgerichte die Verpflichtung, WTO-Recht zu interpretieren und anzuwenden, noch müssen Verwaltungsorgane der Gemeinschaft oder der Mitgliedstaaten WTO-Recht berücksichtigen. Zudem sind die EU und die Mitgliedstaaten nicht verpflichtet, die Ergebnisse von Streitbeilegungsverfahren umzusetzen; sie dürfen diese ignorieren.
2. Auch die Vorschriften des Subventionsübereinkommens sind nicht unmittelbar anwendbar. Sie sind jedoch nicht vollständig ohne völkerrechtliche Bindungswirkung. Eine solche ergibt sich über die EG-Subventionsverordnung, die auf den erkennbaren Willen der Gemeinschaft schließen lässt, die aus dem Subventionsübereinkommen entstehenden Verpflichtungen umzusetzen. Daher sind die Vorschriften des Subventionsübereinkommens bei der Auslegung und Anwendung sekundären Gemeinschaftsrechts und nationaler Rechtsvorschriften der Gemeinschaftsmitglieder im Sinne einer mittelbaren Anwendbarkeit zu berücksichtigen. Ergeben sich Zweifel an der Bedeutung oder dem Anwendungsbereich einer sekundärrechtlichen Gemeinschaftsrechtsnorm oder an nationalen Rechtsvorschriften der EU-Mitglieder, ist derjenigen Auslegung Vorrang einzuräumen, die am ehesten mit den Vorschriften des WTO-Rechts übereinstimmt. Bei der Beurteilung einer strittigen Maßnahme eines WTO-Mitglieds ist die Wertung nationaler (Höchst-)Gerichte unerheblich, da es den WTO-Organen möglich sein muss, mitgliedstaatliche Rechtsvorschriften autonom zu interpretieren, um Kollisionen mit dem WTO-Recht festzustellen.
3. Eine Kollision zwischen WTO- und DBA-Recht liegt vor, wenn sich ein WTO-Mitglied zu einem dieser völkerrechtlichen Verträge konform verhält und hierdurch gleichzeitig gegen den anderen Vertrag verstößt. In diesem Fall besteht keine generelle Rangüberordnung von WTO- über DBA-Recht, sondern es ist eine konfliktfreie Auslegung der Vertragsnormen anzustreben, die eine intensive Abwägung zwischen welthandelsrechtlichen und DBA-rechtlichen Interessen verlangt. Eine „Immunität" von DBA-Vorschriften wegen ihres „bilateralen Wesens" ist bereits auf Grund der Tatsache abzulehnen, dass sich Beispiele protektionistischer Handelspraktiken auch in DBA bilden lassen und eine Kollision von DBA- und WTO-Recht daher nicht völlig auszuschließen ist. Fallen Steu-

erstreitigkeiten in den Anwendungsbereich des WTO-Rechts, enthält das Subventionsübereinkommen zwar eine Pflicht zum vorrangigen Befassen WTO-fremder Spezialorgane, das Recht auf Anrufung der WTO wird dadurch jedoch nicht eingeschränkt. Der Beklagte kann keine Kompetenzverneinung des Streitbeilegungsorgans erreichen.

6.2 Originär innerstaatliche Maßnahmen

1. Eine konsequente Besteuerung eines WTO-Mitglieds nach dem Territorialitätsprinzip ist keine finanzielle Beihilfe im Sinne des Art. 1 Abs. 1 lit. a. Mangels eines schlechter gestellten Referenzfalles lässt sich eine gezielte Begünstigung von Steuerpflichtigen in vergleichbaren Situationen, wie es die Vergleichsformel verlangt, nicht nachweisen.
2. Der Ausfuhrtatbestand des Übereinkommens ist auch bei grenzüberschreitenden Lieferungen innerhalb eines Konzerns oder Einheitsunternehmens erfüllt. Daher können auch Vorschriften zur internationalen Gewinnabgrenzung unter die Subventionsdisziplin des Übereinkommens fallen. WTO-widrig sind Verrechnungspreisvorschriften, die nicht dem Fremdvergleichsgrundsatz entsprechen, soweit dies zur Folge hat, dass inländische Bemessungsgrundlagenanteile ausländischen Einheiten zugewiesen werden können. Wird das Territorialitätsprinzip praktiziert, besteht die Verpflichtung, durch geeignete administrative Maßnahmen und Kontrollen unternehmerischer Verrechnungspreispraktiken die Einhaltung des Fremdvergleichsgrundsatzes zu gewährleisten.
3. Eine unilaterale Freistellung von Einkünften aus Exportgeschäften, die ohne jegliche Verbindung zum ausländischen Territorium getätigt werden, ist durch das Übereinkommen verboten. Dies gilt auch für eine Freistellung von Ausfuhrerlösen, sofern sie darauf zurückzuführen ist, dass sich im originär innerstaatlichen Recht eines Landes eine engere Definition des Betriebsstättentatbestands findet als in seiner Abkommenspraxis.
4. Die Berücksichtigung von Betriebsstättenverlusten bei DBA-Freistellung ist keine finanzielle Beihilfe, unabhängig davon, ob sie aus der Abkommensauslegung oder aus einer § 2a Abs. 3 und 4 dEStG a. F. nachgebildeten, originär innerstaatlichen Rechtsnorm hervorgeht. In beiden Fällen fehlt es an einem Referenzfall, gegenüber dem sich aus der Verlustberücksichtigung eine begünstigende steuerliche Behandlung ergäbe. An dieser Beurteilung ändert auch die Erwähnung der Verlustberücksichtigung als Maßnahme zur Förderung von Auslandsinvestitionen in nationalen Subventionsberichten nichts.
5. Größenkriterien oder tätigkeitsbezogene Differenzierungen im Steuertatbestand von Vergünstigungen gelten als nicht-spezifisch, sofern keine empirischen oder statistischen Nachweise durch den Beschwerdeführer

erbracht werden, dass diese Differenzierungen zu einer Häufung der Subventionsempfänger oder des Subventionsvolumens in bestimmten Sektoren führen. Damit fallen allgemeine Vergünstigungen für Holding- oder Finanzierungsgesellschaften, wie die belgischen Koordinierungszentren oder die irischen IFSC-Vorschriften, nicht unter die Subventionsdisziplin des Übereinkommens. Mit Ausnahme des nicht in den Anwendungsbereich des Übereinkommens fallenden Kredit- und Versicherungsgewerbes im Falle der IFSC ist bei diesen Maßnahmen auf Grund ihres sektorübergreifenden Ansatzes keine Spezifität gegeben.

6. Abschreibungsvorschriften, die für Industriezweige eine unterschiedliche Nutzungsdauer bei identischen Produktionsmitteln vorgeben, sind spezifische Subventionen, wenn der tatsächliche Werteverfall der Produktionsmittel in ihrer industriesektoralen Nutzung hierdurch nicht sachgemäß wiedergegeben wird. Sonderabschreibungen für Investitionen in Handels- und Seeschiffe sowie Luftfahrzeuge sind spezifische Subventionen, da sie lediglich die Hersteller dieser Wirtschaftsgüter begünstigen. Bei schädigender Wirkung dieser Maßnahmen auf die Interessen anderer WTO-Mitglieder sind diese Vorschriften abzuschaffen.
7. Eine kürzere Nutzungsdauer für inländische als für ausländische Produktionsmittel ist WTO-widrig, da hierdurch gleichartige Güter ausländischer Fabrikation auf dem Inlandsmarkt substituiert bzw. diskriminiert werden. Dies gilt auch für die koreanischen Steuergutschriften für Investitionsprojekte, weil auch die Vorgabe, in inländische Einrichtungen zu investierten, um höhere Steuergutschriften zu erhalten, zur Substitution von Importgütern führt.
8. Steuerfreie Rücklagen für Unternehmen bis zu einer bestimmten Größe sind durch das Übereinkommen explizit erlaubte horizontale Beihilfen. Sie sind *de facto*-spezifisch, wenn sich das Rücklagevolumen nachweislich bei Herstellern oder Anbietern ähnlicher Endprodukte oder Unternehmen, die ähnliche Herstellungsverfahren einsetzen oder ähnliche Ausgangsprodukte verwenden, in besonderem Maße häuft.

6.3 DBA-Maßnahmen und unilaterale Entlastungsnormen

1. In Abhängigkeit von der Wahl des jeweiligen Referenzfalls finden sich in Doppelbesteuerungsabkommen zahlreiche Fälle, in denen an vergleichbare grenzüberschreitende Sachverhalte unterschiedliche Rechtsfolgen geknüpft sind. Als mögliche Referenzfälle kommen vergleichbare inländische Sachverhalte, Nicht-DBA-Fälle oder verschiedene DBA eines Landes in Betracht. Abkommensmodelle sind jedoch als Referenzmaßstab nicht geeignet, da es sich lediglich um „Vertragsschablonen“ ohne rechtliche Wirkung handelt. Um eine Ungleichbehandlung im Sinne der Judika-

tur des Appellate Body festzustellen, bedarf es jedoch rechtskräftiger Regelungen, die auf den Vergleichsfall anwendbar wären. Richtet sich die Abkommenspraxis eines Landes überwiegend nach einem bestimmten Modell, können begünstigende Abweichungen hiervon lediglich als Indiz für das Vorliegen einer finanziellen Beihilfe im Sinne des Art. 1 Abs. 1 lit. a Nr. 1 ii Subventionsübereinkommen gewertet werden.

2. Da das Tatbestandsmerkmal der finanziellen Beihilfe lediglich als Vorselektion für den Subventionstatbestand bzw. die Subventionsdisziplin gilt und das Subventionsübereinkommen erst auf Ebene der Spezifität über die Vereinbarkeit einer Maßnahme mit dem WTO-Recht entscheidet, ist der Tatbestand der finanziellen Beihilfe weit zu fassen und dieser bei Ungleichbehandlungen zwischen grenzüberschreitenden und inländischen Sachverhalten, zwischen DBA- und Nicht-DBA-Fällen und zwischen verschiedenen DBA eines Landes als gegeben anzunehmen.
3. Auch innerhalb von DBA lassen sich Referenzfälle bilden und logische Inkonsistenzen aufdecken. So führen die Verteilungsnormen zur unterschiedlichen steuerlichen Behandlung grenzüberschreitender Tätigkeiten. Diese Differenzierungen müssen nicht unbedingt sachlich ungerechtfertigt sein, da Steuerpflichtige mit Einkünften aus unterschiedlichen Tätigkeiten nicht immer objektiv vergleichbar sind. Lassen sich allerdings Gründe finden, die aus systematisch-logischer Sicht für eine Gleichbehandlung dieser Einkünfte sprechen, liegt wiederum eine finanzielle Beihilfe vor. Eine Möglichkeit, „kleinste gemeinsame Nenner gebotener Gleichbehandlung“ festzulegen, liegt in der Systematisierung von Verteilungsnormen. Werden innerhalb dieser Gruppen Einkünfte unterschiedlich behandelt, liegt eine finanzielle Beihilfe vor, die auf Grund der Gleichartigkeit der Einkünfte bzw. der diesen Einkünften zu Grunde liegenden Tätigkeiten sachlich nicht zu rechtfertigen ist.
4. Der Anwendungsbereich des Subventionsübereinkommens beschränkt sich spätestens auf Ebene der Subventionsdisziplin (Teile II bis V und VII) auf Subventionsempfänger, die im Bereich des Handels mit körperlichen Waren tätig sind. Bildet man innerhalb der Verteilungsnormen „kleinste gemeinsame Nenner“, die auf Grund ihrer Vergleichbarkeit keiner unterschiedlichen Zuweisung von Besteuerungsrechten unterliegen sollten, so ist eine unterschiedliche Zuweisung von Besteuerungsrechten im Bereich der Einkünfte aus dem Handel, dem Verkauf und dem Leasing körperlicher Waren als kritisch zu beurteilen. Werden die Besteuerungsrechte in Abhängigkeit von der Herkunft der Waren oder des Warenanbieters unterschiedlich verteilt, steht diese finanzielle Beihilfe besonders im Verdacht, auch durch das Tatbestandselement der Spezifität erfasst zu werden und damit unter die Subventionsdisziplin des Übereinkommens zu fallen.

5. Eine pauschale Rechtfertigung der Freistellungsmethode anhand des mit ihr verfolgten Wettbewerbskonzepts der Kapitalimportneutralität ist abzulehnen, da ihre generelle wettbewerbspolitische und wettbewerbsgerechte Begründung in einem internationalisierten Umfeld nicht vorbehaltlos akzeptiert werden kann. Höchstens für standortgebundene Projekte wie Bauausführungen, keinesfalls jedoch im Zusammenhang mit dem internationalen Warenhandel erscheint eine solche Begründung ausreichend.
6. Die generelle Qualifikation von DBA-Maßnahmen bzw. der DBA-Anwendung als Subvention im Sinne des Übereinkommens scheitert am Tatbestandselement des Vorteils. Ob die DBA-Anwendung für den Steuerpflichtigen von Vorteil ist, hängt in besonderem Maße von den steuerlichen Rahmenbedingungen im Quellenstaat ab. Die Entscheidung, ob der Quellenstaat überhaupt oder in welcher Höhe er besteuert, kann nicht dem Ansässigkeitsstaat angelastet werden, da dieser unabhängig von der Belastungsentscheidung des Quellenstaates freistellt. Zwar lassen sich Gründe dafür finden, dass sich der Ansässigkeitsstaat in bestimmten Fällen die Vorteilsgewährung des Quellenstaates im Sinne einer Mitverantwortung zu eigen macht. Jedoch lässt sich der Subventionstatbestand nicht allein auf eine gesetzgeberische Absicht stützen. Der Abkommensabschluss mit dem Ziel, hinsichtlich bestimmter Einkünfte oder Tätigkeiten Doppelte-Nichtbesteuerung herbeizuführen, ist für das Vorteilselement und damit den Subventionstatbestand nicht ausreichend.
7. Vom internationalen Steuergefälle profitieren nicht sämtliche Steuerpflichtigen, die grenzüberschreitend tätig sind. Nur in Einzelfällen oder bestimmten Fallkonstellationen ergibt sich hieraus eine Besserstellung von Steuerpflichtigen gegenüber den abgeleiteten Referenzsituationen. Die individuelle Ertragssituation des Unternehmens und die steuerlichen Rahmenbedingungen im Ausland sind wichtige Determinanten, die vom Ansässigkeitsstaat nicht beeinflusst werden können. Die DBA-Anwendung bzw. bilaterale Entlastungsnormen können daher nicht in ihrer Gesamtheit als Subvention beurteilt werden.
8. Lediglich in bestimmten (Einzel-)Fällen sind Steuerpflichtige gegenüber den Referenzsituationen durch die DBA-Anwendung bessergestellt. Dies kann theoretisch auch aus der Ausübung behördlichen Ermessens oder der Ausnutzung von Auslegungsspielräumen durch die Finanzverwaltung resultieren. Diese Fälle entziehen sich jedoch einer vernünftigen subventionsrechtlichen Kontrolle, da sie in der Regel nicht außerhalb des speziellen Steuerrechtsverhältnisses bekanntwerden.
9. Da die DBA-Anwendung sämtlichen Unternehmen offensteht, die in den persönlichen und sachlichen Geltungsbereich eines DBA fallen, ist auch Spezifität im Sinne des Art. 2 Abs. 1 nicht gegeben. Die Bildung einer Gruppe der „grenzüberschreitend tätigen Abgabepflichtigen“ ist kein hin-

reichendes, Spezifität begründendes Differenzierungskriterium. DBA knüpfen in bestimmten Tatbeständen an Industriesektor-relevante Merkmale an. So gilt als aktive und damit freistellungswürdige Tätigkeit die Gewinnung von Bodenschätzen. Hier ergibt sich ein unmittelbarer Bezug zu dem Wirtschaftszweig „Bergbau und Gewinnung von Steinen und Erden“. Da jedoch neben dem Bergbau unzählige Wirtschaftszweige denkbar sind, deren Tätigkeiten ebenso freistellungswürdig sind, ist Spezifität nicht gegeben. Sämtliche Wirtschaftszweige, die sich mit der Herstellung, Bearbeitung, Verarbeitung oder Montage von Gegenständen befassen, fallen ebenfalls in den Anwendungsbereich der Freistellungsmethode. Aus diesem Grund sind Aktivitätsklauseln zu unbestimmt, um spezifisch zu sein.

10. Die Formen fiktiver Anrechnung von Quellensteuern sind nicht als spezifische Subventionen zu werten, selbst wenn dadurch spezifisch gewährte Steuervergünstigungen des Quellenstaats aufrechterhalten werden. Werden spezifische Steuervergünstigungen des Quellenstaates zum Investor im Ansässigkeitsstaat durchgeleitet, kann dies nicht der fiktiven Anrechnung angelastet werden, da der Ansässigkeitsstaat die fiktiven Steuern unabhängig davon anrechnet, ob der Quellenstaat das ihm durch das DBA zugewiesene Besteuerungsrecht ausübt. Eine nachweisliche Mitverantwortung des Ansässigkeitsstaates für die Gewährung spezifischer Steuervorteile durch den Quellenstaat führt nicht dazu, dass sich der Ansässigkeitsstaat spezifische Steuersubventionen des Quellenstaates zu eigen macht.
11. Die Ausnahme vom Ausfuhrsubventionsverbot für Methoden zur Vermeidung der Doppelbesteuerung ist weit gefasst und erfasst auch Fälle, in denen wirtschaftliche Doppelbesteuerung vermieden wird. Auch die Entlastung inländischer Dividendenempfänger von Steuern, die von der ausländischen Körperschaft auf ihren Gewinn gezahlt wurden, gilt als Maßnahme zur Vermeidung der Doppelbesteuerung im Sinne der Ausnahmevorschrift.
12. Einkünfte gelten als „aus ausländischen Quellen“ im Sinne der Ausnahmevorschrift, wenn sie auch im Ausland besteuert werden *könnten*. Die Ausnahmevorschrift erlaubt damit sämtliche Verteilungsnormen in DBA, unabhängig von der Reichweite des jeweils zu Grunde liegenden Quellenkonzepts, da in jedem Falle mindestens einem der beiden Vertragsstaaten das Besteuerungsrecht für die jeweiligen Einkünfte zugewiesen wird.
13. Die Doppelbesteuerung muss durch Maßnahmen, die unter die Ausnahmevorschrift fallen, nicht vollumfänglich und präzise vermieden werden. Das Risiko, dass die Freistellungsmethode in bestimmten Fällen zu Doppelter-Nichtbesteuerung führt, wird von der Ausnahmevorschrift hingenommen. Damit besteht keine Verpflichtung zur Implementierung uni-

oder bilateraler Schutzmechanismen gegen Fälle Doppelter-Nichtbesteuerung, die aus der DBA-Anwendung resultieren.

14. Damit Maßnahmen unter die Ausnahmevorschrift für Methoden zur Vermeidung von Doppelbesteuerung fallen, muss der objektive Zweck, Doppelbesteuerung zu vermeiden, zumindest *erkennbar* sein. Dies spricht auch für eine weite Anwendung der Ausnahmevorschrift. Erlaubt sind damit neben der Anrechnungs- und Freistellungsmethode auch die beiden Formen der fiktiven Steueranrechnung.

7 Ausblick

Das derzeitige internationale Steuersystem ist dadurch gekennzeichnet, dass jedes Land autonom über die Besteuerung nationaler und grenzüberschreitender Vorgänge entscheidet. Führen steuerliche Sonderregime eines Landes zu Wettbewerbsverzerrungen oder gar zu einer Abwanderung Steuerpflichtiger, verbunden mit einer Verminderung von Steuereinnahmen der betroffenen Länder, so hat das Land, das diese Maßnahmen praktiziert, keine unmittelbaren völkerrechtlichen Konsequenzen zu befürchten.[724]

Aus den nicht aufeinander abgestimmten, autonom nebeneinander bestehenden Steuersystemen ergeben sich für Steuerpflichtige, neben Fällen von Doppelbesteuerung, auch Situationen, in denen Einkünfte nicht oder nur gering besteuert werden. Diese Situationen sind häufig das Ergebnis von Steuerplanung und der Inanspruchnahme spezieller nationaler Steuervergünstigungen. Das bilaterale Netz der Doppelbesteuerungsabkommen verhindert zwar in der Regel die Doppelbesteuerung, bietet den Jurisdiktionen jedoch keinen ausreichenden Schutz gegen eine Abwanderung mobilen Steuersubstrats. Hier führen eine fehlende Harmonisierung und ein Mangel an Koordination dazu, dass insbesondere international tätige Unternehmensgruppen mitunter erheblich weniger Steuern zu entrichten haben als Unternehmen, die lediglich im Inland tätig sind.[725]

Es mehren sich daher die Stimmen im Schrifttum, die die Effektivität des bilateralen Netzes der DBA in einem zunehmend globalisierten Umfeld anzweifeln.[726] Hintergrund ist unter anderem, dass die internationale Steuerpraxis die tatsächlichen Gegebenheiten und die betriebswirtschaftlichen Strukturen insbesondere grenzüberschreitend tätiger Unternehmensgruppen nicht sachgerecht nachvollzieht.[727] So wurde im Rahmen dieser Untersuchung z. B. ausgeführt, dass das der Freistellungsmethode zu Grunde liegende ökonomische Modell der Kapitalimportneutralität in einem internationalisierten Umfeld nicht vorbehaltlos akzeptiert werden kann. Unternehmerische Einkünfte lassen sich eben nicht mehr nur einem speziellen Ort zuordnen, an dem der unternehmerische Wettbewerb stattfindet. Daher ist auch die Maßgabe, dort für gleiche steuerliche Verhältnisse zu sorgen, kaum noch zu rechtfertigen. International tätige Unternehmen können die fehlende Harmonisierung der Steuersysteme, insbesondere im bilateralen Abkommensnetz, zu ihrem Vorteil nutzen. Es hat den Anschein als

---

[724] Vgl. Thuronyi, V., Brooklyn J. Int'l L. 2001, S. 1644 ff.

[725] Vgl. Arnold, B. J./Sasseville, J./Zolt, E., CTJ 2002, S. 69 f.

[726] Vgl. Célestin, L. C., Approach, 2000, S. 52; Avi-Yonah, R. S., Brooklyn J. Int'l L. 2001, S. 1689; Slemrod, J. B./Avi-Yonah, R. S., Tax L. Rev. 2002, S. 549 f. Vgl. den Beitrag von *Sasseville* in Arnold, B. J./Sasseville, J./Zolt, E., CTJ 2002, S. 93 ff.

[727] Vgl. Jacobs, O. H., Unternehmensbesteuerung, 2002, S. 31.

stünde es diesen Unternehmen frei, auszusuchen, in welcher Jurisdiktion sie ihre Steuern entrichten.[728]

Der Steuerwettbewerb, in dem Länder einander unterbieten, um Investitionspotential zu erschließen, führt zu einer deutlichen Verschärfung dieser Problematik. Nationale Steuerautoritäten sind dabei oft hilflos, da die Ausnutzung des internationalen Steuergefälles durch den Steuerpflichtigen im Rahmen der Steuerplanung legitim ist. Hinzu kommt, dass der gesetzgeberische Handlungsspielraum dadurch eingeschränkt wird, dass restriktive Maßnahmen häufig mit einer Einschränkung gemeinschaftsrechtlicher Freiheitsrechte einhergehen und die fiskalischen Interessen der betreffenden Länder im Prüfungsschema der Grundfreiheiten nicht als Rechtfertigungsgrund anerkannt werden. Während diese als diskriminierend betrachteten Tatbestände zunehmend unter Rechtfertigungsdruck geraten,[729] werden Maßnahmen, die den einzelnen Steuerpflichtigen begünstigen, bisher kaum reguliert.[730] Hier ergibt sich ein Missverhältnis zu Lasten des fiskalischen Interesses nationaler Regierungen und zu Gunsten grenzüberschreitend tätiger Steuerpflichtiger, die das internationale Steuergefälle zu ihrem Vorteil nutzen.

Die vorliegende Untersuchung hat gezeigt, dass der Einfluss des WTO-Rechts, insbesondere des WTO-Subventionsübereinkommens, auf den Steuerwettbewerb als gering zu beurteilen ist. Dafür sind mehrere Faktoren verantwortlich. An erster Stelle ist die fehlende Bindungswirkung des WTO-Völkerrechts zu nennen. So wurde festgestellt, dass das WTO-Recht weder unmittelbar anwendbar und somit nicht einklagbar ist noch eine Umsetzungsverpflichtung der Entscheidungen der WTO-Organe besteht. Selbst wenn das WTO-Recht effiziente materiellrechtliche Vorschriften für den Steuerwettbewerb böte, hätte es auf Grund eingeschränkter Rechtsdurchsetzungsmöglichkeiten eine ebenso eingeschränkte Wirkung auf den Steuerwettbewerb. Die Analyse des Verfahrensrechts im Rahmen dieser Arbeit hat gezeigt, dass das Streitbeilegungsverfahren zwar ein effizientes Instrument ist, um zu zwischenstaatlichen Konfliktlösungen zu gelangen. Das WTO-Recht ist jedoch eher auf einen Kompromiss zwischen den Streitparteien ausgelegt als dazu bestimmt, Regeln mit unbedingtem Charakter zu schaffen. In seiner derzeitigen Form ist das WTO-Recht m. E. eine diplomatische Verhandlungsplattform mit lediglich in Ansätzen erkennbaren konstitutionellen Grundeigenschaften und weit davon entfernt, Wettbewerbsgleichheit und Wettbewerbsgerechtigkeit im internationalen Handel zu gewährleisten.

---

728 Vgl. den Beitrag von *Sasseville* in Arnold, B. J./Sasseville, J./Zolt, E., CTJ 2002, S. 93 ff.

729 Vgl. ausführlich Schaumburg, H., DB 2005, S. 1129 ff.

730 Interessant ist der Vorschlag von *Sutter*, über das EG-Beihilfenrecht auch die begünstigende Seite steuerlicher Maßnahmen zu regulieren. Damit geraten jedwede steuerliche Differenzierungen – ob begünstigender oder belastender Natur – unter gemeinschaftsrechtlichen Rechtfertigungsdruck. Vgl. Sutter, F. P., EG-Beihilfenverbot I, 2004, S. 337.

Ein weiterer Grund dafür, dass das WTO-Recht in seiner derzeitigen Ausprägung keine sinnvolle Einschränkung des Systemwettbewerbs bieten kann, liegt in der Beschränkung der wesentlichen handelspolitischen Regelungsregime auf den Handel mit körperlichen Waren. Trifft der Systemwettbewerb auf regulierte Bereiche, weicht er auf unregulierte Bereiche aus.[731] Solange die Vorschriften der Meistbegünstigung, der Inländergleichbehandlung und des Subventionsverbots nicht auf die Bereiche „Direktinvestitionen" und „Dienstleistungen" ausgeweitet werden, ist der Einfluss des WTO-Rechts auf den Systemwettbewerb daher als gering einzuschätzen.

Selbst in den engen Überschneidungsbereichen, in denen der interjurisdiktionale Wettbewerb vom WTO-Recht adressiert wird, ist die Effizienz der betreffenden WTO-Vorschriften gering. So wirkt sich das WTO-Subventionsübereinkommen nur sehr begrenzt auf steuerliche Vergünstigungen aus. Maßnahmen, die zu einer Begünstigung des Steuerpflichtigen führen oder ihn bewusst[732] in die Lage versetzen, am internationalen Steuergefälle zu partizipieren, lassen sich nicht als Subventionen im Sinne des Übereinkommens beurteilen. Da von diesen Maßnahmen mehrere Steuerjurisdiktionen betroffen sind, ist schwerlich *einem* Land die Verantwortung für Fälle von Minder- oder Doppelter-Nichtbesteuerung zuzuweisen. Lückenhafte Steuergesetze, mangelhafte Kontrollmechanismen und eine ungenügende Abstimmung steuerlicher Kollisionsnormen im originär innerstaatlichen oder im Abkommensrecht, die es dem Steuerpflichtigen ermöglichen, durch legitime Steuerplanung, aber auch durch missbräuchliche Gestaltungen zwischenstaatliche Belastungsdifferenzen auszunutzen, lassen sich nicht als Subventionen beurteilen. Sie werden durch das WTO-Recht selbst dann nicht adressiert, wenn die Zielsetzung staatlichen Handelns in der Herbeiführung niedriger Belastungen, etwa aus wettbewerbspolitischen Kalkülen, resultiert. Hierzu bedarf es anderer Mechanismen, die die WTO nicht bereitstellt. Letztlich kann der Steuerwettbewerb durch das WTO-Recht in seinem derzeitigen Stand nicht wirkungsvoll bekämpft werden.

Damit stellt sich abschließend die Frage, was an den bestehenden WTO-Vorschriften zu verändern wäre, um den oben geschilderten Problemen zu begegnen. Grundvoraussetzung eines geeigneten Regimes zur Bekämpfung des schädlichen interjurisdiktionalen Wettbewerbs ist eine umfassende Änderung des WTO-Vertragswerks, ausgehend von der Rechtsdurchsetzung über das Streitbeilegungsverfahren und einer Anerkennung des WTO-Rechts als unmittelbar anzuwendendes Völkerrecht. Hierzu müssten allerdings sämtliche WTO-Vertragsstaaten eine unmittelbare Rechtswirkung des WTO-Vertragswerks anerkennen, da eine gänzliche Unterordnung unter ein derartiges Regime nur auf

---

731 Vgl. Haucap, J./Hartwich, T., Beihilfenkontrolle, 2006, S. 23.

732 Vgl. insbesondere die Ausführungen zur Fiktiven Steueranrechnung unter Punkt 5.1.2 und 5.3.3.

Basis absoluter Gegenseitigkeit erfolgen kann.[733] Im Bereich der materiellen steuerlich relevanten Vorschriften bedarf es eines Übereinkommens über Investitionen, das – anders als das bereits entwickelte und wieder verworfene Multilaterale Abkommen über Investitionen (MAI) – steuerliche Investitionsförderungen beaufsichtigt.[734] Der Bereich der Dienstleistungen wäre folglich um einen subventionsrechtlichen Teil zu erweitern. Die steuerlichen Ausnahmevorschriften für Diskriminierungen im Dienstleistungsbereich müssten abgeschafft werden.[735]

Zur Frage, ob die WTO überhaupt geeignet ist, ein Forum für die Lösung steuerlicher Streitigkeiten zu bieten, oder ob andere Organisationen, wie die UN oder die OECD, dafür geeigneter wären, ist darauf hinzuweisen, dass der WTO, wie die regelmäßigen gewalttätigen Ausschreitungen anlässlich der Ministerkonferenzen belegen, der Ruf einer obskuren Lobby-Organisation der Industrieländer anhaftet. Dies spricht eher dafür, eine Steuerkoordinierungsstelle unter dem Dach der UN oder der OECD einzurichten.[736] Eine solche Instanz könnte die Beaufsichtigung der interjurisdiktionalen Aufteilung von Bemessungsgrundlagen, insbesondere von international tätigen Unternehmensgruppen, wahrnehmen. Hierdurch könnten einzelne Länder daran gehindert werden, durch spezielle Investitionsanreize die Steuereinnahmequellen anderer Länder auszuhöhlen. Neben der Beurteilung schädlicher Anreizsysteme auf Seiten ihrer Mitglieder hätte diese übergeordnete Instanz auch die Aufgabe, ihre Mitgliedstaaten auf unausgereifte Kollisionsnormen, Qualifikationskonflikte und lückenhafte Steuergesetze hinzuweisen und auf die Übernahme staatlicher Mitverantwortung für Steuervergünstigungen in einem zunehmend globalisierten Umfeld hinzuwirken.

---

733 So ist die fehlende Anerkennung einer unmittelbaren Anwendbarkeit in anderen Ländern eines der Hauptargumente des EuGH gegen eine unmittelbare Anwendbarkeit. Vgl. die Ausführungen unter Punkt 2.4.2.2.1.

734 Vgl. zur Ausklammerung von Steuern im MAI Wartha, U., MAI, 2002, S. 408.

735 Vgl. ausführlich zu den Ausnahmevorschriften für direkte Steuern im GATS Stricker, T. K., Report, 2005, S. 327 ff.

736 *Avi-Yonah* spricht sich für die UN als geeignetes Forum aus. Vgl. Avi-Yonah, R. S., Interaction, 2003, Rz. 72.

Literaturverzeichnis

Adamantopoulos, Konstantinos A. [Subventionsrecht], Das Subventions- und Ausgleichszollrecht des GATT im Rahmen der Rechtsordnung der EWG. Unter Berücksichtigung der Anwendung des Subventionsrechts des GATT und der EWG in Griechenland, Saarbrücken: Univ.-Diss. 1987.

Aigner, Hans-Jörgen [Gleichheitsgrundsatz], Der Gleichheitsgrundsatz und die abkommensrechtliche Verteilung der Besteuerungsrechte zwischen Ansässigkeits- und Quellenstaat, in: Gassner, Wolfgang *et al.* (Hrsg.), Die Verteilung der Besteuerungsrechte zwischen Ansässigkeits- und Quellenstaat im Recht der Doppelbesteuerungsabkommen, Wien: Linde 2005, S. 169-191.

Anderson, M. Jean/Husisian, Gregory [Framework], The World Trade Organization. The Multilateral Trade Framework for the 21st Century and U.S. Implementation Legislation, in: American Bar Association (Hrsg.), The Subsidies Agreement, Washington, D.C.: Bureau of National Affairs 1996, S. 299-358.

Arnold, Brian J./Sasseville, Jacques/Zolt, Eric, Summary of the Proceedings of an Invitational Seminar on Tax Treaties in the 21st Century, (50) CTJ 2002, S. 65-145.

Asher, Mukul G./Rajan, Ramkishen S., Globalization and Tax Systems – Implications for Developing Countries with Particular Reference to Southeast Asia, (18) ASEAN 2001, S. 119-140.

Avery-Jones, John F., Flows of capital between the EU and third countries and the consequences of disharmony in European international tax law, (2) ECTR 1998, S. 95-105.

Avi-Yonah, Reuven S., The Structure of International Taxation: A Proposal for Simplification, Tex. L. Rev. 1996, S. 1301-1359.

Avi-Yonah, Reuven S., Commentary: Treating Tax Issues through Trade Regimes, (26) Brooklyn J. Int'l L. 2001, S. 1683-1692.

Avi-Yonah, Reuven S. [Interaction], The Interaction of Tax, Trade and Investment, in: Secretariat, United Nations (Hrsg.), ad hoc Group of Experts on International Co-operation in Tax Matters, Genf: United Nations Secretariat 2003.

Avi-Yonah, Reuven S./Tittle, Martin B. [Direct Investment], Foreign Direct Investment in Latin America: Overview and Current Status, Banco Interamericano De Desarrollo, Departamento De Integración Y Asuntos Hemisféricos, Instituto Para La Integración De América Latina Y El Caribe 2002.

Balassa, Bela/Sharpston, Michael [Export Subsidies], Export Subsidies by Developing Countries. Issues of Policy, Commercial Policy Issues (2), Leiden: Sijthoff 1977.

Barceló III, JOHN J. [Subsidies], The Two Track Subsidies Code – Countervailing Duties and Trade Retaliation, in: Quinn, John *et al.* (Hrsg.), Non-Tariff Barriers after the Tokyo Round. Proceedings of a Conference Sponsored by the Canada – United States Law Institute, London, Ontario 8-10 May 1980, Montreal und Brookfield, VT: Renouf 1982, S. 121-152.

Baroncini, Elisa [Solutions], The WTO Dispute Settlement Understanding as a Promoter of Transparent, Rule-oriented, Mutually Agreed Solutions. A Study on the Value of DSU Consultations and their Positive Conclusion, in: Mengozzi, Paolo (Hrsg.), International Trade Law on the 50th Anniversary of the Multilateral Trade System, Seminaro Giuridico della Università di Bologna (21), Mailand: Dott. A. Gieuffré 1999, S. 153-302.

Becker, Tim [Subventionsübereinkommen], Das WTO-Subventionsübereinkommen. Einfluß auf die Rechtsschutzmöglichkeiten Dritter gegen Beihilfen im Rahmen des EG-Rechts, Europäische Hochschulschriften Reihe 2, Rechtswissenschaft (3281), Frankfurt am Main: Peter Lang 2001.

Bénitah, Marc [Subsidies], The Law of Subsidies under the GATT/WTO System, London: Kluwer Law International 2001.

Berg, Werner/Beck, Jochen, Zur jüngsten Rechtsprechnung der Gemeinschaftsgerichte zur unmittelbaren Anwendung von WTO-Recht im Gemeinschaftsrecht, (6) RIW 2005, S. 401-411.

Berg, Werner/Müller, Tobias Malte, Die WTO-Widrigkeit des Byrd-Amendments und Schadensersatz für Amtshaftung, (6) RIW 2003, S. 419-421.

Berrisch, Georg M./Kamann, Hans-Georg, WTO-Recht im Gemeinschaftsrecht, EWS 2000, S. 89-97.

Beviglia Zampetti, Americo, The Uruguay Round Agreement on Subsidies. A Forward-Looking Assessment, (6) JWT 1995, S. 5-29.

Bhala, Raj, The Myth About Stare Decisis and International Trade Law (Part One of a Trilogy), (14) Am. U. Int'l L. Rev. 1999, S. 845-956.

Bhala, Raj, World Agricultural Trade in Purgatory: The Uruguay Round Agriculture Agreement and Its Implications for the DOHA Round, (79) N. Dak. L. Rev. 2004, S. 691-830.

Bhala, Raj/Gantz, David, WTO Case Review 2000, (18) Ariz. J. Int'l & Comp. Law 2000, S. 1-101.

Birk, Dieter [Abgabenordnung], in: Hübschmann, Walter *et al.* (Hrsg.), Abgabenordnung, Finanzgerichtsordnung, 10. Aufl., Köln: Otto Schmidt 1999.

Bogdandy, Armin von [Konstitutionalisierung], Chancen und Gefahren einer Konstitutionalisierung der WTO – Verfassungsrechtliche Dimensionen der WTO im Vergleich mit der EU, Berlin: Walter Hallstein-Institut für Europäisches Verfassungsrecht 2002.

Boss, Alfred [Steuerharmonisierung], Steuerharmonisierung oder Steuerwettbewerb?, Kiel: Universität Kiel, Institut für Weltwirtschaft 2003.

Bratton, William W./McCahery, Joseph A., Tax Coordination and Tax Competition in the European Union: Evaluating the Code of Conduct on Business Taxation, (38) CMLR 2001, S. 677-718.

Breuss, Fritz/Schratzenstaller, Margit [Direktinvestitionen], Unternehmenssteuerwettbewerb und internationale Direktinvestitionen. Ein einführender Literaturüberblick anlässlich der österreichischen Körperschaftsteuerreform, Wien: WIFO Monatsberichte 2004.

Brumbaugh, David L. [Benefits], Export Tax Benefits and the WTO: Foreign Sales Corporations and the Extraterritorial Replacement Provisions, CRS Report for Congress, Washington, D.C.: United States Congress 2001.

Buergenthal, Thomas, Self-executing and Non-self-executing Treaties in National and International Law, (235) Rec. des cours 1992, S. 303-400.

Bundesminister der Finanzen (Deutschland) [Subventionsbericht], Bericht der Bundesregierung über die Entwicklung der Finanzhilfen und Steuervergünstigungen für die Jahre 1974 bis 1977 gemäß § 12 des Gesetzes zur Förderung der Stabilität (Sechster Subventionsbericht), Bonn: Bonner Universitäts-Buchdruckerei 1977.

Bundesminister der Finanzen (Deutschland) [Subventionsbericht], Bericht der Bundesregierung über die Entwicklung der Finanzhilfen des Bundes und der Steuervergünstigungen für die Jahre 1999-2002 (Achtzehnter Subventionsbericht), Berlin: Bonner Universitäts-Buchdruckerei 2001.

Bundesminister der Finanzen (Deutschland) [Subventionsbericht], Bericht der Bundesregierung über die Entwicklung der Finanzhilfen des Bundes und der Steuervergünstigungen gemäß § 12 des Gesetzes zur Förderung der Stabilität und des Wachstums der Wirtschaft (StWG) vom 8. Juni 1967 für die Jahre 2001 bis 2004 (19. Subventionsbericht), Berlin: Bonner Universitäts-Buchdruckerei 2003.

Bundesministerium für Finanzen (Österreich)/Ruppe, Hans Georg [Widersprüche], Vorschlag für eine um Widersprüche und Unklarheiten bereinigte, jedoch inhaltlich im Wesentlichen unveränderte Neufassung des Finanz-Verfassungsgesetzes 1948, in: Bundesministerium für Finanzen (Hrsg.), Österreich-Konvent, Ausschuss 10 – Finanzverfassung, Wien: 2004.

Büttner, Thies [Empirie], Empirie des Steuerwettbewerbs – Zum Stand der Forschung, in: Müller, Walter/Fromm, Oliver/Hansjürgens, Bernd (Hrsg.), Regeln für den europäischen Systemwettbewerb – Steuern und soziale Sicherungssysteme, Empirie, Marburg: Metropolis 2001, S. 53-70.

Bydlinski, Franz [Methodenlehre], Grundzüge der juristischen Methodenlehre, 2. Aufl., Wien und New York: Springer 1991.

Carmichael, Candace, Sales Corporations – Subsidies, Sanctions, and Trade Wars, (35) Vand. J. Transnat'l L. 2002, S. 151-208.

Célestin, Lindsay C. [Approach], The Formulary Approach to the Taxation of Transnational Corporations – A Realistic Alternative?, Sidney: ATD Program 2000.

Chorvat, Terrence R. [Expatriations], You Can't Take it with You: Behavioral Finance and Corporate Expatriations, Davis, CA: George Mason University School of Law, 2003.

Chou, William, The $4 Billion Question: An Analysis of Congressional Responses to the FSC/ETI Dispute under WTO Export Subsidy Standards, (25) NW. J. INT'L L. & BUS. 2005, S. 415-451.

Clapham, Ronald/Schneider, Hermann/Weigelt, Klaus [Systemwettbewerb], Systemwettbewerb, in: Hasse, Rolf H. (Hrsg.), Lexikon soziale Marktwirtschaft. Wirtschaftspolitik von A bis Z, UTB für Wissenschaft; Wirtschaftswissenschaften (2325), Paderborn: Schöningh 2005, S. 446-447.

Collins-Williams, Terry/Salembier, Gerry, International Disciplines on Subsidies. The GATT, the WTO and the Future Agenda, (1) JWT 1996, S. 5-17.

Commission of the European Communities [Competition], A Package to Tackle Harmful Tax Competition in the European Union, COM(97)564, Luxembourg: Office for Official Publications of the European Communities 1997.

Commission of the European Communities [Market], Company Taxation in the Internal Market, Brüssel: 2001.

Cordewener, Axel [Grundfreiheiten], Europäische Grundfreiheiten und nationales Steuerrecht. "Konvergenz" des Gemeinschaftsrechts und "Kohärenz" der direkten Steuern in der Rechtsprechung des EuGH, Rechtsordnung und Steuerwesen (29), Köln: Otto Schmidt 2002.

Cordewener, Axel, Foreign Losses, Tax Treaties and EC Fundamental Freedoms: A New German Case before the ECJ, (9) ET 2003, S. 294-303.

Cordewener, Axel et al., The Tax Treatment of Foreign Losses: Ritter, M & S, and the Way Ahead (Part Two), ET 2004, S. 218-233.

Cottier, Thomas/Nadakavukaren Schefer, Krista, The Relationship Between World Trade Organization Law, National Law and Regional Law, JIEL 1998, S. 83-122.

Craig, Adam, Open Your Eyes. What the "Open Skies" Cases Could Mean for the US Tax Treaties with the EU Member States, (2) BIFD 2003, S. 63-74.

Cremona, Marise, State Aid Control: Substance and Procedure in the Europe Agreements and the Stabilisation and Association Agreements, (3) ELJ 2003, S. 265-287.

Crocioni, Pietro, The GATT Rules on Industrial Subsidies, AJPIL 1994, S. 49-80.

Daiss, Katja et al. [PONS Wörterbuch], PONS Wörterbuch für Schule und Studium. Englisch – Deutsch, Deutsch – Englisch, 1. Aufl., Barcelona: Klett 2005.

Denkl, Helmut Rainer, Die fiktive Steueranrechnung nach dem deutschen Doppelbesteuerungsabkommen mit Entwicklungsländern im Einkommen- und Körperschaftsteuerrecht, (5) RIW 1979, S. 321-325.

Depayre, Gerard/Petriccione, Raffaele M. [Definition], Definition of Subsidy, in: Bourgeois, Jacques H. J. (Hrsg.), Subsidies and International Trade. A European Lawyers' Perspective, Deventer und Boston: Kluwer Law and Taxation 1991, S. 67-74.

Diamond, Richard, A Search for Economic and Financial Principles in the Administration of United States Countervailing Duty Law, (21) Law & Pol'y Int'l Bus. 1990, S. 507-607.

Didier, Pierre [Instruments], WTO Trade Instruments in EU Law. Commercial Policy Instruments: Dumping, Subsidies, Safeguards, Public Procurement, London: Cameron May 1999.

Doehring, Karl [Völkerrecht], Völkerrecht ein Lehrbuch, 2. Aufl., Heidelberg: C.F. Müller Verlag 2004.

Easson, Alex, Tax Incentives for Foreign Direct Investment. Part I: Recent Trends and Countertrends, (55) BIFD 2001, S. 266-284.

Easson, Alex, Tax Incentives for Foreign Direct Investment. Part II: Design Considerations, (55) BIFD 2001, S. 365-390.

Edwards, Robert H. Jr./Lester, Simon N., Toward A More Comprehensive World Trade Organization Agreement On Trade Related Investment Measures, (33) SJIL 1997, S. 169-214.

Ehlermann, Claus-Dieter, Six Years on the Bench of the 'World Trade Court'. Some Personal Experiences as Member of the Appellate Body of the World Trade Organization, (36) JWT 2002, S. 605-640.

Ehlermann, Claus-Dieter, Tensions between the dispute settlement process and the diplomatic and treatymaking activities of the WTO, (1) WTR 2002, S. 301-308.

Ehmke, Horst [Verwaltungsrecht], "Ermessen" und "unbestimmter Rechtsbegriff" im Verwaltungsrecht, Recht und Staat in Geschichte und Gegenwart (230/231), Tübingen: Mohr 1960.

Eickhof, Norbert [Globalisierung], Globalisierung, institutioneller Wettbewerb und nationale Wirtschaftspolitik, Potsdam: Universität Potsdam, Wirtschafts- und Sozialwissenschaftliche Fakultät 2003.

Endres, Dieter [Direktinvestitionen], Direktinvestitionen in Entwicklungsländern, München: C.H. Beck 1986.

Endres, Dieter, Reiches Ausland – Armes Inland: Steuerliche Effekte bei einer Funktionsverlagerung ins Ausland, (10) RIW 2003, S. 729-734.

Epiney, Astrid, Zur Stellung des Völkerrechts in der EU. Zugleich Besprechung von EuGH, EuZW 1998, 572 – Hermès und EuGH, EuZW 1998, 694 – *Racke*, EuZW 1999, S. 5-11.

Espósito, Carlos D. [Legal Orders], International Trade and National Legal Orders. The Problem of Direct Applicability of WTO Law, in: Mengozzi, Paolo (Hrsg.), International Trade Law on the 50th Anniversary of the Multilateral Trade System., Seminaro Giuridico della Università di Bologna (21), Mailand: Dott. A. Gieuffré 1999, S. 429-470.

Europäische Kommission [Wettbewerbspolitik], Siebzehnter Bericht über die Wettbewerbspolitik in der Gemeinschaft 1987, Brüssel: 1987.

Europäische Kommission [Unternehmensbesteuerung], Bericht des Unabhängigen Sachverständigenausschusses zur Unternehmensbesteuerung, Luxemburg: Amt für Amtliche Veröffentlichungen der Europäischen Gemeinschaften 1992.

Europäische Kommission [Welthandel], Die Europäische Union und der Welthandel, Europa in Bewegung, Luxemburg: Amt für amtliche Veröffentlichungen der Europäischen Gemeinschaften 1995.

Europäische Kommission [Beihilfen], 5. Bericht über staatliche Beihilfen in der Europäischen Union im verarbeitenden Gewerbe und in einigen weiteren Sektoren, Luxemburg: Amt für Amtliche Veröffentlichungen der Europäischen Gemeinschaften 1997.

Europäische Kommission [Primarolo Bericht], Bericht der Gruppe "Verhaltenskodex" (Unternehmensbesteuerung) an den Rat "Wirtschaft und Finanzen" (Tagung am 29. November 1999). Brüssel: EU Presse Mitteilung Nr. 4901/99 2000.

Europäische Kommission [Internationalisierung], Internationalisierung von KMU, Beobachtungsnetz der europäischen KMU, Luxemburg: Amt für Amtliche Veröff. der Europ. Gemeinschaften 2004.

Feld, Lars P. [Steuerwettbewerb], Steuerwettbewerb und seine Auswirkungen auf Allokation und Distribution. Ein Überblick und eine empirische Analyse für die Schweiz, Tübingen: Mohr Siebeck 2000.

Feld, Lars P. [Gutachten], Eine empirische Analyse der Auswirkungen des internationalen Steuerwettbewerbs – Gutachten zuhanden der UBS AG Zürich, St. Gallen: Universität St. Gallen 2001.

Fischer, Peter/Marboe, Irmgard/Köck, Heribert Franz [Völkerrecht], Allgemeines Völkerrecht das Recht der universellen Staatengemeinschaft; ein Lehrbuch mit den wichtigsten Rechtstexten, 5. Aufl., Wien: Linde 2000.

Ford, Robert/Suyker, W. B. C. [Subsidies], Industrial Subsidies in the OECD Economies, OECD Working Papers (74), Paris: OECD Department of Economics and Statistics 1990.

Gandenberger, Otto [Wirtschaftsströme], Der Einfluss der Einkommen- und Körperschaftsteuer auf die internationalen Wirtschaftsströme, in: Vogel, Klaus (Hrsg.), Grundfragen des Internationalen Steuerrechts, Veröffentlichungen der Deutschen steuerjuristischen Gesellschaft, Köln: Otto Schmidt 1985, S. 33-48.

Gauthier, Gilles/O'Brien, Erin/Spencer, Susan [Déjà Vu], Déjà Vu, or New Beginning for Safeguards and Subsidies Rules in Services Trade?, in: Sauvé, Pierre/Stern, Robert M. (Hrsg.), New Directions in Services Trade Liberalization, Washington, D.C.: Brookings Institution 2000, S. 165-184.

Geboye Desta, Melaku [Agriculture], The Law of International Trade in Agricultural Products. From GATT 1947 to the WTO Agreement on Agriculture, Den Haag und Boston, MA: Kluwer Law International 2002.

General Agreement on Tariffs and Trade [Tokyo Round], The Tokyo Round of Multilateral Trade Negotiations. Report by the Director-General of GATT, Genf: GATT 1979.

Genschel, Philipp [Steuerpolitik], Steuerharmonisierung und Steuerwettbewerb in Europa: Die Steuerpolitik der Europäischen Union, Konstanz: Nomos 2000.

Gerken, Lüder/Märkt, Jörg/Schick, Gerhard [Steuerwettbewerb], Internationaler Steuerwettbewerb, Untersuchungen zur Ordnungstheorie und Ordnungspolitik (40), Tübingen: Mohr Siebeck 2000.

Giesze, Craig R., Mexico's New Antidumping and Countervailing Duty System: Political and Legal Implications, as well as Practical Business Risks and Realities, for United States Exporters to Mexico in the Era of the North American Free Trade Agreement, (25) St. Mary's L. J. 1994, S. 885-1039.

Goodspeed, Timothy J., Tax Competition, Benefit Taxes, and Fiscal Federalism, (51) NTL 1998, S. 579-586.

Götz, Volkmar [Subventionsrecht], in: Dauses, Manfred A. (Hrsg.), Handbuch des EU-Wirtschaftsrechts, München: C.H. Beck 1999.

Grave, Carsten [Subventionsbegriff], Der Begriff der Subvention im WTO-Übereinkommen über Subventionen und Ausgleichsmaßnahmen, Rechtsfragen der Globalisierung (2), Berlin: Duncker & Humblot 2002.

Griller, Stefan, Judicial enforceability of WTO law in the European Union. Annotation to Case C-149/96, Portugal v. Council, JIEL 2000, S. 441-472.

Hahn, Hartmut, Grenzüberschreitende Berücksichtigung von Betriebsstättenverlusten? Bemerkungen zu einer neu entfachten Diskussion, (20) IStR 2002, S. 681-687.

Haucap, Justus /Hartwich, Tobias [Beihilfenkontrolle], Fördert oder behindert die Beihilfenkontrolle der Europäischen Union den (System-)Wettbewerb?, in: Schäfer, Wolf (Hrsg.), Wettbewerbspolitik im Systemwettbewerb, Schriften des Vereins für Socialpolitik (in Druck), Berlin: Duncker & Humblot 2006, Manuskript im Internet: www.ruhr-uni-bochum.de/agvwp2/dlls/forschung/bei-hilfenmarburg-final-duscpaper.pdf (Zugriff: Dezember 2005).

Helios, Marcus, Indirekte Steuern als Gegenstand des EG-Beihilfenrechts, (5) EWS 2005, S. 208-212.

Herlach, Mark D./Codevilla, David A. [Changes], Major Changes in U.S. Countervailing Duty Law: A Guide to the Basics, Commercial Law and Practice Course Handbook Series (53), New York City: Practising Law Institute 1995.

Hernández Guerrero, Vanessa, Defining the Balance between Free Competition and Tax Sovereignty in EC and WTO Law: The "due respect" to the General Tax System, (5) GLJ 2004, S. 87-100.

Hinnekens, Luc, Compatibility of bilateral tax treaties with European Community law: applications of the rules, (4) ECTR 1995, S. 202-237.

Hinnekens, Luc, Belgian co-ordination, distribution and special service centers: non-garden varieties of arm's-length transfer pricing and European arbitration, (10) Intertax 1996, S. 347-370.

Hoekman, Bernard M./Kostecki, Michel M. [WTO], The Political Economy of the World Trading System. The WTO and beyond, Oxford: Oxford University Press 2001.

Hofbauer, Ines [Verteilung], Die abkommensrechtliche Verteilung der Besteuerungsrechte zwischen Ansässigkeits- und Quellenstaat aus WTO-rechtlicher Sicht, in: Gassner, Wolfgang *et al.* (Hrsg.), Die Verteilung der Besteuerungsrechte zwischen Ansässigkeits- und Quellenstaat im Recht der Doppelbesteuerungsabkommen, Wien: Linde 2005, S. 49-82.

Holoubek, Michael, Die Sachlichkeitsprüfung des allgemeinen Gleichheitsgrundsatzes, dargestellt an der jüngeren Judikatur des Verfassungsgerichtshofes insbesondere im Wirtschaftsrecht, ÖZW 1991, S. 72-81.

Homburg, Stefan [Perspektiven], Perspektiven der internationalen Unternehmensbesteuerung, in: Andel, Norbert (Hrsg.), Probleme der Besteuerung III, Schriften des Vereins für Socialpolitik (259), Berlin: Duncker & Humblot 2000, S. 9-61.

Homburg, Stefan [Steuerlehre], Allgemeine Steuerlehre, 3. Aufl., WiSo-Kurzlehrbücher, München: Vahlen 2003.

Horlick, Gary N./Clarke, Peggy A., The 1994 WTO Subsidies Agreement, (4) WC 1994, S. 41-54.

Horner, Frances M., Do We Need an International Tax Organization?, (24) Tax Notes Int'l 2001, S. 179-188.

Howse, Robert, From Politics to Technocracy – and Back Again: The Fate of the Multilateral Trading Regime", (96) Am. J. Int'l L. 2002, S. 94-117.

Huber, Bernd, Der Steuerwettbewerb: Gefahr oder Chance?, (3) LFWF 1997, S. 242-256.

Hudec, Robert E., Reforming GATT Adjudication Procedures: The Lessons of the DISC Case, (72) Minn. L. Rev. 1988, S. 1443-1509.

Hudec, Robert E. [Subsidies], Industrial Subsidies: Tax Treatment of "Foreign Sales Corporations", in: Petersmann, Ernst-Ulrich/Pollack, Mark A. (Hrsg.), Transatlantic Economic Disputes. The EU, the US, and the WTO, New York: Oxford University Press 2003, S. 175-205.

Ipsen, Knut (Hrsg.) [Völkerrecht], Völkerrecht. Ein Studienbuch München: C.H. Beck'sche Verlagsbuchhandlung 1999.

Ismer, Roland/Reimer, Ekkehart/Rust, Alexander, Ist § 6 AStG noch zu halten? – Die Wegzugsbesteuerung auf dem Prüfstand des Gemeinschaftsrechts nach der Entscheidung de Lasteyrie du Sillant, (5) EWS 2004, S. 207-217.

Jackson, John Howard [World Trade], World Trade and the Law of GATT. A Legal Analysis of the General Agreement on Tariffs and Trade, Charlottesville: Michie 1969.

Jackson, John Howard (Hrsg.) [Economic Relations], Legal Problems of International Economic Relations. Cases, Materials, and Text on the National and International Regulation of Transnational Economic Relations St. Paul: West 1977.

Jackson, John Howard [System], The World Trading System. Law and Policy of International Economic Relations, 2. Aufl., Cambridge, MA and London: MIT Press 1997.

Jackson, John Howard [Constitution], The WTO Evolving Constitution, in: Classen, Claus Dieter/Oppermann, Thomas (Hrsg.), "In einem vereinten Europa dem Frieden der Welt zu dienen ..." – Liber amicorum Thomas Oppermann, Tübinger Schriften zum Staats- und Verwaltungsrecht (59), Berlin: Duncker & Humblot 2001, S. 411-426.

Jacobs, Otto H. (Hrsg.) [Unternehmensbesteuerung], Internationale Unternehmensbesteuerung – Deutsche Investitionen im Ausland; ausländische Investitionen im Inland 5. Aufl., München: C.H. Beck 2002.

Kemmeren, Eric, The termination of the 'most favoured nation clause' dispute in tax treaty law and the necessity of a Euro model tax convention, (3) ECTR 1997, S. 146-152.

Kennedy, Kevin C., Global Trade Issues in the new Millennium: Foreign Direct Investment and Competition Policy at the World Trade Organization, (33) Geo. Wash. Int'l L. Rev. 2001, S. 585-650.

Kessler, Wolfgang/Schmitt, Claudio Philipp/Janson, Gunnar, Berücksichtigungsverbot abkommensrechtlich "befreiter" Betriebsstättenverluste?, (23) IStR 2001, S. 729-737.

Kewenig, Wilhelm [Nichtdiskriminierung], Der Grundsatz der Nichtdiskriminierung im Völkerrecht der internationalen Handelsbeziehungen, Frankfurt am Main: Athenäum 1972.

Kingston, Charles I., The Coherence of International Taxation, (81) Colum. L. Rev. 1981, S. 1151-1289.

Kluttig, Bernhard [Umweltschutz], Welthandelsrecht und Umweltschutz – Kohärenz statt Konkurrenz, Halle-Wittenberg: Martin-Luther-Universität Halle-Wittenberg, Beiträge zum Transnationalen Wirtschaftsrecht 2003.

Koenig, Christian/Haratsch, Andreas, Staatliche und kommunale Bürgschaften auf dem Prüfstand des EG-Beihilfenrechts – Neue Tendenzen, (169) ZHR 2005, S. 77-93.

Koenig, Christian et al. [EG-Beihilfenrecht], EG-Beihilfenrecht, EWS-Buch, Heidelberg: Recht und Wirtschaft 2002.

Koop, Michael J./Institut für Weltwirtschaft [Gewinnbesteuerung], Zur Gewinnbesteuerung von Körperschaften in der Europäischen Gemeinschaft, Kieler Studien (259), Tübingen: Mohr 1993.

Körner, Stephan/Bubser, Eberhard [Theorie], Erfahrung und Theorie: Ein wissenschaftstheoretischer Versuch (Aus dem Engl.), Frankfurt: Suhrkamp 1970.

Koschyk, Mirko M. [steuerliche Beihilfen], Steuervergünstigungen als Beihilfen nach Artikel 92 EG-Vertrag. Grundsätze zur Beurteilung steuerlicher Beihilfen, 1. Aufl., Schriften des Instituts für Ausländisches und Internationales Finanz- und Steuerwesen der Universität Hamburg (33), Baden-Baden: Nomos 1999.

Krenzler, Horst Günter [EU-Kommentar], in: Grabitz, Eberhard/Hilf, Meinhard/Grabitz, Hilf (Hrsg.), Das Recht der Europäischen Union. Kommentar, München: C.H. Beck 1994.

Kube, Hanno E., Competence Conflicts and Solutions: National Tax Exemptions and Transnational Controls, (9) Colum. J. Eur. L. 2002, S. 79-108.

Lang, Joachim [Systematisierung], Systematisierung der Steuervergünstigungen. Ein Beitrag zur Lehre vom Steuertatbestand, Schriften zum Steuerrecht (11), Berlin: Duncker & Humblot 1974.

Lang, Michael [Doppelbesteuerungsabkommen], Doppelbesteuerungsabkommen und innerstaatliches Recht – die Einordnung von Doppelbesteuerungsabkommen in die österreichische Rechtsordnung, Schriften zum österreichischen Abgabenrecht (31), Wien: Orac 1992.

Lang, Michael [Grundfreiheiten], Die Bindung der Doppelbesteuerungsabkommen an die Grundfreiheiten des EU-Rechts, in: Gassner, Wolfgang/Lang, Michael/Lechner, Eduard (Hrsg.), Doppelbesteuerungsabkommen und EU-Recht – Auswirkungen auf die Abkommenspraxis, Wien: Linde 1996, S. 25-42.

Lang, Michael, Kein Verstoß von Doppelbesteuerungsabkommen gegen die Grundfreiheiten des EGV?, (Fach 11, Europäische Gemeinschaften, Gruppe 2) IWB 1996, S. 255-258.

Lang, Michael, Die Erbringung von ausländischen Besteuerungsnachweisen durch den Steuerpflichtigen, SWI 2000, S. 210-217.

Lang, Michael, Ausländische Betriebsstättenverluste und DBA-Auslegung, SWI 2002, S. 86-94.

Lang, Michael, Die Vermeidung der Doppelbesteuerung und der doppelten Nichtbesteuerung als DBA-Auslegungsmaxime?, (18) IStR 2002, S. 609-613.

Lang, Michael [Einführung], Einführung in das Recht der Doppelbesteuerungsabkommen, 2. Aufl., Wien: Linde 2002.

Lang, Michael [Kompetenz], Die Kompetenz des Bundesministers für Finanzen zur Erlassung von Bescheiden gemäß § 48 BAO, in: Bauer, Josef *et al.* (Hrsg.), Unilaterale Maßnahmen zur Vermeidung der Doppelbesteuerung. Die Verordnung zu § 48 BAO, Schriftenreihe zum Internationalen Steuerrecht (27), Wien: Linde 2004, S. 217-232.

Lang, Michael, Das EuGH-Urteil in der Rechtssache D. – Gerät der Motor der Steuerharmonisierung ins Stottern?, SWI 2005, S. 365-375.

Lang, Michael, Kommunalsteuer und DBA, SWI 2005, S. 16-23.

Lang, Michael, Wohin geht das Internationale Steuerrecht?, (9) IStR 2005, S. 289-297.

Lang, Michael et al., Konsequenzen der neuen Judikatur des Verwaltungsgerichtshofs zu den Auslandsverlusten – Podiumsdiskussion, SWI 2002, S. 428-440.

Larkins, Ernest R. [Double Tax Relief], Double Tax Relief for Foreign Income – A Comparative Study of Advanced Economies, Sydney: ATAX Discussion Paper Series 2001.

Lavranos, Nikolaos, Die Rechtswirkung von WTO panel reports im Europäischen Gemeinschaftsrecht sowie im deutschen Verfassungsrecht, (3) EuR 1999, S. 289-308.

Lavranos, Nikolaos, Die EG darf WTO-Recht weiterhin ignorieren, (7) EWS 2004, S. 293-297.

Lay, William, Redefining Actionable "Subsidies" Under U.S. Countervailing Duty Law, (91) Colum. L. Rev. 1991, S. 1495-1518.

Lennard, Michael, Navigating by the stars: Interpreting the WTO agreements, (5) JIEL 2002, S. 17-89.

Lornsen, Birgitt [Unilaterale Maßnahmen], Unilaterale Maßnahmen der Bundesrepublik Deutschland zur Ausschaltung der internationalen Doppelbesteuerung bei der Einkommen- und Körperschaftsteuer, Europäische Hochschulschriften Reihe 5, Volks- und Betriebswirtschaft (814), Frankfurt am Main: Peter Lang 1987.

Loukota, Helmut, Loukota, Sensationelle Neuerung bei DBA-Auslandsverlusten, SWI 2001, S. 466-472.

Loukota, Helmut [Abkommensziele], Österreichs Doppelbesteuerungskommen. Standortpolitische Bedeutung, Verhandlungsablauf, Abkommensziele, Gelber Brief (199), Wien: Institut für Finanzwissenschaft und Steuerrecht 2001.

Luja, Raymond H. C., WTO Agreements versus the EC Fiscal State Aid Regime: Impact on Direct Taxation, Intertax 1999, S. 207-225.

Luja, Raymond H. C., Anti-Tax-Avoidance Rules and Fiscal Trade Incentives, (28) Intertax 2000, S. 226-240.

Luja, Raymond H. C. [Incentives], Assessment and Recovery of Tax Incentives in the EC and the WTO – A View on State Aids, Trade Subsidies and Direct Taxation, Ius commune Europaeum (41), Antwerpen: Intersentia 2003.

Lukas, Martin, Stand und Perspektiven des EG-Antisubventionsrechts, (5) EWS 2000, S. 203-207.

MacKenzie, Joan L. [International Trade], The Commerce Department Speaks on International Trade & Investment. Countervailing Duty Relations-Issues Highlight, in: Practising Law Institute (Hrsg.), Corporate Law and Practice Course Handbook Series, New York: Practising Law Institute 1998, S. 669-714.

Matsushita, Mitsuo [Competition Policy], Competition Policy in the Framework of WTO, in: Bogdandy, Armin von/Mavroidis, Petros C./Meny, Yves (Hrsg.), European Integration and International Co-ordination: Studies in Transnational Economic Law in Honour of Claus-Dieter Ehlermann, Den Haag und New York: Kluwer Law International 2002, S. 305-316.

McDaniel, Paul R., The Impact of Trade Agreements on Tax Systems, (30) Intertax 2002, S. 166-171.

McDaniel, Paul R., The Steven L. Cantor International Tax Symposium. Article. The U.S. Tax Treatment of Foreign Source Income Earned in Developing Countries. A Policy Analysis, (35) Geo. Wash. Int'l L. Rev. 2003, S. 265-295.

McGovern, Edmond [WTO-Kommentar], International Trade Regulation. GATT, the United States, and the European Community, 2. Aufl., Exeter: Globefield Press 1995.

Mederer, Wolfgang [EU-Kommentar], in: Groeben, Hans von der (Hrsg.), Kommentar zum EU-/EG-Vertrag, Baden-Baden: Nomos 1999.

Messerlin, Patrick A. [Antdumping], Antdumping, in: Schott, Jeffrey J./Institute for International, Economics (Hrsg.), Completing the Uruguay Round. A Results-Oriented Approach to the GATT Trade Negotiations, Washington, D.C.: Institute for International Economics 1990.

Messner, Dirk, Architektur der Weltordnung Strategien zur Lösung globaler Probleme, (11) IP 1998, S. 17-24.

Moritz, Martin [Diskriminierungsverbot], Das Diskriminierungsverbot im Spannungsverhältnis zu Gleichbehandlung und Gerechtigkeit. Seine Möglichkeiten und Grenzen am besonderen Beispiel der direkten Besteuerung, Juristische Schriftenreihe (197), Wien: Österreich 2003.

Mössner, Jörg Manfred [Methoden], Die Methoden zur Vermeidung der Doppelbesteuerung, in: Vogel, Klaus (Hrsg.), Grundfragen des Internationalen Steuerrechts, Köln: Otto Schmidt 1985, S. 135-169.

Moulis, Daniel [Implications], “Flour, eggs and law: cooking the Doha cake” An examination of the interpretation of certain GATT 1994 issues raised under the WTO dispute settlement system and their implications for legal drafting in the Doha Development Round, Canberra: A paper presented to the Attorney-General’s 24th International Trade Law Conference 2002.

Mrozek, Marius [Marktordnungsrecht], Europäisches Marktordnungsrecht, die WTO und die Osterweiterung. Das Steuerungsinstrumentarium des EU-Agrarrechts am Beispiel der Marktordnungen für Getreide und Zucker im Lichte der WTO und zugleich eine rechtsvergleichende Analyse der Agrarordnung Polens in der Vorbeitrittsphase, Juristische Reihe TENEA (28), Berlin: Tenea 2003.

Müller, Walter, Was ist "fairer" Steuerwettbewerb und welche Regeln braucht er?, (4) KP 1998, S. 313-352.

Nettesheim, Martin [Antisubventionsrecht], Ziele des Antidumping- und Antisubventionsrechts. Eine Darstellung am Beispiel des Rechts der USA mit Bezügen zum Recht der Europäischen Gemeinschaften, Europäisches Wirtschaftsrecht (7), München: C.H. Beck 1994.

Neumann, Jan [Koordination], Die Koordination des WTO-Rechts mit anderen völkerrechtlichen Ordnungen. Konflikte des materiellen Rechts und Konkurrenzen der Streitbeilegung, Rechtsfragen der Globalisierung (4), Berlin: Duncker & Humblot 2002.

Nowotny, Ewald/Scheer, Christian/Walther, Herbert [Finanzwissenschaft], Der öffentliche Sektor. Einführung in die Finanzwissenschaft, 4. Aufl., Berlin: Springer 1999.

Nyahoho, Emmanuel, The Limited Effectiveness of the Agreement on Subsidies and Countervailing Measures, (29) JPS 2004, S. 87-114.

Oates, Wallace E., Fiscal Competition and European Union: Contrasting Perspectives, (31) Regional Science and Urban Economics 2001, S. 133-145.

Oates, Wallace E., Fiscal Competition or Harmonization? Some Reflections, (54) NTL 2001, S. 507-512.

Ohlhoff, Stefan, Verbotene Beihilfen nach dem Subventionsabkommen der WTO im Lichte aktueller Rechtsprechung, (21) EuZW 2000, S. 645-653.

Organisation for Economic Co-operation and Development [Benchmark], OECD Benchmark Definiton of Foreign Direct Investment, Paris: OECD 1996.

Organisation for Economic Co-operation and Development [Tax Sparing], Tax Sparing. A Reconsideration, Paris: OECD 1998.

Organisation for Economic Co-operation and Development [OECD-Kommentar], OECD Model Tax Convention on Income and on Capital 2003, Condensed Version. And Key Features of Tax Systems and Treaties of OECD Member Countries, IBFD Tax Travel Companions, Amsterdam: IBFD Publications 2003.

Panayi, Christiana HJI, Limitations on Benefits and State Aid, ET 2004, S. 83-98.

Pauwelyn, Joost, The Role of Public International Law in the WTO: How Far Can We Go?, (95) Am. J. Int'l L. 2001, S. 535-578.

Pauwelyn, Joost, A Typology of Multilateral Treaty Obligations: Are WTO Obligations Bilateral or Collective in Nature? (14) EJIL 2003, S. 907-951.

Peroni, Robert J., The Steven L. Cantor International Tax Symposium. Response to Professor McDaniel's Article, (35) Geo. Wash. Int'l L. Rev. 2003, S. 297-302.

Petersmann, Ernst-Ulrich [Constitution], The WTO Constitution and the Millennium Round, in: Bronckers, Marco/Quick, Reinhard (Hrsg.), New Directions in International Economic Law, Den Haag: Kluwer Law 2000, S. 111-133.

Petersmann, Ernst-Ulrich [Constitutionalism], Constitutionalism and WTO Law. From a State-centered Approach towards a Human Rights Approach in International Economic Law, in: Kennedy, Daniel L. M./Southwick, James D. (Hrsg.), The Political Economy of International Trade Law. Essays in Honour of Robert E. Hudec, Cambridge: Cambridge University Press 2002, S. 32-67.

Petritz, Michael/Schuch, Josef [Grundfreiheiten], Die Verteilung der Besteuerungsrechte zwischen Ansässigkeits- und Quellenstaat aus dem Blickwinkel der gemeinschaftsrechtlichen Grundfreiheiten, in: Gassner, Wolfgang *et al.* (Hrsg.), Die Verteilung der Besteuerungsrechte zwischen Ansässigkeits- und Quellenstaat im Recht der Doppelbesteuerungsabkommen, Wien: Linde 2005, S. 123-167.

Pistone, Pasquale [Impact], The Impact of Community Law on Tax Treaties. Issues and Solutions, Eucotax Series on European Taxation (4), Den Haag: Kluwer Law International 2002.

Pitlik, Hans [Steuerpolitik], Folgt die Steuerpolitik in der EU der Logik des Steuerwettbewerbs?, Stuttgart: Universität Hohenheim, Institut für Volkswirtschaftslehre 2005.

Portner, Rosemarie, Zwei bemerkenswerte Entscheidungen zur Verrechnung von Auslandsverlusten im Wohnsitzstaat bei DBA-Freistellung des der Auslandsbetriebsstätte zuzurechnenden positiven Ergebnisses, (11) IStR 2005, S. 376-379.

Pyszka, Tillmann/Schmedt, Marco, Gestaltungsüberlegungen zum grenzüberschreitenden Ausgleich von Betriebsstättenverlusten bei DBA mit Aktivitätsklausel, (10) IStR 2002, S. 342-346.

Qureshi, Asif H. [Taxation], The Public International Law of Taxation: Text, Cases and Materials, London: Graham & Trotman Limited 1994.

Qureshi, Asif H./Grynberg, Roman, United States Tax Subsidies Under Domestic International Sales Corporation, Foreign Sales Corporation and Extraterritorial Income Exclusion Act – Legislation within the Framework of the World Trade Organization, (36) JWT 2002, S. 979-992.

Rädler, Albert J. [Überlegungen], Überlegungen zur Harmonisierung der Unternehmensbesteuerung in der Europäischen Gemeinschaft, in: Wassermeyer, Franz (Hrsg.), Grundfragen der Unternehmensbesteuerung, Veröffentlichungen der Deutschen Steuerjuristischen Gesellschaft e.V ; 17 (17), Köln: Otto Schmidt 1994, S. 277-293.

Rädler, Albert J. [Concept], Most Favoured Nation Concept in Tax Treaties, in: Lang, Michael (Hrsg.), Multilateral Tax Treaties. New Developments in International Tax Law, Series on international taxation (18), London: Kluwer Law International 1998, S. 1-14.

Revesz, Richard L., Rehabilitating Interstate Competition: Rethinking the "Race to the Bottom" Rationale for Federal Environmental Regulation, (67) N.Y.U. L. Rev. 1992, S. 1210-1254.

Rivers, Richard R./Greenwald, Wilmer Cutler, The Negotiation of a Code on Subsidies and Countervailing Measures: Bridging Fundamental Policy Differences, (11) Law & Pol'y Int'l Bus. 1979, S. 1447-1495.

Ruppe, Hans Georg [Ausnahmebestimmungen], Die Ausnahmebestimmungen des Einkommensteuergesetzes. Probleme der Rechtsanwendung und Rechtsfortbildung bei den "Steuerbegünstigungen" der österreichischen Einkommensteuer, Schriften zum österreichischen Abgabenrecht (6), Wien: Orac 1971.

Samuelson, Paul Anthony/Nordhaus, William D. [Economics], Economics, 14. Aufl., New York: McGraw-Hill 1992.

Schaumburg, Harald [Leistungsfähigkeitsprinzip], Das Leistungsfähigkeitsprinzip im internationalen Steuerrecht, in: Lang, Joachim/Tipke, Klaus (Hrsg.), Die Steuerrechtsordnung in der Diskussion – Festschrift für Klaus Tipke zum 70. Geburtstag, Köln: Otto Schmidt 1995, S. 125-151.

Schaumburg, Harald [Steuerrecht], Internationales Steuerrecht – Außensteuerrecht; Doppelbesteuerungsrecht, 2. Aufl., Köln: Otto Schmidt 1998.

Schaumburg, Harald, Außensteuerrecht und europäische Grundfreiheiten, (21) DB 2005, S. 1129-1137.

Schilcher, Michael [Subject-to-tax-Klauseln], Subject-to-tax-Klauseln in der österreichischen Abkommenspraxis, Schriftenreihe zum Internationalen Steuerrecht (33), Wien: Linde 2004.

Schnetgöke, Monika, Die fiktive Quellensteueranrechnung bei Dividenden-Einkünften aus Brasilien im Rahmen der §§ 20, 34c EStG, (21) FR 1988, S. 578-579.

Schön, Wolfgang, Taxation and State Aid Law in the European Union, (36) CMLR 1999, S. 911-936.

Schön, Wolfgang, Tax Competition in Europe – The Legal Perspective, (2) ECTR 2000, S. 90-105.

Schön, Wolfgang [Rechtsproblem], Der "Wettbewerb" der europäischen Steuerordnungen als Rechtsproblem, in: Pelka, Jürgen (Hrsg.), Europa- und verfassungsrechtliche Grenzen der Unternehmensbesteuerung, (23), Köln: Otto Schmidt 2000, S. 191-226.

Schön, Wolfgang [Steuerliche Beihilfen], Steuerliche Beihilfen, in: Koenig, Christian/Roth, Wulf-Henning/Schön, Wolfgang (Hrsg.), Aktuelle Fragen des EG-Beihilfenrechts, Abhandlungen aus dem gesamten Bürgerlichen Recht, Handelsrecht und Wirtschaftsrecht (69), Heidelberg: Heidelberg 2001, S. 106-132.

Schön, Wolfgang, WTO und Steuerrecht, RIW 2003, S. 50-62.

Schuch, Josef, Most Favoured Nation Clause in Tax Treaty Law, (4) ECTR 1996, S. 161-165.

Seidl-Hohenveldern, Ignaz/Stein, Torsten [Völkerrecht], Völkerrecht, Academia iuris, 10. Aufl., Köln: Carl Heymann 2000.

Senti, Richard [Welthandelsordnung], GATT Allgemeines Zoll- und Handelsabkommen als System der Welthandelsordnung, Zürich: Schulthess 1986.

Senti, Richard/Conlan, Patricia [Regulation], WTO. Regulation of World Trade after the Uruguay Round, Zürich: Schulthess 1998.

Siebert, Horst [Außenwirtschaft], Außenwirtschaft, 7. Aufl., Stuttgart: 2002.

Siebold, Dagmar I. [Welthandelsorganisation], Die Welthandelsorganisation und die Europäische Gemeinschaft. Ein Beitrag zur globalen wirtschaftlichen Integration, Rechtsfragen der Globalisierung (6), Berlin: Duncker & Humblot 2003.

Sinclair, Ian [Treaties], The Vienna Convention on the Law of Treaties, 2. Aufl., Melland Schill Monographs in International Law, Manchester: University Press 1984.

Sinn, Hans-Werner [Harmonization], Tax Harmonization and Tax Competition, Center for Economic Studies and the Ifo Institute for Economic Working Paper Series (3248), Cambridge, MA: Center for Economic Studies and the Ifo Institute for Economic 1990.

Sinn, Hans-Werner [Selektionsprinzip], Das Selektionsprinzip und der Systemwettbewerb, in: Homburg, Stefan *et al.* (Hrsg.), Fiskalföderalismus in Europa, Schriften des Vereins für Socialpolitik, Gesellschaft für Wirtschafts- und Sozialwissenschaften (253), Berlin: Duncker & Humblot 1997, S. 9-60.

Sinn, Hans-Werner [Systems], The New Systems Competition, Center for Economic Studies and the Ifo Institute for Economic Working Paper Series (8747), Cambridge, MA: Center for Economic Studies and the Ifo Institute for Economic 2002.

Sinn, Stefan, The Taming of Leviathan: Competition among Governments, (3) CPE 1992, S. 177-196.

Slemrod, Joel B./Avi-Yonah, Reuven S., (How) Should Trade Agreements Deal With Income Tax Issues?, (55) Tax L. Rev. 2002, S. 533-554.

Slotboom, Marco M., Do different treaty purposes matter for treaty interpretation?; The elimination of discriminatory internal taxes in EC and WTO law, (4) JIEL 2001, S. 557-579.

Slotboom, Marco M., Subsidies in WTO Law and in EC Law. Broad and Narrow Definitions, (3) JWT 2002, S. 517-542.

Smeets, Maarten [Tokyo Round], Non-Tariff Barriers in the Tokyo Round With Special Reference to Subsidies and Countervailing Measures, Genf: Universität Genf, Institut Universitaire de Hautes Etudes Internationales 1983.

Snyder, Francis, The Gatekeepers: The European Courts and WTO Law, (40) CMLR 2003, S. 313-367.

Spengel, Christoph, Grenzüberschreitende Geschäftstätigkeit und effektive Steuerbelastung nach der deutschen Steuerreform, ZfbF 2002, S. 710-742.

Spengel, Christoph [Europäische Union], Internationale Unternehmensbesteuerung in der Europäischen Union. Steuerwirkungsanalyse, empirische Befunde, Reformüberlegungen, Düsseldorf: IDW 2003.

Stehmann, Oliver, Foreign Sales Corporations under the WTO. The Panel Ruling on US Export Subsidies, (3) JWT 2000, S. 127-156.

Stewart, Terence P. [History], The GATT Uruguay Round. A Negotiating History (1986-1992), (Band I), Deventer: Kluwer 1993.

Stoll, Peter-Tobias/Schorkopf, Frank [WTO], WTO Welthandelsordnung und Welthandelsrecht, Köln: Carl Heymann 2002.

Strasser, Christof [Quellenstaatsregelungen], Die Auslegung von Quellenstaatsregelungen in Doppelbesteuerungsabkommen, Schriftenreihe zum internationalen Steuerrecht (37), Wien: Linde 2005.

Streinz, Rudolf [Europarecht], Europarecht, Schwerpunkte, 4. Aufl., Heidelberg: Müller 1999.

Stricker, Tobias K. [Report], National Report Germany, in: Lang, Michael/Herdin, Judith/Hofbauer, Ines (Hrsg.), WTO and Direct Taxation, Schriftenreihe zum Internationalen Steuerrecht (35), Wien: Linde 2005, S. 313-340.

Surrey, Stanley S./McDaniel, Paul R./Pechman, Joseph A. [Reform], Federal Tax Reform for 1976. A Compendium, Washington, D.C.: Fund for Public Policy Research 1976.

Sutter, Franz Philipp [EG-Beihilfenverbot I], Das EG-Beihilfenverbot in Steuersachen. Unter besonderen Berücksichtigung des Durchführungsverbotes nach Art 88 Abs 3 Satz 3 EG auf nationales Recht, Wien: Univ.-Diss. 2004.

Sutter, Franz Philipp, Die DBA-Freistellungsmethode als unzulässige Beihilfe i.S.d. Art. 87 EG?, SWI 2004, S. 4-13.

Sutter, Franz Philipp [EG-Beihilfenverbot II], Das EG-Beihilfenverbot und sein Durchführungsverbot in Steuersachen, Schriftenreihe zum Internationalen Steuerrecht (36), Wien: Linde 2005.

Sutter, Franz Philipp [Verteilung], Die abkommensrechtliche Verteilung der Besteuerungsrechte zwischen Ansässigkeits- und Quellenstaat aus beihilfenrechtlicher Sicht, in: Gassner, Wolfgang *et al.* (Hrsg.), Die Verteilung der Besteuerungsrechte zwischen Ansässigkeits- und Quellenstaat im Recht der Doppelbesteuerungsabkommen, Wien: Linde 2005, S. 83-122.

Tanzi, Vito [Integrating World], Taxation in an Integrating World, Integrating national economies, Washington, D.C.: Brookings Institution 1995.

Tanzi, Vito/Bovenberg, A. Lans [Capital], Is there a Need for Harmonizing Capital Income Taxes within EC Countries?, in: Siebert, Horst (Hrsg.), Reforming capital income taxation, Tübingen: Mohr 1990, S. 171-197.

Thompson, Samuel C. Jr., The Steven L. Cantor International Tax Symposium. Article. The Case For Tax Sparing Along With Expanding and Limiting the Subpart F Regime, (35) Geo. Wash. Int'l L. Rev. 2003, S. 303-313.

Thuronyi, Victor, Principal Paper: International Tax Cooperation and a Multilateral Treaty, (26) Brooklyn J. Int'l L. 2001, S. 1641-1681.

Tiebout, Charles M., A Pure Theory of Local Expenditures, (64) JPolE 1956, S. 416-424.

Tietje, Christian [Grundstrukturen], Normative Grundstrukturen der Behandlung nicht-tarifärer Handelshemmnisse in der WTO GATT-Rechtsordnung. Eine Untersuchung unter besonderer Berücksichtigung des Countertrade, Hamburger Studien zum Europäischen und Internationalen Recht (14), Berlin: Duncker & Humblot 1998.

Tillinghast, David R., Tax Treaty Issues, (50) U. Miami l. Rev. 1996, S. 455-482.

Tipke, Klaus [Steuerrechtsordnung I], Die Steuerrechtsordnung, 2. Aufl., (Band I), Köln: Otto Schmidt 2000.

Toaze, Deborah, Tax Sparing: Good Intentions, Unintended Results, (49) CTJ 2001, S. 879-924.

Trachtman, Joel P., International Regulatory Competition, Externalization, and Jurisdiction, (34) Harv. Int'l L.J. 1993.

Trachtman, Joel P., The Domain of WTO Dispute-Resolution. Harvard International, (40) Harv. Int'l L.J. 1999, S. 333-377.

Trebilcock, M. J./Howse, Robert [Regulation], The Regulation of International Trade, 2. Aufl., London: Routledge 2005.

Trebilcock, Michael/Howse, Robert, Trade Liberalization and Regulatory Diversity: Reconciling Competitive Markets with Competitive Politics, EJLE 1998, S. 5-37.

Tumpel, Michael [Anrechnung], Die fiktive Anrechnung (matching Credit, tax sparing credit), in: Gassner, Wolfgang/Lang, Michael/Lechner, Eduard (Hrsg.), Die Methoden zur Vermeidung der Doppelbesteuerung. Anrechnungs- und Befreiungsmethode, Wien: Linde 1995, S. 61-98.

Uerpmann, Robert [Constitutions], International Law as an Element of European Constitutional Law: International Supplementary Constitutions, European Integration: The New German Scholarship (9/03), Heidelberg: Jean Monnet Working Paper 2003.

United Nations [UN-Kommentar], Commentary on the Articles of the 2001 United Nations Model Double Taxation Convention Between Developed and Developing Countries, New York: United Nations 2001.

Väljemark, Caroline [Report], National Report United Kingdom, in: Lang, Michael/Herdin, Judith/Hofbauer, Ines (Hrsg.), WTO and Direct Taxation, (35), Wien: Linde 2005, S. 685-725.

Van Den Broek, Naboth, Legal Persuasion, Political Realism, And Legitimacy: The European Court's Recent Treatment Of The Effect Of WTO Agreements In The EC Legal Order, JIEL 2001, S. 411-435.

van der Bruggen, Edwin, State Responsibility under Customary International Law in Matters of Taxation and Tax Competition, (29) Intertax 2001, S. 115-139.

Verdross, Alfred/Simma, Bruno [Völkerrecht], Universelles Völkerrecht: Theorie und Praxis, 3. Aufl., Berlin: Duncker & Humblot 1984.

Verdross, Alfred von/Verosta, Stephan [Völkerrecht], Völkerrecht, Rechts- und Staatswissenschaften, 5. Aufl., Wien: Springer 1964.

Vogel, Klaus, Die Abschichtung von Rechtsfolgen im Steuerrecht. Lastenausteilungs-, Lenkungs- und Vereinfachungsnormen und die ihnen zuzurechnenden Steuerfolgen: ein Beitrag zur Methodenlehre im Steuerrecht, (54) StuW 1977, S. 97-121.

Vogel, Klaus [Auslandseinkünfte], Die Besteuerung von Auslandseinkünften. Prinzipien und Praxis, in: Vogel, Klaus (Hrsg.), Grundfragen des Internationalen Steuerrechts, Köln: Otto Schmidt 1985, S. 3-31.

Vogel, Klaus, Harmonisierung des Internationalen Steuerrechts in Europa als Alternative zur Harmonisierung des (materiellen) Körperschaftsteuerrechts, (4) StuW 1993, S. 380-388.

Vogel, Klaus/Lehner, Moris/Eigelshoven, Axel [DBA-Kommentar], Doppelbesteuerungsabkommen der Bundesrepublik Deutschland auf dem Gebiet der Steuern vom Einkommen und Vermögen. Kommentar auf der Grundlage der Musterabkommen, 4. Aufl., München: C.H. Beck 2003.

Walter, Robert [Comment], Comment, in: Bourgeois, Jacques H. J. (Hrsg.), Subsidies and International Trade. A European Lawyers' Perspective, Deventer und Boston: Kluwer Law and Taxation 1991, S. 17-19.

Warren, Alvin C., Jr., Income Tax Discrimination Against International Commerce, (54) Tax L. Rev. 2001, S. 131-169.

Wartha, Udo [MAI], Das multilaterale Abkommen über Investitionen (MAI), in: Schachtschneider, Karl Albrecht (Hrsg.), Rechtsfragen der Weltwirtschaft, Berlin: Duncker & Humblot 2002, S. 359-433.

Wattel, Peter J., The EC Court's Attempts to reconcile the Treaty Freedoms with International Tax Law 1996, (33) CMLR 1996, S. 223-254.

Weber, Andrea [Standortwahl], Standortwahl und Unternehmensbesteuerung in der Europäischen Union, Schriftenreihe des Zentrums für Europäische Studien (36), Trier: Univ.-Diss. 1998.

Wilson, John Douglas, Theories of Tax Competition, (52) NTL 1999, S. 269-304.

Wissenschaftlicher Beirat beim Bundesfinanzministerium [Reform], Reform der internationalen Kapitaleinkommensbesteuerung, Schriftenreihe des Bundesministeriums der Finanzen (65), Bonn: Stollfuss 1999.

Wolfrum, Rüdiger [UN-Charta Kommentar], in: Simma, Bruno/United Nations (Hrsg.), Charta der Vereinten Nationen. Kommentar, München: C.H. Beck 1991.

Zitzelsberger, Heribert, Über die Schwierigkeiten mit dem Abbau von Steuersubventionen, StuW 1985, S. 197-206.

Zolt, Eric/Easson, Alex [Incentives], Tax Incentives, Practical Issues of Tax Policy in Developing Countries, Washington, D.C.: World Bank Institute 2003.

Zuber, Barbera [Anknüpfungsmerkmale], Anknüpfungsmerkmale und Reichweite der internationalen Besteuerung. Eine normative Analyse unter Berücksichtigung der Personensteuern in der BRD und in den USA, Betriebswirtschaft aktuell (6), Hamburg: Steuer- und Wirtschaftsverlag 1991.

Entscheidungen

I. WTO Panel Entscheidungen

WTO Panel Report v. 23. Juli 1998, WT/DS54/55/59/64/R (Indonesia – Automobile Industry), Dok.-Nr. 98-2505.

WTO Panel Report v. 14. April 1999, WT/DS70/R (Canada – Aircraft), Dok.-Nr. 99-1398.

WTO Panel Report v. 17. Mai 1999, WT/DS103/R & WT/DS113/R (Canada – Dairy), Dok.-Nr. 02-4090.

WTO Panel Report v. 25. Mai 1999, WT/DS126/R (Australia – Automotive Leather), Dok.-Nr. 99-1888.

WTO Panel Report v. 8. Oktober 1999, WT/DS108/R (US – FSC), Dok.-Nr. 99-4118.

WTO Panel Report v. 11. Februar 2000, WT/DS139/R & WT/DS142/R (Canada – Autos), Dok.-Nr. 00-455.

WTO Panel Report v. 9. Mai 2000, WT/DS46/RW (Brazil – Aircraft 21.5), Dok.-Nr. 00-1749.

WTO Panel Report v. 20. August 2001, WT/DS108/RW (US – FSC 21.5), Dok.-Nr. 01-3979.

WTO Panel Report v. 28. Januar 2002, WT/DS222/R (Canada – Aircraft II 21.5), Dok.-Nr. 02-0153.

WTO Panel Report v. 27. September 2002, WT/DS264/R (US – Softwood Lumber from Canada), Dok.-Nr. 05-4933.

WTO Panel Report v. 29. August 2003, WT/DS257/R (US – Lumber), Dok.-Nr. 03-4360.

WTO Panel Report v. 8. September 2004, WT/DS267/R (US – Upland Cotton), Dok.-Nr. 04-3421.

WTO Panel Report v. 7. März 2005, WT/DS273/R (Korea – Vessels), Dok.-Nr. 05-0810.

WTO Panel Report v. 17. Juni 2005, WT/DS299/R (EC – DRAMS), Dok.-Nr. 05-2366.

II. WTO Appellate Body und Arbitrator Entscheidungen

WTO Appellate Body Report und Panel Report v. 20. Mai 1996, WT/DS2/9 (US – Gasoline), Dok.-Nr. 96-1932.

WTO Appellate Body Report v. 4. Oktober 1996, WT/DS8/AB/R, WT/DS10/AB/R & WT/DS11/AB/R (Japan – Taxes on Alcoholic Beverages), Dok.-Nr. 96-3951.

WTO Appellate Body Report v. 20. März 1997, WT/DS22/AB/R (Brazil – Measures Affecting Dessicated Coconut), Dok.-Nr. 97-0695.

WTO Appellate Body Report v. 9. September 1997, WT/DS27/AB/R (EC – Bananas), Dok.-Nr. 97-3593.

WTO Appellate Body Report v. 2. August 1999, WT/DS70/AB/R (Canada – Aircraft), Dok.-Nr. 99-3221.

WTO Appellate Body Report v. 24. Februar 2000, WT/DS108/AB/R (US – FSC), Dok.-Nr. 00-0675.

WTO Appellate Body Report v. 31. Mai 2000, WT/DS139/AB/R & WT/DS142/AB/R (Canada – Autos), Dok.-Nr. 00-2170.

WTO Appellate Body Report v. 14. Januar 2002, WT/DS108/AB/RW (US – FSC 21.5), Dok.-Nr. 02-0152.

WTO Arbitrator Decision v. 17. Februar 2003, WT/DS222/ARB (Canada – Aircraft II), Dok.-Nr. 03-0931.

III. GATT Panel Entscheidungen

GATT Panel Report v. 24. Mai 1960, L/1160 (Review pursuant to Article XVI: 5), BISD 9S, S. 188.

GATT Panel Report v. 19. November 1960, L/1381 (Provisions of Article XVI:4), BISD 9S, S. 185.

GATT Panel Report v. 12. November 1976, L/4422 (US – DISC), BISD 23S, S. 98 (von den Streitparteien nicht angenommen).

GATT Panel Report v. 12. November 1976, L/4423 (France – Income Tax Practices), BISD 23S, S. 114 (von den Streitparteien nicht angenommen).

GATT Panel Report v. 12. November 1976, L/4424 (Belgium – Income Tax Practices), BISD 23S, S. 127 (von den Streitparteien nicht angenommen).

GATT Panel Report v. 12. November 1976, L/4425 (The Netherlands – Income Tax Practices), BISD 23S, S. 137 (von den Streitparteien nicht angenommen).

IV. Entscheidungen der Gemeinschaftsgerichte

EuGH v. 23. Februar 1961, Rs. 30/59 (De Gezamenlijke Steenkolenijnen), EuGHE 1961, S. 1.

EuGH v. 5. Februar 1963, Rs. 26/62 (Van Gend & Loos), EuGHE 1963, S. 1.

EuGH v. 15. Dezember 1971, Rs. 41/70 bis 44/70 (International Fruit Company), EuGHE 1972, S. 411.

EuGH v. 2. Juli 1974, Rs. 173/73 (Italien/Kommission), EuGHE 1974, S. I-718.

EuGH v. 27. März 1980, Rs. 61/79 (Denkavit Italiana Srl), EuGHE 1980, S. 1205.

EuGH v. 26. Oktober 1982, Rs. 104/81 (Kupferberg), EuGHE 1982, S. 3641.

EuGH v. 16. März 1983, Rs. 267/81 u. 269/81 (SPI), EuGHE 1983, S. 801.

EuGH v. 7. Juni 1988, Rs. C-57/86 (Griechenland/Kommission), EuGHE 1988, S. 2855.

EuGH v. 22. Juni 1989, Rs. C-70/87 (Fediol), EuGHE 1998, S. 1781.

EuGH v. 7. Mai 1991, Rs. C-69/89 (Nakajima), EuGHE 1991, S. I-4973.

EuGH v. 5. Oktober 1994, Rs. C-280/93 (Deutschland/Rat), EuGHE 1994, S. I-4973.

EuGH v. 14. Februar 1995, Rs. C-279/73 (Schumacker), EuGHE 1995, S. I-225.
EuGH v. 12. Mai 1998, Rs. C-336/96 (Gilly), EuGHE 1998, S. I-2793.
EuGH v. 19. Mai 1999, Rs. C-6/97 (Italien/Kommission), EuGHE 1999, S. I-2981.
EuGH v. 14. September 1999, Rs. C-391/97 (Gschwind), EuGHE 1999, S. I-5451.
EuGH v. 21. September 1999, Rs. C-307/97 (Saint-Gobain), EuGHE 1999, S. I-6161.
EuGH v. 23. November 1999, Rs. C-149/96 (Portugal/Rat), EuGHE 1999, S. I-8395.
EuGH v. 4. November 2002, Rs. C-466/98, C-467/98, C-468/98, C-469/98, C-471/98, C- 472/98, C-475/98 und C-476/98 (Kommission/Vereinigtes Königreich u.a.), EuGHE 2002, S. I-9427.
EuGH v. 12. Dezember 2002, Rs. C-385/00 (De Groot), EuGHE 2000, S. I-11779.
EuGH v. 12. Juni 2003, Rs. C-234/01 (Gerritse), EuGHE 2003, S. I-85933.
EuGH v. 30. September 2003 (Biret), EuGHE 2003, S. I-10565.
EuG v. 3. Februar 2005, Rs. T-19/01 (Chiquita), noch nicht in EuGHE veröffentlicht.
EuGH v. 1. März 2005, Rs. C-377/02 (Van Parys), EuGHE 2005, S. I-0000.

V. Bundesverfassungsgericht (Deutschland)

BVerfG v. 10. Oktober 1961, 2 BvL 1/59, BStBl I 1961, S. 716.
BVerfG v. 19. April 1978, 2 BvL 2/75, BStBl II 1978, S. 548.

VI. Verwaltungsgerichtshof (Österreich)

VwGH v. 25. September 2001, 99/14/0217, AnwBl 2002, S. 285.

VII. Bundesfinanzhof (Deutschland)

BFH v. 3. Dezember 1969, II 162/65, BStBl 1970 II, S. 279.
BFH v. 5. August 1969, VII B 72/66, BStBl 1969 II, S. 676.
BFH v. 5. Februar 1987, IV R 105/84, BStBl 1987 II, S. 448.
BFH v. 9. August 1989, I B 118/88, BStBl 1990 II, S. 175.
BFH v. 10. Februar 1982, I B 39/81, BStBl 1982 II, S. 392.
BFH v. 10. Juni 1987, I R 149/83, BStBl 1988 II, S. 25.
BFH v. 11. März 1970, I B 50/68 u. I B 3/69, BStBl 1970 II, S. 563.
BFH v. 11. November 1969, VII R 57/67, BFHE 97, S. 400.
BFH v. 12. Januar 1983, I R 90/79, BStBl 1983 II, S. 382.
BFH v. 13. Januar 1966, IV 166/61, BStBl 1966 III, S. 556.
BFH v. 13. Oktober 1988, IV R 136/85, BFHE 154, S. 442.
BFH v. 17. Mai 1990, II R 181/87, BStBl 1990 II, S. 710.
BFH v. 17. Oktober 1990, IR 182/87, BStBl 1991 II, S. 136.

BFH v. 20. Juli 1973, VI R 198/69, BStBl 1973 II, S. 732.
BFH v. 23. März 1972, I R 128/70, BStBl 1972 II, S. 948.
BFH v. 25. Februar 1976, IR 150/73, BStBl 1976 II, S. 454.
BFH v. 29. April 1982, IV R 177/78, BStBl 1982 II, S. 591.

VIII. Finanzgerichte (Deutschland)

Finanzgericht Baden-Württemberg v. 30. Juni 2004, 1 K 312/03, EFG 2004, S. 1694.
Finanzgericht Düsseldorf v. 14. September 2004, 6 K 3796/01 K,F, EFG 2005, S. 538.

IX. Sonstige Entscheidungen

US Department of Commerce v. 22. Oktober 1986, 51, Certain Softwood Lumber Products from Canada, Federal Register 37, S. 453.
Europäische Kommission v. 13. März 1996, 96/369/EG, Entscheidung der Kommission vom 13. März 1996 über eine steuerliche Beihilfe in Form einer Abschreibungsregelung zugunsten der deutschen Luftverkehrsunternehmen, Abl. EG 1996, L 146, S. 42-48.

X. GATT Dokumente

GATT Dokument v. 2. November 1990, MTN.GNG/NG10/W/38/Rev.2 (Cartland III), http://www.worldtradelaw.net/history/urscm/W38R2.pdf (Zugriff: Dezember 2005).
GATT Dokument v. 4. September 1990, MTN/NG10/W/38/Rev.1 (Cartland II), http://www.worldtradelaw.net/history/urscm/W38R1.pdf (Zugriff: Dezember 2005).
GATT Dokument v. 6. November 1990, MTN.GNG/NG10/W/38/Rev. 2 (Cartland IV), http://www.worldtradelaw.net/history/urscm/W38R3.pdf (Zugriff: Dezember 2005).
GATT Dokument v. 11. Juni 1987, MTN.GNG/NG10/W/7 (Communication from the EEC), http://www.worldtradelaw.net/history/urscm/W7.pdf (Zugriff: Dezember 2005).
GATT Dokument v. 18. Juli 1990, MTN.GNG/NG10/W/38 (Cartland I), http://www.worldtradelaw.net/history/urscm/W38.pdf (Zugriff: Dezember 2005).
GATT Dokument v. 22. November 1989, MTN.GNG/NG10/W/29 (Submission by the United States), http://www.worldtradelaw.net/history/urscm/W29.pdf (Zugriff: Dezember 2005).
GATT Dokument v. 27. November 1989, MTN.GNG/NG10/W/30 (Submission by the Nordic Countries), http://www.worldtradelaw.net/history/urscm/W30.pdf (Zugriff: Dezember 2005).

GATT Dokument v. 29. November 1990, MTN.GNG/NG10/24 (Meeting of 6 November 1990), http://www.worldtradelaw.net/history/urscm/24.pdf (Zugriff: Dezember 2005).

XI. Mitteilungen, Schreiben, Verordnungen

BMF-Schreiben v. 17. Februar 1997, IV B 3 – S 2185 – 1/97, Sonderabschreibungen für Handelsschiffe und Luftfahrzeuge § 51 Abs. 1 Nr. 2 Buchstabe w EStG, § 82 f EStDV, BStBl I 1997, S. 194.

Bundesminister für Finanzen (Österreich) v. 17. Dezember 2002, Verordnung des Bundesministers für Finanzen betreffend die Vermeidung von Doppelbesteuerungen, BGBl. II Nr. 474/2002.

Europäische Kommission v. 10. Dezember 1998, Mitteilung der Kommission über die Anwendung der Vorschriften über staatliche Beihilfen auf Maßnahmen im Bereich der direkten Unternehmensbesteuerung, Abl. EG 1998, C 384/03, S. 3-9.

Europäische Kommission v. 18. Dezember 1998, Vorschlag für zweckdienliche Maßnahmen nach Artikel 93 Absatz 1 EG-Vertrag betreffend die irische Körperschaftsteuer, Abl. EG 1998, C 395/09, S. 19-23.

Europäische Kommission v. 18. Dezember 1998, Vorschlag für zweckdienliche Maßnahmen nach Artikel 93 Absatz 1 EG-Vertrag betreffend das Internationale Finanzdienstleistungszentrum und die zollfreie Zone am Flughafen Shannon, Abl. EG 1998, C 395/08, S. 14-18.

Rat der Europäischen Union v. 11. Juli 1988, Verordnung (EWG) Nr. 2423/88 des Rates vom 11. Juli 1988 über den Schutz gegen gedumpte oder subventionierte Einfuhren aus nicht zur Europäischen Wirtschaftsgemeinschaft gehörenden Länder, Abl. EG 1988, L 209, S. 1-17.

Rat der Europäischen Union v. 6. Oktober 1997, Verordnung (EG) Nr. 2026/97 des Rates vom 6. Oktober 1997 über den Schutz gegen subventionierte Einfuhren aus nicht zur Europäischen Gemeinschaft gehörenden Ländern, Abl. EG 1997, L 288, S. 1-33.

Rat der Europäischen Union v. 7. Mai 1998, Verordnung (EG) Nr. 994/98 des Rates vom 7. Mai 1998 über die Anwendung der Artikel 92 und 93 des Vertrags zur Gründung der Europäischen Gemeinschaft auf bestimmte Gruppen horizontaler Beihilfen, Abl. EG 1998, L 142, S. 1-4.

Rat der Europäischen Union v. 9. Oktober 1990, Verordnung (EWG) Nr. 3037/90 des Rates vom 9. Oktober 1990 betreffend die statistische Systematik der Wirtschaftszweige in der Europäischen Gemeinschaft, Abl. EG 1990, L 293, S. 1-26.

Marc Torsten Hausmann

Das Cotonou-Handelsregime und das Recht der WTO

Frankfurt am Main, Berlin, Bern, Bruxelles, New York, Oxford, Wien, 2006.
228 S.
Res Publica. Herausgegeben von Udo Fink, Dieter Dörr und Rolf Schwartmann.
Bd. 2
ISBN 3-631-55278-5 · br. € 42.50*

Diese Abhandlung beschäftigt sich mit der Darstellung der Handelsregelungen des Cotonou-Abkommens und der dafür relevanten WTO-Rechtsvorschriften sowie mit der Prüfung der Vereinbarkeit des Handelsregimes mit diesen. Das Cotonou-Handelsregime ist Teil des „Partnerschaftsabkommens" zwischen der EG und den AKP-Staaten, das am 23. Juni 2000 in Cotonou (Benin) unterzeichnet wurde. Dieses „Partnerschaftsabkommen" blickt auf eine lange Geschichte von Vorgängerverträgen zurück, die auf den ehemaligen Kolonial- und Treuhandverhältnissen einiger Mitgliedstaaten der EG beruhen. Das Cotonou-Handelsregime ist Nachfolger der in diesen Abkommen enthaltenen einseitigen Handelspräferenzen zugunsten der ehemaligen Kolonial- und Treuhandgebiete. Da die EG sowie 55 AKP-Staaten Mitglieder der WTO sind, wird in der Untersuchung die Vereinbarkeit der einseitigen Handelspräferenzen mit den Welthandelsregelungen überprüft. Dabei richtet sich die Prüfung insbesondere auf die Vereinbarkeit mit dem Meistbegünstigungsprinzip, der Schaffung von Freihandelszonen, der Ermächtigungsklausel und der Erteilung eines Waivers.

Aus dem Inhalt: Die historische Entwicklung des Cotonou-Handelsregimes · Das Abkommen von Cotonou und dessen Handelsregime · Verstoß des Cotonou-Handelsregimes gegen Art. I:1 GATT · Rechtfertigung des Verstoßes durch Art. XXIV: 4 ff. GATT · Rechtfertigung des Verstoßes durch Teil IV des GATT · Rechtfertigung des Verstoßes durch die Enabling Clause · Rechtfertigung des Verstoßes durch die Erteilung eines Waivers

Kolibri 360 GmbH
Ferdinand-Jühlke-Straße 7
99095 Erfurt, Deutschland
produktsicherheit@kolibri360.de

Druck:
CPI Druckdienstleistungen GmbH
im Auftrag der
Kolibri 360 GmbH
Ferdinand-Jühlke-Str. 7
99095 Erfurt